사례로 보는
고급 경매비법이 떴다

사례로 보는 고급 경매 비법이 떴다

매일경제신문사

흔히 경매에 참여하는 사람들은 일반적인 사례만 접하다가 유치권, 예고등기, 선순위가등기 등과 같은 특별한 경우와 부딪히게 되면 미리 겁을 먹고 포기해 버리는 경우가 많습니다.

그러나 진정으로 경매를 하고자 하고, 경매에서 큰 이익을 얻고자 한다면 일반적인 사례의 경우보다는 유치권, 예고등기, 선순위가등기와 같은 특별한 경우의 경매에 더 노력을 집중할 필요가 있습니다.

이 책에서는 유치권, 예고등기, 선순위가등기 등 독자가 가장 어렵게 생각하고 궁금하게 생각하는 분야에 대하여 중점적으로 설명하고자 하였습니다.

특히 예고등기, 선순위가등기 등에서는 등기부등본만 정확하게 분석하면 아무런 문제가 없는 물건이 있습니다.

그러나 이러한 등기부등본을 보는 방법을 정확하게 알려 주는 책자가 없고, 그로 인하여 독자들이 등기부등본을 알기 위해서는 등기공무원이나 법무사 등에게 문의하거나 부동산을 취급하는 공인중개사 등에게 의존할 수 밖에 없는 형편입니다.

우리나라에서 부동산등기에 대한 법령은 부동산등기법이 유일하지만, 이는 독자들이 이해하기가 쉽지 않고 학문적으로도 가르치는 곳이 없습니다. 그래서 필자가 등기부등본을 분석할 때 사용하던 방법을 이곳에 소개하였습니다.

어렵게만 보이던 복잡한 등기부등본도 필자와 같은 방법을 사용하면 단순하고 명쾌하게 볼 수 있을 것입니다. 그러나 이 책의 주된 목적이 유치권, 예고등기, 선순위가등기 등에 관한 분석이므로 등기부등본에 관한 자세한 내용은 이후 별도의 책자를 통하여 자세히 소개하고자 합니다.

필자가 이와 같은 책을 쓰고자 생각한 것은 여러 가지 이유가 있습니다. 시중에는 경매와 관련된 책자가 너무나도 많습니다. 그러나 실무와 동떨어진 법률위주로 나열된 책이나 무협지를 쓰듯 필자의 경험만 나열한 책이 대부분입니다.

그래서 필자는 수능을 준비하는 학생들이 문제풀이를 하면서 실전에 대한 경험을 쌓아 가듯이 유치권, 예고등기, 선순위가등기 등 경매에서 어렵게 생각하여 외면하곤 하지만 경락을 받으면 큰이익이 발생할 수 있는 경우를 사례별로 설명하였습니다.

이 책을 순서대로 읽어나가다 보면 실전 경매에서 발생하는 사례들이 계속해서 나올 것이며, 하나 하나 배워가는 방법뿐만 아니라 경매물건에 대하여 생각하고 분석하는 노하우들을 자연스럽게 익히게 될 것입니다.

필자가 기존에 발간한 책자에서도 밝혔듯, 경매에 있어서는 분석이 가장 중요합니다. 또한 분석을 잘하기 위해서는 생각을 많이 해야 합니다.

그리고 많은 생각도 중요하지만 방향을 잘 맞추어 생각을 하는 것이 더욱 중요합니다.

앞으로 필자는 이와 같은 사례를 계속 분석하여 독자 여러분이 궁금해 하는 사항을 시리즈로 엮어 나갈 예정입니다.

그동안 필자가 축적한 모든 경험자산들을 아낌없이 쏟아부을 각오입니다.

물론 독자 여러분이 가장 궁금해하고 어려워하는 부분을 공부하는 것도 중요하지만, 우리가 경매를 하는 제1의 목적은 작은 것을 투자하여 큰 이익을 얻는 것입니다. 이 부분을 중점적으로 생각하며 엮어나갈 것입니다.

독자 여러분의 많은 관심을 바라면서 독자 여러분과 필자의 만남에 축복이 있기를 기원합니다.

마지막으로 항상 그 자리에서 처음처럼 도움을 주는 동반자, 배옥수에게 이 자리를 빌어 감사와 고마움을 전합니다.

정기수

차 례

제2부 | 예고등기

제3부 | 선순위가등기

제4부 | 선순위가처분

제5부 | 선순위전세권

제6부 | 선순위가압류

제7부 | 등기의 공시력과 공신력

제8부 | 임차권등기명령

사례로 보는 고급 경매 비법이 떴다

제 1 부

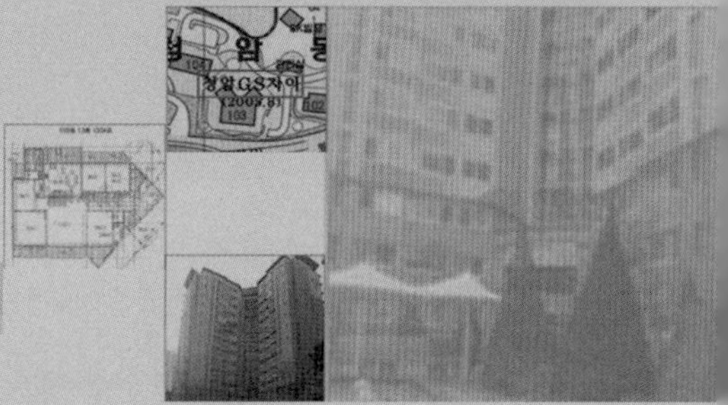

유치권

Chapter 01

유치권 정복으로 가는 길 및 유치권 관련 법조문

"유치권은 너무 어렵다. 등기부등본에도 기재가 안되고..."

그래도 경매에 대해서는 많이 알고 있다는 전문가 집단(변호사, 법무사, 공인중개사 등)의 사람들이 유치권을 접할 때 하는 말입니다.

물론 법조문에도 세세한 내용이 나와 있지 않아 이런 말을 하는 경우가 많을 것 입니다.

필자가 생각하기에 유치권을 분석하는 것은 기본적인 법조문도 알아야 하겠지만 상상의 나래를 많이 필요로 합니다.

자! 이제 유치권을 무서워하지 않고, 즐길 수 있는 상태로 여러분들을 이끌고자 합니다. 한 건, 한 건 사례를 통해 자세하게 설명해 드리겠습니다.

유치권도 Case by case로 다양한 사례가 있겠지만 거의 모든 사례를 들어 설명하겠습니다. 물론 여러 가지 경우를 들어 설명하겠지만 이 책에서 누락된 내용은 계속해서 보완할 예정입니다.

■ 유치권의 성립요건

① 채권이 목적물에 해당될 것

② 목적물을 계속해서 점유하고 있을 것

③ 채권의 변제기가 도래하였을 것

④ 유치권 배제 특약이 없을 것

기본적으로 이 정도만 짚고 넘어가도록 하며, 더욱 자세한 내용은 사례에서 알려드리도록 하겠습니다.

자! … 본격적으로 유치권의 사례들을 살펴보겠습니다.

먼저, 독자 여러분의 이해를 돕기 위해서 우리나라 법조문에 나와있는 유치권과 관련한 내용을 열거해 드릴 겁니다.

부담 없이 "아하, 그렇구나!"라는 정도로 이해를 해주시기 바랍니다.

왜냐하면 아무리 유치권 분석이 상상을 필요로 한다고 해도, 법에서 정한 일정한 테두리 내에서 상상을 해야 하니까요.

민사집행법

제90조 (경매절차의 이해관계인) 경매절차의 이해관계인은 다음 각호의 사람으로한다.

1. 압류채권자와 집행력 있는 정본에 의하여 배당을 요구한 채권자
2. 채무자 및 소유자
3. 등기부에 기입된 부동산 위의 권리자
4. 부동산 위의 권리자로서 그 권리를 증명한 사람

제91조 (인수주의와 잉여주의의 선택 등) ①압류채권자의 채권에 우선하는 채권에 관한 부동산의 부담을 매수인에게 인수하게 하거나, 매각대금으로 그 부담을 변제하는 데 부족하지 아니하다는 것이 인정된 경우가 아니면 그 부동산을 매각하지못한다.
②매각부동산 위의 모든 저당권은 매각으로 소멸된다.
③지상권·지역권·전세권 및 등기된 임차권은 저당권·압류채권·가압류채권에 대항할 수 없는 경우에는 매각으로 소멸된다.
④제3항의 경우 외의 지상권·지역권·전세권 및 등기된 임차권은 매수인이 인수한다. 다만, 그중 전세권의 경우에는 전세권자가 제88조에 따라 배당요구를 하면 매각으로 소멸된다.
⑤매수인은 유치권자(유치권자)에게 그 유치권(유치권)으로 담보하는 채권을 변제할 책임이 있다.

제274조 (유치권 등에 의한 경매) ①유치권에 의한 경매와 민법·상법, 그 밖의 법률이 규정하는 바에 따른 경매(이하 "유치권등에 의한 경매"라 한다)는 담보권 실행을 위한 경매의 예에 따라 실시한다.
②유치권 등에 의한 경매절차는 목적물에 대하여 강제경매 또는 담보권 실행을 위한 경매절차가 개시된 경우에는 이를 정지하고, 채권자 또는 담보권자를 위하여 그 절차를 계속하여 진행한다.
③제2항의 경우에 강제경매 또는 담보권 실행을 위한 경매가 취소되면 유치권 등에 의한 경매절차를 계속하여 진행하여야 한다.

민법

제7장 유치권

제320조 (유치권의 내용) ①타인의 물건 또는 유가증권을 점유한 자는 그 물건이나 유가증권에 관하여 생긴 채권이 변제기에 있는 경우에는 변제를 받을 때까지 그 물건 또는 유가증권을 유치할 권리가 있다.
②전항의 규정은 그 점유가 불법행위로 인한 경우에 적용하지 아니한다.

제321조 (유치권의 불가분성) 유치권자는 채권전부의 변제를 받을 때까지 유치물전부에 대하여 그 권리를 행사할 수 있다.

제322조 (경매, 간이변제충당) ①유치권자는 채권의 변제를 받기 위하여 유치물을 경매할 수 있다.
②정당한 이유있는 때에는 유치권자는 감정인의 평가에 의하여 유치물로 직접변제에 충당할 것을 법원에 청구할 수 있다. 이 경우에는 유치권자는 미리 채무자에게 통지하여야 한다.

제323조 (과실수취권) ①유치권자는 유치물의 과실을 수취하여 다른 채권보다 먼저 그 채권의 변제에 충당할 수 있다. 그러나 과실이 금전이 아닌 때에는 경매하여야 한다.
②과실은 먼저 채권의 이자에 충당하고 그 잉여가 있으면 원본에 충당한다.

제324조 (유치권자의 선관의무) ①유치권자는 선량한 관리자의 주의로 유치물을 점유하여야 한다.
②유치권자는 채무자의 승낙없이 유치물의 사용, 대여 또는 담보제공을 하지 못한다. 그러나 유치물의 보존에 필요한 사용은 그러하지 아니하다.
③유치권자가 전2항의 규정에 위반한 때에는 채무자는 유치권의 소멸을 청구할 수 있다.

제325조 (유치권자의 상환청구권) ①유치권자가 유치물에 관하여 필요비를 지출한 때에는 소유자에게 그 상환을 청구할 수 있다.
②유치권자가 유치물에 관하여 유익비를 지출한 때에는 그 가액의 증가가 현존한 경우에 한하여 소유자의 선택에 좇아 그 지출한 금액이나 증가액의 상환을 청구할 수 있다. 그러나 법원은 소유자의 청구에 의하여 상당한 상환기간을 허여할 수 있다.

제326조 (피담보채권의 소멸시효) 유치권의 행사는 채권의 소멸시효의 진행에 영향을 미치지 아니한다.

제327조 (타담보제공과 유치권소멸) 채무자는 상당한 담보를 제공하고 유치권의 소멸을 청구할 수 있다.

제328조 (점유상실과 유치권소멸) 유치권은 점유의 상실로 인하여 소멸한다.

유치권 ❶ :: 공사대금을 원인으로 한 진정한 유치권 - 1 ::

[특강] 돈 되는 경매물건 27선 (6/25木) **고양8계 2009-6703 상세정보**

경매구분	임의(기일)	채권자	광탄농협	경매일시	09.06.24 (10:00)
용도	대지	채무/소유자	최창남외1/최창남	다음예정	09.07.22 (2,263,132,000원)
감정가	2,828,915,000	청구액	2,031,354,774	경매개시일	09.03.11
최저가	2,828,915,000 (100%)	토지총면적	966 m² (292.21평)	배당종기일	09.05.12
입찰보증금	10% (282,891,500)	건물총면적	0 m² (0평)	조회수	금일1 공고후61 누적61
주의사항	· 유치권 · 입찰외 · 토목공사 진행중 굴착단계에서 중단.진원종합건설(주)로부터 750,000,000원 유치권신고 있음.기계기구 소재불명. · 2009.04.30 신고인 진원종합건설 (주) 유치권권리신고서 제출				

- 물건사진 10
- 지번·위치 4
- 구조도 0
- 위성지도

우편번호및주소/감정서	물건번호/면 적 (m²)	감정가/최저가/과정	임차조사	등기권리
413-010 경기 파주시 금촌동 792-2 ●감정평가서정리 - 파주시청남측인근 - 토목공사진행중,굴착단계에서중단 2009.03.26 대화감정	물건번호: 단독물건 대지 965.5 (292.06평) 입찰외기계기구2식 소재(소재불명) 현장보고서 열람 GO	감정가 2,828,915,000 대지 2,828,915,000 (100%) 최저가 2,828,915,000 (100.0%) ●경매진행과정 2,828,915,000 진행 2009-06-24	●법원임차조사 *굴착 및 정지작업 중에 있음	소유권 최창남 1996.03.13 저당권 광탄농협 2005.02.21 1,560,000,000 저당권 광탄농협 2008.03.07 650,000,000 지상권 광탄농협 2008.04.08 30년

[분 석 순 서]

- **경매 사이트 주의사항 확인**

  참고 : 사례에 나오는 경매 사이트는 지지옥션 부동산 경매 사이트 사용

  〈지지옥션 부동산 경매 사이트 - www.ggi.co.kr〉

- **대법원 법원경매정보** – 사건내역에서 물건내역과 당사자내역 확인

  – 문건 / 송달내역에서 문건처리내역 확인

- **경매 사이트 사진을 클릭하여 확인**

- **대법원 판례 확인**

대법원 법원경매정보사이트(www.courtauction.go.kr)에서 확인

경매사건검색

검색조건 법원 : 고양지원 | 사건번호 : 2009타경6703

사건내역 | 기일내역 | 문건/송달내역 — 인쇄 | < 이전

사건기본내역

사건번호	2009타경6703	사건명	부동산임의경매
접수일자	2009.03.09	개시결정일자	2009.03.11
담당계	경매8계 전화 : 031-920-6318		
청구금액	2,031,354,774원	사건항고/정지여부	
종국결과	미종국	종국일자	

유치권 신고내용 확인

물건내역

물건번호	1	물건용도	대지	감정평가액	2,828,915,000원		
물건비고	토목공사 진행중 굴착단계에서 중단, 진원종합건설(주)로부터 750,000,000원 유치권 신고 있음.기계기구 소재불명						
목록1	경기도 파주시 금촌동 792-2			목록구분	토지	비고	미종국
물건상태	**매각준비**						

당사자내역

당사자구분	당사자명	당사자구분	당사자명
채권자	광탄농업협동조합	채무자	주식회사 탑코리아
채무자겸소유자	최창남	가압류권자	일진건설 주식회사
압류권자	파주시	교부권자	파주세무서
지상권자	광탄농업협동조합	유치권자	진원종합건설(주)

유치권자를 이해관계인으로 인정

대법원 법원경매정보 사이트의 일반적인 내용입니다.

경매사건검색

검색조건 법원 : 고양지원 | 사건번호 : 2009타경6703

사건내역 | 기일내역 | 문건/송달내역 | 인쇄 | < 이전

문건처리내역

접수일	접수내역	결과
2009.03.10	채권자 광탄농업협동조합 보정서 제출	
2009.03.12	등기소 파주등기소 등기필증 제출	
2009.03.25	교부권자 파주세무서 교부청구 제출	
2009.04.02	감정인 주)대화감정평가법인 북부지사 감정평가서 제출	
2009.04.30	신고인 진원종합건설 주식회사 유치권권리신고서 제출	
2009.05.06	집행관 강영원 부동산현황조사서 제출	
2009.05.08	교부권자 파주시 교부청구 제출	
2009.06.01	교부권자 파주세무서 교부청구 제출	
2009.06.23	채권자 광탄농업협동조합 기일연기신청 제출	
2009.06.25	교부권자 파주세무서 교부청구 제출	

- **경매개시일** : 2009. 03. 11
- **경매개시일** : 2009. 05. 12
- **유치권신고일** : 2009. 04. 30 (유치권신고일을 확인하는 이유는? 진정한 유치권자라면 경매가 개시된 뒤 오랜 기간 뒤에 신고할까요?)

Tip •••

경매 사이트나 감정평가서를 확인하면 현장 사진을 볼 수 있습니다.
이런 사진을 보면 정당한 유치권자인지 아닌지 어느 정도 확인이 가능하겠죠?

살 펴 보 기

- 경매사이트 및 대법원사이트, 감정평가서, 사진 등을 확인한 결과 본 건은 유치권이 없을지라도 유치권이 있다고 생각하는 것이 안전합니다. 왜냐하면 경락을 받은 후 유치권을 부인하고자 한다면 어쩌면 지루한 법적인 싸움을 해야 하기 때문입니다.

  그러므로 반드시 경매에 참여하겠다고 생각한다면 최초감정가격과 유치권신고금액, 현재의 시세를 비교하여 최악의 경우와 협상의 경우를 생각하고 참여하는 것이 좋겠습니다.

즉, 유치권부존재소송에서 패소하는 경우와 재판전 또는 재판과정에서 유치권자와 합의하는 경우를 생각해야 합니다. 항상 『(금차법사가격 + 유치권신고금액) < 현재시세』를 생각해야 한다는 것을 기억하시기 바랍니다.

■ 이 물건과 비슷한 대법원 2008. 5. 50 자 2007마 98 결정의 판례를 보면 "건물의 신축공사를 도급 받은 수급인이 사회통념상 독립한 건물이라고 볼 수 없는 정착물을 토지에 설치한 상태에서 공사가 중단된 경우에 위 정착물은 토지의 부합물에 불과하여 이러한 정착물에 대하여 유치권을 행사할 수 없는 것이고, 또한 공사 중단 시까지 발생한 공사금채권은 토지에 관하여 생긴 것이 아니므로 위 공사금채권에 기하여 토지에 대하여 유치권을 행사할 수도 없다."라고 되어 있습니다.
그러나 판례는 항상 변할 수 있기 때문에 주의해서 봐야 합니다.

■ 흔히 말하기를 토목공사나 골조공사에 머문 경우는 유치권 성립이 어렵다고 하고, 도급계약 목적이 터파기공사가 아닌 토지 위에 건물을 신축하여 별개의 건물에 대한 소유권 취득 목적일 경우 유치권이 성립하지 않는다고 말하고 있으나 실전경매에서는 유치권이 성립한다고 생각하고 경매에 참여하는 것이 안전하며, 경락 후 법적인 공방을 해야 할 것으로 생각합니다.

■ 이 경매물건에서는 유치권을 신고한 회사가 토목공사를 전문으로 하는 회사인지, 아니면 종합건설회사인지 확인하고 난 뒤에 대응을 하는 것이

좋겠습니다.

대법원 판례에서 볼 수 있듯이 토목공사만을 전문으로 하는 회사라면 진정한 유치권이 될 확률이 높습니다. 이 회사에 관한 것은 여러 가지 경로를 통해서(법인등기부등본 등) 알 수 있겠지만 물건지의 현장에 가면 공사 안내판이 있으므로 확인이 가능하기도 합니다.

■ 터파기공사를 하다가 중단한 경우와는 달리 터파기공사를 마무리한 뒤, 바닥을 콘크리트 등으로 다져놓은 경우에는 건물을 신축하기 위한 토대를 구축해 놓은 것인 만큼 토지에 대한 가치를 상승시켰다고 보아 유치권을 인정하는 경우도 있는데 이러한 경우는 토지에 대한 유익비로 인정되어 유치권을 인정해 주는 경우입니다.

결과적으로 유치권은 Case by case로 어떻게 대응하느냐에 따라 전혀 다른 결과가 나올 수 있습니다.

■ 이 경매물건과는 달리 아래에서 살펴보고자 하는 사례는 공부상 지목이 과수원, 전, 하천 등으로 공사여건이 좋지 않고, 토목공사 부분만을 별도로 계약한 경우입니다. 이 건의 사례를 보면서 위 경매물건에서는 유치권과 관련하여 어떻게 대응할 것인가를 생각해 보기로 합니다.

대법원 2007. 11. 29 선고 2007다 60530 판결

판시사항

하급심에서는 토목공사의 구체적인 내용을 더 심리하여 보지도 않고, 유치권자의공사대금은 각 토지 위에 신축하려고 했던 임대아파트와 관련하여 생긴 것이지 각토지와 관련하여 생긴 것이 아니라고 단정한 나머지 유치권 항변을 배척하였으나, 대법원에서는 아파트를 짓기 위한 기초파일공사를 아파트 부지에 관한 공사로 볼 가능성이 크다는 점에서 그 공사대금 채권은 토지에 관하여 발생한 채권으로서 토지에 대한 유치권을 인정하였습니다.

현장설명

- 이 사건 토지는 공부상 지목이 과수원, 전, 하천 등으로 구성된 일단의 토지로서, 장차 지목을 대지로 변경하더라도 건물붕괴를 위한 지반보강공사 없이는 그지상에 아파트 등 건물을 건축하기에 부적합한 상태였으며,

- 그 지상에 임대아파트 신축사업을 시행하기에 앞서 유치권자와의 사이에 토목공사 부분만을 건물공사와는 별개로 장기간(3년 2개월), 큰 금액(6억 8천만원)으로 도급계약을 체결하였습니다.

유치권 존재여부 판단

- 건물을 짓기 위해 기초공사만 된 상태에서는 아직 법률적으로 독립된 건물은 없으므로 건물에 대한 유치권은 생각할 수 없고, 그 기초공사가 된 토지에 대하여 유치권을 행사할 수 있을 것인가가 문제입니다.

- 이때에는 토지의 객관적 가치 증가 여부를 판단해야 하는 문제가 발생하

므로 판결에 따라 많은 차이가 발생할 수가 있습니다. 대법원의 판례에서는 건물신축공사와 법리적으로 구분되어 평가할 수 있는 토지 그 자체만의 개량공사 즉, 토지의 객관적 가치를 증가시키는 것으로 볼 요소들이 충분히 존재하는가를 중요한 판단요소로 보고 있습니다.

■ 여기에서 말하는 토지의 객관적 가치를 증가시키는 것의 증거로는 감정가격 등을 참고자료로 제출할 수 있을 것입니다. 즉, 유치권의 유무를 주장하는 사람이 이러한 감정자료 등을 이용하여 자신의 주장의 신빙성을 나타낼 수 있을 것입니다.

■ 또한 민법 제320조에 의한 유치권이 성립하기 위해서는 그 피담보채권이 목적물 자체로부터 발생하였다는 등의 피담보채권과 목적물 사이에 견련관계가 있음을 요하므로, 이 사건에서 견련성을 이유있게 하는 요소는 임대아파트 신축사업과는 별개로 토목공사만을 장기간, 큰 금액으로 도급계약을 체결한 것을 볼 수 있습니다.

유치권 ❷ :: 공사대금을 원인으로 한 진정한 유치권 - 2 ::

[특강] 돈 되는 경매물건 27선 (6/25木) **고양5계 2009-8457 상세정보**

경매구분	임의(기일)	채권자	원당농협	경매일시	변경물건
용도	대지	채무/소유자	김명호/황건선	다음예정	변경물건
감정가	3,250,384,000	청구액	2,947,581,601	경매개시일	09.03.24
최저가	3,250,384,000 (100%)	토지총면적	16383 ㎡ (4955.86평)	배당종기일	09.05.25
입찰보증금	10% (325,038,400)	건물총면적	0 ㎡ (0평)	조회수	금일1 공고후58 누적59
주의사항	· 유치권 · 입찰외 · 일괄매각, (유)태성디앤아이 유치권신고(1,150,839,400원)				

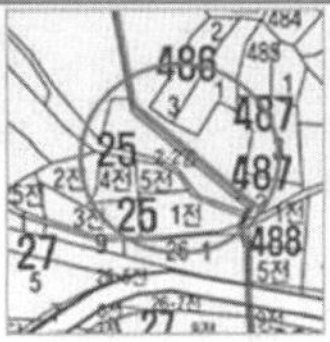

- 물건사진 4
- 지번·위치 4
- 구조도 0
- 위성지도

우편번호및주소/감정서	물건번호/면 적 (㎡)	감정가/최저가/과정	임차조사	등기권리
413-843 경기 파주시 탄현면 문지리 2-2 감정평가액 감정:101,035,000 ●감정평가서정리 - 부정형평지및중하단부분동남사향의 완경사지 - 남측5-6m도로통해2차선지방도연결 2009.03.30 세일감정 표준공시지가 : 290,000 감정지가 : 167,000	물건번호: 단독물건 대지 605 (183.01평) 현:도로	감정가 3,250,384,000 대지 3,250,384,000 (100%) 최저가 3,250,384,000 (100.0%) ●경매진행과정 3,250,384,000 변경 2009-06-17		소유권 황건선 1998.03.25 저당권 원당농협 2007.07.30 3,920,000,000 지상권 원당농협 2007.07.31 30 임 의 원당농협 2009.03.24 *청구액:2,947,581,601원 등기부채권총액 3,920,000,000원 열람일자 : 2009.05.29 *문지리 2-2 등기 ------------- ♠(유)태성디앤디유치권 신고(1,150,839,400원)

경매사건검색

▶ **검색조건** 법원 : 고양지원 | 사건번호 : 2009타경8457

사건내역 | 기일내역 | 문건/송달내역 | 인쇄 | < 이전

사건기본내역

사건번호	2009타경8457	사건명	부동산임의경매
접수일자	2009.03.23	개시결정일자	2009.03.24
담당계	경매5계 전화 : 031-920-6315		
청구금액	2,947,581,601원	사건항고/정지여부	
종국결과	미종국	종국일자	

물건내역

물건번호	1	물건용도	대지,임야,전답	감정평가액	3,250,384,000원		
물건비고	일괄매각, (유)태성 디앤디 유치권신고(1,150,839,400원)						
목록1	경기도 파주시 탄현면 문지리 2-2			목록구분	토지	비고	미종국
목록2	경기도 파주시 탄현면 문지리 2-4			목록구분	토지	비고	미종국
목록3	경기도 파주시 탄현면 문지리 2-5			목록구분	토지	비고	미종국
물건상태	**매각준비**						

당사자내역

당사자구분	당사자명	당사자구분	당사자명
채권자	원당농업협동조합	소유자	황건선
채무자겸소유자	김명호	근저당권자	김미호
근저당권자	원유홍	근저당권자	박지현
근저당권자	김명현	근저당권자	이정일
근저당권자	김영애	가압류권자	성완제(거산조경대표)
가압류권자	원당신용협동조합	교부권자	파주세무서
교부권자	파주시	교부권자	국,파주세무서
지상권자	원당농업협동조합	배당요구권자	원당농업협동조합
유치권자	유한회사 태성 디앤아이		

유치권자를 이해관계인으로 인정

경매사건검색

검색조건 법원 : 고양지원 | 사건번호 : 2009타경8457

사건내역 | 기일내역 | 문건/송달내역 | 인쇄 | < 이전

문건처리내역

접수일	접수내역	결과
2009.03.25	등기소 파주등기소 등기필증 제출	
2009.04.03	가압류권자 성완제(거산조경대표) 채권계산서 제출	
2009.04.03	채권자 원당농업협동조합 채권계산서 제출	
2009.04.03	교부권자 파주세무서 교부청구 제출	
2009.04.03	근저당권자 김영애 권리신고및배당요구신청 제출	
2009.04.03	근저당권자 김영애 채권계산서 제출	
2009.04.09	감정인 세일감정평가사사무소 감정평가서 제출	
2009.04.24	신고인 유한회사 태성디앤아이 권리신고서 제출	
2009.05.07	집행관 강영원 부동산현황조사서 제출	
2009.05.11	근저당권자 원유홍 채권계산서 제출	
2009.05.18	근저당권자 김미호 채권계산서 제출	
2009.05.20	교부권자 파주시 교부청구 제출	
2009.05.20	교부권자 파주시 교부청구 제출	
2009.06.10	채권자 원당농업협동조합 기일연기신청 제출	
2009.06.11	채권자 원당농업협동조합 재평가신청 제출	
2009.06.22	교부권자 파주세무서 교부청구 제출	

- 유치권자(유한회사 태성디앤아이)가 무엇을 하는 회사인지를 확인해야 합니다. 조사결과 토목공사와 전혀 관련이 없는 회사라면 유치권을 해결하는데 큰 도움이 되겠습니다. 최근에는 유치권신고가 터파기 등 토목작업에 대하여도 늘어나고 있는 추세이며, 대법원 판례도 토목공사로 인한 토지에 대한 유치권을 인정하는 사례도 많습니다.

기호(2)

살 펴 보 기

■ 본 건은 건축물이 없는 것으로 보아 토목공사를 원인으로 한 유치권이라고 생각됩니다. 주변이 야산으로 되어 있어서 상당한 정도의 비용이 소요된 토목공사입니다. 신고된 내용에서 알 수 있듯이 유치권이 11억 5천 만원이 신고되어 있으므로 본물건의 면적과 비교하여 보면 토목공사비용이 평당 230만원 정도 소요되었다는 계산이 나옵니다.

토목공사를 하시는 분들은 이런 비용은 터무니 없이 과다 계상된 것이라는 것을 쉽게 알 수 있을 것입니다. 그러므로 본 물건은 유치권이 존재한다고 해도 유치권자가 신고한 금액에는 미치지 못한다는 생각을 하고 경매에 임하면 되겠습니다.

■ 토목공사에 관한 유치권과 관련해서는 앞의 『유치권 1』에서 설명하였으니 참고하시고 이곳에서는 유치권의 견련성과 관련하여 『민사유치권』과 『상사유치권』에 대하여 알고 가기로 합니다.

유치권의 견련성이란 쉽게 말하면 물건과 채권의 관련성을 말합니다.

■ 민사유치권이란 민법 제320조에서 "타인의 물건을 점유한 자는 그 물건에 관하여 생긴 채권이 변제기에 있는 경우에는 변제를 받을 때까지 그 물건을 유치할 권리가 있다."에서 말하듯 반드시 물건과 채권의 견련성을 요합니다.

반면에 상사유치권이란 상법 제58조에서 "상인 간의 상행위로 인한 채권이 변제기에 있는 때에는 채권자는 변제를 받을 때까지 그 채무자에 대한 상행위로 인하여 자기가 점유하고 있는 채무자 소유의 물건을 유치할 수 있다."라고 되어 있듯이 상인간의 상행위로 인하여 발생한 채권이면 충분하고, 민사유치권과 같이 유치 목적물에 관하여 생긴 채권임을 요하지 않습니다. 즉, 물건과 채권의 견련성을 요하지 않습니다.

그러므로 이 건과 같은 경우에는 채무자 및 소유자가 상인이 아닌 개인이므로 비록 유치권자가 상인이라 할지라도 상사유치권이 성립하기 위한 전제조건인 상인간의 상행위가 아니므로, 유치권자인 유한회사 태성디앤아이가 토목공사를 직접 실행한 회사인지만 확인하면 되겠습니다.

■ 이 건과 같이 토목공사가 아닌 건물과 같은 경우에는 유치권이 신고되어 있으면 반드시 민사유치권 뿐만 아니라 상사유치권까지 생각하고 입찰에 응해야 합니다.

흔히 경매에 관한 가벼운 지식만을 가지고 유치권을 주장하는 자가 그 건물을 직접 공사하지 않았다고 하여 허위의 유치권으로 단정하여 경매에 참여하였다가 나중에야 상사유치권으로 유치권을 행사하였다는 것을 알았다면 경락자에게 회복불가능한 사고가 발생할 수도 있기 때문입니다.

유치권 ❸ :: 진정한 유치권자가 유치권금액을 과다 신고한 경우 ::

[특강] 돈 되는 경매물건 27선 (6/25木) **남부6계 2008-4503 상세정보**

◎ 중복:2008-10614(김광수), 2009-6391(구제훈)

<table>
<tr><td>경매구분</td><td>강제(기일)</td><td>채권자</td><td>이한배</td><td>낙찰일시</td><td>09.05.18</td></tr>
<tr><td>용도</td><td>공장</td><td>채무/소유자</td><td>서울금천전자</td><td>낙찰가격</td><td>611,000,000</td></tr>
<tr><td>감정가</td><td>1,844,460,000</td><td>청구액</td><td>105,000,000</td><td>경매개시일</td><td>08.04.10</td></tr>
<tr><td>최저가</td><td>604,392,000 (33%)</td><td>토지총면적</td><td>0 m² (0평)</td><td>배당종기일</td><td>08.06.30</td></tr>
<tr><td>입찰보증금</td><td>10% (60,439,200)</td><td>건물총면적</td><td>2642.18 m² (799.26평)</td><td>조회수</td><td>금일4 공고후167 누적1,366</td></tr>
<tr><td>주의사항</td><td colspan="5">· 유치권 · 건물만입찰
· 제시외 건물 포함.건축법상 사용승인을 받지 않은 건물로 신축중 공사 중지로 내벽 및 바닥등이 마감되지 않았고 부대설비가 미설치된 건물임(감정서 및 현황조사서 참조).08.05.08.유치권신고인 인우건설(주)로부터 공사대금 1,923,500,000원의 유치권신고가 있으나 그 성립여부는 불분명함.2009.1.22.유치권신고인 박환수로부터 공사대금 90,000,000원의 유치권신고가 있으나 그 성립여부는 불분명함.
· 본건 건물을 위해 매각외 토지에 법정지상권 성립여부 불분명
· 2008.05.08 유치권자 인우건설 (주) 유치권권리신고서 제출
· 2008.08.12 유치권자 인우건설 (주) 열람및복사신청 제출
· 2009.01.22 유치권자 박환수 유치권신고서 제출
· 2009.01.28 유치권자 박환수 열람및복사신청 제출</td></tr>
</table>

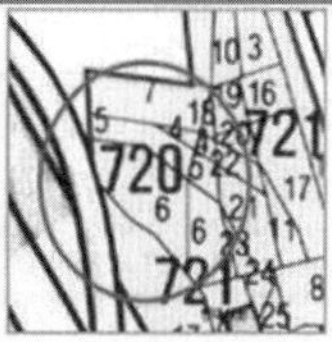

- 물건사진 2
- 지번·위치 4
- 구 조 도 1
- 위성지도

<table>
<tr><th>우편번호및주소/감정서</th><th>물건번호/면 적 (m²)</th><th>감정가/최저가/과정</th><th>임차조사</th><th>등기권리</th></tr>
<tr><td>153-010
서울 금천구 독산동
720-4 ,-5,-6,721-5

●감정평가서정리
- 건물만입찰
- 철콘조슬래브지붕
- 1호선독산역남측직선거리500m지점소재
- 주변북측아파트단지, 동측1호선철길,</td><td>물건번호: 단독물건

건물
· 1층 69.24
(20.95평)
· 2층 316.58
(95.77평)
· 3층 316.58
(95.77평)
· 4층 316.58
(95.77평)</td><td>감정가 1,844,460,000
건물 1,828,340,000
(99.13%)
제시 16,120,000
(0.87%)

최저가 604,392,000
(32.8%)

●경매진행과정
1,844,460,000</td><td>●법원임차조사
*소유자점유</td><td>강 제 이한배
2008.04.15
*청구액:105,000,000원
가등기 박순자
2008.05.07
소유이전청구가등
강 제 김광수
2008.05.16

열람일자 : 2008.06.04
**건물등기임</td></tr>
</table>

경매사건검색

검색조건 법원 : 서울남부지방법원 | 사건번호 : 2008타경4503

사건내역 | 기일내역 | 문건/송달내역

인쇄 | < 이전

사건기본내역

사건번호	2008타경4503	사건명	부동산강제경매
중복/병합/이송	2008타경10614(중복) 2009타경6391(중복)		
접수일자	2008.02.26	개시결정일자	2008.04.10
담당계	경매6계 전화 : (02)2192-1336(구내:1336)		
청구금액	105,000,000원	사건항고/정지여부	
종국결과	미종국	종국일자	

당사자내역

당사자구분	당사자명	당사자구분	당사자명
채권자	이한배	채무자겸소유자	서울금천전자기기사업협동조합
가압류권자	정용국	가등기권자	박순자
교부권자	금천세무서	교부권자	금천구청
교부권자	금천구청	교부권자	서울특별시
교부권자	구로구청	교부권자	구로구청장
배당요구권자	김광수	유치권자	인우건설 주식회사의 양수인 (주)영흥건설
유치권자	박환수		

Tip • • •

유치권자로부터 목적물의 점유를 승계한 자가 있을 경우에 이미 유치권자는 그 점유를 이전하면서 유치권도 상실하였기 때문에 승계인은 전 점유자를 대위하여 유치권을 주장할 수 없습니다. 그러나 정당한 채권의 양도과정을 거쳐 점유가 이전된 경우에는 유치권은 소멸되지 않습니다. 그러므로 인우건설에서 영흥건설로 어떻게 점유가 이전되었는지를 확인해야 합니다.

경매사건검색

검색조건 법원 : 서울남부지방법원 | 사건번호 : 2008타경4503

사건내역 | 기일내역 | 문건/송달내역 | 인쇄 | < 이전

기일내역

물건번호	감정평가액	기일	기일종류	기일장소	최저매각가격	기일결과
1	1,844,460,000원	2008.08.26 (10:00)	매각기일	제112호 법정	1,844,460,000원	변경
		2008.10.06 (10:00)	매각기일	제112호 법정	1,844,460,000원	유찰
		2008.11.12 (10:00)	매각기일	제112호 법정	1,475,568,000원	유찰
		2008.12.16 (10:00)	매각기일	제112호 법정	1,180,454,000원	유찰
		2009.01.21 (10:00)	매각기일	제112호 법정	944,363,000원	유찰
		2009.03.02 (10:00)	매각기일	제112호 법정	755,490,000원	변경
		2009.04.06 (10:00)	매각기일	제112호 법정	755,490,000원	유찰
		2009.05.18 (10:00)	매각기일	제112호 법정	604,392,000원	매각 (610,000,000원)
		2009.05.25 (14:00)	매각결정기일	제112호 법정		최고가매각허가결정
		2009.06.24 (16:00)	대금지급기한	민사신청과 경매6계		미납

Tip • • •

인우건설(주)와 (주)영흥건설의 관계를 알기 위해서는 법인등기부등본을 열람해 보면 알 수 있습니다. 또한 경매계에 신고한 서류를 참고하면 확인이 가능하기도 합니다.

경매사건검색

검색조건 법원 : 서울남부지방법원 | 사건번호 : 2008타경4503

사건내역 | 기일내역 | 문건/송달내역 | 인쇄 | < 이전

중복/병합사건 선택하세요

문건처리내역

접수일	접수내역	결과
2008.03.06	기타 감정인 문부남 감정서 제출	
2008.03.07	기타 집행관 이치림 미등기건물조사보고서 제출	
2008.03.17	채권자 이한배 보정서 제출	
2008.04.04	기타 금천구청 사실조회회신 제출	
2008.04.28	기타 집행관 이진수 현황조사서 제출	
2008.04.30	법원 서울남부지방법원 등기과 등기필증 제출	
2008.05.06	교부권자 금천세무서 교부청구 제출	
2008.05.08	유치권자 인우건설 주식회사 유치권권리신고서 제출	
2008.05.15	기타 대신감정평가사사무소 감정평가서 제출	
2008.05.23	교부권자 금천구청 교부청구 제출	
2008.06.20	교부권자 금천구청 교부청구 제출	
2008.06.27	교부권자 서울특별시 교부청구 제출	
2008.06.30	교부권자 서울특별시 교부청구 제출	
2008.08.20	채권자 이한배 채권계산서 제출	
2008.08.21	교부권자 금천세무서 교부청구 제출	
2008.08.22	채권자 이한배 매각기일연기신청 제출	
2008.09.08	교부권자 구로구청 교부청구 제출	
2008.09.18	채권자 이한배 경매속행신청 제출	
2009.01.22	유치권자 박환수 유치권신고서 제출	
2009.01.28	유치권자 박환수 열람및복사신청 제출	
2009.02.16	채권자 이한배 기일연기신청 제출	

경매개시일과 배당종기일이 많이 경과한 후에 유치권을 신고한 유치권자입니다.
그러므로 거짓일 확률이 높은 유치권자입니다. 현장 조사가 꼭 필요한 유치권자입니다.

감정평가서 내용

1. 건물의 구조
철근콘크리트조 슬래브지붕 8층신축중 공사중단된 공장건으로
외 벽 : 금속판넬 미장마감
내 벽 : 몰탈위 일부페인팅
창 호 : 금속창호

2. 이용상태
사용승인되지 않은 신축중 공사중단된 건물임

살 펴 보 기

■ 이 건은 경매참여여부를 결정하기보다는 유치권의 양도 양수와 유치권과 법정지상권의 관계를 연구할 수 있는 좋은 사례입니다. 먼저 이 건 경매는 참여하지 않는 것이 타당하다고 생각하며 그 이유는 후술하기로 합니다. 자, 이제 이 건 경매에 참여한다고 했을 때의 경우를 생각하고 이야

기 하기로 합니다. 왜 이 건 경매에 참여하지 않아야 하는가는 차츰 알게 될 겁니다. 이 건 경매에 참여할 때 안정적으로 생각한다면 이 물건에 대하여는 경락 후 유치권과 관련하여 상당한 시간과 금전을 투자할 것을 각오하고 경매에 응해야 할 것으로 생각됩니다.

즉, 이 건물의 낙찰가격을 낙찰가격과 유치권금액 2,013,500,000원을 합산한 금액이라 생각하고 접근해야 안전하며, 장래에는 이 건 대지를 매입해야 한다고 생각해야 합니다.

이 건에서 건물의 감정가격이 18억 4천만원 정도인데 유치권 금액이 20억원이라는 것은, 유치권 소송을 통해서 감액할 부분이 많이 있다는 것을 의미 할 수도 있습니다.

유치권의 양도 · 양수

■ 이 건에서는 유치권자가 인우건설(주)에서 (주)영흥건설로 바뀌었습니다. 대법원 1972. 5. 30 선고 72다 548 판결에서는 "비록 건물에 대한 점유를 승계한 사실이 있다 하더라도 전점유자를 대위하여 유치권을 주장할 수는 없는 것이다. 왜냐하면 피대위자는 그 점유를 상실하면서 곧 유치권을 상실한 것이기 때문이다."라고 하였습니다.

즉, 이때 유치권이 상실된 이유는 건물에 대한 점유만 이전을 했지, 그 유치권의 피담보채권인 공사대금에 대하여는 별도로 양도절차를 밟지 않았기 때문입니다. 그렇기 때문에 유치권을 양도·양수하는 것은 다음과 같이 실행을 해야 하고, 반대로 양도·양수에 대한 유치권의 주장을 배척하려면 아래와 같은 사항을 자세히 확인하는 것이 중요합니다.

① 물건에 대한 유치권을 양도하고 점유를 이전하면서 그 유치권의 피담보채권인 공사대금도 함께 양도하였는가를 확인해야 합니다. 즉, 피담보채권(공사대금)과 점유를 함께 양도하였는가를 확인해야 합니다.

만약, 피담보채권과 점유 중 모두가 이전되지 않았다면 유치권은 소멸하는 것으로 봐야 합니다.

② 또한 피담보채권인 공사대금의 양도는 제3자에게도 대항력을 갖기 위해서는 확정일자 있는 채권양도통지나 승낙을 요합니다. 그러므로 공사대금 등의 양도를 건물의 소유자에게 통지하였는지, 확정일자 있는 채권양도통지나 승낙서가 있는지를 반드시 확인해야 합니다.

만약 위와 같은 ①, ②의 조건을 충족하지 못했다면 유치권자는 유치권 소송에서 결정적으로 불리한 위치에 놓이게 됩니다.

유치권과 법정지상권의 이해

■ 그러나 이 건은 유치권과의 문제 보다 법정지상권에서 더 재미있는 것을 유추해 볼 수 있습니다.

먼저 법정지상권의 성립요건 4가지를 생각해 봅니다.

■ **법정지상권의 성립요건**

① 저당권 설정 당시 토지소유자와 건물의 소유자가 동일할 것

② 토지와 건물 중 어느 한 쪽 또는 양쪽 모두에 저당권이 설정될 것

③ 경매로 인하여 토지소유자와 건물소유자가 각각 달라질 것

④ 토지에 저당권 설정 당시 건물이 존재하고 있을 것

이 건 토지에 대하여 (폐쇄)등기부등본을 확인하여 본 결과 법정지상권은 성립하지 않음을 알 수 있습니다. 그럼 이제 법정지상권은 성립하지 않는데 유치권은 성립하는 경우의 수에서 건물을 경락 받은 경우를 생각해 봅니다. 이 건 경매의 경우 관련된 사람은 모두 세명입니다.

즉, 대지소유자, 유치권자, 건물경락자입니다.
이 세 사람이 이 건과 관련하여 대응하는 방법을 보면서 여러분들도 각자 상상의 나래를 펴서 분석을 해보시기 바랍니다.

■ 먼저 대지소유자의 입장에서 생각해 봅니다.
위와 같은 상황에서 가장 유리한 입장에 있는 사람이 대지소유자입니다. 대지소유자는 경락자와 유치권자를 상대로 다음과 같은 법적인 조치를 취할 수 있습니다.

먼저 경락자에 대하여 건물지료청구를 원인으로 건물에 가압류를 한 다

음, 건물 철거 및 토지인도청구권을 피보전권리로 하는 처분금지가처분을 합니다. 그런 다음 건물철거 및 지료청구의 소를 제기합니다.

이와 같은 소는 시일은 많이 소요되겠지만 승소판결을 받는 데는 어려움이 없을 겁니다. 이렇게 승소판결을 받은 다음, 건물에 대한 유치권자를 상대로 토지퇴거소송을 제기합니다.

대지소유자는 이미 건물철거 및 지료청구의 소에서 승소판결을 받았기 때문에 유치권자가 건물을 점유하고 있다면 유치권자를 상대로 하여 토지퇴거소송을 제기하면 됩니다. 이 때 건물철거소송에서 패소한 건물에 대하여 유치권을 행사하고 있는 유치권자는 대지소유자에 대하여 항변할 수 있는 권리가 없습니다.

즉, 철거될 운명의 건물에 대한 유치권은 사상누각(沙上樓閣)인 것과 다름이 없습니다.

이상과 같이 대지소유자는 건물경락자와 유치권자를 상대로 법적인 조치를 할 수 있으며, 실제로는 건물철거소송에서 승소하여 건물을 철거하기 보다는 지료를 이유로 하여 건물에 대하여 경매를 신청한 후 건물을 경락 받아 완전한 부동산(대지 + 건물)을 소유하는 경우가 많습니다.
그러나 실제 소송에서는 이와 같은 건물에 대한 철거소송에서 판결을 곧바로 하지 않은 채 시일을 끌거나 합의를 종용하는 경우가 많습니다. 왜냐하면 아무리 법정 지상권은 없다고 하지만 멀쩡한 건물을 철거하라는

판결을 하기가 쉽지만은 않기 때문입니다.

■ 자, 이렇게 되면 관련된 세 사람 중에서 유치권자와 건물경락자는 대지소유자에 대하여 별다른 대응을 할 방법이 없습니다. 단지 대응을 한다면 법정지상권을 성립시키기 위한 노력을 하는 것일 뿐…

물론 대지소유자가 이러한 사실을 잘 모르고 있다면 모르겠지만 그런 행운은 아마 발생할 여지가 없을 것입니다. 그러므로 이 건 경매에서는 대지소유자가 웃으면서 기다리고 있는 중인지도 모르겠습니다.

왜냐하면 대지소유자가 직접 건물을 경락 받으면 유치권이란 함정을 피할 수 없으므로, 일단 다른 사람이 경락을 받으면 위와 같은 단계를 거쳐 완전한 물건으로 만들 수 있기 때문입니다.

대지소유자의 입장에서 보면 유치권이란 함정을 피하기 위하여 다른 경락자를 이용하는 작전을 세우고 있는지도 모르겠습니다.

유치권 ❹ :: 유치권을 인정하고 응찰해도 되는 경우 - ① ::

[특강] 돈 되는 경매물건 27선 (6/25木) **남부5계 2008-22471 상세정보**

경매구분	임의(기일)	채권자	정선후	낙찰일시	09.06.04
용도	다가구주택	채무/소유자	이준우/이종근	낙찰가격	547,590,000
감정가	803,814,000	청구액	271,000,000	경매개시일	08.10.17
최저가	411,553,000 (51%)	토지총면적	209 m² (63.22평)	배당종기일	08.12.29
입찰보증금	10% (41,155,300)	건물총면적	338 m² (102.24평)	조회수	금일3 공고후496 누적2,306
주의사항	· 유치권 · 일괄매각.제시외건물포함.2009.2.18.자 김준웅외7명으로부터 금116,000,000원 공사대금 채권에 대한 유치권신고 있으나, 그 성립여부는 불분명.2009.2.27.자 김영택(공사대금 채권 14,800,000원), 권용재(공사대금 채권 12,500,000원), 민경억(공사대금 채권 9,500,000원)으로부터 유치권신고 있으나, 그 성립여부는 불분명.2009.3.23.자 오명상으로부터 19,000,000원 철거및폐기물처리대금 채권에 대한 유치권신고 있으나, 그 성립여부는 불분명.				

- 물건사진 14
- 지번·위치 4
- 구 조 도 2
- 위성지도

우편번호및주소/감정서	물건번호/면 적 (m²)	감정가/최저가/과정	임차조사	등기권리
153-010 서울 금천구 독산동 893-20 ●감정평가서정리 - 연와조평옥개지붕 - 문성중학교북측50m 지점소재 - 인근일반및다세대주택,상가주택,점포등 혼재한주거지대 - 도보2분거리버스(정)소재 - 대중교통사정양호,차량출입양호 - 세로장방형완경사지	물건번호: 단독물건 대지 209.3 (63.31평) 건물 · 1층 103.88 (31.42평) 2가구-방5,거실/주방2,욕실/화장실2 · 2층 103.88 (31.42평) 2가구-방3,원룸주택 · 지층 103.88 (31.42평) 3가구-방4,거실/주방3,욕실/화장실3	감정가 803,814,000 대지 648,830,000 (80.72%) 건물 152,703,600 (19%) 제시 2,280,000 (0.28%) 최저가 411,553,000 (51.2%) ●경매진행과정 803,814,000 유찰 2009-02-19 20%↓ 643,051,000	●법원임차조사 권봉회 전입 2007.12.24 확정 2008.10.20 배당 2008.12.26 (보) 55,000,000 점유 2008.9.4- 주거 김영대 전입 2009.02.18 확정 2009.02.18 배당 2009.02.18 (보) 15,000,000 (월) 150,000 점유 2008.10.15- 2년	소유권 이종근 1983.10.21 저당권 독산1동새 2006.06.20 234,000,000 저당권 정선후 2008.04.10 450,000,000 임 의 정선후 2008.10.17 *청구액:271,000,000원 등기부채권총액 684,000,000원 열람일자 : 2008.12.12

경매사건검색

검색조건 법원 : 서울남부지방법원 | 사건번호 : 2008타경22471

사건내역 | 기일내역 | 문건/송달내역

인쇄 | < 이전

사건기본내역

사건번호	2008타경22471	사건명	부동산임의경매
접수일자	2008.10.15	개시결정일자	2008.10.17
담당계	경매5계 전화 : 2192-1335(구내:1335)		
청구금액	271,000,000원	사건항고/정지여부	
종국결과	미종국	종국일자	

당사자내역

당사자구분	당사자명	당사자구분	당사자명
채권자	정선후	채무자	이준우
소유자	이종근	임차인	권봉희(전입인)
임차인	김영대	임차인	손용녀
임차인	김준웅	근저당권자	독산1동새마을금고
근저당권자	정선후	교부권자	금천구청
유치권자	김준웅외7	유치권자	김영택
유치권자	권용재	유치권자	민경억
유치권자	오명상		

Tip • • •

유치권자가 여러 명이므로 현장 확인을 통하여 이들이 점유를 어떻게 하고 있는지 확인합니다. 또한 주택에 임차인들이 많이 거주하고 있으므로 이들이 누구와 임대차계약을 했는지 확인을 요합니다. 만약 유치권자가 채무자(소유자)의 허락 없이 임대를 하였다면 채무자(소유자)는 유치권의 소멸을 청구할 수가 있습니다.

경매사건검색

검색조건 법원 : 서울남부지방법원 | 사건번호 : 2008타경22471

사건내역 | 기일내역 | 문건/송달내역

인쇄 | < 이전

문건처리내역

접수일	접수내역	결과
2008.10.20	등기소 구로등기소 등기필증 제출	
2008.10.22	기타 성림감정평가사사무소 감정평가서 제출	
2008.11.04	근저당권자 독산1동새마을금고 채권계산서 제출	
2008.11.06	기타 집행관 이치림 현황조사서 제출	
2008.12.17	교부권자 금천구청 교부청구 제출	
2008.12.26	임차인 권봉희(전입인) 권리신고및배당요구신청 제출	
2009.02.18	임차인 김영대 권리신고및배당요구신청 제출	
2009.02.18	임차인 김준웅 권리신고및배당요구신청 제출	
2009.02.18	유치권자 김준웅외7 유치권권리신고서 제출	
2009.02.18	임차인 손용녀 권리신고및배당요구신청 제출	
2009.02.27	유치권자 권용재 유치권및점유신고서 제출	
2009.02.27	유치권자 삼화인테리어 유치권및점유신고서 제출	
2009.02.27	유치권자 김영택 유치권및점유신고서 제출	
2009.03.06	채권자 정선후 송달장소변경신청서 제출	
2009.03.10	채권자 정선후 열람및복사신청 제출	
2009.03.23	유치권자 오명상 유치권신고서 제출	
2009.04.20	임차인 김준웅 권리신고및배당요구신청 제출	

살 펴 보 기

■ 사진에서 살펴보면 주택을 리모델링한 흔적을 볼 수 있으므로 유치권자는 리모델링과 관련한 건축업자들 입니다.

최초법사가가 803,814,000원, 금차법사가가 411,553,000원이므로 주변 부동산 시세를 확인해야 합니다. 그런 다음 "금차법사가(411,553,000원) + 유치권금액(152,800,000원)"을 금차법사가로 생각하고 응찰하는 지혜가 필요합니다. 유치권이 있다고 무조건 포기하기 보다는 최악의 경우 유치권을 낙찰자가 부담한다고 해도 이익이 되면 응찰이 가능할 것입니다. 그러나 유치권자가 주장하는 금액을 전액 부담하는 일은 거의 발생하지 않습니다.

유치권 ❺　　:: 유치권을 인정하고 응찰해도 되는 경우 - 2 ::

[특강] 돈 되는 경매물건 27선 (6/25木) **의정부6계 2007-16345 상세정보**

경매구분	임의(기일)	채권자	교보생명보험	경매일시	09.07.16 (10:30)
용도	숙박	채무/소유자	공래구	다음예정	09.08.24 (178,386,400원)
감정가	1,329,084,400	청구액	632,786,477	경매개시일	07.05.08
최저가	222,983,000 (17%)	토지총면적	1080 m² (326.7평)	배당종기일	07.08.22
입찰보증금	20% (44,596,600)	건물총면적	1072 m² (324.28평)	조회수	금일15 공고후671 누적4,708
주의사항	· 재매각물건 · 유치권 · 입찰외 · 배당요구종기일:2007.8.22.유치권신고 있음:2008.7.18. 예인무역디앤씨주식회사(공사대금 163,200,000원), 2008.7.22. 주식회사인덱스디자인(공사대금 80,000,000원) · 2008.07.18 기타 예인무역디앤씨(주) 유치권신고서 제출 · 2008.07.22 유치권자 박영봉 유치권신고서 제출				

- 물건사진 8
- 지번·위치 4
- 구조도 3
- 위성지도

우편번호및주소/감정서	물건번호/면 적 (m²)	감정가/최저가/과정	임차조사	등기권리
482-832 경기 양주시 백석읍 기산리 356-9 ●감정평가서정리 -철콘조평슬래브지붕 -근린시설및숙박시설 2007.05.30 제일감정	물건번호: 단독물건 대지 792 (239.58평) 건물 · 근린생활및숙박시설 · 1층 283.4 (85.73평) · 2층 291.56 (88.2평) · 3층 291.56 (88.2평) · 지하층 132.3 (40.02평) 제시외 · 휴게실 48	감정가 1,329,084,400 대지 507,600,000 (38.19%) 건물 819,032,400 (61.62%) 제시 2,452,000 (0.18%) 최저가 222,983,000 (16.8%) ●경매진행과정 1,329,084,400 유찰 2008-01-30 20%↓ 1,063,268,000 유찰 2008-03-05	●법원임차조사 윤춘복 전입 2006.06.29 (보) 30,000,000 청림시니어스타운 조사서상 *근린생활시설 및 숙박시설의 출입문은 잠겨있으며, 출입문에는 예인 인테리어에서 "본건물은 유치권 행사중이오니 무단 출입을 금합니다" 라는 문구가 부착되어있음.이건 장소에 수차례 방문시 임차인으로 조사한 윤춘복을 비롯해 아무도 만나지 못하였으나 등록사항 등	소유권 공래구 2003.12.19 전소유자:장문순 저당권 교보생명보험 2005.06.01 840,000,000 가등기 안영규 2005.06.23 소유이전청구가등 임의 교보생명보험 2007.05.10 *청구액:632,786,477원 등기부채권총액 840,000,000원 열람일자 : 2007.07.03 *기산리 356-9 등기

Tip • • •

- **등기부등본 확인** : 2003년에 동일 물건이 임의경매 된 내용 확인
- 2003년 경매사건(2003타경 19131호)
- 2003년 사건과 2007년 사건의 사진 비교

경매사건검색

검색조건 법원 : 의정부지방법원 | 사건번호 : 2007타경16345

사건내역 | 기일내역 | 문건/송달내역 | 인쇄 | < 이전

사건기본내역

사건번호	2007타경16345	사건명	부동산임의경매
접수일자	2007.05.07	개시결정일자	2007.05.08
담당계	경매6계 전화 : 031-828-0326		
청구금액	632,786,477원	사건항고/정지여부	
종국결과	미종국	종국일자	

물건내역

물건번호	1 » 물건상세조회	물건용도	상가,오피스텔,근린시설	감정평가액 (최저매각가격)	1,329,084,400원 (222,983,000원)		
물건비고	일괄매각. 제시외건물포함 특별매각조건 매수보증금 20%						
목록1	경기도 양주시 백석읍 기산리 356-9			목록구분	토지	비고	미종국
제시외	1.(용도)휴게실(구조)철파이프조(면적)48 2.(용도)차양(구조)파이프조(면적)11.9 3.(용도)창고(구조)아크릴조(면적)2 4.(용도)계단실(구조)알루미늄(면적)6 5.(용도)차양(구조)벽체이용 파이프조(면적)5.4						
목록2	경기도 양주시 백석읍 기산리 356-9			목록구분	건물	비고	미종국
목록3	경기도 양주시 백석읍 기산리 356-14			목록구분	토지	비고	미종국
목록4	경기도 양주시 백석읍 기산리 356-15			목록구분	토지	비고	미종국
물건상태	매각준비 -> 매각공고 -> **유찰**						
기일정보	2009.07.16			최근입찰결과	2009.06.10 유찰		

당사자내역

당사자구분	당사자명	당사자구분	당사자명
채권자	교보생명보험주식회사	채무자겸소유자	공래구
임차인	윤춘복(청림시니어스타운)	압류권자	양주시
가등기권자	안영규	교부권자	성남세무서
교부권자	용산세무서장	지상권자	교보생명보험주식회사
유치권자	예인무역디앤씨주식회사	유치권자	주식회사인덱스디자인

경매사건검색

검색조건 법원 : 의정부지방법원 | 사건번호 : 2007타경16345

사건내역 | 기일내역 | 문건/송달내역 | 인쇄 | < 이전

문건처리내역

접수일	접수내역	결과
2007.05.11	등기소 의정부지방법원 등기과 등기필증 제출	
2007.05.25	기타 집행관 최준호 현황조사서 제출	
2007.06.04	채권자 교보생명보험주식회사 주소보정 제출	
2007.06.25	기타 제일감정평가법인 북부지사 감정평가서 제출	
2007.07.05	채권자 교보생명보험주식회사 야간송달신청 제출	
2007.08.31	채권자 교보생명보험주식회사 야간송달신청 제출	
2008.07.14	채권자 교보생명보험주식회사 열람및복사신청 제출	
2008.07.18	기타 예인무역디앤씨주식회사 유치권신고서 제출	
2008.07.22	교부권자 성남세무서 교부청구 제출	
2008.07.22	유치권자 박영봉 유치권신고서 제출	
2008.07.28	교부권자 용산세무서 교부청구 제출	
2008.08.01	채권자 교보생명보험주식회사 열람및복사신청 제출	
2008.08.26	채권자 교보생명보험주식회사 기일변경신청 제출	
2008.11.17	교부권자 용산세무서 교부청구 제출	
2009.01.20	최고가매수신고인 예납금환부신청 제출	
2009.06.01	최고가매수신고인 열람및복사신청 제출	

Tip • • •

- 예인무역디엔씨주식회사가 유치권을 신고했습니다.
  무역회사가 유치권을 신고한 것은 무슨 이유일까요?
  유치권의 성립요건 4가지와 "유치권 2"의 상사유치권을 생각해 보시기 바랍니다.
  그러므로 법원경매계에서 유치권 신고서류를 반드시 확인해야 합니다.

등기부 등본 (말소사항 포함) - 건물

[건물] 경기도 양주시 백석읍 기산리 356-9 고유번호 1115-1996-040743

【 표 제 부 】 (건물의 표시)

표시번호	접 수	소재지번 및 건물번호	건 물 내 역	등기원인 및 기타사항
~~1~~ ~~(전 1)~~	~~1996년2월4일~~	~~경기도 양주군 백석면 기산리 356-9~~	~~철근콘크리트조 평슬라브지붕 3층 근린생활시설및 숙박시설~~ ~~1층 253.40㎡~~ ~~2층 291.56㎡~~ ~~3층 291.56㎡~~ ~~지하층 132.30㎡~~	부동산등기법시행규칙부칙 제3조 제1항의 규정에 의하여 1998년 11월 23일 전산이기
2		경기도 양주시 백석읍 기산리 356-9	철근콘크리트조 평슬라브지붕 3층 근린생활시설및 숙박시설 1층 253.40㎡ 2층 291.56㎡ 3층 291.56㎡ 지하층 132.30㎡	2003년10월19일 행정구역명칭변경으로 인하여 2003년10월25일 등기

【 갑 구 】 (소유권에 관한 사항)

순위번호	등 기 목 적	접 수	등 기 원 인	권리자 및 기타사항
1 (전 1)	소유권보존	1996년2월4일 제7316호		공유자 지분 2분의 1

순위번호	등 기 목 적	접 수	등 기 원 인	권리자 및 기타사항
				[redacted] 지분 2분의 1 [redacted]
1-1	1번등기명의인표시변경	2000년5월2일 제32966호	1998년10월24일 전거	[redacted]
~~2~~ ~~(전 2)~~	~~가압류~~	~~1998년5월27일~~ ~~제30454호~~	~~1998년5월23일~~ ~~서울지방~~ ~~법원서부지원의가압류~~ ~~결정(98카합3139)~~	~~청구금액 금700,000,000원~~ ~~채권자~~ [redacted] 부동산등기법시행규칙부칙 제3조 제1항의 규정에 의하여 1번 내지 2번 등기를 1998년 11월 23일 전산이기
3	~~1번시석우지분가압류~~	~~2000년1월12일~~ ~~제3574호~~	~~2000년1월11일~~ ~~서울지방법원~~ ~~의정부지원의 가압류~~ ~~결정(2000카단50029)~~	~~청구금액 금56,000,000원~~ ~~채권자~~ [redacted]
4	3번가압류등기말소	2000년5월2일 제32964호	2000년5월1일 해제	
5	2번가압류등기말소	2000년5월2일 제32965호	2000년5월1일 해제	
6	~~공유자전원지분전부이전청구권~~	~~2000년5월3일~~	~~2000년5월3일~~	~~권리자~~ [redacted]

순위번호	등 기 목 적	접 수	등 기 원 인	권리자 및 기타사항
			~~의 경매개시 결정(2003타경19131)~~	~~(여신관리부)~~
~~28~~	~~가압류~~	~~2003년6월9일 제56655호~~	~~2003년5월29일 서울지방법원의 가압류 결정(2003카단123776)~~	~~청구금액 금40,000,000원~~ ~~채권자~~ [redacted]
29	19번가압류등기말소	2003년6월13일 제62216호	2003년6월7일 일부해제	
~~30~~	~~압류~~	~~2003년8월7일 제84192호~~	~~2003년8월1일 압류(징세46120-3583)~~	~~권리자 국~~ ~~처분청 역삼세무서~~
31	소유권이전	2003년12월19일 제134910호	2003년12월19일 임의경매로 인한 매각	소유자 [redacted]
31-1	31번등기명의인표시변경	2005년6월1일 제56282호	2005년4월11일 전거	[redacted]
32	20번가압류, 21번가압류, 22번가압류, 23번가압류, 24번가압류, 25번가압류, 26번가압류, 27번임의경매개시결정, 28번가압류, 30번압류 등기말소	2003년12월19일 제134910호	2003년12월19일 임의경매로 인한 매각	
33	소유권이전청구권가등기	2005년6월23일 제63906호	2005년6월23일 매매예약	가등기권자 [redacted]

순위번호	등 기 목 적	접 수	등 기 원 인	권리자 및 기타사항
34	임의경매개시결정	2007년5월10일 제55107호	2007년5월8일 의정부지방법원의 경매개시결정(2007타경16345)	채권자 교보생명보험주식회사 110111-0014970 서울 종로구 종로1가1 (소관:채권관리팀)

【 을 구 】 (소유권 이외의 권리에 관한 사항)				
순위번호	등 기 목 적	접 수	등 기 원 인	권리자 및 기타사항
~~1~~ ~~(전 8)~~	~~근저당권설정~~	~~1998년3월25일 제17090호~~	~~1998년3월25일 설정계약~~	~~채권최고액 금104,000,000원~~ ~~채무자~~ [redacted] ~~근저당권자 주식회사국민은행 110111-0015656 서울 중구 남대문로2가 9-1 (무교지점)~~

Tip • • •

• 갑구 31번을 보면 2003년도에 임의경매로 매각된 사실이 나옵니다.
등기부등본에 나오는 사건번호를 조회하면 언제 경매되었는지 확인 가능합니다. 그러므로 당시 경매에서는 유찰이 몇 번 되었는지, 경락금액은 얼마였는지 등을 확인 가능하므로 경매에 참여함에 있어 많은 도움이 됩니다. 이러한 내용은 유료의 경매 사이트에서만 확인 가능합니다.

순위번호	등 기 목 적	접 수	등 기 원 인	권리자 및 기타사항
29	~~근저당권설정~~	~~2003년12월19일 제134911호~~	~~2003년12월19일 설정계약~~	~~채권최고액 금672,000,000원~~ ~~채무자~~ ~~근저당권자 주식회사하나은행 110111-0015671~~ ~~서울 중구 을지로1가 101-1~~ ~~(미포역지점)~~ ~~공동담보~~
30	~~근저당권설정~~	~~2004년4월12일 제37232호~~	~~2004년4월9일 설정계약~~	~~채권최고액 금230,000,000원~~ ~~채무자~~ ~~근저당권자~~ ~~공동담보~~
31	근저당권설정	2005년6월1일 제56283호	2005년5월31일 설정계약	채권최고액 금840,000,000원 채무자 근저당권자 교보생명보험주식회사 110111-0014970 서울 종로구 종로1가 1 ~~공동담보~~
31-1	31번근저당권담보추가	2006년9월5일		공동담보목록 제2006-1311호

등기부등본요약

갑구			을구		
31	2003. 12. 19	소유권(공래구)			
			31	2005. 06. 01	근저당권(채무자 고래구, 근저당권자 교보생명)
33	2005. 06. 23	소유권이전청구권가등기 (안영규)			
314	2007. 05. 10	임의경매개시(교보생명)			

결 론

- 갑구 33번의 소유권이전청구권가등기는 근저당권보다 후순위이므로 경락자에게 인수 부담이 없습니다. 등기부등본 요약표를 만드는 방법은 예고등기편에서 자세히 설명하겠습니다.

동일물건 경매사례

의정부3계 2003-19131 상세정보

경매구분	임의(기일)	채권자	제일은행	낙찰일시	03.11.11 (종결)
용도	숙박	채무/소유자	장문순	낙찰가격	850,000,000
감정가	1,253,747,000	청구액	1,080,602,188	경매개시일	03.05.02
최저가	802,398,000 (64%)	토지총면적	1080 m² (326.7평)	배당종기일	03.07.26
입찰보증금	10% (80,239,800)	건물총면적	1180.82 m² (357.2평)	조회수	금일1 공고후40 누적1,074

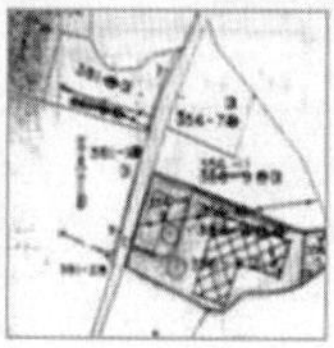

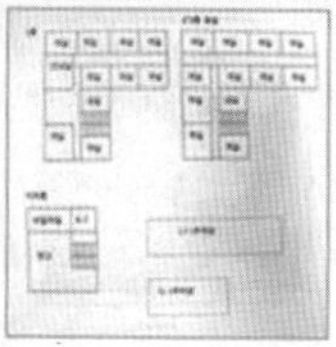

- 물건사진 1
- 지번·위치 1
- 구조도 1

우편번호및주소/감정서	물건번호/면 적 (m²)	감정가/최저가/과정	임차조사	등기권리
482-832 경기 양주군 백석읍 기산리 356-9번지 ●감정평가서정리 - 토지거래허가구역 - 철근콘크리트조슬래브(평) - 안고령유원지내위치 - 버스정류장도보10분소요 - 3필일단의부정형토지 - 2필일단으로4m도로접함 - 관리지역,도시계획구역아님 - 군사시설보호구역(위임지역15m) - 유류보일러난방 감정평가액 대지:356,400,000원	물건번호: 단독물건 대지 792 (240평) 건물 · 1층 283.4 (85.73평) 객실9 · 2층 291.56 (88.2평) 객실11 · 3층 291.56 (88.2평) 객실11 · 지하층 132.3 (40.02평) 제시외건물 · 주차장 112 (33.88평) 3층-98.02.01보존	감정가 1,253,747,000 대지 356,400,000 (28.43%) 건물 773,307,000 (61.68%) 제시 1,820,000 (0.15%) 최저가 802,398,000 (64.0%) ●경매진행과정 1,253,747,000 유찰 2003-08-19 20%↓ 1,002,998,000 유찰 2003-10-14 20%↓ 802,398,000 낙찰 2003-11-11 850,000,000 (67.8%) - 응찰 : 2명	●법원임차조사 권혁진 전입 2002.11.18 전부 (보) 150,000,000 (2004.11.15부터 점유, 전세권자접수일:2002.11.18) 신재창 전입 배당 2003.07.24 전부 (보) 20,000,000 (월) 3,000,000 (2003.2.25부터 점유)	소유권 장문순 2002.01.23 저당권 제일은행 구로공단기업 2002.11.12 1,300,000,000 저당권 전탁수 2002.11.25 210,000,000 가압류 크라시아디자인 2003.01.16 5,200,000 가압류 한솔상호 신촌 2003.01.22 950,000,000 가압류 홍기춘 2003.03.24 50,000,000 가압류 양정자 2003.03.26 20,000,000

- "2003-19131" 과 "2007-16345"는 동일물건에 대한 경매입니다.
- 그러므로 2건의 경매사건을 비교하여 경매에 참여하고, 유치권도 확인해야 합니다.

2003타경 19131

2007타경 16345

살 펴 보 기

- 건축물관리대장상 건축물 준공일자는 1998. 02. 04

  현지답사 및 물건 주변조사를 해보면 리모델링 등 모든 사항을 알 수 있습니다. 또한 이 물건은 등기부등본에서 본 바와 같이 2003년 임의경매에서 8억 5천만원에 낙찰된 사실이 있습니다.
- 그러므로 금차 최저가 2억 2천만원 + 유치권 2억 4천만원 = 4억 6천만원이므로 최초법사가 13억 3천만원와 비교하여 보면 현 시세를 정확히 판단한 다음 응찰해도 될만한 물건입니다.

  참고 : 2003년 11월, 8억 5천만원에 낙찰.

■ 또한 유치권을 2억 4천만 신고했다 해도 전액을 줄 수는 없지 않을까요? 물론 위와 같이 2개의 사진을 비교하면 공사를 한 사실이 있는 것을 알 수 있습니다.

■ 2005. 06. 03 소유권이전청구권가등기는 말소기준권리인 근저당권보다 후순위이므로 경락자는 아무런 부담이 없습니다.

유치권 ❻ :: 연체관리비를 근거로 신청한 유치권 – 1 ::

[특강] 돈 되는 경매물건 27선 (6/25木) **중앙8계 2008-24495[2] 상세정보**

경매구분	임의(기일)	채권자	박경석	경매일시	09.06.25 (10:00)
용도	오피스텔(업무용)	채무/소유자	정건개발인터내셔널	다음예정	09.07.30 (239,206,400원)
감정가	584,000,000	청구액	750,000,000	경매개시일	08.08.21
최저가	299,008,000 (51%)	토지총면적	17 ㎡ (5.14평)	배당종기일	08.10.27
입찰보증금	10% (29,900,800)	건물총면적	88 ㎡ (26.62평)	조회수	금일11 공고후65 누적338
주의사항	· 유치권 · 2008.9.8.정건벨라지오 오피스텔 번영회가 연체관리비(18,754,420원)를 이유로 유치권신고를 하였으나 성립여부는 불분명. · 2008.09.08 유치권자 정건벨라지오오피스텔번영회 유치권신고서 제출 (본 물건번호에 적용여부 확인요망)				

- 물건사진 3
- 지번·위치 3
- 구조도 0
- 위성지도

우편번호및주소/감정서	물건번호/면 적 (㎡)	감정가/최저가/과정	임차조사	등기권리
100-195 서울 중구 을지로5가 20-1 정건벨라지오 2층 204호 ●감정평가서정리 - 철골철콘조철근콘크리트지붕 - 훈련원공원서측인근위치 2008.09.12 대일에셋감정	물건번호: 2 번 (총물건수 18건) 2)대지 17.28/1023.8 (5.23평) 건물 88.22 (26.69평) 13층-03.12.10보존 현장보고서 열람	감정가 584,000,000 대지 175,200,000 (30%) 건물 408,800,000 (70%) 최저가 299,008,000 (51.2%) ●경매진행과정 584,000,000 유찰 2009-03-12 20%↓ 467,200,000 유찰 2009-04-16 20%↓ 373,760,000 유찰 2009-05-21	●법원임차조사 한장석 전입 (보) 50,000,000 (월) 4,000,000 204,205호 점유 2008.3.25-1년 조사서상	소유권 정건개발인터 2006.07.14 전소유자: 한국자산신탁 저당권 하나은행 을지로6가 2006.07.14 1,540,000,000 저당권 박경석 2007.12.17 1,000,000,000 압 류 서울중구청 2008.05.02 임 의 박경석 2008.08.25 *청구액:750,000,000원 압 류 근로복지공단 서울지역본부

경매사건검색

▶ **검색조건** 법원 : 서울중앙지방법원 | 사건번호 : 2008타경24495

사건내역 | 기일내역 | 문건/송달내역 | 인쇄 | < 이전

사건기본내역

사건번호	2008타경24495	사건명	부동산임의경매
접수일자	2008.08.20	개시결정일자	2008.08.21
담당계	경매8계 전화 : 530-1820(구내:1820)		
청구금액	750,000,000원	사건항고/정지여부	
종국결과	미종국	종국일자	

당사자내역

당사자구분	당사자명	당사자구분	당사자명
채권자	박경석	채무자겸소유자	주식회사정건개발인터내셔날
임차인	박문규	임차인	한장석
임차인	허용조	임차인	김성수
임차인	서점술	임차인	이정진
임차인	장설자	임차인	홍동
임차인	김희선	임차인	최병권
임차인	김영화	임차인	이정희
임차인	황순택	임차인	엄미숙
임차인	김순정	임차인	이교훈
임차인	김선준	임차인	이상욱
임차인	한대현	임차인	씨앤에스자동차상해질병손해사정(주)
임차인	엄미순	임차인	이상욱
근저당권자	주식회사하나은행	압류권자	서울특별시중구
유치권자	정건빌라지오오피스텔번영회		

경매사건검색

검색조건 법원 : 서울중앙지방법원 | 사건번호 : 2008타경24495

사건내역 | 기일내역 | 문건/송달내역

인쇄 | < 이전

문건처리내역

접수일	접수내역	결과
2008.08.26	등기소 중부등기소 등기필증 제출	
2008.09.05	기타 서울중앙지방법원집행관 현황조사서 제출	
2008.09.08	유치권자 정건벨라지오오피스텔번영회 유치권신고서 제출	
2008.09.12	기타 대일에셋감정 감정평가서 제출	
2008.09.25	채권자 박경석 보정서 제출	
2008.10.08	배당요구권자 씨앤에스자동차상해질변손해 배당요구신청 제출	
2008.10.20	근저당권자 주식회사하나은행 배당요구신청 제출	
2008.10.20	임차인 이상욱 권리신고및배당요구신청 제출	
2008.10.21	임차인 엄미순 권리신고및배당요구신청 제출	
2008.10.22	압류권자 서울특별시중구 교부청구 제출	
2008.10.23	임차인 김영화 권리신고및배당요구신청 제출	
2008.10.27	임차인 장설자 권리신고및배당요구신청 제출	
2008.11.10	임차인 장설자 보정서 제출	
2009.02.16	교부권자 근로복지공단 교부청구 제출	
2009.02.27	임차인 씨앤에스자동차상해질병손해사정(주) 보정서 제출	
2009.03.02	임차인 엄미순 보정서 제출	

살 펴 보 기

유치권의 4가지 성립요건을 잘 생각해 보시길…

단지 관리비의 문제일 뿐 유치권은 전혀 문제가 안됩니다.

연체관리비중 전용관리비를 제외한 공용관리비는 경락자가 부담해야 합니다.

그러므로 경락자는 연체관리비 중 공용관리비의 원금만 부담한다는 생각을 가지고 응찰을 해도 되며, 관리비채권의 소멸시효가 3년이므로 매각대금 납부시점에서 3년간의 공용관리비 원금만 부담하면 됩니다,

그러나 똑똑한 관리사무소에서 관리비에 가압류를 신청했다면 시효중간의 효력이 있습니다. 등기부등본 확인결과 가압류는 하지 않았으므로 3년간의 공용관리비 원금만 부담하시면 됩니다.

유치권 ❼ :: 연체관리비를 근거로 신청한 유치권 - 2 ::

[특강] 돈 되는 경매물건 27선 (6/25木) **남부8계 2008-14586 상세정보**

중복 : 2009-11478(박정복)

경매구분	강제(기일)	채 권 자	새암들빌딩관	경매일시	09.06.23 (10:00)
용 도	상가	채무/소유자	사우스웰빙	다음예정	09.07.28 (340,787,200원)
감 정 가	1,300,000,000	청 구 액	45,581,740	경매개시일	08.07.01
최 저 가	425,984,000 (33%)	토지총면적	210 m² (63.52평)	배당종기일	08.09.11
입찰보증금	10% (42,598,400)	건물총면적	924 m² (279.51평)	조 회 수	금일4 공고후39 누적386
주의사항	· 유치권 · 현황조사에 의하면 새암들 빌딩 관리단에서 유치권 주장을 하고 있으며, 2008.6.30.기준 이 건 물건 301호에는 공용부분 관리비 연체금액이 3,300만원이고, 소유자 부담부분 목적물 빌딩 시설 관리 충당금 1,730만원 이라 함.위 유치권자의 권리신고서(2009.2.2.)에 의하면 유치권을 주장하는 새암들빌딩관리단은 관리비채권으로 판결을 얻어 2008.12.31. 현재 24,402,510원이라함. 2009.3.23.자 공용부분에 대한 유치권신고를 취하한다고 취하서 제출.				

- 물건사진 7
- 지번·위치 3
- 구 조 도 1
- 위성지도

우편번호및주소/감정서	물건번호/면 적 (m²)	감정가/최저가/과정	임차조사	등기권리
158-070 서울 양천구 신정동 1009-6 ,-8,-9 새암들빌딩 지3층 지301호 ●감정평가서정리 - 철콘조철콘평슬래브지붕 - 업무시설및근린시설 - 서울남부지법북측인근 - 상업용및업무용건물등형성 - 노선상가지대 - 차량출입가능,대중교	물건번호: 단독물건 대지 209.66/1376.6 (63.42평) 건물 924.41 (279.63평) 9층-04.05.18보존	감정가 1,300,000,000 대지 390,000,000 (30%) 건물 910,000,000 (70%) 최저가 425,984,000 (32.8%) ●경매진행과정 1,300,000,000 유찰 2008-12-15 20%↓ 1,040,000,000 유찰 2009-02-04	●법원임차조사 *소유자가 전부 점유하여 사용하는지 여부 임대차관계 미상.새암들빌딩 관리단에서 유치권 주장을 하고 있음. 현재는 공실로 열쇠를 소유작 갖고 있어 개문하지 못함.영업을 하지 않는다 함.관리비 연체부분(공용부분 관리비):2008.06.30기준 목적물 201호 1,900만원 301호 3,300만원 목적물 빌딩시설 관리충당금 1,730만 (소유자 부담부분)	소유권 사우스웰빙 2004.05.24 전소유자:새암들 저당권 정규회외3 2006.11.21 650,000,000 가압류 새암들빌딩관 2008.02.15 20,751,090 저당권 최금진 2008.02.19 40,000,000 저당권 최영재 2008.02.19 30,000,000

경매사건검색

검색조건 법원 : 서울남부지방법원 | 사건번호 : 2008타경14586

사건내역 | 기일내역 | 문건/송달내역 | 인쇄 | < 이전

사건기본내역

사건번호	2008타경14586	사건명	부동산강제경매
중복/병합/이송	2009타경11478(중복)		
접수일자	2008.06.30	개시결정일자	2008.07.01
담당계	경매8계 전화 : (02)2192-1338(구내:1338)		
청구금액	45,581,740원	사건항고/정지여부	
종국결과	미종국	종국일자	

당사자내역

당사자구분	당사자명	당사자구분	당사자명
채권자	새암틀빌딩관리단	채무자	오정현
채무자겸소유자	주식회사사우스웰빙	근저당권자	중소기업은행
근저당권자	정규회	근저당권자	이수영
근저당권자	박춘옥	근저당권자	박정복
근저당권자	최금진	근저당권자	최영재
가압류권자	새암틀빌딩 관리단	압류권자	서울특별시양천구
유치권자	새암틀빌딩관리단		

Tip • • •

- 연체관리비 채권의 소멸시효(3년)를 막기 위하여 가압류를 하였습니다. 이때는 소멸시효중단의 효력이 있기 때문에 매각대금 납부시점에서 3년간의 공용관리비 원금이 아니라 더 이상의 공용관리비 원금을 부담해야 합니다.
- 관리사무소에서 권리금액을 신고할 때 "관리비" 라고 신고치 않고 "공용부분관리비" 라고 신고한 것을 보면 법에 대해서 많이 알고 있는 관리사무소입니다.
- 또한 시설관리충당금으로 1,700만원을 신고하였으므로 이 금액에 대한 분석이 필요합니다. 건물 전체를 리모델링 했다면 채무자가 부담해야 할 금액이 얼마인지 등도 정확히 확인해야 합니다.

경매사건검색

검색조건 법원 : 서울남부지방법원 | 사건번호 : 2008타경14586

사건내역 | 기일내역 | 문건/송달내역

인쇄 | < 이전

중복/병합사건 선택하세요

문건처리내역

접수일	접수내역	결과
2008.07.02	등기소 서울남부지방법원 등기과 등기필증 제출	
2008.07.14	기타 집행관 이진수 현황조사서 제출	
2008.07.22	근저당권자 정규회 채권계산서 제출	
2008.07.22	근저당권자 이수영 채권계산서 제출	
2008.07.22	근저당권자 박춘옥 채권계산서 제출	
2008.07.23	채권자 새암들빌딩관리단 일부취하서 제출	
2008.07.30	기타 명문감정평가사사무소 감정평가서 제출	
2008.08.01	법원 서울남부지방법원 등기과 등기필증 제출	
2008.08.05	채권자 새암들빌딩관리단 보정서 제출	
2008.09.09	교부권자 양천구청 교부청구 제출	
2008.09.23	채권자 새암들빌딩관리단 경매절차속행신청서 제출	
2008.10.08	채권자 새암들빌딩관리단 보정서 제출	
2008.10.14	근저당권자 박정복 채권계산서 제출	
2009.02.02	유치권자 새암들빌딩관리단 유치권권리신고서 제출	
2009.03.23	채권자 새암들빌딩관리단 권리신고취하서 제출	
2009.04.28	채권자 남부빌딩관리단 경매절차속행신청서 제출	

등기부 등본 (말소사항 포함) - 집합건물

[집합건물] 서울특별시 양천구 신정동 1009-6외 2필지 새압듬빌딩 제지3층 제지301호 　　　　고유번호 2601-2004-002397

【 표　　제　　부 】 (1동의 건물의 표시)

표시번호	접 수	소재지번, 건물명칭 및 번호	건 물 내 역	등기원인 및 기타사항
1	2004년5월18일	서울특별시 양천구 신정동 1009-6, 1009-8, 1009-9 새압듬빌딩	철근콘크리트구조 철근콘크리트평스라브지붕 9층 업무시설 및 근린생활시설 지6층 970.25㎡	도면편철장 제2책 65장

【 갑　　　구 】 (소유권에 관한 사항)

순위번호	등 기 목 적	접 수	등 기 원 인	권 리 자 및 기 타 사 항
1	소유권보존	2004년5월18일 제31998호		소유자 주식회사새압듬 134911-0008242 서울 양천구 신정동 1013-4 성배법조빌딩 303호
2	소유권이전	2004년5월24일 제33370호	2004년5월3일 매매	소유자 주식회사사우스웰빙 110111-1180603 서울 양천구 신정4동 1009-6 새압듬빌딩 지하2층
~~3~~	~~소유권이전청구권가등기~~	~~2004년6월23일 제40407호~~	~~2004년6월23일 매매예약~~	~~가등기권자 주식회사자이온터 110111-1442378 서울 영등포구 여의도동 12 [illegible] 901 비호~~

순위번호	등 기 목 적	접 수	등 기 원 인	권 리 자 및 기 타 사 항
		제14591호	해제	
12	10번압류등기말소	2006년3월14일 제17556호	2006년3월14일 해제	
~~13~~	~~임의경매개시결정~~	~~2006년6월27일 제51594호~~	~~2006년6월27일 서울남부지방법원의 경매개시 결정(2006타경20785)~~	~~채권자~~ [illegible]
14	13번임의경매개시결정등기말소	2006년8월2일 제60861호	2006년7월4일 취하	
~~15~~	~~압류~~	~~2006년11월9일 제87369호~~	~~2006년10월31일 압류(세무1과-3403)~~	~~권리자 서울특별시양천구~~
16	가압류	2008년2월15일 제6521호	2008년2월14일 서울남부지방법원의 가압류결정(2008카단1812)	청구금액 금20,751,090 원 채권자 새압듬빌딩 관리단 서울 양천구 신정4동1009-6 새압듬빌딩 707호 대표자 대표자 회장 김기수
17	강제경매개시결정	2008년7월1일 제37583호	2008년7월1일 서울남부지방법원의 강제경매개시결정(2008타경14586)	채권자 새압듬빌딩관리단 서울 양천구 신정동1009-6 새압듬빌딩 707
18	15번압류등기말소	2008년7월23일 제42406호	2008년7월23일 해제	

Tip • • •

• 갑구 16번을 보면 관리사무소에서 가압류를 한 것을 알 수 있습니다.

순위번호	등 기 목 적	접 수	등 기 원 인	권 리 자 및 기 타 사 항
19	압류	2008년11월17일 제60963호	2008년11월14일 압류(세무1과-9973)	권리자 서울특별시양천구

【 을 구 】 (소유권 이외의 권리에 관한 사항)				
순위번호	등 기 목 적	접 수	등 기 원 인	권 리 자 및 기 타 사 항
~~1~~	~~근저당권설정~~	~~2005년5월2일~~ ~~제20010호~~	~~2005년5월2일~~ ~~설정계약~~	~~채권최고액 금600,000,000원~~ ~~채무자~~ [illegible] [illegible] ~~근저당권자 중소기업은행 110135-0000903~~ ~~서울 중구 을지로2가 50~~ ~~(삼성동지점)~~ ~~공동담보 건물 서울특별시 양천구 신정동 1009-6 외 2필지 새암플빌딩 제지2층 제지201호~~
~~2~~	~~근저당권설정~~	~~2006년2월28일~~ ~~제14203호~~	~~2006년2월26일~~ ~~설정계약~~	~~채권최고액 금588,000,000원~~ ~~채무자~~ [illegible] [illegible] ~~근저당권자 김숙희 620810-2******~~ ~~서울 구로구 고척동 296 고척대우아파트 111-106~~ ~~공동담보 건물 서울특별시 양천구 신정동 1009-6 외 2필지 새암플빌딩 제지2층 제지201호~~
3	2번근저당권설정등기말소	2006년7월5일 제53885호	2006년7월5일 해지	
4	근저당권설정	2006년11월21일	2006년11월21일	채권최고액 금650,000,000원

순위번호	등 기 목 적	접 수	등 기 원 인	권 리 자 및 기 타 사 항
		제92358호	설정계약	채무자 [illegible] 근저당권자 [illegible]
4-1	4번근저당권경정		착오발견	정규회의 지분 100분의 60 지분 착오기재로 인하여 2006년11월22일 부기
5	(1)근저당권설정	2008년2월19일 제7064호	2008년2월18일 설정계약	채권최고액 금40,000,000원 채무자 주식회사사우스웰빙 서울 양천구 신정4동 1009-6 새암플빌딩 지하2층 근저당권자 [illegible] ~~공동담보 건물 서울특별시 양천구 신정동 1009-6 외 2필지 새암플빌딩 제지2층 제지201호~~

순위번호	등 기 목 적	접 수	등 기 원 인	권리자 및 기타사항
5-2	5번(1)근저당권공동담보소멸			건물 서울특별시 양천구 신정동 1009-6 외 2필지 새암플빌딩 제지2층 제지201호 에 대한 근저당권말소등기로 인하여 2008년7월23일 부기
5	(2)근저당권설정	2008년2월19일 제7054호	2008년2월18일 설정계약	채권최고액 금30,000,000원 채무자 주식회사사우스웰빙 서울 양천구 신정4동 1009-6 새암플빌딩 지하2층 근저당권자 [redacted] 공동담보 [redacted]
5-1	5번(2)근저당권공동담보소멸			건물 서울특별시 양천구 신정동 1009-6 외 2필지 새암플빌딩 제지2층 제지201호 에 대한 근저당권말소등기로 인하여 2008년7월23일 부기
6	(1)근저당권설정	2008년3월19일 제13071호	2008년3월19일 설정계약	채권최고액 금15,000,000원 채무자 주식회사사우스웰빙 서울 양천구 신정4동 1009-6 새암플빌딩 지하2층 근저당권자 [redacted] ~~공동담보 건물 서울특별시 양천구 신정동 1009-6 외~~ ~~2필지 새암플빌딩 제지2층 제지201호~~
6-1	6번(1)근저당권공동담보소멸			건물 서울특별시 양천구 신정동 1009-6 외 2필지 새암플빌딩 제지2층 제지201호 에 대한 근저당권말소등기로 인하여

순위번호	등 기 목 적	접 수	등 기 원 인	권리자 및 기타사항
				2008년7월23일 부기
6	(2)근저당권설정	2008년3월19일 제13071호	2008년3월19일 설정계약	채권최고액 금20,000,000원 채무자 주식회사사우스웰빙 서울 양천구 신정4동 1009-6 새암플빌딩 지하2층 근저당권자 [redacted] ~~공동담보 건물 서울특별시 양천구 신정동 1009-6 외~~ ~~2필지 새암플빌딩 제지2층 제지201호~~
6-2	6번(2)근저당권공동담보소멸			건물 서울특별시 양천구 신정동 1009-6 외 2필지 새암플빌딩 제지2층 제지201호 에 대한 근저당권말소등기로 인하여 2008년7월23일 부기
7	1번근저당권설정등기말소	2008년7월24일 제42499호	2008년7월23일 해지	

등기부등본요약

갑구			을구		
2	2004. 05. 24	소유권(사우스웰빙)			
			4	2006. 11. 21	근저당권(채무자 오정현, 채권자 정규회 외)
			5	2008. 02. 19	근저당권(채무자 사우스웰빙, 채권자 최금진 외)
			6	2008. 03. 19	근저당권(채무자 사우스웰빙, 채권자 최금진 외)
17	2008. 07. 01	강제경매개시(새암들빌딩관리단)			

살 펴 보 기

- 유치권의 4가지 성립요건을 잘 생각해 보시길…

  채권자가 2009. 2. 2 유치권을 신고했다가 2009. 3. 23 유치권 신고를 취하했습니다. 본건은 시설관리충당금도 포함되어 있어 경매기록을 열람하여 시설관리충당금의 성격을 분석하고, 만약 빌딩관리단에서 이 금액을 포함하여 확정판결을 받고 강제경매를 실시하였다면 유치권과는 전혀 문제가 안됩니다.

- 또한 건물 전체 소유자의 회의결과 건물에 대한 대수선이 이루어진 다음 각 세대별로 시설관리충당금이 부과되었다고 하더라도 유치권과는 별개의 채권 입니다. 즉, 시설관리충당금은 관리비에 포함되어 매월 청구되나 이와는 달리 건물 전체에 문제가 발생(태풍, 침수 등)하여 건물지분 소유자 전체가 부담해야 할 경우라면 단순한 관리비의 차원을 넘어섭니다.

유치권 ❽ :: 아파트 1개 호실에 대한 유치권 신청 사례 - 1 ::

서부6계 2008-14639 상세정보

경매구분	임의(기일)	채권자	국민은행	경매일시	09.07.22 (10:00)
용도	아파트	채무/소유자	최재석/박지은	다음예정	09.08.26 (143,360,000원)
감정가	350,000,000	청구액	162,848,046	경매개시일	08.09.22
최저가	179,200,000 (51%)	토지총면적	41 m² (12.4평)	배당종기일	08.12.19
입찰보증금	10% (17,920,000)	건물총면적	100 m² (30.25평)[40평형]	조회수	금일5 공고후215 누적423
주의사항	· 유치권 · 일괄매각, 도남일로부터 유치권(금937,470,350원)신고 있으나 성립여부 불분명 · 2009.03.03 기타 도남일 유치권권리신고서 제출				

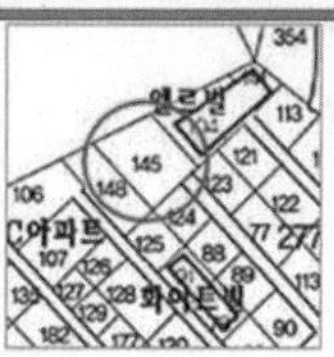

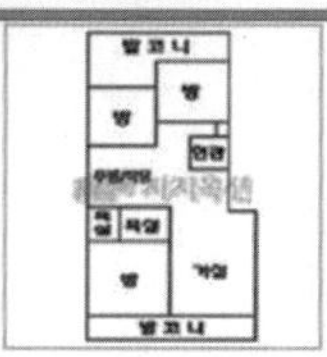

- 물건사진 11
- 지번·위치 3
- 구 조 도 2
- 위성지도

우편번호및주소/감정서	물건번호/면 적 (m²)	감정가/최저가/과정	임차조사	등기권리
120-100 서울 서대문구 홍은동 277-145 교수 6층 601호 ●감정평가서정리 - 홍연초등교동측인근 - 주변소규모공동및일반주택등혼재 - 진입로노폭협소,경사급한관계제반차량진출입불편,교통사정보통 - 도시가스개별난방 - 사다리형급경사지 - 남동측4m도로접함 - 도시지역 - 1종일반주거지역	물건번호: 단독물건 대지 40.56/638 (12.27평) (0.445/7 박지은지분) 건물 100.44 (30.38평) (40평형) 방3,욕실2 7층-06.08.07보존 남향,계단식 현장보고서 열람 GO	감정가 350,000,000 대지 140,000,000 (40%) 건물 210,000,000 (60%) 최저가 179,200,000 (51.2%) ●경매진행과정 350,000,000 유찰 2009-04-08 20%↓ 280,000,000 유찰 2009-05-13 20%↓ 224,000,000 유찰 2009-06-17	●법원임차조사 박육석 전입 2008.05.29 전부/조사서상 *폐문부재, 점유관계 등은 미상이나,소유자아닌 전입세대주 박육석의 주민등록표등본이 발급되므로 임차인으로 등재, 출입문에는 유치권을 행사한다는 글을 기재하여 부착해 놓았음 ●지지옥션세대조사 전입 2008.05.29 박육석 전입 2008.05.29 정영옥 [세대주 박육석의 동거인] 동사무소확인:09.03.27	저당권 국민은행 동대문역 2008.03.28 177,600,000 저당권 한주상호저축 2008.04.22 650,000,000 소유권 박지은 2008.09.19 전소유자:기달순 임 의 국민은행 경매소송관리 2008.09.22 *청구액:162,848,046원 압 류 서울서대문구 2009.02.10 등기부채권총액 827,600,000원

경매사건검색

검색조건 법원 : 서울서부지방법원 | 사건번호 : 2008타경14639

사건내역 | 기일내역 | 문건/송달내역 | 인쇄 | < 이전

사건기본내역

사건번호	2008타경14639	사건명	부동산임의경매
접수일자	2008.09.19	개시결정일자	2008.09.22
담당계	경매6계 전화 : 3271-1326(구내:1326)		
청구금액	162,848,046원	사건항고/정지여부	
종국결과	미종국	종국일자	

당사자내역

당사자구분	당사자명	당사자구분	당사자명
채권자	주식회사 국민은행	채무자	최재석
소유자	박지은	임차인	박욱석
근저당권자	주식회사한주상호저축은행	교부권자	서대문구청(세무1)
유치권자	도남일		

경매사건검색

검색조건 법원 : 서울서부지방법원 | 사건번호 : 2008타경14639

사건내역 | 기일내역 | 문건/송달내역 | 인쇄 | < 이전

문건처리내역

접수일	접수내역	결과
2008.09.23	등기소 서대문등기소 등기촉탁보정명령문 제출	
2008.09.26	채권자 주식회사 국민은행 당사자변경신청 제출	
2008.10.02	등기소 서대문등기소 등기필증 제출	
2008.10.10	근저당권자 주식회사한주상호저축은행 채권계산서 제출	
2008.10.23	채권자 주식회사 국민은행 특별송달신청 제출	
2008.10.24	기타 집행관 현황조사서 제출	
2008.10.24	기타 서울감정 감정평가서 제출	
2008.11.24	채권자 주식회사 국민은행 야간송달신청 제출	
2008.12.15	기타 서대문구청 교부청구 제출	
2008.12.22	채권자 주식회사 국민은행 야간송달신청 제출	
2009.02.16	채권자 주식회사 국민은행 보정서(가족관계증명서 및 주민등록초본 제출	
2009.02.23	채권자 주식회사 국민은행 보정서 제출	
2009.03.03	기타 도남일 유치권권리신고서 제출	

고유번호	집 합 건 축 물 대 장 전 유 부	G4C접수번호
1141011800-3-02770145		20090623 - 69146110

대지위치	서울특별시 서대문구 홍은동	지 번	277-145	명칭및번호		호명칭	601호

전 유 부 분					소 유 자 현 황			
구분	층별	구조	용도	면적(㎡)	성명(명칭) 주민등록번호 (부동산등기용등록번호)	주소	소유권 지분	변 동 일 자 변 동 원 인
주	6층	철근콘크리트구조	아파트	100.44	[redacted]	[redacted]	/	2005.11.14 소유권이전
		- 이하여백 -			[redacted]	[redacted]	/	2006.03.20 소유자등록
					[redacted]	[redacted]	1/1	2006.08.22 분등기
					[redacted]	[redacted]	1/1	2006.11.27 소유권이전
					[redacted]	[redacted]	1/1	2007.07.04 분등기

공 용 부 분				
구분	층별	구조	용도	면적(㎡)
주	지2층	철근콘크리트구조	주차장	22.83
주	각층	철근콘크리트구조	계단실	9.52
		- 이하여백 -		

이 등(초)본은 건축물대장의 원본내용과 틀림없음을 증명합니다.

담당자 : 지적과 전화번호 : 02 - 330 - 1242

2009년 06월 23일

서울특별시 서대문구청장

공 동 주 택 (아 파 트) 가 격 (단 위 : 원)			
기준일	2008.01.01	2009.01.01	
공동주택(아파트)가격	101,000,000	105,000,000	

• 부동산 가격공시 및 감정평가에 관한 법률에 따른 공동주택가격만 표시됩니다.

고유번호	소 유 자 현 황 (을)	G4C접수번호
1141011800-3-02770145		20090623 - 69146110

대지위치	[redacted]	지 번	277-145	명칭 및 번호		특이사항	

소 유 자 현 황				소 유 자 현 황			
성명(명칭) 주민등록번호 (부동산등기용등록번호)	주소	소유권 지분	변 동 일 자 변 동 원 인	성명(명칭) 주민등록번호 (부동산등기용등록번호)	주소	소유권 지분	변 동 일 자 변 동 원 인
[redacted]	[redacted]	1/1	2008.09.19 소유권이전				
	- 이하여백 -						

등기부 등본 (말소사항 포함) - 집합건물

[집합건물] 서울특별시 서대문구 홍은동 277-145 제6층 제601호

고유번호 2741-2006-003404

【 표 제 부 】 (1동의 건물의 표시)

표시번호	접 수	소재지번,건물명칭 및 번호	건 물 내 역	등기원인 및 기타사항
1		서울특별시 서대문구 홍은동 277-145	철근콘크리트조 철근콘크리트지붕 7층 지하2층 358.97㎡	2005년11월4일 등기

【 갑 구 】 (소유권에 관한 사항)

순위번호	등 기 목 적	접 수	등 기 원 인	권 리 자 및 기 타 사 항
1	소유권보존			소유자 [redacted] 가처분등기의 촉탁으로 인하여 2005년11월4일 등기
~~2~~	~~가처분~~	~~2005년11월4일 제43575호~~	~~2005년11월2일 서울남부지방법원의 가처분결정(2005카합2528)~~	~~피보전권리 매매에 의한 소유권이전등기청구권~~ ~~채권자~~ [redacted] ~~금지사항 매매,증여,전세권,저당권,임차권의 설정 기타일체의 처분행위 금지~~
3	소유권이전	2005년11월14일 제44866호	2005년11월11일 매매	소유자 [redacted]
3-1	3번등기명의인표시변경		2006년3월21일 전거	김국진의 주소 서울 서대문구 홍제동 268-59 2006년8월22일 부기
4	2번가처분등기말소	2005년12월15일 제49654호	2005년12월7일 일부해제	

순위번호	등 기 목 적	접 수	등 기 원 인	권 리 자 및 기 타 사 항
10	소유권이전	2006년11월27일 제53470호	2006년11월27일 매매	소유자 [redacted]
11	소유권이전청구권가등기	2006년11월27일 제53472호	2006년11월27일 매매예약	가등기권자 [redacted]
	소유권이전	2007년7월4일 제26185호	2007년6월15일 매매	소유자 [redacted] 거래가액 금140,000,000원

순위번호	등 기 목 적	접 수	등 기 원 인	권리자 및 기타사항
15	12번가압류, 13번가압류, 14번압류 등기말소			갑구11번 가등기의 본등기로 인하여 2007년8월21일 등기
16	소유권이전	2008년4월22일 제18179호	2008년4월18일 매매	소유자 [illegible] [illegible] 매매목록 제2008-443호
17	소유권이전	2008년9월19일 제46412호	2008년8월29일 매매	소유자 [illegible] [illegible] 매매목록 제2008-1247호
18	임의경매개시결정	2008년9월22일 제46549호	2008년9월22일 서울서부지방법원의 경매개시 결정(2008타경14639)	채권자 주식회사국민은행 110111-2365321 서울특별시 중구 남대문로2가 9-1 (경매소송관리센터)
19	압류	2009년2월10일 제4280호	2009년2월9일 압류(세무1과-1382)	권리자 서울특별시서대문구

【 을 구 】 (소유권 이외의 권리에 관한 사항)

순위번호	등 기 목 적	접 수	등 기 원 인	권리자 및 기타사항
~~1~~	~~근저당권설정~~	~~2005년11월14일~~ ~~제44867호~~	~~2005년10월06일~~ ~~설정계약~~	~~채권최고액 금200,000,000원~~ ~~채무자~~ [illegible] [illegible] ~~근저당권자~~ [illegible] [illegible]

순위번호	등 기 목 적	접 수	등 기 원 인	권리자 및 기타사항
		제26920호	해지	
8	6번근저당권설정 등기말소			갑구11번 가등기의 본등기로 인하여 2007년8월21일 등기
9	근저당권설정	2008년3월28일 제12902호	2008년3월27일 설정계약	채권최고액 금177,600,000원 채무자 [illegible] [illegible] 근저당권자 주식회사국민은행 110111-2365321 서울특별시 중구 남대문로2가 9-1 (동대문역지점)
10	근저당권설정	2008년4월22일 제18180호	2008년4월22일 설정계약	채권최고액 금650,000,000원 채무자 [illegible] [illegible] 근저당권자 주식회사한주상호저축은행 164711-0003836 충청남도 연기군 조치원읍 원리 15-16 공동담보 [illegible]

살 펴 보 기

- 유치권자는 아파트를 건설한 사람인가? 아파트를 건설한 사람이라면 회사로 유치권을 행사할 것인데 왜 개인으로 했는지? 이러한 사항은 경매계에서 관련문서를 열람하고 관리실에 문의하면 알 수 있지 않을까요?
- 아파트 1동의 감정가가 3억 5천만원인데 왜 유치권은 9억원이 넘을까요? 이러한 것은 다음과 같이 생각할 수 있습니다. 즉, 유치권자는 아파트 건설에 관련된 업자(창호, 전기, 수도 등)일 수도 있습니다.
  그런데 공사비를 못 받았는데 이미 분양되어 입주가 완료되어 버렸다(추정), 그래서 경매가 들어가자 유치권을 신청해 버렸다(?). 너무 억측이 심하죠? 그러나 이 사건에서는 이와는 관련이 없는 것 같습니다. 이와 같이 관련이 되려면 동일 아파트에 여러 건이 경매가 나왔어야 하는데 한 건만 나왔습니다. 그러므로 누가 점유를 하고 있는지, 임대차계약은 누구와 했는지 등을 확인한 후 경락을 받는다면 안전할 것입니다.

Tip • • •

- 예를 들어 건축업자가 5층의 연립주택을 건축했는데 유치권을 전체가 아닌 일부에만 할 수 있는가? 답은 "가능하다" 입니다. 그러므로 이 사건에서 억지로 분석을 해본다면 전체 아파트를 건축한 사람이 601호에만 유치권을 했다(?). 이건 아니겠죠?
- 대법원 2007. 9. 27 선고 2005다 16942 판결을 보면 "건물의 전체를 점유 해야만 유치권이 성립하는 것은 아니다. 건물의 일부만 점유해도 유치권이 성립한다"라고 되어 있습니다. 즉, 건설업자가 70세대 아파트 공사를 하여 70억원의 유치권을 행사 중일 때1세대를 낙찰받았다면 경락인은 1억원(70억원 / 70세대)만 부담하면 되는 것이 아니라 유치권이 신고된 금액 전체(70억원)를 부담해야 합니다. 또한 어떤 경우에는 전체의 아파트에서 일부 세대에만 유치권을 행사하여 점유하고 있다면, 미점유부분을 경락 받은 경락인은 유치권의 부담을 갖지 않아도 됩니다.

유치권 ❾ :: 아파트 1개 호실에 대한 유치권 신청 사례 - 2 ::

[특강] 돈 되는 경매물건 27선 (6/25木) **동부2계 2008-7141 상세정보**

경매구분	임의(기일)	채권자	기업은행	낙찰일시	09.06.01
용도	아파트	채무/소유자	디에프지/박윤희	낙찰가격	436,900,000
감정가	650,000,000	청구액	480,000,000	경매개시일	08.05.15
최저가	332,800,000 (51%)	토지총면적	52 m² (15.73평)	배당종기일	08.08.19
입찰보증금	10% (33,280,000)	건물총면적	100 m² (30.25평)	조회수	금일1 공고후373 누적1,389
주의사항	· 유치권 · (주) 미드엠으로부터 공사대금 금 91,100,000원의 유치권신고가 있으나,그 성립여부는 불분명. · 2008.08.18 유치권자 (주) 미드엠 권리신고및배당요구신청 제출				

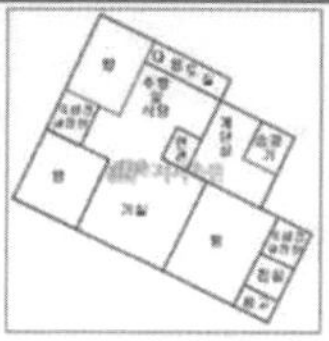

- 물건사진 12
- 지번·위치 3
- 구 조 도 2
- 위성지도

우편번호및주소/감정서	물건번호/면 적 (m²)	감정가/최저가/과정	임차조사	등기권리
138-050 서울 송파구 방이동 169-1 신암밀리안 6층 601호 (통칭:대원맘모스) ●감정평가서정리 - 방이초등학교북서측 인근 - 주위중소규모점포및 근린시설,일부 업무용빌딩등기존및 공동주택등혼재 - 차량출입가능,대중교통사정무난 - 인근노선버스및마을버스(정)위치 - 도시가스난방	물건번호: 단독물건 대지 52.13/961.5 (15.77평) 건물 99.5 (30.1평) 공용면적:56.96m² 방3,욕실겸화장실2, 전실1,창고1 6층-06.03.24보존 계단식 19세대 현장보고서 열람 GO	감정가 650,000,000 대지 260,000,000 (40%) 건물 390,000,000 (60%) 최저가 332,800,000 (51.2%) ●경매진행과정 650,000,000 유찰 2008-11-24 20%↓ 520,000,000 유찰 2009-01-12 20%↓ 416,000,000 유찰 2009-03-02	●법원임차조사 강동호 전입 2008.02.11 확정 2008.05.21 배당 2008.08.07 (보) 35,000,000 재전입:2008.5.21 점유 2008.5.20-2년 방1/주거 이재정 전입 2008.02.28 확정 2008.05.21 배당 2008.07.22 (보) 20,000,000 점유 2008.2.27-2년 방1/주거	소유권 박윤희 2006.03.24 저당권 국민은행 삼전남 2006.04.12 104,000,000 저당권 기업은행 송파 2006.10.25 480,000,000 임 의 기업은행 여신관리부 2008.05.15 *청구액:480,000,000원 등기부채권총액 584,000,000원 열람일자 : 2008.06.12

경매사건검색

검색조건 법원 : 서울동부지방법원 | 사건번호 : 2008타경7141

사건내역 | 기일내역 | 문건/송달내역 — 인쇄 | < 이전

사건기본내역

사건번호	2008타경7141	사건명	부동산임의경매
접수일자	2008.05.14	개시결정일자	2008.05.15
담당계	경매2계 전화 : 2204-2406(구내:2406)		
청구금액	480,000,000원	사건항고/정지여부	
종국결과	미종국	종국일자	

물건내역

물건번호	1	물건용도	아파트	감정평가액	650,000,000원		
물건비고							
목록1	서울특별시 송파구 방이동 169-1 신암밀리안아파트 6층 601호			목록구분	집합건물	비고	미종국
물건상태	매각준비 -> 매각공고 -> 매각 -> **매각허가결정**						
기일정보				최근입찰결과	2009.06.01 매각(436,900,000원) 2009.06.08 최고가매각허가결정		

당사자내역

당사자구분	당사자명	당사자구분	당사자명
채권자	기은십이차유동화전문유한회사	채무자	주식회사 디에프지
소유자	박윤희	임차인	강동호
임차인	이재정	근저당권자	주식회사 국민은행
교부권자	송파구	유치권자	(주)미드엠

경매사건검색

검색조건 법원 : 서울동부지방법원 | 사건번호 : 2008타경7141

사건내역 | 기일내역 | 문건/송달내역

인쇄 | < 이전

문건처리내역

접수일	접수내역	결과
2008.05.16	등기소 송파등기소 등기필증 제출	
2008.06.03	기타 최웅철 현황조사서 제출	
2008.06.20	채권자 중소기업은행 보정서 제출	
2008.06.20	채권자 중소기업은행 보정서 제출	
2008.06.27	기타 남일감정평가사사무소 감정평가서 제출	
2008.07.22	임차인 이재정(주민등록등재자) 권리신고및배당요구신청 제출	
2008.08.01	채권자 중소기업은행 보정서 제출	
2008.08.04	채권자 기은십이차유동화전문유한회사 부동산임의경매절차수계신청서 제출	
2008.08.05	임차인 이재정(주민등록등재자) 보정서 제출	
2008.08.07	임차인 강동호(주민등록등재자) 권리신고및배당요구신청 제출	
2008.08.11	소유자 박윤희 열람신청서 제출	
2008.08.11	교부권자 송파구 교부청구 제출	
2008.08.18	유치권자 주식회사 미드엠 권리신고및배당요구신청 제출	
2008.08.22	임차인 강동호(주민등록등재자) 보정서 제출	
2008.09.26	채권자 기은십이차유동화전문유한회사 공시송달신청 제출	
2008.09.30	채무자 주식회사 디에프지 주소보정 제출	
2008.11.13	채권자 기은십이차유동화전문유한회사 열람신청서 제출	

유치권자는 배당신청을 할 수 없습니다. 그런데도 배당요구를 했습니다. 그러므로 유치권을 원인으로 한 채무명의를 갖고 있는지 여부를 확인해야 합니다. 채무명의를 갖고 있다면 배당요구가 가능하기 때문입니다.

집 합 건 축 물 대 장 전 유 부

고유번호	G4C접수번호
1171011100-3-01690001	20090629 - 69506066

대지위치	서울특별시 송파구 방이동	지 번	169-1	명칭및번호	신암밀리안APT	호명칭	601

전 유 부 분

구분	층별	구조	용도	면적(㎡)
주	6층	철근콘크리트구조	아파트	99.5
		- 이하여백 -		

소 유 자 현 황

성명(명칭) / 주민등록번호 (부동산등기용등록번호)	주소	소유권 지 분	변 동 일 자 / 변 동 원 인
[redacted]	[redacted]	/	2006.03.16 / 소유자등록
[redacted]	[redacted]	/	2006.03.24 / 소유권보존
	- 이하여백 -		

공 용 부 분

구분	층별	구조	용도	면적(㎡)
주	각층	철근콘크리트구조	계단실	13.29
주	지1	철근콘크리트구조	기계실	4.37
주	지1	철근콘크리트구조	주차장	39.3
		- 이하여백 -		

이 등(초)본은 건축물대장의 원본내용과 틀림없음을 증명합니다.

담당자 : 토지관리과　　전화번호 : 02 - 410 - 3495

2009년 06월 29일

서울특별시 송파구청장

공 동 주 택 (아 파 트) 가 격 (단 위 : 원)

기준일	2009.01.01	2008.01.01	
공동주택(아파트)가격	320,000,000	320,000,000	

* 부동산 가격공시 및 감정평가에 관한 법률에 따른 공동주택가격만 표시됩니다.

고유번호	G4C접수번호
1171011100-3-01690001	20090629 - 69506066

변 동 사 항

변동일자	변동내용 및 원인
2006.03.17	2006.3.16 사용승인되어 신규작성(신축)
	- 이하여백 -

기 타 기 재 사 항

건 축 물 현 황 도

축 척		도면작성자	(서명 또는 인)

살 펴 보 기

■ 건축물관리대장상 사용승인(준공일자) : 2006. 03. 16

경매개시일자 : 2008. 05. 15

그러나 2년 된 아파트가 리모델링을 하는 경우는 거의 없습니다. 그러므로 유치권은 내부 인테리어 공사대금 또는 베란다 확장공사대금으로 추정됩니다. 내부 인테리어 공사대금이나 베란다 확장공사대금은 유치권에 해당되는 경우가 없습니다. 유치권자가 인테리어 회사인지를 확인(법인등본 열람)을 요합니다.

또한 누가 점유를 하고 있으며, 임차인이 있다면 누구와 임대차계약을 했는지 확인을 요합니다. 그러나 서울의 아파트가 3번 유찰된 뒤에 낙찰되었습니다. 이것이 바로 유치권효과(?)가 아닐까요?

유치권 ⑩ :: 임차인이 내부시설 공사대금으로 유치권 신청 - 1 ::

[특강] 돈 되는 경매물건 27선 (6/25木) **남부8계 2008-3746[1] 상세정보**

경매구분	임의(기일)	채권자	기은십일차유	경매일시	09.06.23 (10:00)
용도	상가	채무/소유자	김종근	다음예정	09.07.28 (404,488,000원)
감정가	1,543,000,000	청구액	3,110,853,073	경매개시일	08.02.20
최저가	505,610,000 (33%)	토지총면적	71 m² (21.48평)	배당종기일	08.05.09
입찰보증금	10% (50,561,000)	건물총면적	236 m² (71.39평)	조회수	금일12 공고후150 누적1,250
주의사항	· 유치권 · 2008.05.06.유치권신고(2층,3층)-하나공조 대표 김종수 개보수비용으로 금86,530,050원에 대하여 유치권신고 있음. 채권자 기은십일차유동화전문유한회사로부터 위 유치권은 부당하다는 취지의 유치권 배제의견서 제출.일괄매각(201호,202호).				

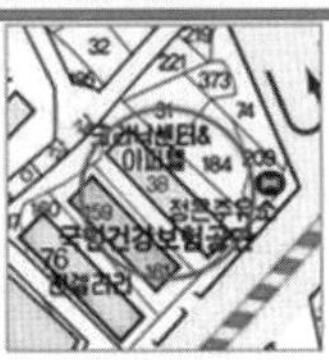

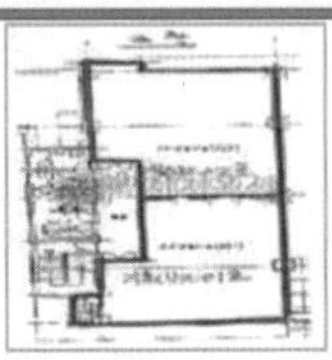

- 물건사진 16
- 지번·위치 3
- 구 조 도 1
- 위성지도

우편번호및주소/감정서	물건번호/면 적 (m²)	감정가/최저가/과정	임차조사	등기권리
152-080 서울 구로구 고척동 76-38 원메디타운 A동 2층 201호 감정평가액 대지:222,000,000 건물:518,000,000 2008.03.05 신상민감정	물건번호: 1 번 (총물건수 2건) 1)대지 33.87/1890 (10.25평) 건물 113.04 (34.19평) 현:수액치료실,휴게실,초음파실, 자궁암검사실,X선검사실 공용면적:83.64 10층-06.03.27보존	감정가 1,543,000,000 대지 462,900,000 (30%) 건물 1,080,100,000 (70%) 최저가 505,610,000 (32.8%) ●경매진행과정 740,000,000 유찰 2008-06-03 20%↓ 592,000,000 유찰 2008-07-08	●법원임차조사 박승권 전입 2007.04.10 사업등록 (보) 15,000,000 (월) 400,000 상가/201,202호 원메디의원 점유 2007.4.1-5년 조사서상월차임: 1010만	소유권 김종근 2006.03.30 전소유자:원메디타운(주) 저당권 기업은행 고척동 2006.03.30 3,200,000,000 가압류 서희승, 김영미 2006.06.02 200,000,000 가압류 신현진 2007.02.01 200,000,000

경매사건검색

검색조건 법원 : 서울남부지방법원 | 사건번호 : 2008타경3746

사건내역 | 기일내역 | 문건/송달내역 | 인쇄 | < 이전

사건기본내역

사건번호	2008타경3746	사건명	부동산임의경매
접수일자	2008.02.18	개시결정일자	2008.02.20
담당계	경매8계 전화 : (02)2192-1338(구내:1338)		
청구금액	3,110,853,073원	사건항고/정지여부	
종국결과	미종국	종국일자	

당사자내역

당사자구분	당사자명	당사자구분	당사자명
채권자	기은십일차유동화전문유한회사	채무자겸소유자	김종근
임차인	박승권(원메디의원)	임차인	김명원
임차인	윤상칠(굿모닝소아과)	근저당권자	중소기업은행
가압류권자	서희승	가압류권자	김영미
가압류권자	(배당요구권자)신현진	가압류권자	주식회사천안상호저축은행
가압류권자	스타리스 주식회사	가압류권자	홍콩상하이은행
압류권자	서울특별시구로구	압류권자	근로복지공단
가등기권자	이병영	교부권자	평택세무서장
교부권자	주식회사 세종상호저축은행	교부권자	동수원세무서장
교부권자	수원세무서장	유치권자	김종수 (하나공조)

경매사건검색

검색조건 법원 : 서울남부지방법원 | 사건번호 : 2008타경3746

사건내역 | 기일내역 | 문건/송달내역

인쇄 | < 이전

문건처리내역

접수일	접수내역	결과
2008.02.27	등기소 구로등기소 등기필증 제출	
2008.03.10	가압류권자 스타리스 주식회사 채권계산서 제출	
2008.03.10	기타 신상민감정평가사사무소 감정평가서 제출	
2008.03.11	교부권자 평택세무서 교부청구 제출	
2008.03.11	압류권자 근로복지공단 서울관악지사 교부청구 제출	
2008.03.11	기타 주식회사 세종상호저축은행 채권계산서 제출	
2008.03.20	기타 집행관 이치림 현황조사서 제출	
2008.04.22	배당요구권자 홍콩상하이은행(영업소) 권리신고및배당요구신청 제출	
2008.05.06	유치권자 하나공조 대표 김종수 권리신고 제출	
2008.05.09	가압류권자 신현진 채권계산서 제출	
2008.05.29	교부권자 평택세무서장 교부청구 제출	
2008.06.02	유치권자 김종수 (하나공조) 보정서 제출	
2008.06.24	교부권자 수원세무서 교부청구 제출	
2008.10.07	채권자 기은십일차유동화전문유한회사 기일연기신청 제출	
2008.10.13	채권자 기은십일차유동화전문유한회사 참고자료제출 제출	
2008.10.31	채권자 기은십일차유동화전문유한회사 의견서 제출	
2008.10.31	채권자 기은십일차유동화전문유한회사 기일연기신청 제출	
2008.11.06	교부권자 평택세무서장 교부청구 제출	
2008.11.24	교부권자 평택세무서장 교부청구 제출	
2008.11.27	교부권자 수원세무서장 교부청구 제출	
2009.02.16	채권자 기은십일차유동화전문유한회사 유치권 배제 의견서 제출	

Tip • • •

- 유치권 신고에 대하여 채권자가 유치권 배제의견서를 제출하였습니다. 채권자인 금융기관이 유치권 배제의견서를 제출했다면 유치권이 거짓일 경우가 많습니다. 해당 금융기관에 그 이유를 확인해 보면 정확한 내용이 나올 것입니다.

집합건축물대장전유부

고유번호	G4C접수번호
1153010600-3-00760038	20090622 - 69140722

대지위치	서울특별시 구로구 고척동	지 번	76-38	명칭및번호	원메디타운-A	호명칭	201

전 유 부 분

구분	층별	구조	용도	면적(㎡)
주	2층	철근콘크리트구조	의원	113.04
		- 이하여백 -		

소 유 자 현 황

성명(명칭) / 주민등록번호 (부동산등기용등록번호)	주소	소유권 지분	변동일자 / 변동원인
[redacted]	[redacted]	100/100	2006.01.11 / 소유자등록
[redacted]	[redacted]	/	2006.03.30 / 소유권이전
	- 이하여백 -		

공 용 부 분

구분	층별	구조	용도	면적(㎡)
주	2층	철근콘크리트구조	복도,계단실,기계,전기실,주차장	83.64
		- 이하여백 -		

이 등(초)본은 건축물대장의 원본내용과 틀림없음을 증명합니다.

담당자 : 부동산정보과 전화번호 : 02 - 860 - 2813

2009년 06월 22일

서울특별시 구로구청장

공동주택(아파트)가격 (단위 : 원)

기준일			
공동주택(아파트)가격			

* 부동산 가격공시 및 감정평가에 관한 법률에 따른 공동주택가격만 표시됩니다.

고유번호	G4C접수번호
1153010600-3-00760038	20090622 - 69140722

변 동 사 항

변동일자	변동내용 및 원인
2006.02.22	2006.01.11 소유자등록(건축2004-1)
	- 이하여백 -

기 타 기 재 사 항

건 축 물 현 황 도

축 척		도면작성자	(서명 또는 인)

살 펴 보 기

- 건축물관리대장상 사용승인(준공일자) : 2006. 01. 11

경매개시일자 : 2008. 02. 20

2년된 건물을 리모델링 할 경우는 거의 없습니다. 그러므로 유치권은 병원을 운영하기 위한 내부 인테리어공사대금으로 추정됩니다.

또한 내부 인테리어 공사대금은 유치권에 해당되는 경우가 거의 없습니다. 2009. 02. 16 채권자의 유치권 배제의견서 제출을 참고하시고, 유치권 성립의 4가지 조건 중 하나인 "목적물을 계속해서 점유하고 있을 것"의 조건을 살펴봐야 합니다. 그러나 현재 병원을 하고 있으니 유치권자가 점유를 못한 것은 확실합니다. 그리고 채권에 대하여 가장 잘 알고 있는 사람이 채권자이고, 채권자가 유치권 배제의견서를 제출했습니다. 그러므로 유치권이 성립할 여지가 없는 물건입니다.

유치권 ⓫ :: 임차인이 내부시설 공사대금으로 유치권 신청 - 2 ::

[특강] 돈 되는 경매물건 27선 (6/25木) **남부3계 2008-21928 상세정보**

경매구분	임의(기일)	채권자	남서울농협	경매일시	09.07.07 (10:00)
용도	상가	채무/소유자	김두규/우성호	다음예정	09.08.11 (140,902,400원)
감정가	430,000,000	청구액	255,220,000	경매개시일	08.10.13
최저가	176,128,000 (41%)	토지총면적	17 m² (5.14평)	배당종기일	08.12.26
입찰보증금	10% (17,612,800)	건물총면적	49 m² (14.82평)	조회수	금일5 공고후2 누적519
주의사항	· 유치권 · 1.인접 110~114호와 공동으로 골프장으로 이용중임.2.정호문으로부터 내부시설 등 공사대금 일억이천구백만원에 기한 유치권신고서가 제출되었으나 그 성립여부는 불분명함.				

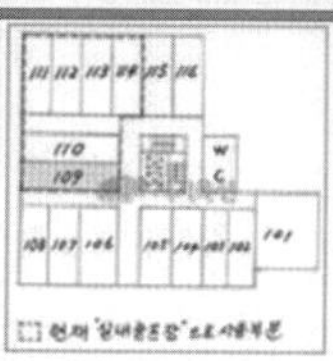

- 물건사진 9
- 지번·위치 3
- 구조도 1
- 위성지도

우편번호및주소/감정서	물건번호/면적 (m²)	감정가/최저가/과정	임차조사	등기권리
158-050 서울 양천구 목동 406-4 현대프라자 1층 109호 ●감정평가서정리 - 철콘구조평지붕 - 교육연구및복지시설, 제1,2종근린생활시설 - 서정초등학교북측위치 - 주위아파트와도로변상가밀집 - 교통사정편리 - 오목로접하며지하철5호선목동역과 오목교역중간위치 - 현:110~114호공동 ScreenGolf장	물건번호: 단독물건 대지 16.98/1893 (5.14평) 건물 49.236 (14.89평) 5층-06.01.06보존 현장보고서 신청 GO	감정가 430,000,000 대지 215,000,000 (50%) 건물 215,000,000 (50%) 최저가 176,128,000 (41.0%) ●경매진행과정 430,000,000 유찰 2009-02-17 20%↓ 344,000,000 유찰 2009-03-17 20%↓ 275,200,000 유찰 2009-04-21 20%↓ 220,160,000	●법원임차조사 정호문 전입 2008.04.30 배당 2008.12.26 (보) 20,000,000 전부 디온스크린골프 점유 2008.3.1-5년 차임:순매출액4% 조사서상: 2000만/79만2천 *110,111,112,113,114호를 틔어서 편의에 따라 골프장을 만들어 사용하고 있어 목적물의 정확한 위치나 면적은 육안으로 확인할 수 없음	소유권 우성호 2006.03.28 전소유자:김남신 저당권 남서울농협 2007.03.28 312,000,000 저당권 회성건걸 2007.05.08 100,000,000 임 의 남서울농협 2008.10.13 *청구액:255,220,000원 등기부채권총액 412,000,000원 열람일자 : 2008.12.04 -------------------- ♠정호문으로부터 내부시설 등 공사대금

경매사건검색

검색조건 법원 : 서울남부지방법원 | 사건번호 : 2008타경21928

사건내역 | 기일내역 | 문건/송달내역 | 인쇄 | < 이전

문건처리내역

접수일	접수내역	결과
2008.10.14	등기소 서울남부지방법원 등기과 등기필증 제출	
2008.10.21	기타 수감정평가사사무소 감정평가서 제출	
2008.10.22	기타 집행관 이진수 현황조사서 제출	
2008.11.18	근저당권자 회성건설주식회사 배당요구신청 제출	
2008.12.12	근저당권자 남서울농업협동조합 채권계산서 제출	
2008.12.19	교부권자 양천구청 교부청구 제출	
2008.12.26	임차인 정호문(다온스크린골프) 권리신고및배당요구신청 제출	
2009.02.11	유치권자 정호문 유치권권리신고서 제출	

살 펴 보 기

■ 가장 빈번하게 신고되는 형태의 유치권입니다.

임차인이 임차인의 영업을 위하여 내부시설 인테리어 공사를 시행했지만 다른사람이 경락 받는다면 반드시 골프연습장으로 사용할까요? 이러한 경우 유치권은 해당이 안되므로 만약 이 물건을 경락 받는다면 임차인은 인테리어 비용이 아까워 재계약을 요청할 것입니다.

실제로 이러한 일은 경매물건에서 수시로 발생하고 있으며, 이때는 경락자와 임차인의 대화로 풀어가는 것이 최우선일 것입니다.

그러나 계속해서 무리한 요구를 한다면 법에 의하여 처리해야 되겠죠?

유치권 ⓬ :: 임차인이 유치권신고와 배당요구를 동시에 한 경우 – 1 ::

[특강] 돈 되는 경매물건 27선 (6/25木) **남부3계 2008-12863 상세정보**

경매구분	임의(기일)	채권자	산업은행	경매일시	09.07.07 (10:00)
용도	아파트형공장	채무/소유자	한인터네트윅	다음예정	09.08.11 (960,000,000원)
감정가	1,500,000,000	청구액	1,529,993,000	경매개시일	08.06.10
최저가	1,200,000,000 (80%)	토지총면적	140 m² (42.35평)	배당종기일	08.08.21
입찰보증금	10% (120,000,000)	건물총면적	564 m² (170.61평)	조회수	금일1 공고후2 누적315
주의사항	· 유치권 · 일괄매각, 아파트형공장임차인 주식회사 두루안으로부터 201호에 대하여 기계설비 공사대금 등 165,838,706원, 211호에 대하여 기계설비대금 등 190,874,220원의 채권에 기한 유치권신고가 있었으나, 유치권부존재확인 승소확정판결(서울남부2008가합25795)이 제출되었음.				

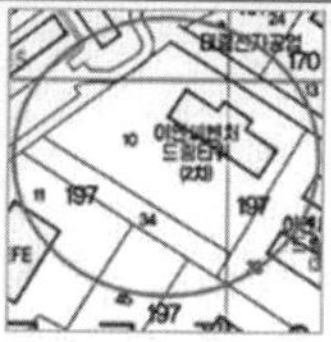

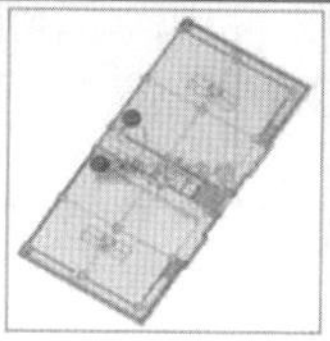

- 물건사진 13
- 지번·위치 3
- 구조도 2
- 위성지도

우편번호및주소/감정서	물건번호/면 적 (m²)	감정가/최저가/과정	임차조사	등기권리
152-050 서울 구로구 구로동 197-10 ,-34 이앤씨벤처 드림타워2차 201호 감정평가액 대지:225,000,000 건물:525,000,000 2008.07.09 고려감정	물건번호: 단독물건 공장용지 69.56/7081 (21.04평) 건물 281.5 (85.15평) 현:사무실 13층-04.09.15보존 현장보고서 열람 GO	감정가 1,500,000,000 대지 450,000,000 (30%) 건물 1,050,000,000 (70%) 최저가 1,200,000,000 (80.0%) ●경매진행과정 1,500,000,000 유찰 2008-10-15 20%↓ 1,200,000,000 유찰 2008-11-25 20%↓ 960,000,000 변경 2009-01-06	●법원임차조사 김연옥 전입 2007.10.15 배당 2008.08.12 (보) 49,000,000 (월) 4,900,000 전부,(주)두루안 점유 2008.3.7-2년	소유권 한인터네트윅 2004.10.21 전소유자:씨에스이 앤씨(주) 저당권 산업은행 구로 2004.10.21 944,784,500 일화95,000,000엔정 저당권 산업은행 구로 2005.06.24 300,000,000 저당권 산업은행 구로 2006.06.23 300,000,000

경매사건검색

검색조건 법원 : 서울남부지방법원 | 사건번호 : 2008타경12863

인쇄 | < 이전

사건내역 | 기일내역 | 문건/송달내역

문건처리내역

접수일	접수내역	결과
2008.06.11	등기소 구로등기소 등기필증 제출	
2008.06.16	기타 집행관 이진수 현황조사서 제출	
2008.06.30	채권자 한국산업은행 주소보정 제출	
2008.07.09	기타 (주)고려감정평가법인 감정평가서 제출	
2008.08.08	교부권자 구로구청 교부청구 제출	
2008.08.12	임차인 김연옥(주식회사 두루안) 권리신고및배당요구신청 제출	
2008.08.12	유치권자 주식회사 두루안 유치권신고서 제출	
2008.08.12	유치권자 주식회사 두루안 유치권신고서 제출	
2008.08.12	임차인 김연옥(주식회사 두루안) 권리신고및배당요구신청 제출	
2008.08.28	교부권자 구로세무서 교부청구 제출	
2008.10.08	교부권자 구로세무서 교부청구 제출	
2008.10.30	채권자 한국산업은행 열람및복사신청 제출	
2008.12.29	채권자 한국산업은행 기일연기신청 제출	
2009.05.08	채권자 한국산업은행 매각기일속행신청서 제출	

채권자가 경매기일을 연기하고 유치권부존재 소송에서 승소한 후 경매 속행 요청

당사자내역

당사자구분	당사자명	당사자구분	당사자명
채권자	한국산업은행	채무자겸소유자	주식회사한인터네트웍스
임차인	김연옥(주식회사 두루안)	임차인	(김연옥)주식회사 두루안(상가)
임차인	김연옥(주식회사 두루안)	근저당권자	한국산업은행
근저당권자	기술신용보증기금	교부권자	구로구청
교부권자	구로세무서		

사건일반내역 | 사건진행내역 | » 인쇄하기 | » 나의 사건 검색하기

» 사건번호 : 서울남부지방법원 2008가합25795

기본내역 » 청사배치

사건번호	2008가합25795	사건명	유치권부존재확인
원고	한국산업은행	피 고	주식회사 두루안
재판부	제11민사부(다)		
접수일	2008.12.26	종국결과	2009.03.27 원고승
원고소가	20,000,100	피고소가	
수리구분	제소	병합구분	없음
상소인		상소일	
상소각하일		보존여부	기록보존됨
송달료,보관금 종결에 따른 잔액조회		» 잔액조회	

최근기일내역 » 상세보기

일 자	시 각	기일구분	기일장소	결 과
2009.03.27	09:40	판결선고기일	법정315호	판결선고

Tip • • •

• 대법원 사이트의 초기화면 "나의 사건 검색"에서 사건번호와 당사자를 넣고 확인하면 위와 같은 화면이 나옵니다.
사건번호 확인은 등기부등본에서 확인이 가능하다는 것은 아시죠?

사건일반내역 | 사건진행내역 | » 인쇄하기 | » 나의 사건 검색하기

▸ 사건번호 : 서울남부지방법원 2008가합25795

기본내역 » 청사배치

사건번호	2008가합25795	사건명	유치권부존재확인
원고	한국산업은행	피 고	주식회사 두루안
재판부	제11민사부(다)		
접수일	2008.12.26	종국결과	2009.03.27 원고승

진행내역 전 체 | 선택

▸ 진행내역에서 제공하는 송달결과는 법적인 효력이 없으며 추후 오송달이나 부적법송달로 판명될 경우 송달결과 정보가 변경될 수 있습니다.

▸ 다음 '확인' 항목을 체크하시면 송달결과를 보실 수 있습니다.

☑ 확인 (하루에 한번 체크)

▸ (단, 2007. 3. 12. 이전에는 재판부에서 등록한 내역에 한하여, 이후에는 우정사업본부로부터 전송된 송달내역에 한하여 조회됨)

일 자	내 용	결 과	공시문
2008.12.26	소장접수		
2009.01.03	원고 한국산업은행에게 보정명령(인지대,송달료) 등본 발송	2009.01.06 도달	

살 펴 보 기

2008. 08. 12 임차인 유치권신고 및 배당요구신청

2008. 12. 26 채권자 유치권부존재소송 제기

2008. 12. 29 채권자 기일연기신청

2009. 03. 27 채권자(원고)승소

2009. 05. 08 채권자 매각기일 속행 신청

■ 이와 같은 내용으로 볼 때 채권자는 거짓 유치권자가 유치권을 신청하여 유치권으로 인한 경락대금의 하락이 불가피하자 유치권부존재소송 제기

및 기일을 연기하여 승소한 후 매각을 속행해 줄 것을 신청하였습니다.
이러한 경우는 채권자 측에서 대응을 잘한 경우이므로 경락자는 아무런 염려 없이 경매에 응찰가능 합니다.
또한 응찰자는 이러한 유치권부존재소송이 없더라도 유치권자가 자신이 임차한 공장에서 생산을 위하여(영업활동을 위하여) 설치한 기계이므로, 유치권은 해당이 안 된다고 생각하면 됩니다.

유치권 ⑬ :: 임차인이 유치권신고와 배당요구를 동시에 한 경우 – 2 ::

[특강] 돈 되는 경매물건 27선 (6/25木) **의정부1계 2007-28836 상세정보**

경매구분	임의(기일)	채권자	양주축협	경매일시	09.07.07 (10:30)
용도	상가	채무/소유자	문영희	다음예정	09.08.13 (43,620,800원)
감정가	260,000,000	청구액	128,222,825	경매개시일	07.08.13
최저가	54,526,000 (21%)	토지총면적	59 m² (17.85평)	배당종기일	07.11.19
입찰보증금	10% (5,452,600)	건물총면적	79 m² (23.9평)	조회수	금일1 공고후3 누적118
주의사항	· 유치권 · 2007.09.12 유치권자 김한규 유치권신고서 제출 · 2007.09.12 유치권자 김대길 유치권신고서 제출 · 2008.06.20 채권자 양주축산업협동조합 유치권권리배제신청 제출 · 2008.09.01 유치권자 (주) 삼원전력 유치권포기서 제출 · 2008.09.17 기타 김대길 유치권포기서 제출				

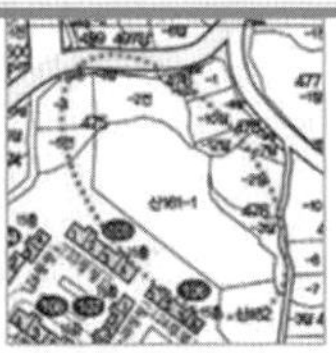
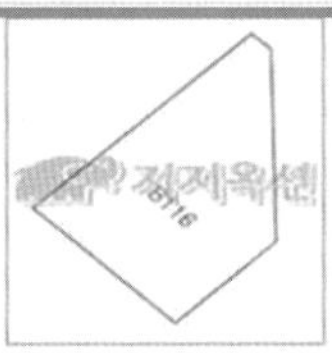

■ 물건사진 5
■ 지번·위치 2
■ 구조도 2
■ 위성지도

우편번호및주소/감정서	물건번호/면 적 (m²)	감정가/최저가/과정	임차조사	등기권리
472-942 경기 남양주시 오남읍 오남리 475-8 신명프라자 지하1층 B116호 ●감정평가서정리 - 철골조철콘평슬래브지붕 - 금호어울림아파트북측인근 - 대단위아파트단지및근린생활시설,단독주택등혼재 - 차량출입용이,대중교통사정보통	물건번호: 단독물건 대지 59.28/5671 (17.93평) 건물 79.01 (23.9평) 일반음식점 현:사무실 3층-06.09.08보존 현장보고서 신청 GO	감정가 260,000,000 대지 78,000,000 (30%) 건물 182,000,000 (70%) 최저가 54,526,000 (21.0%) ●경매진행과정 260,000,000 유찰 2008-10-28 20%↓ 208,000,000 유찰 2008-12-02	●법원임차조사 김홍기 전입 2006.12.04 확정 2006.12.04 (보) 20,000,000 (월) 450,000 신명인테리어 조사서상 *등록사항등의현황서 상 임차인 김홍기가 등재되어 있으나 본건 장소에서 아무도 만나지 못하여 점유관계등은 별도의 확인요망.임차인으로 조사한 김홍기는 등록사항등의현	소유권 문영희 2006.09.08 저당권 양주축협 의정부중앙 2006.09.08 162,500,000 저당권 염정환 2006.09.12 300,000,000 가압류 오성종합건설 2006.09.19 1,500,000,000 가압류 선일종합건설 2006.09.27 1,423,109,020

경매사건검색

검색조건 법원 : 의정부지방법원 | 사건번호 : 2007타경28836

사건내역 | 기일내역 | 문건/송달내역 인쇄 < 이전

사건기본내역

사건번호	2007타경28836	사건명	부동산임의경매
접수일자	2007.08.10	개시결정일자	2007.08.13
담당계	경매1계 전화 : 031-828-0321		
청구금액	128,222,825원	사건항고/정지여부	
종국결과	미종국	종국일자	

당사자내역

당사자구분	당사자명	당사자구분	당사자명
채권자	양주축산업협동조합	채무자겸소유자	문영희
임차인	김홍기(신명인테리어), (등록사항등의현황서 상)	근저당권자	염정환
가압류권자	주식회사오성종합건설	가압류권자	주식회사선일종합건설
가압류권자	이강익	가압류권자	근로복지공단
압류권자	국(남양주세무서)	압류권자	근로복지공단의정부지사
가등기권자	김태홍	교부권자	남양주시청

Tip • • •

• 유치권자가 다른 경매사건과는 달리 당사자내역에 기재되지 않은 이유는 법원에서 이해관계인으로 인정하지 않았기 때문입니다.
어떤 사건에서는 유치권자가 이해관계인으로 되고, 이해관계인으로 되지 않는 이유는 법원 경매계에 따라서 판단을 달리 하고 있기 때문입니다.

경매사건검색

검색조건 법원 : 의정부지방법원 | 사건번호 : 2007타경28836

사건내역 기일내역 문건/송달내역 인쇄 < 이전

문건처리내역

접수일	접수내역	결과
2007.08.16	등기소 남양주등기소 등기필증 제출	
2007.08.29	기타 아람감정평가사무소 감정평가서 제출	
2007.08.30	가압류권자 이강익 채권계산서 제출	
2007.08.31	기타 집행관 최재석 현황조사서 제출	
2007.09.03	가압류권자 주식회사오성종합건설 배당요구신청 제출	
2007.09.11	가압류권자 근로복지공단 권리신고및배당요구신청 제출	
2007.09.12	유치권자 김한규 유치권신고서 제출	
2007.09.12	유치권자 김대길 유치권신고서 제출	
2007.10.08	채권자 양주축산업협동조합 열람및복사신청 제출	
2007.10.19	가압류권자 주식회사선일종합건설 권리신고및배당요구신청 제출	
2007.10.26	채권자 양주축산업협동조합 매각기일추정신청서 제출	
2008.06.20	채권자 양주축산업협동조합 유치권권리배제신청 제출	
2008.09.01	유치권자 주식회사 삼원전력 유치권포기서 제출	
2008.09.17	기타 김대길 유치권포기서 제출	
2008.11.18	압류권자 남양주세무서 교부청구 제출	
2009.04.02	압류권자 국(남양주세무서) 교부청구 제출	

Tip • • •

- 유치권 신고를 위와 같이 "권리 신고"로 하여 신청하는 경우가 있습니다. 그러므로 위와 같이 유치권을 반드시 "유치권신고서"가 아닌 "권리신고 및 배당요구신청 제출"이라고 할 수도 있으니 주의하시기 바랍니다.

● 송달내역

송달일	송달내역	송달결과
2007.08.21	채권자 양주축산업협동조합 조합장 윤기섭 지점장 신재덕 개시결정정본 발송	2007.08.23 도달
2007.08.21	채무자겸소유자 문영희 개시결정정본 발송	2007.08.22 도달
2007.08.21	가등기권자 김태홍 최고서 발송	2007.08.21 도달
2007.08.21	감정인 이창상 평가명령 발송	2007.08.23 도달
2007.08.21	최고관서 남양주세무서 최고서 발송	2007.08.21 도달
2007.08.21	최고관서 남양주 시장 최고서 발송	2007.08.21 도달
2007.08.21	근저당권자 염정환 최고서 발송	2007.08.21 도달
2007.08.21	가압류권자 주식회사오성종합건설 최고서 발송	2007.08.21 도달
2007.08.21	가압류권자 주식회사선일종합건설 최고서 발송	2007.08.21 도달
2007.08.21	가압류권자 이강익 최고서 발송	2007.08.21 도달
2007.08.21	가압류권자 근로복지공단 최고서 발송	2007.08.21 도달
2007.08.21	압류권자 국(남양주세무서) 최고서 발송	2007.08.21 도달
2007.08.21	압류권자 근로복지공단의정부지사 최고서 발송	2007.08.21 도달
2007.09.03	임차인 김홍기(신명인테리어), (등록사항등의현황서 상) 임차인통지서 발송	2007.09.06 수취인부재
2007.09.13	임차인 김홍기(신명인테리어), (등록사항등의현황서 상) 임차인통지서 발송	2007.09.13 도달
2007.10.26	채무자겸소유자 문영희 개시결정정본 발송	2007.10.26 도달
2008.10.15	채권자 양주축산업협동조합 조합장 윤기섭 지점장 신재덕 매각및 매각결정기일통지서 발송	2008.10.16 도달
2008.10.15	채무자겸소유자 문영희 매각및 매각결정기일통지서 발송	2008.10.16 도달
2008.10.15	교부권자 남양주시청 매각및 매각결정기일통지서 발송	2008.10.16 도달
2008.10.15	가등기권자 김태홍 매각및 매각결정기일통지서 발송	2008.10.16 도달

살 펴 보 기

2007. 09. 12 유치권자 김한규, 김대길 유치권신고서 제출

2007. 10. 19 가압류권자 선일건설 권리신고 및 배당요구 신청

2008. 06. 20 채권자 유치권 권리배제 신청

2008. 09. 01 유치권자 삼원전력 유치권포기서 제출

2008. 09. 17 김대길 유치권포기서 제출

■ 여기서 문제점 및 확인사항은?

- 유치권자 김한규가 삼원전력의 대표자인지 확인
- 가압류권자 선일건설의 권리신고 내용 확인

법원에서는 보통 유치권과 배당요구가 들어오면 "권리신고 및 배당요구 신청"이라고 표시하므로 가압류권자 선일건설의 권리신고 내용이 유치권이 아닌지 반드시 확인하시기 바랍니다. 또한 채권자의 유치권 권리배제 신청에 의해 유치권자가 포기서를 제출한 것도 참고할 만한 사항입니다.

유치권 ⓮ :: 채권자(은행)측에서 유치권부존재소송을 제기한 경우 ::

안산3계 2007-28928 상세정보

경매구분	임의(기일)	채권자	남서울농협	경매일시	09.07.27 (10:30)
용도	숙박	채무/소유자	우환택	다음예정	09.08.31 (482,344,800원)
감정가	2,300,000,000	청구액	800,000,000	경매개시일	07.12.17
최저가	602,931,000 (26%)	토지총면적	326 m² (98.62평)	배당종기일	08.03.25
입찰보증금	10% (60,293,100)	건물총면적	1166 m² (352.72평)	조회수	금일15 공고후191 누적1,117
주의사항	· 유치권 · 일괄매각 (제4호 및 제5호를 일체로 하여 여관으로 이용중), 신필식으로부터 유치권 신고가 있으나 유치권이 존재하지 않는다는 확정판결 있음(수원지법 안산지원 08가합8581) · 2008.06.11 유치권자 신필식 유치권 권리신고서 제출 · 2009.05.28 유치권자 구근환 유치권신고서 제출				

- 물건사진 7
- 지번·위치 3
- 구조도 1
- 위성지도

우편번호및주소/감정서	물건번호/면 적 (m²)	감정가/최저가/과정	임차조사	등기권리
426-180 경기 안산시 상록구 본오동 877-12 대아장모텔 4호 2007.12.24 고려감정	물건번호: 단독물건 대지 162.88/944.5 (49.27평) 건물 582.59 (176.23평) 5층-92.03.31보존 현장보고서 신청 GO	감정가 2,300,000,000 대지 690,000,000 (30%) 건물 1,610,000,000 (70%) 최저가 602,931,000 (26.2%) ●경매진행과정 2,300,000,000 유찰 2008-07-07 20%↓ 1,840,000,000 유찰 2008-08-11	●법원임차조사 구근환 사업 2007.05.23 확정 2007.05.23 배당 2008.01.16 (보) 50,000,000 점포/4.5호 점유 2007.5.22-2009.5.22 대아장여관 조사서상 *전입세대열람내역 해당 주소의 세대주가 존재하지 않음 ●지지옥션세대조사	소유권 우환택 2006.06.27 전소유자:임채운 저당권 남서울농협 남성 2006.06.27 1,040,000,000 저당권 푸드머스 2007.02.26 500,000,000 저당권 푸드머스 2007.03.22 100,000,000 압 류 상록구 2007.05.29

경매사건검색

검색조건 법원 : 안산지원 | 사건번호 : 2007타경28928

사건내역 | 기일내역 | 문건/송달내역 | 인쇄 | < 이전

사건기본내역

사건번호	2007타경28928	사건명	부동산임의경매
접수일자	2007.12.13	개시결정일자	2007.12.17
담당계	경매3계 전화 : 031-481-1195		
청구금액	800,000,000원	사건항고/정지여부	
종국결과	미종국	종국일자	

물건내역

물건번호	1	물건용도	상가,오피스텔, 근린시설	감정평가액	2,300,000,000원	
물건비고	일괄매각(제4호 및 제5호를 일체로 하여 여관으로 이용중), 신필식으로부터 유치권 신고가 있으나 유치권이 존재하지 않는다는 확정판결 있음(수원지법 안산지원 08가합8581)					
목록1	경기도 안산시 상록구 본오동 877-12 4호		목록구분	집합건물	비고	미종국
목록2	경기도 안산시 상록구 본오동 877-12 5호		목록구분	집합건물	비고	미종국
물건상태	매각준비 -> 매각공고 -> **유찰**					
기일정보			최근입찰결과	2009.06.22 유찰		

당사자내역

당사자구분	당사자명	당사자구분	당사자명
채권자	남서울농업협동조합	채무자겸소유자	우환택
임차인	구근환(상호:대아장여관)	근저당권자	주식회사푸드머스
압류권자	안산시상록구청장	압류권자	청주시흥덕구청장
압류권자	.안산시상록구청장	교부권자	.안산시상록구청장
교부권자	국민건강보험공단안산지사	교부권자	안산시상록구청장
교부권자	청주시흥덕구청장	유치권자	구근환

경매사건검색

검색조건 법원 : 안산지원 | 사건번호 : 2007타경28928

사건내역 | 기일내역 | 문건/송달내역

인쇄 < 이전

문건처리내역

접수일	접수내역	결과
2007.12.18	등기소 수원지방법원 안산지원 등기과 등기필증 제출	
2008.01.03	압류권자 안산시상록구청장 교부청구 제출	
2008.01.07	기타 고려감정평가법인 경기동부지사 감정평가서 제출	
2008.01.16	임차인 구근환 권리신고및배당요구신청 제출	
2008.01.18	법원 집행관 김희원 현황조사서 제출	
2008.03.12	교부권자 청주시흥덕구청장 교부청구 제출	
2008.03.13	교부권자 국민건강보험공단안산지사 교부청구 제출	
2008.03.17	교부권자 .안산시상록구청장 교부청구 제출	
2008.06.11	유치권자 신필식 유치권 권리신고서 제출	
2008.06.24	기타 한국언론재단 공고료청구서 제출	
2008.06.27	교부권자 안산시상록구청장 교부청구 제출	
2008.11.07	교부권자 안산시상록구청장 교부청구 제출	
2008.11.12	교부권자 청주시흥덕구청장 교부청구 제출	
2008.11.20	채권자대리인 법무법인 나은 연기신청서 제출	
2009.04.28	채권자 남서울농업협동조합 경매 속행 신청서 제출	
2009.05.08	교부권자 청주시흥덕구청장 교부청구 제출	
2009.05.08	채권자 남서울농업협동조합대리인 법무법인 나은 판결정본등 제출 제출	
2009.05.28	유치권자 구근환 유치권신고서 제출	

나의 사건검색

· 본 사이트에서 제공된 사건정보는 법적인 효력이 없으니 참고자료로만 활용하시기 바랍니다.
보다 상세한 내용은 해당 법원에 문의하시기 바랍니다.

사건일반내역 | 사건진행내역 | » 인쇄하기 | » 나의 사건 검색하기

▸ 사건번호 : 수원지방법원 안산지원 2008가합8581

기본내역 » 청사배치

사건번호	2008가합8581	사건명	유치권부존재확인
원고	남서울농업협동조합	피 고	신필식
재판부	제2민사부(라)		
접수일	2008.11.20	종국결과	2009.02.05 원고승
원고소가	320,000,000	피고소가	
수리구분	제소	병합구분	없음
상소인		상소일	
상소각하일		보존여부	기록보존됨
송달료,보관금 종결에 따른 잔액조회		» 잔액조회	

최근기일내역 » 상세보기

일 자	시 각	기일구분	기일장소	결 과
2009.02.05	10:00	판결선고기일	법정 310호	판결선고

살 펴 보 기

2008. 06. 11 신필식 유치권 신고

2008. 11. 20 채권자 기일연기 신청 및 유치권부존재확인 소송

2009. 02. 05 원고(채권자) 승소

2009. 04. 28 채권자 경매속행신청서 제출

2009. 05. 28 구근환 유치권 신고

유치권자 구근환은 모텔의 임차인입니다. 이런 경우는 거의 유치권 해당이 안됩니다.

Tip • • •

모텔을 경락 받은 경우 모텔 집기들의 확보 방안

모텔의 집기는 감정평가에 포함되어 있지 않기 때문에 모텔 집기를 인수하지 않으면 경락자가 모든 집기를 새로 구입해야 합니다. 그러므로 모텔의 집기가 임차인 것이라면 임차인과 합의로 양도 · 양수 해야 합니다. 그러나 이런 집기가 모텔 소유자의 것이라면 아주 간단해 집니다.

보통 경매가 들어갈 경우 임차인이 보증금을 되돌려 받는 경우가 거의 없으므로 임차인과 합의를 통하여 모텔 소유자에 대하여 갖고 있는 임대보증금을 인수하는 것이 좋습니다. 임차인 입장에서는 어차피 되돌려 받지 못할 임대보증금을 경락인에게 양도하여 얼마 정도의 금액을 회수하는 것이 좋기 때문에 거부할 이유가 없을 것입니다.

그런 다음 임차인과 "채권양도권리계약서"를 작성하여 소유자에게 채권 양도 사실을 내용증명서를 발송한 후, 모텔 집기에 대하여 유체동산가압류를 신청하여 강제집행을 통하여 인수합니다.
즉, 이 건에서 모텔의 집기가 소유자의 것이라면 임차인 구근환으로부터 보증금에 대하여 "채권양도계약서"를 받고 모텔의 소유자 우환택에게 채권양도 사실을 내용증명서로 발송한 다음 모텔 집기에 대하여 유체동산가압류를 신청 후 강제집행을 통하여 모텔집기를 인수합니다.

유치권 ⑮ :: 관련문서로 허위유치권을 구별하는 방법 ::

[특강] 돈 되는 경매물건 27선 (6/25木) **수원5계 2008-23766[3] 상세정보**

경매구분	임의(기일)	채권자	하나은행	낙찰일시	09.04.09
용도	상가	채무/소유자	구정서/왕성해	낙찰가격	77,650,000
감정가	250,000,000	청구액	588,480,000	경매개시일	08.05.20
최저가	65,536,000 (26%)	토지총면적	34.32 ㎡ (10.38평)	배당종기일	08.08.21
입찰보증금	10% (6,553,600)	건물총면적	74.19 ㎡ (22.44평)	조회수	금일1 공고후109 누적258
주의사항	· 유치권 · 본건은 용인시 수지구 신본동 소재 신리초등학교 서측인근에 위치제일종합건설(주)로부터 2008.11.12.공사대금228,548,200원의 유치권신고있음				

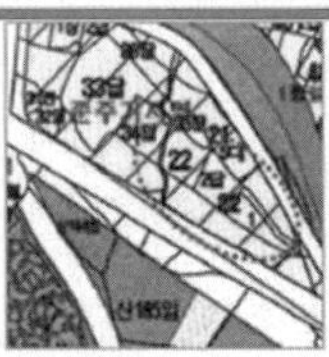

- 물건사진 2
- 지번·위치 2
- 구조도 0
- 위성지도

우편번호및주소/감정서	물건번호/면 적 (㎡)	감정가/최저가/과정	임차조사	등기권리
448-150 경기 용인시 수지구 신봉동 25-1 ,-2,24 엘지프라자 3층 305호 ●감정평가서정리 - 철콘구조철콘지붕 - 신리초등학교서측인근 - 인근대단위아파트단지를배후지함 - 차량접근용이,대중교통여건양호 - 버스(정)인근소재 - 도시가스설비 - 준주거지역 - 전술항공작전기지제3구역 - 군용항공기지구역(비	물건번호: 3 번 (총물건수 3건) 3)대지 34.32/1165 (10.38평) 건물 74.19 (22.44평) 현:공실 공용부분:54.19㎡ 5층-04.08.02보존	감정가 250,000,000 대지 75,000,000 (30%) 건물 175,000,000 (70%) 최저가 65,536,000 (26.2%) ●경매진행과정 250,000,000 유찰 2008-09-23 20%↓ 200,000,000 유찰 2008-10-28 20%↓ 160,000,000 유찰 2008-12-02 20%↓ 128,000,000	●법원임차조사 *장기간 폐문부재로 임대차관계가 미상이나 등록사항등의 현황을 열람한바 해당사항은 없는 것으로 나왔음	저당권 하나은행 역삼동 2004.09.01 588,480,000 소유권 왕성해 2005.10.28 전소유자:구정서 임 의 하나은행 2008.05.21 등기부채권총액 588,480,000원 열람일자 : 2008.09.09 *305호 등기임 ---------------- ♠2008.11.12자 제일종합건설(주)로부터 공사대금228,548,200원의 유치권신고있음

경매사건검색

검색조건 법원 : 수원지방법원 | 사건번호 : 2008타경23766

사건내역 | 기일내역 | 문건/송달내역

인쇄 | < 이전

사건기본내역

사건번호	2008타경23766	사건명	부동산임의경매
접수일자	2008.05.20	개시결정일자	2008.05.20
담당계	경매5계 전화 : (031)210-1265		
청구금액	588,480,000원	사건항고/정지여부	
종국결과	미종국	종국일자	

물건번호	3	물건용도	상가,오피스텔,근린시설	감정평가액	250,000,000원		
물건비고	본건은 용인시 수지구 신본동 소재 신리 초등학교 서측인근에 위치 제일종합건설(주)로부터 2008.11.12. 공사대금228,548,200원의 유치권신고있음						
목록3	경기도 용인시 수지구 신봉동 25-1 엘지프라자 3층 305호			목록구분	집합건물	비고	미종국
물건상태	매각준비 -> 매각공고 -> 매각 -> 매각허가결정 -> **대금납부**						
기일정보				최근입찰결과	2009.04.09 매각(77,650,000원) 2009.04.16 최고가매각허가결정		

당사자내역

당사자구분	당사자명	당사자구분	당사자명
채권자	주식회사하나은행	채무자	구정서
소유자	변현숙	소유자	한만복
소유자	왕성해	임차인	서성옥
임차인	제일종합건설(주)	근저당권자	제일종합건설주식회사
근저당권자	주식회사신성엔지니어링	교부권자	용인시수지구청장
유치권자	제일종합건설주식회사		

Tip • • •

제일종합건설(주)가 임차인이자 유치권자, 근저당권자입니다.

경매사건검색

검색조건 법원 : 수원지방법원 | 사건번호 : 2008타경23766

사건내역 | 기일내역 | 문건/송달내역

인쇄 < 이전

문건처리내역

접수일	접수내역	결과
2008.05.23	등기소 용인등기소 등기필증 제출	
2008.05.27	기타 우진감정평가사사무소 감정평가서 제출	
2008.06.12	기타 집행관실 현황조사서 제출	
2008.06.16	임차인 제일종합건설(주) 채권계산서 제출	
2008.08.14	교부권자 용인시수지구청장 교부청구 제출	
2008.08.14	교부권자 용인시수지구청장 교부청구 제출	
2008.08.14	교부권자 용인시수지구청장 교부청구 제출	
2008.11.12	임차인 제일종합건설(주) 권리(청구)신고 제출	
2009.05.25	최고가매수신고인 열람및복사신청 제출	
2009.06.02	최고가매수신고인 등기촉탁신청 제출	
2009.06.02	최고가매수신고인 매각대금완납증명	
2009.06.19	기타 수원지방법원용인등기소등기관 등기필증 제출	

Tip • • •

제일종합건설(주)가 채권계산서와 유치권을 신고하였습니다.

등기부 등본 (말소사항 포함) - 집합건물

[집합건물] 경기도 용인시 수지구 신봉동 25-1외 2필지 엘지프라자 제3층 제305호 　　고유번호 1346-2004-021187

【 표　　제　　부 】 (1동의 건물의 표시)				
표시번호	접 수	소재지번,건물명칭 및 번호	건 물 내 역	등기원인 및 기타사항
~~1~~	~~2004년8월2일~~	~~경기도 용인시 신봉동 25-1, 24, 25-2~~ ~~엘지프라자~~	~~철근콘크리트구조 (철근)콘크리트지붕 제1종근린생활시설,제2종근린생활시설 5층~~ ~~1층 686.85㎡~~ ~~2층 686.79㎡~~ ~~3층 686.79㎡~~ ~~4층 686.79㎡~~ ~~5층 686.79㎡~~ ~~옥탑층 45.28㎡~~ ~~지하1층 769.97㎡~~ ~~지하2층 154.38㎡~~	~~도면편철장 5책 561호~~
2		경기도 용인시 수지구 신봉동 25-1, 24, 25-2 엘지프라자	철근콘크리트구조 (철근)콘크리트지붕 제1종근린생활시설,제2종근린생활시설 5층 1층 686.85㎡ 2층 686.79㎡ 3층 686.79㎡ 4층 686.79㎡ 5층 686.79㎡ 옥탑층 45.28㎡ 지하1층 769.97㎡ 지하2층 154.38㎡	2005년10월31일 행정구역명칭변경으로 인하여 2005년10월31일 등기 도면편철장 5책 561호

[집합건물] 경기도 용인시 수지구 신봉동 25-1외 2필지 엘지프라자 제3층 제305호 　　고유번호 1346-2004-021187

(대지권의 목적인 토지의 표시)				
표시번호	소 재 지 번	지 목	면 적	등기원인 및 기타사항
~~1~~	~~1. 경기도 용인시 신봉동 25-1~~ ~~2. 경기도 용인시 신봉동 24~~ ~~3. 경기도 용인시 신봉동 25-2~~	~~답~~ ~~대~~ ~~잡종지~~	~~1081㎡~~ ~~40㎡~~ ~~44㎡~~	~~2004년8월2일~~
2	2. 경기도 용인시 수지구 신봉동 24	대	40㎡	2005년10월31일 2토지 행정구역명칭변경 2005년10월31일
3	1. 경기도 용인시 수지구 신봉동 25-1	답	1081㎡	2005년10월31일 1토지 행정구역명칭변경 2005년10월31일
4	3. 경기도 용인시 수지구 신봉동 25-2	잡종지	44㎡	2005년10월31일 3토지 행정구역명칭변경 2005년10월31일

【 표　　제　　부 】 (전유부분의 건물의 표시)				
표시번호	접 수	건물번호	건 물 내 역	등기원인 및 기타사항
1	2004년8월2일	제3층 제305호	철근콘크리트조 74.19㎡	도면편철장 5책 561호

[집합건물] 경기도 용인시 수지구 신봉동 26-1외 2필지 엘지프라자 제3층 제305호 고유번호 1345-2004-021187

(대지권의 표시)

표시번호	대지권종류	대지권비율	등기원인 및 기타사항
1	1, 2, 3 소유권대지권	1166분의 34.32	2004년7월16일 대지권 2004년8월2일
~~2~~			~~별도등기 있음~~ ~~1토지(을구1번근저당권설정, 을구2번지상권설정),~~ ~~2토지(을구3번근저당권설정, 을구4번지상권설정),~~ ~~3토지(을구5번근저당권설정, 을구6번지상권설정)~~ ~~2004년8월2일~~
3			2번 별도등기말소 2004년9월1일

【 갑 구 】 (소유권에 관한 사항)

순위번호	등 기 목 적	접 수	등 기 원 인	권 리 자 및 기 타 사 항
1	소유권보존	2004년8월2일 제114760호		소유자 [illegible]
~~2~~	~~가압류~~	~~2004년8월13일~~ ~~제120379호~~	~~2004년8월13일~~ ~~수원지방법원의 가압류 결정(2004카단101760)~~	~~청구금액 금1,090,040,200원~~ ~~채권자 제일종합건설주식회사 135011-0110482~~ ~~안산시 단원구 고잔동 708-2 삼영타운 7층~~

[집합건물] 경기도 용인시 수지구 신봉동 26-1외 2필지 엘지프라자 제3층 제305호 고유번호 1345-2004-021187

순위번호	등 기 목 적	접 수	등 기 원 인	권 리 자 및 기 타 사 항
3	2번가압류등기말소	2004년8월24일 제125167호	2004년8월20일 해제	
~~4~~	~~가압류~~	~~2004년12월24일~~ ~~제196017호~~	~~2004년12월21일~~ ~~수원지방법원의 가압류 결정(2004카단102873)~~	~~청구금액 금112,500,000원~~ ~~채권자~~ [illegible]
~~5~~	~~임의경매개시결정~~	~~2005년5월12일~~ ~~제80481호~~	~~2005년5월10일~~ ~~수원지방법원의 경매개시 결정(2005타경24355)~~	~~채권자 제일종합건설주식회사 135011-0110482~~ ~~안산시 단원구 고잔동 708-2 삼영타운 7층~~
6	5번임의경매개시결정등기말소	2005년8월25일 제170685호	2005년8월25일 취하	
7	4번가압류등기말소	2005년9월1일 제174909호	2005년8월23일 해제	
~~8~~	~~압류~~	~~2005년9월27일~~ ~~제187536호~~	~~2005년9월23일~~ ~~압류(징세과-10678)~~	~~권리자 국~~ ~~처분청 수원세무서~~
9	소유권이전	2005년10월28일 제205308호	2005년10월28일 매매	소유자 [illegible]
10	8번압류등기말소	2006년3월31일	2006년3월31일	

Tip • • •

2005. 5. 12 제일종합건설(주)가 임의경매를 신청하였다가 2005. 8. 25 취하했습니다.

[집합건물] 경기도 용인시 수지구 신봉동 26-1외 2필지 엘지프라자 제3층 제305호 고유번호 1346-2004-021187

순위번호	등 기 목 적	접 수	등 기 원 인	권 리 자 및 기 타 사 항
12	11번압류등기말소	2006년7월27일 제150173호	2006년7월26일 해제	
13	임의경매개시결정	2008년5월21일 제71369호	2008년5월20일 수원지방법원의 임의경매개시결정(2008타경23766)	채권자 주식회사하나은행 서울 중구 을지로1가101-1 (개인여신관리팀)

【 을 구 】 (소유권 이외의 권리에 관한 사항)				
순위번호	등 기 목 적	접 수	등 기 원 인	권 리 자 및 기 타 사 항
1	근저당권설정	2004년9월1일 제132443호	2004년9월1일 설정계약	~~채권최고액 금2,640,000,000원~~ 채무자 [redacted] [redacted] 근저당권자 주식회사하나은행 110111-0015671 서울 중구 을지로1가 101-1 (역삼동지점) 공동담보목록 제2004-1032호
1-1	1번근저당권변경	2006년4월6일 제56318호	2006년4월6일 변경계약	~~채권최고액 금2,186,320,000원~~
1-2	1번근저당권변경	2006년9월26일 제189245호	2006년9월26일 변경계약	채권최고액 금686,480,000원
~~2~~	~~근저당권설정~~	~~2004년9월1일~~ ~~제132446호~~	~~2004년9월1일~~ ~~설정계약~~	~~채권최고액 금700,000,000원~~ ~~채무자~~ [redacted]

[집합건물] 경기도 용인시 수지구 신봉동 26-1외 2필지 엘지프라자 제3층 제305호 고유번호 1346-2004-021187

순위번호	등 기 목 적	접 수	등 기 원 인	권 리 자 및 기 타 사 항
				[redacted] ~~근저당권자 제일종합건설주식회사 135011-0110482~~ ~~안산시 단원구 고잔동 703-2 삼영타운 7층~~ ~~공동담보목록 제2004-1033호~~
3	2번근저당권설정등기말소	2005년8월25일 제170710호	2005년8월25일 해지	
~~4~~	~~근저당권설정~~	~~2005년8월25일~~ ~~제170711호~~	~~2005년8월24일~~ ~~설정계약~~	~~채권최고액 금819,000,000원~~ ~~채무자~~ [redacted] [redacted] ~~근저당권자 주식회사분당상호저축은행 134811-0002543~~ ~~성남시 분당구 수내동 22-2 [illegible]빌딩~~ ~~공동담보목록 제2005-1203호~~
~~4-1~~	~~4번근저당권변경~~	~~2006년4월6일~~ ~~제56607호~~	~~2006년4월5일~~ ~~변경계약~~	~~채권최고액 금682,000,000원~~
5	4번근저당권설정등기말소	2006년7월31일 제152669호	2006년7월24일 해지	

— 이 하 여 백 —

살 펴 보 기

대법원사이트에서 문건/송달내역 확인

- 2008. 06. 16 임차인 제일종합건설 채권계산서 제출
- 2008. 11. 12 임차인 제일종합건설 권리신고(유치권)

등기부등본에서 확인(을구)

① 2004. 09. 01 하나은행 근저당권설정(26억 4천만원)

② 2004. 09. 01 제일종합건설 근저당권설정(7억)

③ 2005. 08. 25 ②번 근저당권 말소

④ 2005. 08. 25 분당상호저축은행 근저당권설정(812,000,000원)

등기부등본에서

- 건물등기가 2004. 08. 02 이고 2004. 09. 01 하나은행대출과 동일자로 유치권자 제일종합건설이 근저당권을 설정하였습니다. 이때 소유자가 하나은행에서 대출을 받는데 유치권자는 대금 지급을 요구하지 않았겠는지?
- 2005. 08. 25 제일종합건설 임의경매 취소로 인한 근저당권 말소와 동일자로 분당상호저축은행에서 대출을 받았는데 이 대출금은 유치권자에게 지급하기 위한 자금은 아닐까요?

법원문건에서

- 임차인이 배당도 요구하고 동시에 유치권도 신청했습니다.
- 그러므로 이와 같이 추정이 가능합니다.

공사완료 ⇒ 공사대금 미지급 ⇒ 근저당권 설정 ⇒ 공사대금 대신 임차 계약서작성

그러므로 유치권이 임차권으로 바뀐 것이 아닐까요? 아니면 유치권서류를 제출하면서 채권계산서를 제출했을까요? 경매계에서 문서 열람하면 바로 확인될 사항입니다.

Tip • • •

경락 후에 확인한 결과 위에서 추정한 것처럼 제일종합건설이 받지 못한 공사대금을 전세 계약서로 하여 건물을 사용하고 있었습니다.
그러므로 유치권이 전세권화 되어 유치권이 소멸되었고, 임차권도 경락자와는 무관하여 아무런 추가 부담 없이 건물을 인도 받을 수 있었습니다.

[특강] 돈 되는 경매물건 27선 (6/25木) **남부3계 2007-26742 상세정보**

경매구분	임의(기일)	채 권 자	국민은행	낙찰일시	09.06.02
용 도	목욕시설(주상복합)	채무/소유자	노석주/노석주외1	낙찰가격	1,076,600,000
감 정 가	4,350,000,000	청 구 액	1,956,893,360	경매개시일	07.12.11
최 저 가	729,809,000 (17%)	토지총면적	248.7 m² (75.23평)	배당종기일	08.02.22
입찰보증금	20% (145,961,800)	건물총면적	2125.14 m² (642.85평)	조 회 수	금일2 공고후150 누적977
주의사항	· 재매각물건 · 유치권 · 신신디자인 김지영으로부터 128,000,000원(사우나 시설보수공사)의 유치권신고가 있으나, 그 성립여부는 불분명함. 일반목욕장(대중사우나)으로 이용중임.				

- 물건사진 11
- 지번·위치 4
- 구 조 도 2
- 위성지도

우편번호및주소/감정서	물건번호/면 적 (m²)	감정가/최저가/과정	임차조사	등기권리
152-050 서울 구로구 구로동 110-1 회훈타워빌 지하2층 지201호 감정평가액 대지:944,000,000 건물:1,416,000,000 2007.12.24 원일감정	물건번호: 단독물건 대지 121.92/1510.4 (36.88평) 건물 1041.84 (315.16평) 남탕관련제실,여탕관련제실 30층-98.05.15보존	감정가 4,350,000,000 대지 1,740,000,000 (40%) 건물 2,610,000,000 (60%) 최저가 729,809,000 (16.8%) ●경매진행과정 4,350,000,000 유찰 2008-05-20 20%↓ 3,480,000,000 유찰 2008-06-24 20%↓ 2,784,000,000 유찰 2008-08-06 20%↓ 2,227,200,000	●법원임차조사 주형임 전입 2006.04.05 확정 2006.05.30 배당 2008.01.16 (보) 25,000,000 2층일부 점유 2006.4.1- 정성안 전입 2006.05.18 확정 2006.05.18 배당 2008.01.14 (보) 10,000,000 지하2층일부 점유 2006.5.18- 박두희 전입 2007.01.02 확정 2007.01.02 배당 2008.01.30 (보) 25,000,000	저당권 국민은행 대림동기업금 2002.09.26 2,600,000,000 가처분 노석주외1 2003.02.28 저당권 주형임 2004.12.22 50,000,000 저당권 강정예 2005.03.15 160,000,000 전세권 김균득 2005.05.10 65,000,000 존속기간:2007.02.13 저당권 남순애 2006.03.29

경매사건검색

검색조건 법원 : 서울남부지방법원 | 사건번호 : 2007타경26742

사건내역 | 기일내역 | 문건/송달내역

인쇄 | < 이전

문건처리내역

접수일	접수내역	결과
2007.12.12	등기소 구로등기소 등기필증 제출	
2007.12.24	기타 기술신용보증기금 권리신고서 제출	
2007.12.24	기타 기술신용보증기금 채권계산서 제출	
2007.12.24	법원 서울남부지방법원 집행관 이진수 현황조사서 제출	
2007.12.26	전세권자 김균득 권리신고및배당요구신청 제출	
2007.12.26	기타 원일감정평가사사무소 감정평가서 제출	
2007.12.28	전세권자 김균득 권리신고및배당요구신청 제출	
2007.12.31	배당요구권자 정현선 권리신고및배당요구신청 제출	
2007.12.31	배당요구권자 정갑선 권리신고및배당요구신청 제출	
2008.01.17	임차인 이영희 채권계산서 제출	
2008.01.17	교부권자 구로구청 교부청구 제출	
2008.01.23	근저당권자 남순애 채권계산서 제출	
2008.01.23	유치권자 신신디자인 유치권신고서 제출	
2008.01.30	임차인 박두희 권리신고및배당요구신청 제출	
2008.01.30	근저당권자 주형임 채권계산서 제출	
2008.02.04	기타 서울보증보험 주식회사 권리신고및배당요구신청 제출	
2008.02.13	배당요구권자 희훈상가입주자대표회의 권리신고및배당요구신청 제출	

감정평가서 내용

3. 금번 평가 대상물건이 포함된 "희훈타워빌"은 지하5층 지상30층의 아파트,근린생활시설 및 업무시설 등의 주상복합건물로서 금번 평가대상은 지하2층 지201호 및 지하3층 지301호로서 현황 일단의 대중사우나시설("희훈불가마사우나")로 사용되고 있어 용도상 불가분의 관계에 있음.
또한 금번 평가에는 일반목욕장(대중사우나시설) 및 이와 관련된 일체의 설비등(보이러,각종탱크류등 관련기계시설등)을 포함하여 평가하였음.

5. 이 용 상 태
1998년 4월 사용승인된 아파트,근린생활시설 및 업무시설로서 본건은 일반목욕장(대중사우나)으로 이용중임.
(지하2층 지201호)
남탕 관련제실: 탈의실,이발실,파우더실,수면실,화장실,흡연실,카운터등
여탕 관련제실: 탈의실,수면실및경락실(중2층),화장실,카운터,
여탕 및 사우나실등
(지하3층 지301호)
남탕 관련제실: 남탕 및 사우나실등
대중사우나 관련제실: 헬스룸,수면실(여),식당,스포츠맛사지실,휴계및휴면실,
P.C방,스넥코너,남자수면실(반지하),모임방(소금방),산소방,

살 펴 보 기

유치권의 4가지 성립요건을 잘 생각해 보시기 바랍니다. 현재 본 물건은 소유자가 대중사우나로 경영 중(유치권자 점유 안함)입니다.

그러므로 유치권은 문제가 되지 않습니다.

만약 관련 문서에서 이러한 사항을 알 수 없을 때는 직접 사우나에 한 번 들러보는 것이 가장 확실한 방법입니다(관련 종업원들에게 문의).

유치권 ⑰ :: 진정한 유치권을 무시하다 유치권에 위해 재경매된 사례 ::

최초 경매사건 : 2005.06.07 낙찰자 최 향 숙

회원을 위한 무료 강연회 통쾌한명도비법 **광주1계 2004-6649 상세정보**

병합/중복	병합:2004-31041				
경 매 구 분	임의(기일)	채 권 자	명금남	경 매 일 시	종결물건
용 도	근린상가	채무/소유자	유정은외1	다 음 예 정	종결(종결)
감 정 가	1,845,807,000	청 구 액	100,000,000	경매개시일	04.02.24
최 저 가	423,384,000 (23%)	토지총면적	470.8 m² (142.42평)	배당종기일	04.06.29
입찰보증금	10% (42,338,400)	건물총면적	1628.01 m² (492.47평)	조 회 수	금일1 공고후19 누적338
주 의 사 항	· 유치권				

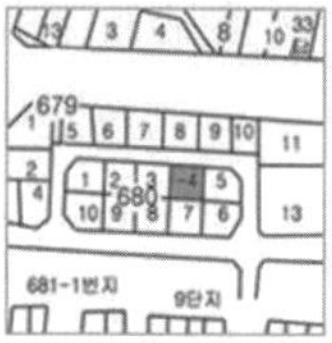

■ 물건사진 1
■ 지번·위치 1
■ 구 조 도 0

우편번호및주소/감정서	물건번호/면 적 (m²)	감정가/최저가/과정	임차조사	등기권리
506-056 광주 광산구 월곡2동 680-4 ●감정평가서정리 -철골철콘조철콘지붕 -주공아파트9단지북측 -아파트단지앞상가지대 -차량출입용이 -대중교통사정편리 -정방형평지 -폭12m도로접함 -준주거지역 -택지개발사업완료지구 감정평가액 대지:706,200,000	물건번호: 단독물건 대지 470.8 (142.42평) 건물 · 1층 311.2 (94.14평) · 2층 311.2 (94.14평) · 3층 311.2 (94.14평) · 4층 311.2 (94.14평) · 지하층 383.21 (115.92평) 03.12.03보존	감정가 1,845,807,000 · 대지 706,200,000 (38.26%) (평당 4,958,573) · 건물 1,139,607,000 (61.74%) (평당 2,314,064) 최저가 423,384,000 (22.9%) ●경매진행과정 1,845,807,000 ① 유찰 2004-09-23 30%↓ 1,292,065,000 ② 유찰 2004-10-28 20%↓ 1,033,652,000	●법원임차조사 경주건설 전입 1층/금액미상 점유 2003년~현재 김민호 전입 배당 2004.06.28 (보) 150,000,000 점유 2003.11.17~현재 총보증금:150,000,000	소유권유정은외 2003.12.03 저당권광주은행 오치동 2003.12.09 672,000,000 저당권명금남 2003.12.27 150,000,000 가압류경주건설 2003.12.31 910,000,000 전세권김민호 2004.01.02 150,000,000 존속기간:2005.11.16 가처분경주건설 2004.01.16

Tip •••

등기부등본상 건설회사의 가압류, 가처분 등은 언제든지 유치권으로 바뀔 수 있는 가능성이 있으므로 주의해야 합니다.

유치권자에 의해 경매가 진행된 사건

광주25계 2006-47408 상세정보

경매구분	임의(기일)	채권자	경주건설	경매일시	취하물건
용도	근린상가	채무/소유자	최향숙	다음예정	종결(취하)
감정가	1,882,195,050	청구액	910,000,000	경매개시일	06.11.03
최저가	1,317,537,000 (70%)	토지총면적	470.8 m² (142.42평)	배당종기일	07.03.02
입찰보증금	10% (131,753,700)	건물총면적	1628.01 m² (492.47평)	조회수	금일1 공고후49 누적78
주의사항	· 유치권 · 유치권실행에 의한 경매로, 이 건 개시결정전의 부동산상의 부담(근저당권 등)은 소멸하지 않고 낙찰인에게 인수됨. 준주거지역,제1종지구단위계획구역,도로(접합),택지개발예정지구(택지개발촉진법)임.				

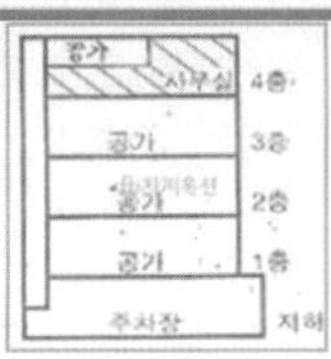

■ 물건사진 3
■ 지번·위치 4
■ 구조도 2

우편번호및주소/감정서	물건번호/면 적 (m²)	감정가/최저가/과정	임차조사	등기권리
506-055 광주 광산구 월곡1동 680-4 ●감정평가서정리 - 철골철콘조철콘지붕 - 흑석중학교북서측인근 - 주위아파트단지및노선상가지대 - 교통사정보통 - 가장형평지 - 북측12m도로접함 - 준주거지역 - 1종지구단위계획구역 - 도로접함 - 택지개발예정지구(택지개발촉진법)	물건번호: 단독물건 대지 470.8 (142.42평) 건물 · 1층소매점및사무실 311.2 (94.14평) · 2층소매점및사무실 311.2 (94.14평) · 3층소매점및사무실 311.2 (94.14평) · 4층사무실 311.2 (94.14평) · 지하주차장 383.21 (115.92평)	감정가 1,882,195,050 대지 734,448,000 (39.02%) 건물 1,147,747,050 (60.98%) 최저가 1,317,537,000 (70.0%) ●경매진행과정 1,882,195,050 유찰 2007-09-14 30%↓ 1,317,537,000 유찰 2007-10-26 취하 2007-11-08	●법원임차조사 경주건설(주) 전입 전부 *소유자점유.관리이사 이연석에게 문의하고 권리신고 안내서도 교부함. 채권자인 경주건설(주)가 건축비를 받기위해서 유치권점유하고 있다고함	소유권 최향숙 2005.08.29 전소유자:유정은, 오애경 저당권 광주원예농협 2005.08.29 448,000,000 저당권 광주원예농협 2005.10.24 140,000,000 임의 경주건설 2006.11.08 *청구액:910,000,000원 등기부채권총액 588,000,000원

Tip • • •

- 앞 페이지의 2004-6649의 경락자는 최향숙, 유치권자는 경주건설입니다. 2006-47408의 채권자는 2004-6649의 유치권자인 경주건설이고, 채무자는 2004-6649의 경락자 최향숙입니다.
- 유치권자에 의한 경매는 우선변제를 받기 위한 경매가 아니라 환가를 위한 형식적 경매로 임의경매절차에 준합니다, 형식적 경매의 경우에는 유치권자의 피담보채권만 소멸되고 등기부상의 다른 권리는 소멸되지 않습니다. 그러나 이러한 것은 법원에 따라 차이가 있으므로 반드시 매각기일의 공고나 매각물건명세서를 잘 확인해야 합니다.

등기부 등본 (말소사항 포함) - 건물

광주광역시 광산구 월곡동 680-4 　　　　　　　　　　　고유번호 2042-2003-011582

【 표 제 부 】 (건물의 표시)

표시번호	접 수	소재지번 및 건물번호	건 물 내 역	등기원인 및 기타사항
1	2003년12월3일	광주광역시 광산구 월곡동 680-4	철골철근콘크리트조 철근콘크리트지붕 4층 소매점, 의원, 사무소, 주차장 지하층 383.21㎡ 1층 311.2㎡ 2층 311.2㎡ 3층 311.2㎡ 4층 311.2㎡	

【 갑 구 】 (소유권에 관한 사항)

순위번호	등 기 목 적	접 수	등 기 원 인	권 리 자 및 기 타 사 항
1	소유권보존	2003년12월3일 제63405호		공유자 지분 2분의 1 [illegible] 지분 2분의 1 [illegible]
2	~~가압류~~	~~2003년12월31일 제80470호~~	~~2003년12월31일 광주지방법원의 가압류 결정(2003카단47439)~~	~~청구금액 금910,000,000원 채권자 광주건설주식회사 광주 북구 중흥동 640-23~~

광주광역시 광산구 월곡동 680-4 　　　　　　　　　　　고유번호 2042-2003-011582

순위번호	등 기 목 적	접 수	등 기 원 인	권 리 자 및 기 타 사 항
3	~~가처분~~	~~2004년1월16일 제2000호~~	~~2004년1월14일 광주지방법원의 가처분결정(2004카합25)~~	~~피보전권리 매매예약을 원인으로 한 소유권이전의 가등기청구권 채권자 광주건설주식회사 광주 북구 중흥동 640-23 금지사항 매매, 증여, 전세권, 저당권, 임차권의 설정 기타일체의 처분행위 금지~~
4	~~1번유경은지분압류~~	~~2004년2월19일 제8851호~~	~~2004년2월13일 압류(기세13410-1321)~~	~~권리자 광주광역시광산구~~
5	~~1번오애경지분압류~~	~~2004년2월19일 제8853호~~	~~2004년2월13일 압류(기세13410-1321)~~	~~권리자 광주광역시광산구~~
6	~~임의경매개시결정~~	~~2004년3월13일 제13112호~~	~~2004년2월24일 광주지방법원의 경매개시 결정(2004타경3049)~~	~~채권자~~ [illegible]
7	~~1번유경은지분가압류~~	~~2004년5월12일 제22460호~~	~~2004년5월10일 광주지방법원의 가압류 결정(2004카단10404)~~	~~청구금액 금78,000,000원 채권자 주식회사광주은행 200111-0000053 광주 동구 대인동 7-12 (오치동지점)~~
8	~~1번유경은지분가압류~~	~~2004년5월12일 제22470호~~	~~2004년5월10일 광주지방법원의 가압류 결정(2004카단10400)~~	~~청구금액 금60,000,000원 채권자 주식회사광주은행 200111-0000053 광주 동구 대인동 7-12 (오치동지점)~~
9	~~임의경매개시결정~~	~~2004년6월5일~~	~~2004년6월3일~~	~~채권자 주식회사광주은행 200111-0000053~~

광주광역시 광산구 월곡동 680-4 고유번호 2042-2003-011582

순위번호	등 기 목 적	접 수	등 기 원 인	권리자 및 기타사항
		~~제26317호~~	~~광주지방법원의 경매개시 결정(2004타경31041)~~	~~광주 동구 대인동 7-12 (여신관리부)~~
10	공유자전원지분전부이전	2005년8월29일 제38261호	2005년8월29일 임의경매로 인한 매각	소유자 [redacted]
11	2번가압류, 3번가처분, 4번압류, 5번압류, 6번임의경매개시결정, 7번가압류, 8번가압류, 9번임의경매개시결정 등기말소	2005년8월29일 제38261호	2005년8월29일 임의경매로 인한 매각	
~~12~~	~~소유권이전청구권가등기~~	~~2005년9월13일 제40983호~~	~~2005년9월13일 매매예약~~	~~가등기권자~~ [redacted]
13	12번가등기말소	2005년10월14일 제45297호	2005년10월13일 해제	
14	임의경매개시결정	2006년11월8일 제224078호	2006년11월3일 광주지방법원의 경매개시 결정(2006타경47408)	채권자 경주건설주식회사 익산시 모현동 1가 16-18

광주광역시 광산구 월곡동 680-4 고유번호 2042-2003-011582

【 을 구 】 (소유권 이외의 권리에 관한 사항)

순위번호	등 기 목 적	접 수	등 기 원 인	권리자 및 기타사항
~~1~~	~~근저당권설정~~	~~2003년12월9일 제54650호~~	~~2003년12월9일 추가설정계약~~	~~채권최고액 금672,000,000원~~ ~~채무자~~ [redacted] ~~근저당권자 주식회사광주은행 200111-0000053 광주 동구 대인동 7-12 (오치동지점)~~ ~~공동담보 토지 광주광역시 광산구 월곡동 680-4의 담보물에 추가~~
~~2~~	~~근저당권설정~~	~~2003년12월27일 제59373호~~	~~2003년12월27일 설정계약~~	~~채권최고액 금150,000,000원~~ ~~채무자~~ [redacted] ~~근저당권자~~ [redacted] ~~공동담보 토지 광주광역시 광산구 월곡동 680-4~~
3	~~전세권설정~~	~~2004년1월9일 제100호~~	~~2003년11월17일 설정계약~~	~~전세금 금150,000,000원~~ ~~범 위 건물의 전부~~ ~~존속기간 2003년 11월 17일 부터 2005년 11월 10일 까지~~ ~~반환기 2005년 11월 10일~~ ~~전세권자~~ [redacted]
4	~~근저당권설정~~	~~2004년4월22일~~	~~2004년4월22일~~	~~채권최고액 금650,000,000원~~

광주광역시 광산구 월곡동 680-4 고유번호 2042-2003-011582

순위번호	등 기 목 적	접 수	등 기 원 인	권 리 자 및 기 타 사 항
		~~제19549호~~	~~설정계약~~	~~채무자~~ [redacted]
5	1번근저당권설정, 2번근저당권설정, 3번전세권설정, 4번근저당권설정 등기말소	2005년8월29일 제38261호	2005년8월29일 임의경매로 인한 매각	
6	근저당권설정	2005년8월29일 제38262호	2005년8월29일 설정계약	채권최고액 금448,000,000원 채무자 [redacted] 근저당권자 광주원예농업협동조합 200136-0000738 광주 북구 각화동 437-3 (북부지점) 공동담보 토지 광주광역시 광산구 월곡동 680-4
7	~~근저당권설정~~	~~2005년9월13일~~ ~~제40904호~~	~~2005년9월13일~~ ~~설정계약~~	~~채권최고액 금100,000,000원~~ ~~채무자~~ [redacted] ~~근저당권자~~ [redacted]

광주광역시 광산구 월곡동 680-4 고유번호 2042-2003-011582

순위번호	등 기 목 적	접 수	등 기 원 인	권 리 자 및 기 타 사 항
				~~공동담보 토지 광주광역시 광산구 월곡동 680-4~~
8	7번근저당권설정등기말소	2005년10월24일 제46516호	2005년10월24일 해지	
9	근저당권설정	2005년10월24일 제46517호	2005년10월24일 설정계약	채권최고액 금140,000,000원 채무자 [redacted] 근저당권자 광주원예농업협동조합 200136-0000738 광주 북구 각화동 437-3 (북부지점) 공동담보 토지 광주광역시 광산구 월곡동 680-4
~~10~~	~~근저당권설정~~	~~2005년11월8일~~ ~~제49103호~~	~~2005년11월8일~~ ~~설정계약~~	~~채권최고액 금55,000,000원~~ ~~채무자~~ [redacted] ~~근저당권자~~ [redacted] ~~공동담보 토지 광주광역시 광산구 월곡동 680-4~~
11	10번근저당권설정등기말소	2006년2월28일 제42867호	2006년2월27일 해지	

등기부등본 요약

갑구			을구		
1	2003. 12. 03	소유권(유정은, 오미경 각 1/2)			
			1	2003. 12. 09	근저당권(채무자 유정은, 근저당권자 광주은행)
			2	2003. 12. 27	근저당권(채무자 유정은외, 근저당권자 명금남)
2	2003. 12. 31	가압류 (경주건설)			
3	2004. 01. 16	가압류 (경주건설)			
6	2004. 03. 13	임의경매 (명금남)			
9	2004. 06. 05	임의경매 (광주은행)			
10	2005. 08. 29	소유권 (최향숙-임의경매로낙찰)			
			6	2005. 08. 29	근저당권 (채무자 최향숙, 근저당권자 광주원협)
14	2006. 11. 08	임의경매 (경주건설)			

살 펴 보 기

- 최초 경매진행(2004-6649사건)시 유치권자는 진정한 유치권으로 건물을 점유하고 있었습니다. 그러나 경락자는 이 유치권자를 무시하고 경락을 받았으나 유치권 해결을 못하고 유치권으로 인한 재경매가 진행되어 어쩔 수 없이 유치권 신고액 전액을 주고 경매를 취하시켰습니다.

■ 민법 제324조 (유치권자의 선관의무)에서 "유치권자는 ①선량한 관리자의 주의로 유치물을 점유하여야 하고, ②채무자의 승낙 없이 유치물을 사용, 대여(임대차 또는 사용대차)하거나 담보로 제공할 수 없고, 유치물의 보존에 필요한 사용만을 할 수 있다. ③만약 유치권자가 이러한 의무에 위반한 경우 채무자는 유치권의 소멸을 청구할 수 있다."라고 되어 있습니다. 그러나 유치권자인 경주건설은 위 유치권을 행사하는 건물 4층 전체를 회사의 사무실로 무단 사용하고 있었습니다.

물론 판례에 따라 부당이득반환 등을 할 수도 있지만 채무자 최향숙이 유치권의 소멸을 청구하였다면 어떻게 되었을까요?
유치권자가 이렇게 선관의무를 위반한 경우 손해발생 여부와 관계 없이 채무자는 유치권의 소멸을 청구할 수 있습니다. 만약 소송으로 가더라도 유치권 전액을 부담하는 것 보다는 더 나은 결과가 나왔을 텐데…

채무자의 유치권 소멸 청구권은 형성권으로서 채무자의 일방적 의사표시에 의하여 소멸됨을 기억하시기 바라며, 실무에서는 보통 유치권 소멸 청구권 소를 제기하면서 유치권자에게 통보를 하는 것으로 보면 됩니다.

■ 일부 책자에서는 유치권에 의한 경매는 공사계약을 했던 전 소유자일 경우에 한해서 허용하는 것이 보통이라고 합니다. 그 이유는 유치권자는 낙찰자와는 직접적인 채권·채무관계가 성립하지 않기 때문이라고 합니다. 즉, 유치권자는 낙찰자에 대해서 자기의 채권이 변제될 때까지 물건의 인도만 거부할 수 있을 뿐 직접적으로 변제를 촉구할 수는 없다고 합니다.

그러나 위 사례에서 보듯이 유치권자가 낙찰자에 대하여 직접적으로 변제를 촉구하여 경매를 진행하였음을 알 수 있습니다.

■ 대법원 1995.7.11 선고 95다 12446 판결에서 "유치권자는 경락인에 대하여 그 피담보채권의 변제가 있을 때까지 유치목적물인 부동산의 인도를 거절할 수 있을 뿐이고 그 피담보채권의 변제를 청구할 수는 없다."라고 되어 있습니다.

그러나 유치권자의 경매신청 목적은 그 물건을 채무변제시까지 무작정 보관하고 있어야 한다는 부담에서 벗어나기 위하여 유치권자에게 부여된 현금화권을 행사하는 것이기 때문에 유치권자는 경락대금에서 직접 변제를 받을 수 없다고 하였지만, 현재 이 매각대금을 공탁해야 한다는 법적 규정도 없고, 매각대금을 유치권자 외의 누구에게 교부할 수도 없으므로 유치권자에게 교부하는 것까지 막을 수는 없을 것입니다.

그러므로 유치권자는 교부받은 매각대금을 자신의 채권과 상계할 수 있다고 볼 수 있으므로 우선 변제를 받게 되는 것이나 다름 없는 결과가 되는 것입니다.

관련판례 살펴보기

대법원 1972.5.30 선고 72다548 판결

【 판결요지 】

비록 건물에 대한 점유를 승계한 사실이 있다 하더라도 전점유자를 대위하여 유치권을 주장할 수는 없는 것이다.

대법원 1989.2.14 선고 87다카3073 판결

【판시사항】

가. 등기를 갖추지 아니한 건물의 양수인에 대한 대지소유자의 건물철거청구권(적극)

나. 제3자에게 가지는 건물에 관한 유치권으로 건물철거청구권을 갖는 대지소유자에게 대항할 수 있는지 여부(소극)

【판결요지】

가. 건물철거는 그 소유권의 종국적 처분에 해당하는 사실행위이므로 원칙으로는 그 소유자에게만 그 철거처분권이 있으나 미등기건물을 그 소유권의 원시취득자로 부터 양도받아 점유중에 있는 자는 비록 소유권취득등기를 하지 못하였다고 하더라도 그 권리의 범위내에서는 점유중인 건물을 법률상 또는 사실상 처분할 수 있는 지위에 있으므로 그 건물의 존재로 불법점유를 당하고 있는 토지소유자는 위와 같은 건물점유자에게 그 철거를 구할 수 있다.

나. 가.항의 건물점유자가 건물의 원시취득자에게 그 건물에 관한 유치권이 있다고 하더라도 그 건물의 존재와 점유가 토지소유자에게 불법행위가 되고 있다면 그유치권으로 토지소유자에게 대항할 수 없다.

Tip ...

판례에서 "적극"은 인정한다는 뜻, "소극"은 인정하지 않는다는 뜻. "한정 적극", "한정 소극"은 제한적으로 인정하거나 인정하지 않는다는 뜻으로 이해하시면 됩니다.

대법원 1996. 8. 23 선고 95다8713 판결

【판시사항】

[1] 물건에 대한 점유의 의미와 판단 기준

[2] 공사금 채권에 기한 공장 건물 유치권자가 경락인에 의한 부당한 점유 침탈을 원인으로 점유회수의 소를 제기한 사안에서, 유치권자의 점유를 인정하지 아니한 원심판결을 파기한 사례

[3] 유치권자가 경락인에 대하여 피담보채권의 변제를 청구할 수 있는지 여부(소극)

【판결요지】

[1] 점유라고 함은 물건이 사회통념상 그 사람의 사실적 지배에 속한다고 보여지는 객관적 관계에 있는 것을 말하고 사실상의 지배가 있다고 하기 위하여는 반드시 물건을 물리적, 현실적으로 지배하는 것만을 의미하는 것이 아니고 물건과 사람과의 시간적, 공간적 관계와 본권

관련판례 살펴보기

관계, 타인지배의 배제가능성 등을 고려하여 사회관념에 따라 합목적적으로 판단하여야 한다.

2 공장 신축공사 공사잔대금채권에 기한 공장 건물의 유치권자가 공장 건물의 소유 회사가 부도가 난 다음에 그 공장에 직원을 보내 그 정문 등에 유치권자가 공장을 유치 · 점유한다는 안내문을 게시하고 경비용역회사와 경비용역계약을 체결하여 용역경비원으로 하여금 주야 교대로 2인씩 그 공장에 대한 경비 · 수호를 하도록 하는 한편 공장의 건물 등에 자물쇠를 채우고 공장 출입구 정면에 대형 컨테이너로 가로막아 차량은 물론 사람들의 공장 출입을 통제하기 시작하고 그 공장이 경락된 다음에도 유치권자의 직원 10여 명을 보내 그 공장 주변을 경비 · 수호하게 하고 있었다면, 유치권자가 그 공장을 점유하고 있었다고 볼 여지가 충분하다는 이유로, 유치권자의 점유를 인정하지 아니한 원심판결을 파기한 사례

3 민사집행법 제268조에 의하여 담보권의 실행을 위한 경매절차에 준용되는 같은 법 제91조 제5항은 경락인은 유치권자에게 그 유치권으로 담보하는 채권을 변제할 책임이 있다고 규정하고 있는 바, 여기에서 '변제할 책임이 있다' 는 의미는 부동산 상의 부담을 승계한다는 취지로서 인적 채무까지 인수한다는 취지는 아니므로, 유치권자는 경락인에 대하여 그 피담보채권의 변제가 있을 때까지 유치목적물인 부동산의 인도를 거절할 수 있을 뿐이고 그 피담보채권의 변제를 청구할 수는 없다.

대법원 2001. 12. 11 선고 2001다59866 판결

【판시사항】

담보제공에 의한 유치권 소멸청구에 있어 담보의 상당성의 판단 기준 및 그 소멸 청구권자

【판결요지】

민법 제327조에 의하여 제공하는 담보가 상당한가의 여부는 그 담보의 가치가 채권의 담보로서 상당한가, 태양에 있어 유치물에 의하였던 담보력을 저하시키지는 아니한가 하는 점을 종합하여 판단하여야 할 것인 바, 유치물의 가격이 채권액에 비하여 과다한 경우에는 채권액 상당의 가치가 있는 담보를 제공하면 족하다고 할 것이고, 한편 당해 유치물에 관하여 이해관계를 가지고 있는 자인 채무자나 유치물의 소유자는 상당한 담보가 제공되어 있는 이상 유치권 소멸 청구의 의사표시를 할 수 있다.

대법원 2002. 11. 27 자 2002마3516 결정

【판시사항】

소유자의 동의 없이 유치권자로부터 유치권의 목적물을 임차한 자의 점유가 민사 집행법 제136조 제1항 단서 소정의 '경락인에게 대항할 수 있는 권원' 에 기한 것인지 여부(소극)

【결정요지】

유치권의 성립요건인 유치권자의 점유는 직접점유이든 간접점유이든 관

계없지만, 유치권자는 채무자의 승낙이 없는 이상 그 목적물을 타에 임대할 수 있는 처분권한이 없으므로(민법 제324조 제2항 참조), 유치권자의 그러한 임대행위는 소유자의 처분권한을 침해하는 것으로서 소유자에게 그 임대의 효력을 주장할 수 없고, 따라서 소유자의 동의 없이 유치권자로부터 유치권의 목적물을 임차한 자의 점유는 민사집행법 136조 제1항 단서에서 규정하는 경락인에게 대항할 수 있는 권원에 기한 것이라고 볼 수 없다.

대법원 2005. 8. 19 선고 2005다22688 판결

【판시사항】

채무자 소유의 부동산에 강제경매개시결정의 기입등기가 경료되어 압류의 효력이 발생한 이후에 채무자가 부동산에 관한 공사대금 채권자에게 그 점유를 이전함으로써 유치권을 취득하게 한 경우, 점유자가 유치권을 내세워 경매절차의 매수인에게 대항할 수 있는지 여부(소극)

【판결요지】

채무자 소유의 건물 등 부동산에 강제경매개시결정의 기입등기가 경료되어 압류의효력이 발생한 이후에 채무자가 위 부동산에 관한 공사대금 채권자에게 그 점유를이전함으로써 그로 하여금 유치권을 취득하게 한 경우, 그와 같은 점유의 이전은목적물의 교환가치를 감소시킬 우려가 있는 처분행위에 해당하여 민사집행법 제92조 제1항, 제83조 제4항에 따른 압류의 처분금지효에 저촉되므로 점유자로서는 위 유치권을 내세워 그 부동산에 관한 경매절차의 매수인에게 대항할 수 없다.

관련판례 살펴보기

대법원 2006. 8. 25 선고 2006다22050 판결

【판시사항】

채무자 소유의 부동산에 경매개시결정의 기입등기가 경료되어 압류의 효력이 발생한 후에 부동산의 점유를 이전받아 유치권을 취득한 채권자가 그 기입등기의 경료사실을 과실 없이 알지 못하였다는 사정을 내세워 그 유치권으로 경매절차의 매수인에게 대항할 수 있는지 여부(소극)

【판결요지】

채무자 소유의 부동산에 경매개시결정의 기입등기가 경료되어 압류의 효력이 발생한 이후에 채권자가 채무자로부터 위 부동산의 점유를 이전받고 이에 관한 공사 등을 시행함으로써 채무자에 대한 공사대금채권 및 이를 피담보채권으로 한 유치권을 취득한 경우, 이러한 점유의 이전은 목적물의 교환가치를 감소시킬 우려가 있는 처분행위에 해당하여 민사집행법 제92조 제1항, 제83조 제4항에 따른 압류의 처분금지효에 저촉되므로, 위와 같은 경위로 부동산을 점유한 채권자로서는 위 유치권을 내세워 그 부동산에 관한 경매절차의 매수인에게 대항할 수 없고, 이 경우 위 부동산에 경매개시결정의 기입등기가 경료되어 있음을 채권자가 알았는지 여부 또는이를 알지 못한 것에 관하여 과실이 있는지 여부 등은 채권자가 그 유치권을 매수인에게 대항할 수 없다는 결론에 아무런 영향을 미치지 못한다.

관련판례 살펴보기

대법원 2007. 5. 15 자 2007마128 결정

부동산 임의경매절차에서 유치권이 존재하지 않는 것으로 알고 매수신청을 하여 최고가매수신고인으로 정하여졌음에도 이후 매각결정기일까지 사이에 유치권의 신고가 있고, 그 유치권이 성립할 여지가 없음이 명백하지 아니한 경우, 집행법원의 조치에 대하여 부동산 임의경매절차에서 매수신고인이 당해 부동산에 관하여 유치권이 존재하지 않는 것으로 알고 매수신청을 하여 이미 최고가매수신고인으로 정하여졌음에도 그 이후 매각결정기일까지 사이에 유치권의 신고가 있을 뿐만 아니라 그 유치권이 성립될 여지가 없음이 명백하지 아니한 경우, 집행법원으로서는 장차 매수신고인이 인수할 매각부동산에 관한 권리의 부담이 현저히 증가하여 민사집행법 제121조 제6호가 규정하는 이의 사유가 발생된 것으로 보아 이해관계인의 이의 또는 직권으로 매각을 허가하지 아니하는 결정을 하는 것이 상당하다.

대법원 2007. 9. 7 선고 2005다16942 판결

【판시사항】

1 민법 제320조 제1항에 정한 유치권의 피담보채권인 '그 물건에 관하여 생긴채권' 의 범위 및 민법 제321조에 정한 유치권의 불가분성이 그 목적물이 분할 가능하거나 수개의 물건인 경우에도 적용되는지 여부(적극)

2 다세대주택의 창호 등의 공사를 완성한 하수급인이 공사대금채권 잔액을 변제받기 위하여 위 다세대주택 중 한 세대를 점유하여 유치권

을 행사하는 경우, 그 유치권은 위 한 세대에 대하여 시행한 공사대금만이 아니라 다세대주택 전체에 대하여 시행한 공사대금채권의 잔액 전부를 피담보채권으로 하여 성립한다고 본 사례

【판결요지】

[1] 민법 제320조 제1항에서 '그 물건에 관하여 생긴 채권' 은 유치권 제도 본래의 취지인 공평의 원칙에 특별히 반하지 않는 한 채권이 목적물 자체로부터 발생한 경우는 물론이고 채권이 목적물의 반환청구권과 동일한 법률관계나 사실관계로부터 발생한 경우도 포함하고, 한편 민법 제321조는 "유치권자는 채권 전부의 변제를 받을 때까지 유치물 전부에 대하여 그 권리를 행사할 수 있다" 고 규정하고 있으므로, 유치물은 그 각 부분으로써 피담보채권의 전부를 담보하며, 이와 같은 유치권의 불가분성은 그 목적물이 분할 가능하거나 수개의 물건인 경우에도 적용된다.

[2] 다세대주택의 창호 등의 공사를 완성한 하수급인이 공사대금채권 잔액을 변제받기 위하여 위 다세대주택 중 한 세대를 점유하여 유치권을 행사하는 경우, 그 유치권은 위 한 세대에 대하여 시행한 공사대금만이 아니라 다세대주택 전체에 대하여 시행한 공사대금채권의 잔액 전부를 피담보채권으로 하여 성립한다고 본다.

대법원 2008. 5. 30 자 2007마98 결정

【판시사항】

건물신축공사를 도급받은 수급인이 사회통념상 독립한 건물이 되지 못한 정착물을 토지에 설치한 상태에서 공사가 중단된 경우, 위 정착물 또는 토지에 대하여 유치권을 행사할 수 있는지 여부(소극)

건물의 신축공사를 한 수급인이 그 건물을 점유하고 있고 또 그 건물에 관하여 생긴 공사금 채권이 있다면, 수급인은 그 채권을 변제받을 때까지 건물을 유치할 권리가 있는 것이지만, 건물의 신축공사를 도급받은 수급인이 사회통념상 독립한 건물이라고 볼 수 없는 정착물을 토지에 설치한 상태에서 공사가 중단된 경우에 위 정착물은 토지의 부합물에 불과하여 이러한 정착물에 대하여 유치권을 행사할 수없는 것이고, 또한 공사중단 시까지 발생한 공사금 채권은 토지에 관하여 생긴 것이 아니므로 위 공사금 채권에 기하여 토지에 대하여 유치권을 행사할 수도 없는 것이다.

제 2 부

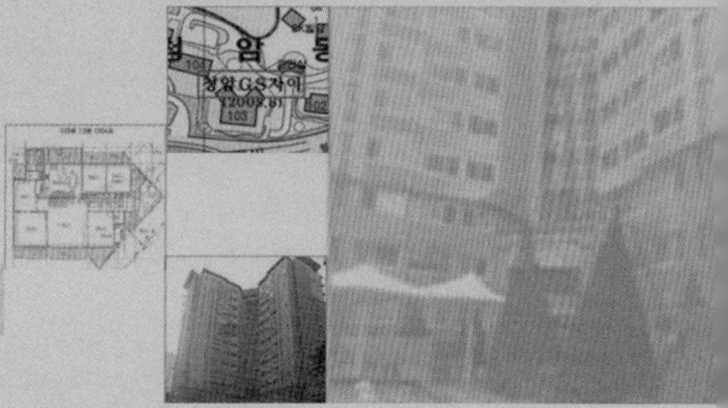

예고등기

Chapter 01

알면 돈이 되는 예고등기

"예고등기는 등기부등본에 미리 예고되어 있지만 접근하면 안 된다!"

많은 사람들이 경매에 참여하고자 할 때 예고등기라는 말이 나오면 지레 겁을 먹고 포기해 버리고 맙니다. 그렇기 때문에 예고등기에 대하여 확실히 알면 남보다 유리한 조건에서 경매에 응할 수 있을 것입니다.

그렇지만 예고등기는 유치권과는 달리 등기부등본에 기재가 되고, 대법원 사이트의 "나의 사건 검색"을 클릭하면 예고등기와 관련된 소송 내용을 알 수가 있어 어떻게 보면 유치권보다 접근하기가 쉬운 내용입니다.

이와 반대로 예고등기를 잘못 분석하여 낙찰 받았던 경매물건의 소유권을 잃게 되면 낙찰자는 배당 받은 채권자들을 상대로 부당이득반환소송을 제기하여 매각대금을 회수해야 하는데, 채권자가 은행 같은 금융기관이라면 괜찮겠지만 개인이라면 원금을 전액 회수한다는 보장도 없을 겁니다.

독자 여러분들이 대법원 사이트의 소송내역을 보기 위해서는 사건번호와 관련자를 알아야 하는데 이는 등기부등본에 나와 있으므로 누구나 기본적인 소송내역을 볼 수 있습니다.

예고등기를 분석하다 보면 모든 예고등기가 문제가 되는 것은 아님을 알 수 있습니다. 즉, 근저당권보다 후순위소유권이전에 관한 예고등기는 예고등기 소송 결과와 상관 없이 경락으로 인하여 말소가 됩니다.

그러므로 아무리 예고등기가 어렵다고 해도 분석만 정확히 하면 아무런 어려움 없이 안전하게 큰 수익을 올릴 수 있습니다.

예고등기는 등기부등본에 나타나기 때문에 권리분석을 하는데 있어 이 책에서 사용하고 있는 "등기부등본 요약"과 같이 표를 만들어서 분석을 하면 아무리 복잡한 등기부등본이라도 정확한 분석을 할 수 있을 겁니다.

또한 예고등기는 등기부등본상의 선순위 뿐만 아니라 예고등기가 목표로 하는 등기에 대한 분석을 잘해야 합니다.

아울러 예고등기는 대법원 사이트의 "나의 사건 검색"에서 보듯이 소송결과에 따라서 경락자에게 미치는 영향이 달라지기 때문에 주의를 기울여 분석해야 합니다.

Chapter 02

"등기부등본 요약" 작성 방법과 읽는 방법

:: 등기부등본은 표제부, 갑구, 을구로 분류가 됩니다.

표제부, 갑구, 을구에 대한 설명은 하지 않기로 하겠습니다.

우리나라의 등기부등본에 관한 법률은 『부동산등기법』에 나와 있으나 독자들이 공부하시기에는 어려움이 많을 것으로 생각됩니다.

여기에서는 경매에서 가장 중요시 되는 경락을 받았을 때 인수되는 권리와 인수되지 않는 권리를 분석하는 방법, 즉 경락을 받았을 때 경락자가 불의타(不意他 : 불의의 타격)를 받지 않기 위하여 등기부등본을 잘 볼 수 있는 방법을 배우고자 합니다.

:: 경매를 할 때 가장 문제가 되는 것이 갑구와 을구입니다.

이 갑구와 을구의 권리관계를 잘 분석하는 것이 경매에서 불의타를 받지 않는 길입니다.

① 갑구의 등기 내용 중 말소되지 않은 권리를 뒤에 나오는 표와 같이 등기일자의 순서대로 표시합니다. 물론 말소된 내용도 표시하면 좋겠지만 많

은 변동 사항이 있는 등기부라면 어려움이 있고, 실제로 말소된 내용은 거의 불필요합니다.

물론 소유권말소취소 등과 같이 말소된 등기가 되살아 나는 경우도 있지만, 그런 내용은 뒤에 계속해서 나오는 예시에서 설명하겠습니다.

② 을구의 내용도 갑구와 같이 정리합니다.

이제 갑구와 을구의 정리가 되었으면 뒤에 나오는 등기부등본 요약과 같이 한 번에 볼 수 있게 순위번호, 접수 순으로 갑구와 을구의 내용을 작성합니다.

이렇게 작성을 해 놓고 분석을 하면 경락자에게 인수되는 예고등기와 인수되지 않는 예고등기 등과 같은 내용을 한눈에 정확히 파악할 수 있을 것입니다.

자! 이제 실제의 사례들을 보면서 등기부등본을 읽는 방법을 알아보도록 하겠습니다.

예고등기 ① :: 말소기준보다 선순위인 소유권에 대한 소유권일부말소 예고등기 ::

북부9계 2008-19119 상세정보

경매구분	임의(기일)	채권자	대우캐피탈	경매일시	09.07.07 (10:00)
용도	아파트	채무/소유자	최은순	다음예정	09.08.11 (424,960,000원)
감정가	830,000,000	청구액	638,000,000	경매개시일	08.10.14
최저가	531,200,000 (64%)	토지총면적	54 m² (16.34평)	배당종기일	09.01.15
입찰보증금	10% (53,120,000)	건물총면적	134 m² (40.53평)[50평형]	조회수	금일8 공고후46 누적674
주의사항	·예고등기 ·현황조사보고서)1. 폐문부재로 소유자 및 점유자들을 만나지 못하여 점유자 확인 불능임.2. 전입세대 최은순(소유자)을 발견함.				

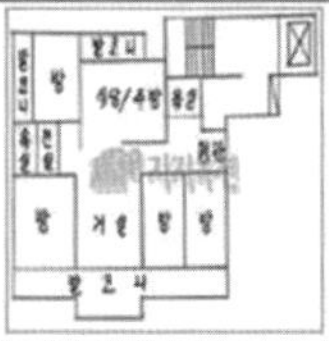

- ■ 물건사진 6
- ■ 지번·위치 3
- ■ 구조도 2
- ■ 위성지도

우편번호및주소/감정서	물건번호/면 적 (m²)	감정가/최저가/과정	임차조사	등기권리
130-100 서울 동대문구 장안동 336 ,354-1 현대홈타운 111동 15층 1505호 ●감정평가서정리 - 안평초등학교동북측 위치 - 아파트,단독및다세대 주택밀집혼재 - 장한로에서300m,지하철5호선장한평 역에서1.5km거리위치 - 교통사정보통 - 도시가스개별난방 - 부정형평지 - 단지사방도로접함 - 도시지역,3종일반주거지역	물건번호: 단독물건 대지 53.603/73883.9 (16.21평) 건물 133.72 (40.45평) 방4 21층-03.12.13보존 현장보고서 신청 GO	감정가 830,000,000 대지 249,000,000 (30%) 건물 581,000,000 (70%) 최저가 531,200,000 (64.0%) ●경매진행과정 830,000,000 유찰 2009-03-24 20%↓ 664,000,000 유찰 2009-04-28 20%↓ 531,200,000 낙찰 2009-06-02 634,200,000 (76.4%)	●법원임차조사 * 본 건 현황조사에 의하여 3회 방문하였으나, 폐문부재로 소유자 및 점유자들을 만나지 못하여 안내서를 투입하였으나 아무 연락이 없어 점유자 확인 불능임.전입세대 최은순(소유자)을 발견함. ●지지옥션세대조사 전입세대없음 동사무소확인:09.02.26	소유권 최은순 2006.11.29 전소유자:여윤호 저당권 대우캐피탈 2007.12.06 765,600,000 저당권 신현석 2008.02.22 60,000,000 저당권 황기호 2008.02.22 120,000,000 저당권 이규일 2008.06.19 200,000,000 가압류 조선에이디 2008.09.22 136,696,000 임의 대우캐피탈

경매사건검색

검색조건 법원 : 서울북부지방법원 | 사건번호 : 2008타경19119

사건내역 | 기일내역 | 문건/송달내역 | 인쇄 | < 이전

사건기본내역

사건번호	2008타경19119	사건명	부동산임의경매
접수일자	2008.10.13	개시결정일자	2008.10.14
담당계	경매9계 전화 : 3399-7330(구내:7330)		
청구금액	638,000,000원	사건항고/정지여부	
종국결과	미종국	종국일자	

물건내역

물건번호	1 물건상세조회	물건용도	아파트	감정평가액 (최저매각가격)	830,000,000원 (531,200,000원)		
물건비고							
목록1	서울특별시 동대문구 장안동 336 장안현대홈타운 111동 15층 1505호			목록구분	집합건물	비고	미종국
물건상태	매각준비 -> **매각공고**						
기일정보	2009.07.07			최근입찰결과	2009.06.02 매각(634,200,000원) 2009.06.09 최고가매각불허가결정		

당사자내역

당사자구분	당사자명	당사자구분	당사자명
채권자	대우캐피탈 주식회사	채무자겸소유자	최은순
근저당권자	신현석	근저당권자	황기호
근저당권자	이규일	가압류권자	주식회사 조선에이디
가압류권자	주식회사 국민은행	임금채권자	한언희
임금채권자	이명자	임금채권자	김경선
임금채권자	박정애	임금채권자	김복실
교부권자	동대문세무서	교부권자	천안세무서
교부권자	동대문구(세무1과)	배당요구권자	주식회사 조선에이디

경매사건검색

검색조건 법원 : 서울북부지방법원 | 사건번호 : 2008타경19119

사건내역 | 기일내역 | 문건/송달내역

인쇄 | < 이전

기일내역

물건번호	감정평가액	기일	기일종류	기일장소	최저매각가격	기일결과
1 물건상세조회	830,000,000원	2009.03.24 (10:00)	매각기일	신관111호법정	830,000,000원	유찰
		2009.04.28 (10:00)	매각기일	신관111호법정	664,000,000원	유찰
		2009.06.02 (10:00)	매각기일	신관111호법정	531,200,000원	매각
		2009.06.09 (14:00)	매각결정기일	신관111호법정		최고가매각불허가결정
		2009.07.07 (10:00)	매각기일	신관111호법정	531,200,000원	
		2009.07.14 (14:00)	매각결정기일	신관111호법정		

경매사건검색

검색조건 법원 : 서울북부지방법원 | 사건번호 : 2008타경19119

사건내역 기일내역 문건/송달내역 인쇄 < 이전

문건처리내역

접수일	접수내역	결과
2008.10.15	등기소 동대문등기소 등기필증 제출	
2008.10.16	기타 수감정평가사사무소 감정평가서 제출	
2008.10.31	기타 집행관 부동산현황조사보고서 제출	
2008.11.10	교부권자 동대문세무서 교부청구 제출	
2008.11.11	교부권자 천안세무서 교부청구 제출	
2008.11.11	채권자 대우캐피탈 주식회사 집행관(야간)특별송달신청서 제출	
2008.12.09	임금채권자 대리인 변호사 황호성 배당요구신청 제출	
2008.12.15	임금채권자대리인 공익법무관 정몽구 배당요구신청 제출	
2009.01.05	가압류권자 주식회사 조선에이디 배당요구신청 제출	
2009.01.05	배당요구권자 주식회사 조선에이디 채권계산서 제출	
2009.01.06	교부권자 동대문구(세무1과) 교부청구 제출	
2009.01.15	교부권자 천안세무서 교부청구 제출	
2009.01.15	가압류권자 주식회사 국민은행 권리신고및배당요구신청 제출	
2009.01.19	교부권자 동대문세무서 교부청구 제출	
2009.02.03	교부권자 천안세무서 교부청구 제출	
2009.03.13	교부권자 천안세무서 교부청구 제출	
2009.03.19	교부권자 동대문세무서 교부청구 제출	
2009.05.25	기타 김송희 소유권말소의 소 예고등기촉탁제출 제출	

Tip ···

경매개시일이 2008. 10. 14 입니다.
그런데 예고등기가 2009. 5. 25에 되었습니다.
이렇게 경매가 한참 진행 중일 때에 예고등기를 한 이유는 여러 가지가 있을 수 있습니다. 즉, 다른 사람들이 경매에 참여하지 못하게 할 목적이거나 또는 예고등기 때문에 다른 사람들이 경매에 참여하지 못하니까 여러 차례 유찰을 시켜 낮은 가격에 예고등기자가 경락을 받기 위한 작전일 수도 있습니다.

사건일반내역 | 사건진행내역 | » 인쇄하기 | » 나의 사건 검색하기

▸ 사건번호 : 서울북부지방법원 2009가단23327

기본내역 » 청사배치

사건번호	2009가단23327	사건명	소유권이전등기 말소등기
원고	김송희	피 고	최은순
재판부	민사9단독 (전화:3399-7229[본관1층 민사과 분실내])		
접수일	2009.05.12	종국결과	
원고소가	5,639,964	피고소가	
수리구분	제소	병합구분	없음
상소인		상소일	
상소각하일			
송달료,보관금 종결에 따른 잔액조회		사건이 종결되지 않았으므로 송달료, 보관금 조회가 불가능합니다.	

최근기일내역

일 자	시 각	기일구분	기일장소	결 과
지정된 기일내역이 없습니다.				

▪ 최근 기일 순으로 일부만 보입니다. 반드시 상세보기로 확인하시기 바랍니다.

최근 제출서류 접수내역 » 상세보기

일 자	내용
2009.06.02	등기소 동대문등기소 등기완료통지서 제출
2009.06.19	원고 김송희 재송달신청 제출

Tip • • •

예고등기의 소가(訴價)가 5,639,964원으로 물건 가치에 비하여 소액입니다.

등기부 등본 (말소사항 포함) - 집합건물

[집합건물] 서울특별시 동대문구 장안동 336외 1필지 장안현대홈타운 제111동 제15층 제1505호 　　고유번호 1141-2003-008668

【 표 제 부 】 (1동의 건물의 표시)

표시번호	접 수	소재지번,건물명칭 및 번호	건 물 내 역	등기원인 및 기타사항
1	2003년12월13일	서울특별시 동대문구 장안동 336, 354-1 장안현대홈타운 제111동	철근콘크리트벽식구조 경사지붕 21층 아파트 1층 551.65㎡ 2층 547.57㎡ 3층 638.37㎡	도면편철장 제2책 876장

【 표 제 부 】 (전유부분의 건물의 표시)

표시번호	접 수	건물번호	건 물 내 역	등기원인 및 기타사항
1	2003년12월13일	제15층 제1505호	철근콘크리트벽식구조 133.72㎡	도면편철장 제2책 876장

(대지권의 표시)

표시번호	대지권종류	대지권비율	등기원인 및 기타사항
1	1 소유권대지권	73883.9분의 53.603	2003년10월28일 대지권 2003년12월13일

【 갑 구 】 (소유권에 관한 사항)

순위번호	등 기 목 적	접 수	등 기 원 인	권 리 자 및 기 타 사 항
1	소유권보존	2003년12월13일 제63751호		소유자 [illegible]
2	소유권이전	2006년11월29일 제51541호	2006년9월18일 매매	소유자 [illegible]

순위번호	등 기 목 적	접 수	등 기 원 인	권 리 자 및 기 타 사 항
				거래가액 금718,000,000원
2-1	2번등기명의인표시변경	2007년1월11일 제1829호	2006년12월20일 전거	[illegible]
3	가압류	2008년9월22일 제41255호	2008년9월22일 서울북부지방법원의 가압류결정(2008카단6827)	청구금액 금136,696,000 원 채권자 주식회사 조선에이디 과천시 주암동108-3 이화빌딩 2층
4	임의경매개시결정	2008년10월14일 제43827호	2008년10월14일 서울북부지방법원의 임의경매개시결정(2008타경19119)	채권자 대우캐피탈 주식회사 160111-0038524 대전 대덕구 송촌동292-3 (강서지점)
5	가압류	2008년10월15일 제43993호	2008년10월15일 서울북부지방법원의 가압류결정(2008카단7707)	청구금액 금13,294,472 원 채권자 롯데카드 주식회사 서울 강남구 삼성동157 (소관:노원지점)
6	압류	2008년10월29일 제45757호	2008년10월24일 압류(세무1과14486)	권리자 서울특별시 처분청 동대문구청
7	가압류	2008년11월17일 제47867호	2008년11월17일 서울북부지방법원의 가압류결정(2008카단8646)	청구금액 금7,591,236 원 채권자 신한카드 주식회사 서울 중구 충무로1가21
8	가압류	2009년1월14일	2009년1월14일	청구금액 금3,716,405 원

순위번호	등 기 목 적	접 수	등 기 원 인	권 리 자 및 기 타 사 항
		제982호	서울중앙지방법원의 가압류결정(2009카단32044)	채권자 주식회사 국민은행 서울 중구 남대문로2가9-1 (소관:신용여신관리센터)
9	압류	2009년4월6일 제14443호	2009년4월2일 압류(납부지원2부-71002)	채권자 근로복지공단 111271-0007455 서울특별시 영등포구 영등포동2가 94-267 (서울북부지사)
10	2번소유권일부(2분의1)말소예고등기	2009년5월27일 제21930호	2009년5월12일 서울북부지방법원에 소제기(2009가단23327)	

【 을 구 】 (소유권 이외의 권리에 관한 사항)				
순위번호	등 기 목 적	접 수	등 기 원 인	권 리 자 및 기 타 사 항
~~1~~	~~근저당권설정~~	~~2003년10월13일~~ ~~제64770호~~	~~2003년10월10일~~ ~~설정계약~~	~~채권최고액 금89,570,000원~~ ~~채무자~~ [illegible] [illegible] ~~근저당권자 주식회사국민은행 110111-2365321~~ ~~서울 중구 남대문로2가 9-1~~ ~~(장안동지점)~~
2	1번근저당권설정등기말소	2006년10월9일 제41021호	2006년10월9일 해지	
3	~~근저당권설정~~	~~2006년11월29일~~ ~~제61642호~~	~~2006년11월29일~~ ~~설정계약~~	~~채권최고액 금450,000,000원~~ ~~채무자~~ [illegible]

순위번호	등 기 목 적	접 수	등 기 원 인	권 리 자 및 기 타 사 항
				[illegible] ~~근저당권자 주식회사우리은행 110111-0023393~~ ~~서울 중구 회현동1가 203~~ ~~(장안동지점)~~
~~4~~	~~근저당권설정~~	~~2007년1월11일~~ ~~제1630호~~	~~2007년1월11일~~ ~~설정계약~~	~~채권최고액 금500,000,000원~~ ~~채무자~~ [illegible] [illegible] ~~근저당권자~~ [illegible] [illegible]
5	3번근저당권설정등기말소	2007년12월3일 제57516호	2007년12월3일 해지	
6	근저당권설정	2007년12월6일 제58096호	2007년12월6일 설정계약	채권최고액 금765,600,000원 채무자 [illegible] [illegible] 근저당권자 [illegible] [illegible]
7	4번근저당권설정등기말소	2007년12월11일 제58618호	2007년12월6일 해지	
8	(1)근저당권설정	2008년2월22일 제5940호	2008년2월20일 설정계약	~~채권최고액 금120,000,000원~~ 채무자 [illegible] [illegible] 근저당권자 [illegible] [illegible]

Tip • • •

위의 갑구 10번을 보면 소를 제기한 법원과 사건번호가 나옵니다.
그러므로 대법원사이트의 "나의 사건 검색"에서 소송진행내역을 확인하시면 됩니다.

순위번호	등 기 목 적	접 수	등 기 원 인	권 리 자 및 기 타 사 항
8-1	8번(1)근저당권변경	2008년3월12일 제8984호	2008년3월7일 변경계약	채권최고액 금60,000,000원
8	(2)근저당권설정	2008년2월22일 제5940호	2008년2월20일 설정계약	~~채권최고액 금60,000,000원~~ 채무자 [redacted] 근저당권[redacted]
8-2	8번(2)근저당권변경	2008년3월12일 제8985호	2008년3월7일 변경계약	채권최고액 금120,000,000원
9	~~근저당권설정~~	~~2008년6월11일~~ ~~제24460호~~	~~2008년6월11일~~ ~~설정계약~~	~~채권최고액 금200,000,000원~~ ~~채무자~~ [redacted]
10	9번근저당권설정등기말소	2008년6월19일 제26412호	2008년6월19일 해지	
11	근저당권설정	2008년6월19일 제26413호	2008년6월19일 설정계약	채권최고액 금200,000,000원 채무자 [redacted] 근저당권자 [redacted]

등기부등본 요약

갑구			을구		
1	2003. 12. 13	소유권 여윤호			
2	2006. 11. 29	소유권 최은순			
			6	2007. 12. 06	근저당권(채무자 최은순, 근저당권자 대우캐피탈)
			8	2008. 02. 22	근저당권(채무자 최은순, 근저당권자 신현식)
				2008. 02. 22	근저당권(채무자 최은순, 근저당권자 황기호)
			11	2008. 06. 19	근저당권(채무자 최은순, 근저당권자 이규일)
4	2008. 10. 14	임의경매개시(대우캐피탈)			
10	2009. 05. 27	2번 소유권일부(1/2)말소 예고등기			

Tip •••

위와 같이 갑구와 을구에 각각 등기의 순위번호를 함께 적으면 편리합니다.
왜냐하면 위의 갑구 10번 등기에 나온 것처럼 등기목적에 2번 예고등기말소라고 나오기 때문에 순위번호를 적어야 빠르고 정확히 알 수 있습니다.

살 펴 보 기

2009. 6. 2 경락, 2009. 6. 9 매각불허가결정

매각불허가 이유는 2009. 5. 25 소유권말소의 소 예고등기촉탁 제출 때문(?)이 아닌지 모르겠습니다.

10번 소유권일부말소예고등기는 근저당권보다 선순위의 소유권에 대한 것이고 아직 판결이 나지 않은 관계로 현재는 소송결과에 따라 문제가 될 수 있습니다. 그러나 원고의 소가가 5,639,964원으로 큰 금액이 아니므로 경락을 받은 다음 최악의 경우 대위변제 방법을 택하면 별다른 문제가 없을 것으로 생각됩니다.

예고등기 ② :: 말소기준보다 후순위인 소유권에 대한 소유권일부말소 예고등기 ::

서부5계 2008-18334 상세정보

경매구분	임의(기일)	채권자	소사신협	경매일시	09.07.16 (10:00)
용도	아파트	채무/소유자	김장환/변무영	다음예정	09.08.20 (337,920,000원)
감정가	660,000,000	청구액	317,424,657	경매개시일	08.11.20
최저가	422,400,000 (64%)	토지총면적	59 m² (17.85평)	배당종기일	09.02.03
입찰보증금	10% (42,240,000)	건물총면적	120 m² (36.3평)[44평형]	조회수	금일7 공고후163 누적278
주의사항	· 예고등기				

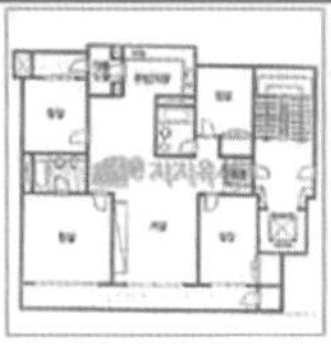

- 물건사진 14
- 지번·위치 3
- 구조도 2
- 위성지도

우편번호및주소/감정서	물건번호/면적 (m²)	감정가/최저가/과정	임차조사	등기권리
120-090 서울 서대문구 홍제동 82 홍제한양 106동 6층 606호 ●감정평가서정리 - 지하철3호선무악재역 북서측인근위치 - 주변대규모아파트단지등형성 - 차량출입자유로움,제반교통사정양호 - 버스(정)인근및지하철3호선무악재역 도보3분거리소재 - 개별도시가스보일러난방 - 동하향의부정형완경사지 - 2종일반주거지역(12층이하)	물건번호: 단독물건 대지 58.57/42369 (17.72평) 건물 120.14 (36.34평) (45평형) 방4,욕실겸화장실2 15층-93.06.21보존 남동향,계단식 현장보고서 열람 GO	감정가 660,000,000 대지 264,000,000 (40%) 건물 396,000,000 (60%) 최저가 422,400,000 (64.0%) ●경매진행과정 660,000,000 유찰 2009-05-12 20%↓ 528,000,000 유찰 2009-06-11 20%↓ 422,400,000 진행 2009-07-16	●법원임차조사 김창환 전입 2003.06.12 주거/조사서상 김영철 전입 2008.06.09 주거/조사서상 *폐문부재이므로 안내장을 남겨두고 왔음에도 아무연락이 없어 점유관계 등은 알수 없으나,위 소재지에는 채무자(소유자)아닌 전입세대주 김영철,김창환의 주민등록표등본이 발급되므로 동인들을 임차인으로 등재. 임차인들은 주민등록표등본상 세대주를 임차인으로 등재. ●지지옥션세대조사 전입 2003.06.12 김창환	저당권 소사신협 2005.10.19 390,000,000 소유권 변무영 2007.10.30 전소유자:김장환 가압류 김장환 2008.07.21 121,500,000 예고등기 서부지법 2008.07.21 변무영소유말소예등 2008가단52263 임의 소사신협 2008.11.20 *청구액:317,424,657원 등기부채권총액 511,500,000원 열람일자 : 2008.12.09

배당내역(예상)

▸ 경매비용

총경매비용	3,811,323 원 계산내역보기	- 법원마다 약간의 차이가 있을 수 있음. - 부동산 1필지로 산정함

▸ 등기권리자 배당

등기권리	권리자	등기일자	채권액	등기배당액 배당총액	말소여부	비고
저당	소사신협	2005-10-19	390,000,000	390,000,000	말소	말소기준권리
가압	김장환	2008-07-21	121,500,000	28,588,677	말소	
예등	서부지법	2008-07-21	0	0	**인수**	
임의	소사신협	2008-11-20	0	0	말소	경매기입등기

권리관계수정

▸ 임차인배당 (지지옥션 세대열람)

대항력	임차인	전입일 (사업등록)	임차금 월세포함	임차배당액 배당총액	인수	확정일	배당	형태
유	김창환	2003-06-12	0	0	**인수**		안함	주거
무	김영철	2008-06-09	0	0	소멸		안함	주거

소액임차금표 | 주민등록확인필 | 권리관계수정

배당순서(예상)

권리	배당자	배당액	배당후잔액	배당사유
경매비용		3,811,323	418,588,677	
저당	소사신협	390,000,000	28,588,677	저당
가압	김장환	28,588,677	0	가압류이하 안분배당

18334

전입세대열람 내역(동거인포함)

행정기관: 서울특별시 서대문구 홍제제1동

작업일시 : 2009년 05월 04일 12:26
페 이 지 : 1

주소 : 서울특별시 서대문구 홍제동 (일반+산) 82 홍제한양아파트 106-606

순번	세대주성명 / 주소	전입일자 거주상태	최초전입자	전입일자 거주상태	동거인수	동거인사항 순번 성명	전입일자 거주상태
1	김영철 서울특별시 서대문구 홍제동 82 (38/3) 홍제한양아파트 106-606	2008-06-09 거주자	김영철	2008-06-09거주자			
2	김창환 서울특별시 서대문구 홍제동 82 (38/3) 홍제한양아파트 106-606	2003-06-12 거주자	김창환	2003-06-12거주자			

- 이하여백 -

지지옥션

現場報告書

사건번호 : 서부5계 2008 타경 18334(1)

1. 부동산 현황 및 개발 계획

◆ 위　　치-지하철3호선 [무악재역] ④번 출입구에서 도보 약 4~5분 거리이며,서대문구청에서 북동측으로 1,100m, 보조간선도로인 의주로에서 폭 약10m,인 산고개길을 따라 차량으로 2분 정도 진입하며 각종차량 진출입이 용이하고 버스정류장이 바로 목적물 앞에 위치하고 있는 초역세권 아파트 임.

◆ 건물상태-1993년 6월에 보존등기한 건물로 외부는 회색페인트 내부는 미색페인트로 마감처리 했으며 비록 연한은 조금 오래 됐지만 관리상태는 비교적 양호 하며 특히나 목저물을 들어 가는 입구부터 목적물 까지의 약 100m,정도가 꽃과 숲 조성이 잘 되어 있어 산사에 들어가는 느낌을 받았으며 단지 역시 조경이 아주 우수함.
-본건은 10개동 998가구로 주차시설은 옥외주차장 지하주차장 합해서 1425대 주차가능하며 1:2정도 이고 주차시설 좋음

◆ 주위환경-소재지에서 앞을 보면 수려한 인왕산정상이 한눈에 보이는 전망이 아주 좋은 위치이고, 또한 교통환경 좋은 곳이면서 아늑한 분위기를 연출하는 곳으로 생활환경이 아주 뛰어난 곳이며 교육환경은 주변 1,000m,이내에 인왕초교/고은초교/안산초교/신진중/한성과학교 등이 있으나 일반고등학교가 근거리에 없는 것이 약간의 옥의티다.

◆ 개발호재-소재지는 특별한 개발호재 없으나 홍재동은 일대가 개발천지이며, 특히나 소재지 바로 앞부터 홍제균형발전촉진지구[서대문구 홍제동 330번지 일대]로 지정 고시된 상태로 홍제역을 중심으로 하는 일부는 사업이 시행되고 있는 지역도 있으며 나머지도 시행준비중에 있는 구역이 많음.

2. 임차인 및 점유상태

◆ 관할주민센터 전입세대열람 내역:
-김창환[2003-06-12전입]
-김영철[2008-06-09전입]

◆ 방문확인결과-방문하여 거주자를 만나려 했으나 폐문부재로 만날 수 없었으며 인터폰을 통해서 통화를 시도 했으나 응답이 없어 대화를 나누지 못함, 다만 경비반장[김건식]에게 거주자 확인을 구했으나 자세히 알 수 없다 했으며 주민등록에 김창환,김영철이 등재돼 있으므로 그 들을 거주자로 추정 함.

3. 권리상 이해관계

◆ 인수권리-말소기준권리[저당권/소사신협]보다 앞서는 선순위 권리인 임차인[김창환 보증금 미상]이 있으며, 배당신청을 하지않아 인수권리 이고, 임차금을 포함한 부채총액(511,500,000원)이 최저가(660,000,000원)보다 적으므로 소유자는 경매를 신청한 (소사신협)의 채무를 경락잔금 지급일전까지 변제하고 경매를 취하시킬 가능성이 있으며 또한, 예고등기가 소유권에 대한 등기이므로 예고등기권자가 진정한 소유자라면 낙찰 후 라도 취하될 가능성이 있으며 매각대금은 돌려받겠지만 상당한 어려움이 따를 수 있는 물건으로 보임.

◆ 건물인도- 대항력이 없고, 배당도 받지 못하는 임차인(김영철 보증금 미상)이 있어서 명도의 어려움이 예상됨.

※본 분석은 조사자 개인 견해입니다. 상세 권리분석은 회원전용상담(02-701-5026)을 이용하시기 바랍니다.

4. 시세조사와 인근부동산 연락처

◆ 시　세-최근에 유사지역 유사물건이 거래된 사실이 없어 정확한 시세는 알 수 없지만 인근부동산에 매물로 나와 있는 유사 물건과 대비해 보면: 500,000,000~600,000,000원 정도의 시세를 형성하고 있음.

◆ 전　세-200,000,000~240,000,000원 정도이며 교통이 좋아 전세문의는 많다 함.

◆ 부동산 -한양공인중개사:02-732-4567
-재문공인중개사:02-723-4466
-대성공인중개사:02-725-4846

5. 미납공과금

◆ 관리비 납부현황-미납관리비 없음.

◆ 관리사무소-02-722-1295

6. 종합의견

◆ 장점-홍제동일대는 앞으로 발전가능성이 풍부한 곳이다. 홍제동은 그동안 인근 은평 뉴타운 및 불광동 등의 개발로 수요자들에게 외면 받았던 지역이다. 또, 편의시설 등이 미약해 새로운 주민들의 유입이 많지 않았던게 사실이다. 이에 홍제동은 주변 종로구 무악동이나 은평구 불광동의 집값이 오를 때, 집값 변동이 거의 없던 지역이다.
하지만 이제 홍은동과 경계에 있는 홍제천의 개발이 완료 된데다 2014년까지 지하철 3호선 홍제역 부근 일대가 홍제균형발전촉진지구로 개발될 예정이 있어 주거환경 및 편의시설이 한층 개선될 전망이다.

◆ 단점-그러나, 주변에 아직 오래된 주택들이 많고 주변 편의시설이 부족해 개발이 진행되기 전까지 큰 시세차익을 누리기 힘들어 보이며,특히나 본 건은 예고등기가 있으며 인수권리도 있으니 좀더 심사숙고 할 필요가 있는 물건으로 사료 됨.

7. 회원 질문 사항

질문 : 예고등기 말소가능 여부, 해당지역 시세, 정확한 임대차관계 점유관계 및 인수여부

*예고등기 말소가능 여부
-예고등기 말소 가능 여부는 조사자로써는 알 수 없는 사항이며 당사자들 이외는 어느 누구도 알 수 없습니다.
*해당지역 시세 정확한 임대차관계 점유관계 및 인수여부
-본문에 상세히 기술 했습니다 많은 참고가 됐으면 합니다 그리고 좀더 시원한 답을 해 드리지 못해 죄송합니다

Tip •••

경매사이트에서 조사한 현장보고서입니다.

등기부 등본 (말소사항 포함) - 집합건물

[집합건물] 서울특별시 서대문구 홍제동 82 홍제한양아파트 제106동 제6층 제606호　　　고유번호 1145-1996-028113

【 표 제 부 】 (1동의 건물의 표시)				
표시번호	접 수	소재지번,건물명칭 및 번호	건 물 내 역	등기원인 및 기타사항
1 (전 1)	1993년6월21일	서울특별시 서대문구 홍제동 82 홍제한양아파트 제106동	철근콘크리트벽식구조 평슬래브지붕 15층 아파트 1층 800.16㎡ 2층 789.24㎡	도면편철장 제5책제86장

【 표 제 부 】 (전유부분의 건물의 표시)				
표시번호	접 수	건물번호	건 물 내 역	등기원인 및 기타사항
1 (전 1)	1993년6월21일	제6층 제606호	철근콘크리트벽식구조 120.14㎡	도면편철장 제5책제120장
				부동산등기법 제177조의 6 제1항의 규정에 의하여 2001년 09월 14일 전산이기

【 갑 구 】 (소유권에 관한 사항)				
순위번호	등 기 목 적	접 수	등 기 원 인	권 리 자 및 기 타 사 항
1 (전 1)	소유권보존	1993년6월21일 제20263호		소유자 [illegible]
				부동산등기법 제177조의 6 제1항의 규정에 의하여 2001년 09월 14일 전산이기
1-1	1번등기명의인표시변경		1994년4월29일 전거	[illegible] 2002년3월5일 부기
2	소유권이전	2002년3월5일 제9327호	2002년1월4일 매매	소유자 [illegible]
3	~~소유권이전청구권가등기~~	~~2002년10월30일~~ ~~제62300호~~	~~2002년10월29일~~ ~~매매예약~~	~~권리자~~ [illegible]
4	~~가압류~~	~~2003년5월6일~~ ~~제18540호~~	~~2003년5월2일~~ ~~서울지방법원의 가압류~~ ~~결정(2003카단111741)~~	~~청구금액 금70,000,000원~~ ~~채권자 신용보증기금 114271-0001636~~ ~~서울 마포구 공덕동 254-5~~ ~~(동화문지점)~~

순위번호	등 기 목 적	접 수	등 기 원 인	권리자 및 기타사항
~~4-1~~	~~4번가압류경정~~			~~채권자 신용보증기금업무수탁기관주식회사국민은행~~ ~~서울 중구 남대문로2가 9-1~~ ~~(남대문지점)~~ ~~착오발견으로 인하여~~ ~~2003년5월9일 등기~~
5	~~가압류~~	~~2003년5월6일~~ ~~제18547호~~	~~2003년5월2일~~ ~~서울지방법원의 가압류~~ ~~결정(2003카단111740)~~	~~청구금액 금50,000,000원~~ ~~채권자 주식회사국민은행 110111-2365321~~ ~~서울 중구 남대문로2가 9-1~~ ~~(남대문지점)~~
6	~~가압류~~	~~2003년5월12일~~ ~~제19310호~~	~~2003년5월7일~~ ~~서울지방법원서부지원의~~ ~~가압류~~ ~~결정(2003카단9665)~~	~~청구금액 금100,000,000원~~ ~~채권자 신용보증기금 114271-0001030~~ ~~서울 마포구 공덕동 254-5~~ ~~(종로지점)~~
7	~~가압류~~	~~2003년5월14일~~ ~~제19777호~~	~~2003년5월10일~~ ~~서울지방법원의 가압류~~ ~~결정(2003카단113667)~~	~~청구금액 금499,000,000원~~ ~~채권자 기술신용보증기금 180171-0000026~~ ~~부산 중구 중앙동4가 17-7~~ ~~(종로지점)~~
8	~~가압류~~	~~2003년5월19일~~ ~~제20666호~~	~~2003년5월16일~~ ~~서울지방법원의 가압류~~ ~~결정(2003카단116500)~~	~~청구금액 금50,253,570원~~ ~~채권자 주식회사우리은행 110111-0023393~~ ~~서울 중구 회현동1가 203~~ ~~(가일여신센터)~~
9	3번가등기말소	2003년5월26일 제22034호	2003년5월26일 해제	

순위번호	등 기 목 적	접 수	등 기 원 인	권리자 및 기타사항
~~10~~	~~임의경매개시결정~~	~~2004년10월26일~~ ~~제39202호~~	~~2004년10월25일~~ ~~서울서부지방법원의~~ ~~경매개시~~ ~~결정(2004타경26160)~~	~~채권자 주식회사제일은행 110111-0013419~~ ~~서울 종로구 공평동 100~~ ~~(채권관리부)~~
11	소유권이전	2005년10월19일 제40975호	2005년10월19일 임의경매로 인한 매각	소유자 [redacted]
11-1	11번등기명의인표시변경	2007년1월24일 제3513호	2007년1월3일 전거	[redacted]
12	4번가압류, 5번가압류, 6번가압류, 7번가압류, 8번가압류, 10번임의경매개시결정 등기말소	2005년10월19일 제40975호	2005년10월19일 임의경매로 인한 매각	
~~13~~	~~소유권이전청구권가등기~~	~~2005년12월13일~~ ~~제49140호~~	~~2005년12월13일~~ ~~매매예약~~	~~가등기권자~~ [redacted]
~~13-1~~	~~13번등기명의인표시변경~~	~~2007년1월24일~~ ~~제3514호~~	~~2007년1월18일~~ ~~전거~~	[redacted]
~~14~~	~~압류~~	~~2006년12월1일~~ ~~제54675호~~	~~2006년11월27일~~ ~~압류(교통행정과-22535)~~	~~권리자 부산광역시연제구~~
15	14번압류등기말소	2006년12월6일 제55441호	2006년12월4일 해제	

순위번호	등 기 목 적	접 수	등 기 원 인	권 리 자 및 기 타 사 항
16	13번가등기말소	2007년1월24일 제3515호	2007년1월24일 해제	
~~17~~	~~소유권이전청구권가등기~~	~~2007년1월24일 제3516호~~	~~2007년1월23일 매매예약~~	~~가등기권자~~ [redacted]
18	17번가등기말소	2007년5월23일 제20238호	2007년5월23일 해제	
19	소유권이전청구권가등기	2007년5월23일 제20239호	2007년5월23일 매매예약	가등기권자 [redacted]
	소유권이전	2007년10월30일 제44335호	2007년10월29일 매매	소유자 [redacted] 거래가액 금540,000,000원
~~20~~	~~압류~~	~~2007년7월10일 제26064호~~	~~2007년7월10일 압류(교통행정과-20600)~~	~~권리자 부산광역시동래구~~
~~20-1~~	~~20번압류직권말소등기~~			~~가등기에 의한 본등기로 인하여 2007년10월30일~~
21	20번압류등기말소			가등기에 의한 본등기로 인하여 2007년12월24일 등기
22	가압류	2008년7월21일 제36592호	2008년7월21일 서울서부지방법원의 가압류결정(2008카합124 3)	청구금액 금121,500,000 원 채권자 [redacted]

순위번호	등 기 목 적	접 수	등 기 원 인	권 리 자 및 기 타 사 항
23	19번소유권말소예고등기	2008년7월21일 제36635호	2008년6월25일 서울서부지방법원에 소제기(2008가단52263)	
24	임의경매개시결정	2008년11월20일 제53950호	2008년11월20일 서울서부지방법원의 경매개시 결정(2008타경18334)	채권자 소사신용협동조합 124341-0000223 부천시 원미구 소사동17-14

【 을 구 】 (소유권 이외의 권리에 관한 사항)

순위번호	등 기 목 적	접 수	등 기 원 인	권 리 자 및 기 타 사 항
~~1~~	~~근저당권설정~~	~~2002년3월5일 제9326호~~	~~2002년3월4일 설정계약~~	~~채권최고액 금252,000,000원~~ ~~채무자~~ [redacted] ~~근저당권자 주식회사제일은행 110111-0013419 서울 종로구 공평동 100 (개인금융운용팀)~~
~~2~~	~~근저당권설정~~	~~2002년3월5일 제9320호~~	~~2002년3월4일 설정계약~~	~~채권최고액 금36,000,000원~~ ~~채무자~~ [redacted] ~~근저당권자 주식회사제일은행 110111-0013419 서울 종로구 공평동 100 (개인금융운용팀)~~
~~3~~	~~근저당권설정~~	~~2002년6월29일~~	~~2002년6월28일~~	~~채권최고액 금18,000,000원~~

순위번호	등 기 목 적	접 수	등 기 원 인	권 리 자 및 기 타 사 항
		~~제31997호~~	~~설정계약~~	~~채무자~~ [redacted] ~~근저당권자 주식회사제일은행 110111-0013419~~ ~~서울 종로구 공평동 100~~ ~~(서울소비자신용팀)~~
4	1번근저당권설정, 2번근저당권설정, 3번근저당권설정 등기말소	2006년10월19일 제40975호	2006년10월19일 임의경매로 인한 매각	
5	근저당권설정	2006년10월19일 제40976호	2006년10월19일 설정계약	채권최고액 금390,000,000원 채무자 [redacted] 근저당권자 소사신용협동조합 124341-0000223 부천시 원미구 소사동 17-14

사건일반내역 사건진행내역 » 인쇄하기 » 나의 사건 검색하기

사건번호 : 서울서부지방법원 2008가단52263

기본내역 » 청사배치

사건번호	2008가단52263	사건명	소유권이전등기말소
원고	김장환	피 고	변무영
재판부	민사6단독 (전화:3271-1226)		
접수일	2008.06.25	종국결과	2009.03.31 원고일부승
원고소가	32,456,670	피고소가	
수리구분	제소	병합구분	없음
상소인	원고, 피고, 쌍방	상소일	2009.04.16
상소각하일			
송달료,보관금 종결에 따른 잔액조회		» 잔액조회	

심급내역

법 원	사건번호	결 과
서울서부지방법원	2009나4279	

최근기일내역 » 상세보기

일 자	시 각	기일구분	기일장소	결 과
2009.02.10	10:30	변론기일	민사법정 404호	속행
2009.03.03	11:00	변론기일	민사법정 404호	속행
2009.03.17	11:30	변론기일	민사법정 404호	변론종결
2009.03.31	10:00	판결선고기일	민사법정 404호	판결선고

등기부등본 요약

갑구			을구		
11	2005. 10. 19	소유권이전(김장환)			
			5	2005. 10. 19	근저당권(채무자 김장환, 근저당권자 소사신협)
19	2007. 05. 23	소유권이전청구권가등기(변무영)			
	2007. 10. 30	소유권이전(변무영)			
23	2008. 07. 21	19번 소유권말소예고등기			
24	2008. 11. 20	임의경매개시(소사신협)			

살 펴 보 기

말소기준권리는 을구 5번 2005. 10. 19 소사신협 근저당권입니다.

즉, 전소유자 김장환에 대한 근저당권입니다.

갑구 23번의 소유권말소예고등기는 소사신협의 근저당권 보다 후순위인 갑구 19번에 대한 예고등기이므로 경락자는 소유권말소예고등기의 소송결과와 관계없이 모두 말소됩니다.

경매 사이트의 현황보고서 및 배당내역(예상)을 보면 전부 인수된다고 하였으나 경락자는 인수하는 부담이 없습니다.

예고등기 ③ :: 연립주택의 대지권에 대한 소유권말소 예고등기가 경락자에게 미치는 영향 ::

여주2계 2007-10431 [1] 상세정보

◎ 중복:2007-12970(이천설봉(새)), 2007-12987(이천설봉(새)), 2007-12994(이천설봉(새)), 2007-13003(이천설봉(새))

경매구분	임의(기일)	채권자	홍인기	낙찰일시	09.06.12
용도	연립	채무/소유자	최순복	낙찰가격	99,000,000
감정가	300,000,000	청구액	281,250,000	경매개시일	07.10.02
최저가	98,304,000 (33%)	토지총면적	230 ㎡ (69.58평)	배당종기일	07.12.31
입찰보증금	30% (29,491,200)	건물총면적	194 ㎡ (58.68평)	조회수	금일2 공고후114 누적1,235
주의사항	· 재매각물건 · 유치권 · 토지별도등기 · 예고등기 · 2007.11.22 유치권자 오티에프건설 유치권신고 제출 (본 물건번호에 적용여부 확인요망) · 2008.02.18 근저당권자 이천설봉(새) 유치권배제각서제출서 제출 (본 물건번호에 적용여부 확인요망) · 2008.07.24 유치권자 세아산업(주) 권리신고 제출 (본 물건번호에 적용여부 확인요망) · 2008.08.06 유치권자 엘지종합장식 권리신고 제출 (본 물건번호에 적용여부 확인요망) · 2009.02.26 유치권자 (주)오티에프건설 유치권행사신고서 제출 (본 물건번호에 적용여부 확인요망)				

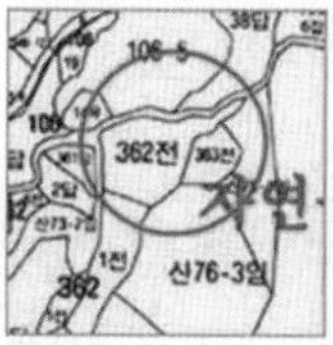

■ 물건사진 5
■ 지번·위치 2
■ 구 조 도 0
■ 위성지도

우편번호및주소/감정서	물건번호/면 적 (㎡)	감정가/최저가/과정	임차조사	등기권리
467-040 경기 이천시 송정동 362 엘리시움 102동 101호 (현:104동) 감정평가액 대지:85,000,000 건물:85,000,000 2007.11.13 대유감정	물건번호: 1 번 (총물건수 4건) 1)대지 115.35/2307 (34.89평) (113.35/2267) 건물 96.56 (29.21평) 4층-06.11.15보존 5동50세대 복층구조	감정가 300,000,000 대지 150,000,000 (50%) 건물 150,000,000 (50%) 최저가 98,304,000 (32.8%) ●경매진행과정 170,000,000 유찰 2008-05-16 20%↓ 136,000,000	●법원임차조사 정명순 전입 2007.10.08 주거/조사서상 ●지지옥션세대조사 전입 세대 없음 동사무소확인:08.05.15	저당권 이천설봉새 2006.11.17 135,000,000 저당권 이천설봉새 2006.12.19 37,700,000 가등기 홍인기 2007.05.08 소유이전청구가등 저당권 강정일 2007.05.22 90,000,000 소유권 최순복 2007.08.10

배당내역(예상)

경매비용

총경매비용	1,256,900 원 (전체 - 3,645,010원) 계산내역보기	- 법원마다 약간의 차이가 있을 수 있음. - 부동산 1필지로 산정함 - 감정가 비율로 나눔(공동 담보 물건)

등기권리자 배당 ☆ 토지등기 내용을 필히 확인후 재분석 바랍니다.

등기권리	권리자	등기일자	채권액	등기배당액 배당총액	말소여부	비고
저당	이천설봉새	2006-11-17	135,000,000	97,743,100	말소	말소기준권리
저당	이천설봉새	2006-12-19	37,700,000	0	말소	
가등	홍인기	2007-05-08	281,250,000	0	말소	
저당	강정일	2007-05-22	90,000,000	0	말소	
임의	홍인기	2007-10-02	0	0	말소	경매기입등기
압류	이천시장	2007-10-24	0	0	말소	
임의	이천설봉새	2007-11-28	0	0	말소	
예등	여주지원	2008-02-26	0	0	**인수**	

권리 관계수정

임차인배당 (지지옥션 세대열람)

대항력	임차인	전입일 (사업등록)	임차금 월세포함	임차배당액 배당총액	인수	확정일	배당	형태
무	정명순	2007-10-08	0	0	소멸		안함	주거

소액임차금표 주민등록확인필 권리 관계수정

배당순서(예상)

권리	배당자	배당액	배당후잔액	배당사유
경매비용		1,256,900	97,743,100	
저당	이천설봉새	97,743,100	0	저당

경매사건검색

검색조건 법원 : 여주지원 | 사건번호 : 2007타경10431

사건내역 | 기일내역 | 문건/송달내역

인쇄 | < 이전

사건기본내역

사건번호	2007타경10431	사건명	부동산임의경매
중복/병합/이송	2007타경12970(중복) 2007타경12987(중복) 2007타경12994(중복) 2007타경13003(중복)		
접수일자	2007.09.17	개시결정일자	2007.10.02
담당계	경매2계 전화 : 031-880-7532(구내:7532)		
청구금액	281,250,000원	사건항고/정지여부	
종국결과	미종국	종국일자	

항고내역

물건번호	항고제기자	항고접수일자	항고		재항고		확정여부
		접수결과	사건번호	항고결과	사건번호	재항고결과	
1	서승원	2009.05.27					
		상소법원으로 송부					

당사자내역

당사자구분	당사자명	당사자구분	당사자명
채권자	홍인기	채무자	이원희
소유자	최순복	채무자겸소유자	이원희
임차인	정명순	임차인	김학수
근저당권자	이천설봉새마을금고	근저당권자	강정일
압류권자	이천시	교부권자	이천세무서
교부권자	이천시	유치권자	주식회사오티에프건설
유치권자	세아산업주식회사	유치권자	엘지종합장식

사건일반내역 | 사건진행내역 | » 인쇄하기 | » 나의 사건 검색하기

▸ 사건번호 : 수원지방법원 여주지원 2008머184

■ 기본내역 » 청사배치

사건번호	2008머184	사건명	소유권말소등기
원고	최장섭 외 1명	피 고	김정애 외 19명
재판부	민사조정1단독(가) (전화:031-880-7529)		
접수일	2008.02.19	종국결과	2008.05.15 조정불성립
원고소가	46,601,400	피고소가	
수리구분	조정신청	병합구분	없음
상소인		상소일	
상소각하일			

■ 최근 제출서류 접수내역 » 상세보기

일 자	내용
2008.04.08	신청인대리인 김학모 야간송달신청 제출
2008.05.08	신청인대리인 김학모 준비서면 제출
2008.05.26	피신청인 최명신,최명윤, 최명옥 답변서 제출
2008.05.26	피신청인 이기도 탄원서 제출

• 최근 제출서류 순으로 일부만 보입니다. 반드시 상세보기로 확인하시기 바랍니다.

■ 관련사건내역

법 원	사건번호	결 과
수원지방법원 여주지원	2008가단6962	본안사건

■ 당사자내역

구 분	이 름	종국결과	판결송달일
신청인1	1. 최장섭		
신청인2	2. 최상춘		
피신청인1	1. 김정애		
피신청인2	2. 최명신		
피신청인3	3. 최명윤		
피신청인4	4. 최명영		

사건일반내역 | 사건진행내역 | » 인쇄하기 | » 나의 사건 검색하기

▸ 사건번호 : 수원지방법원 여주지원 2008가단6962

기본내역 » 청사배치

사건번호	2008가단6962	사건명	소유권말소등기
원고	최장섭 외 1명	피 고	김정애 외 19명
재판부	민사3단독 (전화:031-880-7529)		
접수일	2008.05.15	종국결과	
원고소가	46,601,400	피고소가	
수리구분	소송이행(조정에서)	병합구분	없음
상소인		상소일	
상소각하일			
송달료,보관금 종결에 따른 잔액조회		사건이 종결되지 않았으므로 송달료, 보관금 조회가 불가능합니다.	

최근기일내역 » 상세보기

일 자	시 각	기일구분	기일장소	결 과
2009.04.24	14:30	조정기일	2층 준비절차실(조정실)	속행
2009.04.24	14:30	변론준비기일	2층 준비절차실(조정실)	속행
2009.05.22	14:00	조정기일	2층 준비절차실(조정실)	속행
2009.05.22	14:00	변론준비기일	2층 준비절차실(조정실)	속행

관련사건내역

법 원	사건번호	결 과
수원지방법원 여주지원	2008머184	조정사건

당사자내역

구 분	이 름	종국결과	판결송달일
원고1	1. 최장섭		
원고2	2. 최상춘		

등기부 등본 (말소사항 포함) - 집합건물

[집합건물] 경기도 이천시 송정동 362 이천연립주택 제102동 제1층 제101호 　　　고유번호 1344-2006-007066

【 표 제 부 】 (1동의 건물의 표시)				
표시번호	접 수	소재지번,건물명칭 및 번호	건 물 내 역	등기원인 및 기타사항
1		경기도 이천시 송정동 362 이천연립주택 제102동	철근콘크리트구조 스라브지붕 4층 연립주택 및 근린생활시설(사무실) 1층 211.10㎡ 2층 211.10㎡ 3층 211.10㎡ 4층 211.10㎡ 지층 211.10㎡	2006년11월15일 등기 도면편철장 제437장
2				건축법상 사용승인 받지 않은 건물임

(대지권의 목적인 토지의 표시)				
표시번호	소 재 지 번	지 목	면 적	등기원인 및 기타사항
1	1. 경기도 이천시 송정동 362	답	2307㎡	2006년11월15일

【 표 제 부 】 (전유부분의 건물의 표시)				
표시번호	접 수	건물번호	건 물 내 역	등기원인 및 기타사항
1		제1층 제101호	철근콘크리트조 96.66㎡	2006년11월15일 등기 도면편철장 제437장

(대지권의 표시)			
표시번호	대지권종류	대지권비율	등기원인 및 기타사항
1	1 소유권대지권	2267분의 113.36	2006년11월13일 대지권 2006년11월15일
2			별도등기 있음 1토지(을구 1,2,3,5,6,7번 근저당권설정등기, 을구 4번 지상권설정등기) 2006년11월15일

【 갑 구 】 (소유권에 관한 사항)				
순위번호	등 기 목 적	접 수	등 기 원 인	권 리 자 및 기 타 사 항
1	소유권보존			소유자 [redacted] 수원지방법원여주지원 2006카단1881 가압류촉탁등기로 인하여 2006년11월15일 등기
1-1	1번등기명의인표시변경	2007년2월15일 제8620호	2007년2월12일 전거	[redacted]
2	~~가압류~~	~~2006년11월15일~~ ~~제52536호~~	~~2006년11월14일~~ ~~수원지방법원여주지원의~~ ~~가압류~~ ~~결정(2006카단1881)~~	~~청구금액 금150,000,000원~~ ~~채권자 이천설봉새마을금고 134444-0002229~~ ~~이천시 관고동 4-25~~

순위번호	등 기 목 적	접 수	등 기 원 인	권리자 및 기타사항
3	2번가압류등기말소	2006년12월19일 제59757호	2006년12월13일 해제	
~~4~~	~~소유권이전청구권가등기~~	~~2007년2월23일~~ ~~제9610호~~	~~2007년2월22일~~ ~~매매예약~~	~~가등기권자~~ [redacted]
5	4번가등기말소	2007년5월8일 제22526호	2007년5월7일 해제	
6	소유권이전청구권가등기	2007년5월8일 제22527호	2007년5월7일 매매예약	가등기권자 [redacted]
7	소유권이전	2007년8월10일 제38177호	2007년7월30일 매매	소유자 [redacted] 거래가액 금160,000,000원
8	임의경매개시결정	2007년10월2일 제46248호	2007년10월2일 수원지방법원 여주지원의 임의경매개시결정(2007 타경10431)	채권자 [redacted]
9	압류	2007년10월24일 제50046호	2007년10월11일 압류(세무과-14889)	권리자 이천시장
10	임의경매개시결정	2007년11월28일 제56867호	2007년11월28일 수원지방법원 여주지원의 임의경매개시결정(2007	채권자 이천설봉새마을금고 이천시 관고동4-26

순위번호	등 기 목 적	접 수	등 기 원 인	권리자 및 기타사항
			타경12970)	
11	1번소유권말소예고등기	2008년2월26일 제9260호	2008년2월19일 수원지방법원 여주지원에 소제기(2008머 184)	소유권대지권 중 3분의2 말소예고등기

【 을 구 】 (소유권 이외의 권리에 관한 사항)

순위번호	등 기 목 적	접 수	등 기 원 인	권리자 및 기타사항
1	근저당권설정	2006년11월17일 제53635호	2006년11월17일 설정계약	채권최고액 금135,000,000원 채무자 [redacted] 근저당권자 이천설봉새마을금고 134444-0002229 이천시 관고동 4-25 공동담보 건물 경기도 이천시 송정동 362 이천연립주택 제102동 제지층 제1호
2	근저당권설정	2006년12월19일 제60013호	2006년12월19일 설정계약	채권최고액 금37,700,000원 채무자 [redacted] 근저당권자 이천설봉새마을금고 134444-0002229 이천시 관고동 4-25 공동담보 건물 경기도 이천시 송정동 362 이천연립주택 제102동 제지층 제1호
~~3~~	~~근저당권설정~~	~~2007년2월15일~~	~~2007년2월15일~~	~~채권최고액 금420,000,000원~~

Tip • • •

갑구 6번의 소유권이전청구권가등기는 갑구 8번에서 보듯이, 가등기권자가 임의경매를 신청하였으므로 경락 후 말소됩니다.

순위번호	등 기 목 적	접 수	등 기 원 인	권리자 및 기타사항
		제8621호	설정계약	채무자 [redacted] 주식회사오티에프건설 이천시 신둔면 수광리 259-3 소담빌딩-202 근저당권자 [redacted] 공동담보목록 제2007-103호
4	3번근저당권설정등기말소	2007년5월10일 제22976호	2007년5월9일 해지	
5	근저당권설정	2007년5월22일 제24787호	2007년5월22일 설정계약	채권최고액 금90,000,000원 채무자 [redacted] 근저당권자 [redacted] 공동담보목록 제2007-380호

-- 이 하 여 백 --

관할등기소 수원지방법원 이천등기소

* 본 등기부는 열람용이므로 출력하신 등기부는 법적인 효력이 없습니다.
* 실선으로 그어진 부분은 말소사항을 표시함. * 등기부에 기록된 사항이 없는 갑구 또는 을구는 생략함. * 등기부는 컬러 또는 흑백으로 출력 가능함

열람일시 : 2008년08월11일 오후 9시14분8초

5/5

등기부등본 요약

갑구			을구		
1	2006. 11. 15	소유권이전(이원희)			
			1	2006. 11. 17	근저당(채무자 이원희, 근저당권자 이천설봉)
			2	2006. 12. 19	근저당권(채무자 이원희, 근저당권자 이천설봉)
6	2007. 05. 08	소유권이전청구권가등기(홍인기)			
			5	2007. 05. 22	근저당권(채무자 이원희, 근저당권자 강정일)
7	2007. 08. 10	소유권이전(최순복)			
8	2007. 10. 02	임의경매(채권자 홍인기)			
10	2007. 11. 28	임의경매(채권자 이천설봉)			
11	2008. 02. 26	1번소유권말소예고등기 (대지권 2/3)			

살 펴 보 기

1번 대지권에 대한 소유권말소 소송이 진행 중이며, 조정도 불성립되었습니다. 즉, 본안사건이 진행 중이므로 소송의 결과에 따라 경락자의 부담이 추가될 수 있습니다. 그러므로 매입하지 않는 것이 좋습니다.

2008. 07. 18 낙찰된 201호(2007-10431)의 등기를 열람해 보면 경락으로 모든것이 말소됐으나 갑구 11번 말소예고등기는 말소가 되지 않은 것을 알 수 있습니다. 참고로 갑구 6번의 등기는 말소기준권리 이후의 권리로 경락으로 인하여 말소됩니다. 다음페이지에 나오는 동일 경매사건에서도 소유권말소예고등기는 말소되지 않았음을 알 수 있습니다.

여주2계 2007-10431 [2] 상세정보

중복:2007-12970(이천설봉(새)), 2007-12987(이천설봉(새)), 2007-12994(이천설봉(새)), 2007-13003(이천설봉(새))

경매구분	임의(기일)	채권자	홍인기	낙찰일시	08.07.18
용도	연립	채무/소유자	이원회	낙찰가격	123,500,000
감정가	180,000,000	청구액	281,250,000	경매개시일	07.10.02
최저가	115,200,000 (64%)	토지총면적	115 ㎡ (34.79평)	배당종기일	07.12.31
입찰보증금	10% (11,520,000)	건물총면적	97 ㎡ (29.34평)	조회수	금일1 공고후163 누적272
주의사항	· 유치권 · 별지와같음 · 2007.11.22 유치권자 오티에프건설 유치권신고 제출 (본 물건번호에 적용여부 확인요망) · 2008.02.18 근저당권자 이천설봉(새) 유치권배제각서제출서 제출 (본 물건번호에 적용여부 확인요망) · 2008.07.24 유치권자 세아산업(주) 권리신고 제출 (본 물건번호에 적용여부 확인요망) · 2008.08.06 유치권자 엘지종합장식 권리신고 제출 (본 물건번호에 적용여부 확인요망) · 2009.02.26 유치권자 (주)오티에프건설 유치권행사신고서 제출 (본 물건번호에 적용여부 확인요망)				

우편번호및주소/감정서	물건번호/면 적 (㎡)	감정가/최저가/과정	임차조사	등기권리
467-040 경기 이천시 송정동 362 엘리시움 102동 201호 (현:104동) ●감정평가서정리 - 철콘구조슬래브지붕 - 수림2차아파트남측인근위치 - 농경지,임야,단독주택,아파트단지 근린생활시설등혼재 한시내외곽지역 - 차량접근가능,교통사정보통 - 도시가스개별난방 - 부정형평지 - 단지내도로접함 - 자연녹지지역 - 수질보전특별대책지역2권역 - 건축법상사용승인(미준공)받지않은 건물로건축물대장에 등재되지않음 07.11.13 대유감정	물건번호: 2 번 (총물건수 4건) 2)대지 115.35/2307 (34.89평) (113.35/2267) 건물 96.56 (29.21평) 4층-06.11.15보존 5동50세대 복층구조	감정가 180,000,000 대지 90,000,000 (50%) 건물 90,000,000 (50%) 최저가 115,200,000 (64.0%) ●경매진행과정 180,000,000 유찰 2008-05-16 20%↓ 144,000,000 유찰 2008-06-20 20%↓ 115,200,000 낙찰 2008-07-18 123,500,000 (68.6%) - 응찰 : 2명 - 낙찰자:최명회 허가 2008-07-25	●지지옥션세대조사 전입 세대 없음 동사무소확인:08.05.15	저당권 이천설봉새 2006.11.17 135,000,000 저당권 이천설봉새 2006.12.19 37,700,000 가등기 홍인기 2007.05.08 소유이전청구가등 저당권 강정일 2007.05.22 90,000,000 소유권 최순복 2007.08.10 전소유자:이원회 임의 홍인기 2007.10.02 *청구액:281,250,000원 압류 이천시장 2007.10.24 임의 이천설봉새 2007.11.28 예고등기 여주지원 2008.02.26 소유말소예고등기 2008머184 등기부채권총액 262,700,000원

Tip • • •

동일한 지역이나 물건을 살표보면 경락가격이나 응찰자 수 등을 확인할 수 있으므로, 응찰가격을 정하는데 도움이 됩니다.

등기부 등본 (말소사항 포함) - 집합건물

[집합건물] 경기도 이천시 송정동 362 이천연립주택 제102동 제2층 제201호 　　　　고유번호 1344-2006-007057

【 표 제 부 】 (1동의 건물의 표시)				
표시번호	접 수	소재지번,건물명칭 및 번호	건 물 내 역	등기원인 및 기타사항
1		경기도 이천시 송정동 362 이천연립주택 제102동	철근콘크리트구조 스라브지붕 4층 연립주택 및 근린생활시설(사무실) 1층 211.10㎡ 2층 211.10㎡ 3층 211.10㎡ 4층 211.10㎡ 지층 211.10㎡	2006년11월15일 등기 도면편철장 제437장
2				건축법상 사용승인 받지 않은 건물임

(대지권의 목적인 토지의 표시)				
표시번호	소 재 지 번	지 목	면 적	등기원인 및 기타사항
1	1. 경기도 이천시 송정동 362	답	2307㎡	2006년11월15일

【 표 제 부 】 (전유부분의 건물의 표시)				
표시번호	접 수	건물번호	건 물 내 역	등기원인 및 기타사항
1		제2층 제201호	철근콘크리트조 96.56㎡	2006년11월15일 등기 도면편철장 제437장

(대지권의 표시)			
표시번호	대지권종류	대지권비율	등기원인 및 기타사항
1	1 소유권대지권	2267분의 113.35	2006년11월13일 대지권 2006년11월15일
2			별도등기 있음 1토지(을구 1,2,3,5,6,7번 근저당권설정등기,을구 4번 지상권설정등기) 2006년11월15일

【 갑 구 】 (소유권에 관한 사항)				
순위번호	등 기 목 적	접 수	등 기 원 인	권 리 자 및 기 타 사 항
1	소유권보존			소유자 [redacted] 수원지방법원여주지원 2006카단1881 가압류촉탁등기로 인하여 2006년11월15일 등기
1-1	1번등기명의인표시변경	2007년2월15일 제8620호	2007년2월12일 전거	[redacted]
~~2~~	~~가압류~~	~~2006년11월15일~~ ~~제52836호~~	~~2006년11월14일~~ ~~수원지방법원여주지원의 가압류~~ ~~결정(2006카단1881)~~	~~청구금액 금150,000,000원~~ ~~채권자 이천설봉새마을금고 134444-0002229~~ ~~이천시 관고동 4-25~~

순위번호	등 기 목 적	접 수	등 기 원 인	권 리 자 및 기 타 사 항
3	2번가압류등기말소	2006년12월19일 제59757호	2006년12월13일 해제	
~~4~~	~~소유권이전청구권가등기~~	~~2007년2월23일~~ ~~제9619호~~	~~2007년2월22일~~ ~~매매예약~~	~~가등기권자~~ [redacted]
5	4번가등기말소	2007년5월8일 제22525호	2007년5월7일 해제	
~~6~~	~~소유권이전청구권가등기~~	~~2007년5월8일~~ ~~제22527호~~	~~2007년5월7일~~ ~~매매예약~~	~~가등기권자~~ [redacted]
~~7~~	~~임의경매개시결정~~	~~2007년10월2일~~ ~~제46248호~~	~~2007년10월2일~~ ~~수원지방법원~~ ~~여주지원의~~ ~~임의경매개시결정(2007~~ ~~타경10431)~~	~~채권자~~ [redacted]
~~8~~	~~압류~~	~~2007년10월24일~~ ~~제50045호~~	~~2007년10월11일~~ ~~압류(세무과 14889)~~	~~권리자 이천시장~~
~~9~~	~~임의경매개시결정~~	~~2007년11월28일~~ ~~제56868호~~	~~2007년11월28일~~ ~~수원지방법원~~ ~~여주지원의~~ ~~임의경매개시결정(2007~~ ~~타경12987)~~	~~채권자 이천설봉새마을금고~~ ~~이천시 관고동4-25~~
~~10~~	~~1번소유권말소예고등기~~	~~2008년2월26일~~ ~~제9280호~~	~~2008년2월19일~~ ~~수원지방법원~~ ~~여주지원에~~ ~~소제기(2008머 184)~~	~~소유권대지권 중 3분의2 말소예고등기~~
11	소유권이전	2008년8월28일 제44541호	2008년8월20일 임의경매로 인한 매각	소유자 [redacted]
12	7번임의경매개시결정, 8번압류, 9번임의경매개시결정 등기말소	2008년8월28일 제44541호	2008년8월20일 임의경매로 인한 매각	
13	6번가등기말소	2008년8월28일 제44541호	2008년8월20일 임의경매로 인한 매각	
14	10번예고등기말소	2011년1월6일 제945호	2010년11월30일 조정	

【 을 구 】 (소유권 이외의 권리에 관한 사항)

순위번호	등 기 목 적	접 수	등 기 원 인	권 리 자 및 기 타 사 항
~~1~~	~~근저당권설정~~	~~2006년11월17일~~ ~~제53637호~~	~~2006년11월17일~~ ~~설정계약~~	~~채권최고액 금96,000,000원~~ ~~채무자~~ [redacted] ~~근저당권자 이천설봉새마을금고 134444-0002229~~ ~~이천시 관고동 4-25~~
~~2~~	~~근저당권설정~~	~~2006년12월19일~~ ~~제60012호~~	~~2006년12월19일~~ ~~설정계약~~	~~채권최고액 금22,100,000원~~ ~~채무자~~ [redacted]

순위번호	등 기 목 적	접 수	등 기 원 인	권 리 자 및 기 타 사 항
				[redacted] 근저당권자 이천설봉새마을금고 134444-0002229 이천시 관고동 4-25
3	근저당권설정	2007년2월15일 제8621호	2007년2월15일 설정계약	채권최고액 금420,000,000원 채무자 [redacted] 주식회사오티에프건설 이천시 신둔면 수광리 259-2 소담빌딩 202 근저당권자 [redacted] 공동담보목록 제2007-123호
4	3번근저당권설정등기말소	2007년5월10일 제22976호	2007년5월9일 해지	
5	근저당권설정	2007년5월22일 제24787호	2007년5월22일 설정계약	채권최고액 금90,000,000원 채무자 [redacted] 근저당권자 [redacted] 공동담보목록 제2007-360호
6	1번근저당권설정, 2번근저당권설정, 5번근저당권설정 등기말소	2008년8월28일 제44541호	2008년8월20일 임의경매로 인한 매각	

살 펴 보 기

갑구 10번의 갑구 1번에 대한 소유권말소예고등기는 2008. 07. 18 경락으로 인해서도 말소되지 않고 있다가, 2010. 11. 30 법원의 조정에 의하여 2011. 01. 06 에 말소되었습니다. 물론 경락자는 상당한 추가비용을 지불했을 것입니다.

예고등기 ④ :: 소유권말소예고등기에서 원고승소판결로 경매가 무효가 된 경우 ::

서부2계 2008-16772 상세정보

경매구분	임의(기일)	채권자	우리은행	낙찰일시	09.06.17
용도	단독주택	채무/소유자	박용미/박용미외2	낙찰가격	246,000,000
감정가	346,346,000	청구액	95,572,847	경매개시일	08.10.24
최저가	221,662,000 (64%)	토지총면적	112 m² (33.88평)	배당종기일	09.01.16
입찰보증금	10% (22,166,200)	건물총면적	64 m² (19.36평)	조회수	금일2 공고후200 누적668
주의사항	· 예고등기 · 본건 2005.5.21. 동소 655에서 공유토지분할로 665-1로 지번변경되고 동 지상에 가다호 물건이 소재하고 665 지상에 나호 건물이 소재함				

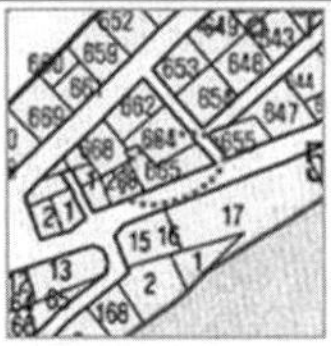
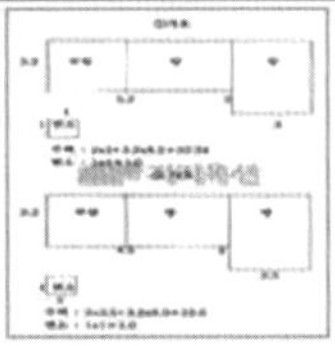

■ 물건사진 8
■ 지번·위치 2
■ 구 조 도 1
■ 위성지도

우편번호및주소/감정서	물건번호/면 적 (m²)	감정가/최저가/과정	임차조사	등기권리
120-110 서울 서대문구 연희동 665-1 가호 감정평가액 대지:331,116,000 건물:7,495,000 ●감정평가서정리 - 시멘블럭조시멘와즙 지붕 2008.10.27 한성감정 표준공시지가 : 1,800,000 감정지가 : 2,956,400	물건번호: 단독물건 대지 112 (33.88평) 건물 · 옥외화장실 0.99 (0.3평) · <가호>주택 30.74 (9.3평) 방2 81.05.07보존	감정가 346,346,000 대지 331,116,000 (95.6%) 건물 15,230,000 (4.4%) 최저가 221,662,000 (64.0%) ●경매진행과정 346,346,000 유찰 2009-04-08 20%↓ 277,077,000 유찰 2009-05-13 20%↓ 221,662,000 낙찰 2009-06-17 246,000,000 (71%)	●법원임차조사 오윤택 전입 2008.08.11 (보) 35,000,000 주거/전부방3 점유 2007.7.- 처박용미전입일 조사서상 *임차인겸소유자오윤택 이점유 ●지지옥션세대조사 전입 2008.08.11 박용미 (임차인 오윤택의 처) 동사무소확인:09.04.16	저당권 우리은행 남가좌동 2005.12.20 108,000,000 저당권 이강호 2006.08.09 50,000,000 가압류 연희(새) 2007.05.01 34,367,300 예고등기 서울서부지법 2007.07.03 김선국소유 말소 예등 2007가단 39553 임의 우리은행 여신관리부 2008.10.24 *청구액:95,572,847원

총매입가

		금액	금액산출기준
낙찰가		246,000,000 원	총배당액
세금	등록세	2,460,000 원	낙찰가의 1%
	교육세	492,000 원	등록세의 20%
	취득세	2,460,000 원	낙찰가의 1%
	농어촌특별세	0 원	전용면적 85㎡이하(읍면지역 100㎡이하)주택 비과세
채권		497,000 원	낙찰가의 약 0.2% (시가표준액의 20/1000 ~ 70/1000)
부담임차금		없음	대항력 있는 낙찰자부담 임차금
명도비		0 원	소송비, 집행비, 이사합의금 등(이용자 입력요)
기타비용		0 원	미납공공료 및 관리비,사법서사비,제수수료(이용자 입력요)
총매입가		251,909,000 원	

배당내역(예상)

▸ 경매비용

총경매비용	2,144,363 원 계산내역보기	- 법원마다 약간의 차이가 있을 수 있음. - 부동산 1필지로 산정함

▸ 등기권리자 배당

등기권리	권리자	등기일자	채권액	등기배당액 배당총액	말소여부	비고
저당	우리은행	2005-12-20	108,000,000	108,000,000	말소	말소기준권리
저당	이강호	2006-08-09	50,000,000	50,000,000	말소	
가압	연희(새)	2007-05-01	34,367,300	34,367,300	말소	
예등	서울서부지법	2007-07-03	0	0	**인수**	
임의	우리은행	2008-10-24	0	0	말소	경매기입등기

사건일반내역 | 사건진행내역 | » 인쇄하기 | » 나의 사건 검색하기

▸ 사건번호 : 서울서부지방법원 2007가단39553

기본내역 » 청사배치

사건번호	2007가단39553	사건명	원인무효로 인한 소유권이전등기 말소등기
원고	오윤택	피 고	김선국
재판부	민사53단독		
접수일	2007.06.21	종국결과	2008.04.11 원고승
원고소가	9,675,086	피고소가	
수리구분	제소	병합구분	없음
상소인		상소일	
상소각하일		보존여부	기록보존됨
송달료,보관금 종결에 따른 잔액조회		» 잔액조회	

최근기일내역 » 상세보기

일 자	시 각	기일구분	기일장소	결 과
2008.04.11	10:00	판결선고기일	제404호법정	판결선고

관련사건내역

법 원	사건번호	결 과
서울서부지방법원	2007카기1133	

당사자내역

구 분	이 름	종국결과	판결송달일
원고	1. 오윤택		2008.04.18
피고1	1. 박용미	2007.10.18 소취하	
피고2	2. 김선국		2008.04.21

Tip • • •

위에서 보면 오윤택이 2008. 4. 11 원인무효로 인한 소유권이전등기말소등기소송에서 승소하였습니다.

등기부 등본 (말소사항 포함) - 건물

[건물] 서울특별시 서대문구 연희동 665-1 내제가호 | 고유번호 1145-1996-663022

【 표 제 부 】 (건물의 표시)				
표시번호	접 수	소재지번 및 건물번호	건 물 내 역	등기원인 및 기타사항
~~1~~ ~~(전 1)~~	~~1981년6월7일~~	~~서울특별시 서대문구 연희동 665~~	~~세멘부록조 세멘와즙 평가건 주택1동~~ ~~건평 23평8홉~~ ~~세멘부록조 세멘와즙 평가건 변소1동~~ ~~건평3홉~~ ~~내가호~~ ~~건평 9평3홉~~	~~도면편철장 제1책398장~~ 부동산등기법 제177조의 6 제1항의 규정에 의하여 2001년 09월 06일 전산이기
2	2005년6월15일	서울특별시 서대문구 연희동 665-1	세멘부록조 세멘와즙 평가건 주택1동 건평 23평8홉 세멘부록조 세멘와즙 평가건 변소1동 건평3홉 내가호 건평 9평3홉	지번변경

【 갑 구 】 (소유권에 관한 사항)				
순위번호	등 기 목 적	접 수	등 기 원 인	권 리 자 및 기 타 사 항
1 (전 4)	소유권이전	1999년12월30일 제54918호	1999년11월20일 매매	소유자 [redacted]

순위번호	등 기 목 적	접 수	등 기 원 인	권 리 자 및 기 타 사 항
				부동산등기법 제177조의 6 제1항의 규정에 의하여 2001년 09월 06일 전산이기
2	소유권이전	2003년8월21일 제36461호	2003년5월12일 재산상속	공유자 [redacted]
3	2번오윤택지분전부이전	2005년12월20일 제60608호	2005년11월19일 매매	[redacted]
4	2번박용미지분가압류	2007년5월1일 제17286호	2007년4월25일 서울서부지방법원의 가압류 결정(2007카단3572)	청구금액 금34,367,300원 채권자 연희새마을금고 114544-0000514 서울 서대문구 연희동 133-28
5	3번소유권말소예고등기	2007년7월3일 제25935호	2007년6월21일 서울서부지방법원에 소제기(2007가단39553)	
6	임의경매개시결정	2008년10월24일 제50989호	2008년10월24일 서울서부지방법원의	채권자 주식회사우리은행 110111-0023393 서울특별시 중구 회현동1가 203

순위번호	등 기 목 적	접 수	등 기 원 인	권 리 자 및 기 타 사 항
			경매개시 결정(2008타경16772)	(여신관리부)

【 을 구 】 (소유권 이외의 권리에 관한 사항)

순위번호	등 기 목 적	접 수	등 기 원 인	권 리 자 및 기 타 사 항
~~1~~ ~~(전 3)~~	~~근저당권설정~~	~~2000년3월15일~~ ~~제8166호~~	~~2000년3월15일~~ ~~설정계약~~	~~채권최고액 금사천팔백만원정~~ ~~채무자~~ [redacted] ~~근저당권자 (주)한빛은행 110111-0023393~~ ~~서울중구회현동1가203~~ ~~(제동지점)~~ ~~공동담보 동소동번지토지, 동소동~~ ~~번지 다호건물~~
				부동산등기법 제177조의 6 제1항의 규정에 의하여 2001년 09월 06일 전산이기
2	1번근저당권설정등기말소	2004년2월27일 제6731호.	2004년2월27일 해지	
3	근저당권설정	2005년12월20일 제50609호.	2005년12월20일 설정계약	채권최고액 금108,000,000원 채무자 [redacted] 근저당권자 주식회사우리은행 110111-0023393 서울 중구 회현동1가 203 (남가좌동지점)

순위번호	등 기 목 적	접 수	등 기 원 인	권 리 자 및 기 타 사 항
				공동담보 건물 서울특별시 서대문구 연희동 665-1 내 제다호 토지 서울특별시 서대문구 연희동 665-1
4	갑구2번박용미지분전부근저당권설정	2006년8월9일 제35704호.	2006년8월9일 설정계약	채권최고액 금50,000,000원 채무자 [redacted] 근저당권자 [redacted] 공동담보 토지 서울특별시 서대문구 연희동 665-1 박용미지분

등기부등본 요약

갑구			을구		
1	1999. 12. 30	소유권이전(오경석)			
2	2003. 08. 21	소유권이전(박용미 3/7, 오우택 2/7,오윤택 2/7)			
3	2005. 12. 20	오윤택지분 전부이전(김선국 2/7)			
			3	2005. 12. 20	근저당권(채무자 박용미, 근저당권자 우리은행)
			4	2006. 08. 09	근저당권(채무자 박용민, 근저당권자 이강호)
5	2007. 07. 03	3번소유권말소예고등기 (원고 오윤택, 피고 김선국)			
6	2008. 10. 24	임의경매개시(우리은행)			

살 펴 보 기

2008. 4. 11 갑구 5번 오윤택의 승소로 박영미, 오우택, 김선국의 담보물로 근저당권을 설정한 을구 3번 우리은행 근저당권은 무효입니다.

따라서 무효인 근저당권에 의한 경매는 무효입니다.

■ 그렇다면 2009. 06. 17 경락 받은 경락자의 대응방법은?

- 매각기일에서 매각결정기일 사이
- 매각결정기일에서 매각허가결정확정기일 사이
- 매각허가결정확정기일 이후에서 대금납부 전
- 대금납부 후에서 배당기일 사이

배당이후에 따라 각각 대응 방법이 다르다는 사실은 알고 계시죠?

예고등기 ⑤ :: 소유권말소예고등기에서 원고패소판결한 경우 :: 경락자에게 미치는 영향

동부4계 2008-133[2] 상세정보

병합:2008-300(한국자산관리), 2008-12082(박재성), 2008-16251(강영진), 중복:2007-11921, 2008-4647(유상숙), 2008-7356(김윤덕), 2009-291(서경원), 2009-727(조은미)

경매구분	강제(기일)	채권자	이의찬	경매일시	09.07.06 (10:00)
용도	아파트	채무/소유자	신대섭	다음예정	09.08.24 (312,320,000원)
감정가	610,000,000	청구액	16,375,100	경매개시일	08.01.04
최저가	390,400,000 (64%)	토지총면적	51 ㎡ (15.43평)	배당종기일	09.02.02
입찰보증금	10% (39,040,000)	건물총면적	118 ㎡ (35.7평)	조회수	금일10 공고후56 누적437
주의사항	· 토지별도등기 · 예고등기 · 대지권의 목적인 토지에 별도등기 있음2007.3.9.자 접수 제17666호 소유권말소예고등기 있음				

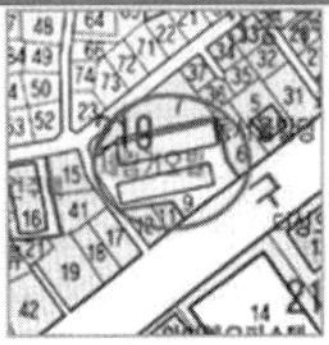
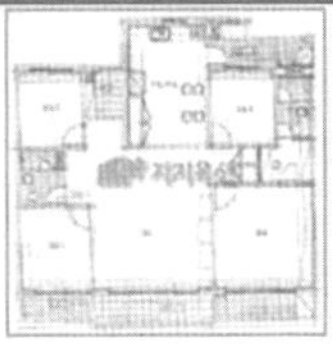

- 물건사진 5
- 지번·위치 3
- 구조도 2
- 위성지도

우편번호및주소/감정서	물건번호/면 적 (㎡)	감정가/최저가/과정	임차조사	등기권리
143-200 서울 광진구 구의동 659 세림리오빌 2층 201호 ●감정평가서정리 - 중복사건2007-11921 감정평가서 - 구의역동북쪽약600m 지점위치 - 부근근린상가,오피스텔,업무시설등소재 - 교통사정편리 - 부정형토지 - 도시가스개별난방 - 도시지역,3종일반주거지역 - 일반미관지구 - 도로접함	물건번호: 2 번 (총물건수 21건) 2)대지 51.41/2778.2 (15.55평) 건물 117.84 (35.65평) 현:방4,욕실2,전실 12층 현장보고서 열람 GO	감정가 610,000,000 대지 183,000,000 (30%) 건물 427,000,000 (70%) 최저가 390,400,000 (64.0%) ●경매진행과정 610,000,000 유찰 2009-04-06 20%↓ 488,000,000 유찰 2009-05-25 20%↓ 390,400,000 진행 2009-07-06	●법원임차조사 김장환 전입 2005.12.20 확정 2005.12.20 배당 2007.11.13 (보) 220,000,000 전부 점유 2005.12.20- ●지지옥션세대조사 전입 2005.12.20 김장환 동사무소확인:09.03.25	소유권 신대섭 2005.11.04 전소유자: 구의은마재건축 주택조합 저당권 우리은행 여신관리 2005.11.04 96,000,000 가처분 강영진 2005.12.19 저당권 우리은행 여신관리 2006.02.08 96,000,000 예고등기 동부지법 2007.03.09 신대섭소유말소

▸배당내역(예상)

▸경매비용

총경매비용	126,938 원 (전체 - 1,156,187원) 계산내역보기	- 법원마다 약간의 차이가 있을 수 있음. - 부동산 1필지로 산정함 - 감정가 비율로 나눔(공동 담보 물건)

▸등기권리자 배당 ☆ 토지등기 내용을 필히 확인후 재분석 바랍니다.

등기권리	권리자	등기일자	채권액	등기배당액 배당총액	말소여부	비고
저당	한국자산관리	2005-11-04	96,000,000	96,000,000	말소	말소기준권리
가처	강영진	2005-12-19	0	0	말소	
저당	한국자산관리	2006-02-08	96,000,000	74,273,062	말소	
예등	동부지법	2007-03-09	0	0	**인수**	
가압	한국주택금융	2007-07-24	64,254,103	0	말소	
강제	이익찬	2008-01-04	16,375,100	0	말소	경매기입등기
임의	우리은행	2008-01-08	0	0	말소	
가압	서경원	2008-09-22	220,000,000	0	말소	
이전	한국자산관리	2009-01-20	0	0	말소	
이전	한국자산관리	2009-01-20	0	0	말소	
압류	성동세무서	2009-02-11	0	0	말소	
압류	광진구	2009-02-16	0	0	말소	

권리관계수정

▸임차인배당 (🌱 지지옥션 세대열람)

대항력	임차인	전입일 (사업등록)	임차금 월세포함	임차배당액 배당총액	인수	확정일	배당	형태
무	김장환	2005-12-20	220,000,000	220,000,000	소멸	2005-12-20	요구	주거

Tip • • •

경매 사이트에는 "예고등기를 인수해야 한다" 고 나와 있습니다.

2009. 03. 19 열람 등기부등본

등기부 등본 (말소사항 포함) - 집합건물

[집합건물] 서울특별시 광진구 구의동 659 세린리오빌아파트 제2층 제201호 　　고유번호 2401-2005-004002

【 표 제 부 】 (1동의 건물의 표시)

표시번호	접 수	소재지번,건물명칭 및 번호	건 물 내 역	등기원인 및 기타사항
1		서울특별시 광진구 구의동 659 세린리오빌아파트	철근콘크리트조 철근콘크리트지붕 12층 공동주택(아파트) 지1층 2169.06㎡ 지2층 670.78㎡ 1층 634.37㎡ 2층 611.13㎡ 3층 611.13㎡ 4층 611.13㎡ 5층 608.06㎡ 6층 608.06㎡ 7층 608.06㎡ 8층 608.06㎡ 9층 608.06㎡ 10층 608.06㎡ 11층 608.06㎡ 12층 603.62㎡	2005년9월20일 등기 도면편철장 제4책 60장

(대지권의 목적인 토지의 표시)

표시번호	소 재 지 번	지 목	면 적	등기원인 및 기타사항
1	1. 서울특별시 광진구 구의동 659	대	2778.2㎡	2006년2월8일

【 갑 구 】 (소유권에 관한 사항)

순위번호	등 기 목 적	접 수	등 기 원 인	권 리 자 및 기 타 사 항
1	소유권보존			소유자 구의은마재건축주택조합 240171-0007617 서울 광진구 구의동 219-9 가처분 등기의 촉탁으로 인하여 2005년9월20일 등기
~~2~~	~~가처분~~	~~2005년9월20일 제68386호~~	~~2005년9월20일 서울동부지방법원의 가처분결정(2005카합2230)~~	~~피보전권리 소유권이전등기청구권~~ ~~채권자~~ [illegible] ~~금지사항 매매,증여,전세권,저당권,임차권의 설정 기타일체의 처분행위 금지~~
3	소유권이전	2005년11월4일 제78983호	2004년10월1일 매매	소유자 [illegible]
4	2번가처분등기말소	2005년11월10일 제80087호	2005년11월9일 일부해제	
5	가처분	2005년12월19일 제88891호	2005년12월16일 서울동부지방법원의 가처분결정(2005카단14212)	피보전권리 소유권이전등기청구권 채권자 [illegible] 금지사항 매매,증여,전세권,저당권,임차권의 설정 기타일체의 처분행위 금지
6	~~가압류~~	~~2006년2월15일 제8450호~~	~~2006년2월10일 서울서부지방법원의 가압류~~	~~청구금액 금580,000,000원~~ ~~채권자~~ [illegible]

순위번호	등 기 목 적	접 수	등 기 원 인	권 리 자 및 기 타 사 항
			~~결정(2006카합219)~~	
~~7~~	~~압류~~	~~2006년4월3일~~ ~~제21386호~~	~~2006년3월31일~~ ~~압류(세무과-7076)~~	~~권리자 서울특별시~~
8	7번압류등기말소	2007년1월31일 제8596호	2006년12월28일 해제	
~~9~~	~~강제경매개시결정~~	~~2007년2월12일~~ ~~제11267호~~	~~2007년2월9일~~ ~~서울동부지방법원의~~ ~~강제경매개시결정(2007타경2293)~~	~~채권자~~ [redacted]
10	9번강제경매개시결정등기말소	2007년2월15일 제12405호	2007년2월15일 취하	
11	3번소유권말소예고등기	2007년3월9일 제17666호	2007년2월26일 서울동부지방법원에 소제기(2007가단10949)	
~~12~~	~~압류~~	~~2007년3월30일~~ ~~제22746호~~	~~2007년3월20일~~ ~~압류(세무과-6967)~~	~~권리자 서울시~~
13	12번압류등기말소	2007년7월6일 제46238호	2007년7월3일 해제	
~~14~~	~~압류~~	~~2007년7월20일~~ ~~제49420호~~	~~2007년7월10일~~ ~~압류(성동재산-179)~~	~~권리자 국~~ ~~처분청 성동세무서~~

순위번호	등 기 목 적	접 수	등 기 원 인	권 리 자 및 기 타 사 항
15	가압류	2007년7월24일 제50106호	2007년7월24일 서울중앙지방법원의 가압류결정(2007카단76836)	청구금액 금64,254,103원 채권자 한국주택금융공사 위 업무수탁기관 주식회사 국민은행 서울 중구 남대문로2가9-1 (소관:담보여신관리센터)
~~16~~	~~강제경매개시결정~~	~~2007년8월17일~~ ~~제55555호~~	~~2007년8월16일~~ ~~서울동부지방법원의~~ ~~강제경매개시결정(2007타경11921)~~	~~채권자~~ [redacted]
~~17~~	~~가압류~~	~~2007년9월21일~~ ~~제63029호~~	~~2007년9월17일~~ ~~대전지방법원의 가압류~~ ~~결정(2007카합1112)~~	~~청구금액 금297,466,697원~~ ~~채권자~~ [redacted]
18	14번압류등기말소	2007년10월22일 제68836호	2007년10월16일 해제	
19	17번가압류등기말소	2007년10월22일 제68850호	2007년10월16일 해제	
20	강제경매개시결정	2008년1월4일 제548호	2008년1월4일 서울동부지방법원의 강제경매개시결정(2008타경133)	채권자 [redacted]
21	임의경매개시결정	2008년1월8일 제1428호	2008년1월8일 서울동부지방법원의 임의경매개시결정(2008	채권자 주식회사 우리은행 서울 중구 회현동1가203 (여신관리센터)

순위번호	등 기 목 적	접 수	등 기 원 인	권리자 및 기타사항
			타경300)	
22	16번강제경매개시결정등기말소	2008년3월25일 제20301호	2008년3월20일 취하	
23	6번가압류등기말소	2008년3월31일 제22269호	2008년3월20일 해제	
~~24~~	~~압류~~	~~2008년6월16일~~ ~~제45416호~~	~~2008년6월11일~~ ~~압류(재산세1과-060)~~	~~권리자 국~~ ~~처분청 성동세무서~~
25	가압류	2008년9월22일 제71574호	2008년9월19일 서울동부지방법원의 가압류 결정(2008카단9242)	청구금액 금220,000,000원(유정순120,000,000원 신대섭100,000,000원) 채권자 [redacted]
26	24번압류등기말소	2008년12월16일 제88734호	2008년12월12일 해제	
27	압류	2009년2월11일 제6776호	2009년2월9일 압류(재산세2과-302)	권리자 국 처분청 성동세무서
28	압류	2009년2월16일 제7778호	2009년2월11일 압류(세무1과-1753)	권리자 서울특별시광진구

【 을 구 】	(소유권 이외의 권리에 관한 사항)			
순위번호	등 기 목 적	접 수	등 기 원 인	권리자 및 기타사항
1	근저당권설정	2005년11월4일 제78994호	2005년11월3일 설정계약	~~채권최고액 금252,000,000원~~ 채무자 [redacted] ~~근저당권자 주식회사우리은행 110111-0023393~~ ~~서울 중구 회현동1가 203~~ ~~(남현동지점)~~
1-1	1번근저당권변경	2005년12월30일 제92858호	2005년12월28일 변경계약	채권최고액 금96,000,000원
1-2				1번 등기는 건물만에 관한 것임 2006년2월8일 등기
1-3	1번근저당권담보추가			공동담보 2번의 근저당권의 목적물인 이 건물과 그 대지권
1-4	1번등기명의인표시변경	2009년1월20일 제3018호	2008년12월23일 취급지점변경	~~주식회사우리은행의 취급지점 여신관리부~~
1-5	1번근저당권이전	2009년1월20일 제3023호	2008년12월23일 계약양도	근저당권자 한국자산관리공사 114671-0023169 서울특별시 강남구 역삼동 814
2	근저당권설정	2006년2월8일 제7193호	2006년2월8일 추가설정계약	채권최고액 금96,000,000원 채무자 [redacted] ~~근저당권자 주식회사우리은행 110111-0023393~~ ~~서울 중구 회현동1가 203~~ ~~(남현동지점)~~

사건일반내역 | 사건진행내역 | » 인쇄하기 | » 나의 사건 검색하기

▸ 사건번호 : 서울동부지방법원 2007가단10949

기본내역 » 청사배치

사건번호	2007가단10949	사건명	소유권이전등기
원고	강영진	피 고	신대섭 외 1명
재판부	민사17단독 (전화:02-2204-2203)		
접수일	2007.02.26	종국결과	2008.11.25 원고패
원고소가	18,209,138	피고소가	
수리구분	제소	병합구분	없음
상소인	원고	상소일	2008.12.18
상소각하일			
송달료,보관금 종결에 따른 잔액조회		» 잔액조회	

심급내역

법 원	사건번호	결 과
서울동부지방법원	2009나619	2009.05.20 항소취하

Tip •••

등기부등본 갑구 11번과 관련된 사건입니다.

사건일반내역 | 사건진행내역

» 인쇄하기 | » 나의 사건 검색하기

▸ 사건번호 : 서울동부지방법원 2009나619

기본내역 » 청사배치

사건번호	2009나619	사건명	소유권이전등기
원고	강영진	피 고	신대섭 외 1명
재판부	제1민사부(항소)(나) (전화:2204-2238,2215)		
접수일	2009.01.19	종국결과	2009.05.20 항소취하
원고소가	18,209,138	피고소가	
수리구분	제소	병합구분	없음
상소인		상소일	
상소각하일			
송달료,보관금 종결에 따른 잔액조회		» 잔액조회	

심급내역

법 원	사건번호	결 과
서울동부지방법원	2007가단10949	2008.11.25 원고패

최근기일내역 » 상세보기

일 자	시 각	기일구분	기일장소	결 과
2009.04.15	11:30	변론기일	민사법정 제10호[별관 1층]	속행
2009.05.20	11:30	변론기일	민사법정 제10호[별관 1층]	항소취하

사건일반내역 | 사건진행내역 | » 인쇄하기 | » 나의 사건 검색하기

▸ 사건번호 : 서울동부지방법원 2005카단14212

기본내역 » 청사배치

사건번호	2005카단14212	사건명	부동산처분금지가처분
채권자	강영진	채무자	신대섭
제3채무자		청구금액	60,687,600원
재판부	민사제12단독() (전화:02-2204-2430)	담보내역	60,687,600원
접수일	2005.12.06	종국결과	2005.12.16 인용
수리구분		병합구분	없음
결정문송달일		기록보존인계일	
항고인		항고일	
항고신청결과		해제내역	
송달료,보관금 종결에 따른 잔액조회		» 잔액조회	

Tip • • •

등기부등본 갑구 4번과 관련된 사건입니다.

2009. 03. 19 열람 등기부등본

등기부 등본 (말소사항 포함) - 집합건물

[집합건물] 서울특별시 광진구 구의동 659 세림리오빌아파트 제2층 제201호 고유번호 2401-2005-004002

【 표 제 부 】 (1동의 건물의 표시)

표시번호	접 수	소재지번,건물명칭 및 번호	건 물 내 역	등기원인 및 기타사항
1		서울특별시 광진구 구의동 659 세림리오빌아파트	철근콘크리트조 철근콘크리트지붕 12층 공동주택(아파트) 지1층 2169.06㎡ 지2층 670.78㎡ 1층 634.37㎡ 2층 611.13㎡ 3층 611.13㎡ 4층 611.13㎡ 5층 608.05㎡ 6층 608.05㎡ 7층 608.05㎡ 8층 608.05㎡ 9층 608.05㎡ 10층 608.05㎡ 11층 608.05㎡ 12층 603.62㎡	2005년9월20일 등기 도면편철장 제4책 60장

(대지권의 목적인 토지의 표시)

표시번호	소 재 지 번	지 목	면 적	등기원인 및 기타사항
1	1. 서울특별시 광진구 구의동 659	대	2778.2㎡	2006년2월8일

【 표 제 부 】 (전유부분의 건물의 표시)

표시번호	접 수	건물번호	건 물 내 역	등기원인 및 기타사항
1		제2층 제201호	철근콘크리트조 117.84㎡	2005년9월20일 등기 도면편철장 제4책 60장

(대지권의 표시)

표시번호	대지권종류	대지권비율	등기원인 및 기타사항
1	1 소유권대지권	2778.2분의 51.41	2005년9월2일 대지권 2006년2월8일
2			~~별도등기 있음~~ ~~1토지(갑구 28번 압류등기,~~ ~~29,37,48,70,71번 가압류등기)~~ ~~2006년2월8일~~
3			2번 별도등기 말소 2006년12월20일
4			별도등기 있음 1토지(을구 3번,12번,40번,41번,43번,44번 근저당권설정등기) 유루발견으로 인하여 2007년12월13일

【 갑 구 】 (소유권에 관한 사항)				
순위번호	등 기 목 적	접 수	등 기 원 인	권 리 자 및 기 타 사 항
1	소유권보존			소유자 구의은마재건축주택조합 240171-0007617 서울 광진구 구의동 219-9 가처분 등기의 촉탁으로 인하여 2005년9월20일 등기
~~2~~	~~가처분~~	~~2005년9월20일 제68386호~~	~~2005년9월20일 서울동부지방법원의 가처분결정(2005카합223 6)~~	~~피보전권리 소유권이전등기청구권 채권자~~ [redacted] ~~금지사항 매매,증여,전세권,저당권,임차권의 설정 기타일체의 처분행위 금지~~
3	소유권이전	2005년11월4일 제78983호	2004년10월1일 매매	소유자 [redacted]
4	2번가처분등기말소	2005년11월10일 제80087호	2005년11월9일 일부해제	
5	가처분	2005년12월19일 제88891호	2005년12월16일 서울동부지방법원의 가처분결정(2005카단142 12)	피보전권리 소유권이전등기청구권 채권자 [redacted] 금지사항 매매,증여,전세권,저당권,임차권의 설정 기타일체의 처분행위 금지
6	~~가압류~~	~~2006년2월15일 제8456호~~	~~2006년2월10일 서울서부지방법원의 가압류~~	~~청구금액 금580,000,000원 채권자~~ [redacted]

열람일시 : 2009년06월18일 오후 10시10분37초

3/8

순위번호	등 기 목 적	접 수	등 기 원 인	권 리 자 및 기 타 사 항
			~~결정(2006카합219)~~	
~~7~~	~~압류~~	~~2006년4월3일 제21386호~~	~~2006년3월31일 압류(세무과-7075)~~	~~권리자 서울특별시~~
8	7번압류등기말소	2007년1월31일 제8596호	2006년12월28일 해제	
9	~~강제경매개시결정~~	~~2007년2월12일 제11267호~~	~~2007년2월9일 서울동부지방법원의 강제경매개시결정(2007 타경2293)~~	~~채권자~~ [redacted]
10	9번강제경매개시결정등기말소	2007년2월15일 제12405호	2007년2월15일 취하	
~~11~~	~~3번소유권말소예고등기~~	~~2007년3월9일 제17666호~~	~~2007년2월26일 서울동부지방법원에 소제기(2007가단10949)~~	2009.05.20 원고 강영진 항소취하
~~12~~	~~압류~~	~~2007년3월30일 제22746호~~	~~2007년3월20일 압류(세무과-6967)~~	~~권리자 서울시~~
13	12번압류등기말소	2007년7월6일 제46238호	2007년7월3일 해제	
~~14~~	~~압류~~	~~2007년7월20일 제49426호~~	~~2007년7월10일 압류(성동재산-179)~~	~~권리자 국 처분청 성동세무서~~

열람일시 : 2009년06월18일 오후 10시10분37초

4/8

순위번호	등 기 목 적	접 수	등 기 원 인	권 리 자 및 기 타 사 항
15	가압류	2007년7월24일 제50106호	2007년7월24일 서울중앙지방법원의 가압류결정(2007카단768 36)	청구금액 금64,254,103원 채권자 한국주택금융공사 위 업무수탁기관 주식회사 국민은행 서울 중구 남대문로2가9-1 (소관:담보여신관리센터)
~~16~~	~~강제경매개시결정~~	~~2007년8월17일~~ ~~제55555호~~	~~2007년8월16일~~ ~~서울동부지방법원의~~ ~~강제경매개시결정(2007~~ ~~타경11921)~~	~~채권자~~ [redacted]
~~17~~	~~가압류~~	~~2007년9월21일~~ ~~제63029호~~	~~2007년9월17일~~ ~~대전지방법원의 가압류~~ ~~결정(2007카합1112)~~	~~청구금액 금287,468,897원~~ ~~채권자~~ [redacted]
18	14번압류등기말소	2007년10월22일 제68836호	2007년10월16일 해제	
19	17번가압류등기말소	2007년10월22일 제68850호	2007년10월16일 해제	
20	강제경매개시결정	2008년1월4일 제548호	2008년1월4일 서울동부지방법원의 강제경매개시결정(2008 타경133)	채권자 [redacted]
21	임의경매개시결정	2008년1월8일 제1428호	2008년1월8일 서울동부지방법원의 임의경매개시결정(2008	채권자 주식회사 우리은행 서울 중구 회현동1가203 (여신관리센터)

열람일시 : 2009년06월18일 오후 10시10분37초

5/8

순위번호	등 기 목 적	접 수	등 기 원 인	권 리 자 및 기 타 사 항
			타경300)	
22	16번강제경매개시결정등기말소	2008년3월25일 제20301호	2008년3월20일 취하	
23	6번가압류등기말소	2008년3월31일 제22269호	2008년3월20일 해제	
~~24~~	~~압류~~	~~2008년6월16일~~ ~~제45416호~~	~~2008년6월11일~~ ~~압류(재산세1과-980)~~	~~권리자 국~~ ~~처분청 성동세무서~~
25	가압류	2008년9월22일 제71574호	2008년9월19일 서울동부지방법원의 가압류 결정(2008카단9242)	청구금액 [redacted] 채권자 [redacted]
26	24번압류등기말소	2008년12월16일 제88734호	2008년12월12일 해제	
27	압류	2009년2월11일 제6776호	2009년2월9일 압류(재산세2과-302)	권리자 국 처분청 성동세무서
28	압류	2009년2월16일 제7778호	2009년2월11일 압류(세무1과-1753)	권리자 서울특별시광진구
29	11번예고등기말소	2009년6월17일 제36824호	2008년12월19일 원고패소판결확정	

열람일시 : 2009년06월18일 오후 10시10분37초

6/8

【 을 구 】	(소유권 이외의 권리에 관한 사항)			
순위번호	등 기 목 적	접 수	등 기 원 인	권 리 자 및 기 타 사 항
1	근저당권설정	2005년11월4일 제78994호	2005년11월3일 설정계약	~~채권최고액 금252,000,000원~~ 채무자 [redacted] ~~근저당권자 주식회사우리은행 110111-0023393~~ ~~서울 중구 회현동1가 203~~ ~~(남현동지점)~~
1-1	1번근저당권변경	2005년12월30일 제92858호	2005년12월28일 변경계약	채권최고액 금96,000,000원
1-2				1번 등기는 건물만에 관한 것임 2006년2월8일 등기
1-3	1번근저당권담보추가			공동담보 2번의 근저당권의 목적물인 이 건물과 그 대지권
1-4	1번등기명의인표시변경	2009년1월20일 제3018호	2008년12월23일 취급지점변경	~~주식회사우리은행의 취급지점 여신관리부~~
1-5	1번근저당권이전	2009년1월20일 제3023호	2008년12월23일 계약양도	근저당권자 한국자산관리공사 114671-0023169 서울특별시 강남구 역삼동 814
2	근저당권설정	2006년2월8일 제7193호	2006년2월8일 추가설정계약	채권최고액 금96,000,000원 채무자 [redacted] ~~근저당권자 주식회사우리은행 110111-0023393~~ ~~서울 중구 회현동1가 203~~ ~~(남현동지점)~~

열람일시 : 2009년06월18일 오후 10시10분37초

7/8

[집합건물] 서울특별시 광진구 구의동 659 세림리오빌아파트 제2층 제201호 　　　고유번호 2401-2005-004002

순위번호	등 기 목 적	접 수	등 기 원 인	권 리 자 및 기 타 사 항
				1번의 근저당권의 목적물에 추가
2-1	2번등기명의인표시변경	2009년1월20일 제3018호	2008년12월23일 취급지점변경	~~주식회사우리은행의 취급지점 여신관리부~~
2-2	2번근저당권이전	2009년1월20일 제3023호	2008년12월23일 계약양도	근저당권자 한국자산관리공사 114671-0023169 서울특별시 강남구 역삼동 814

-- 이 하 여 백 --

관할등기소 서울동부지방법원 등기과

등기부등본 요약

갑구			을구		
1	2005. 09. 20	소유권(구의은마재건축주택조합)			
3	2005. 11. 04	소유권(신대섭)			
			1	2005. 11. 04	근저당권(채무자 신대섭, 근저당권자 한국자산관리)
5	2005. 12. 19	가처분(소유권이전등기청구권, 채권자 강영진) 원고 강영진, 피고 구의은마재건축조합, 신대섭			
			2	2006. 02. 08	근저당권(채무자 신대섭, 근저당권자 한국자산관리)
11	2007. 03. 09	3번 소우권말소예고등기(원고 강영진, 피고 구의은마재건축조합, 신대섭)			
20	2008. 01. 04	강제경매개시(이의찬)			
21	2008. 01. 08	임의경매개시(우리은행)			
29	2009. 06. 17	11번 예고등기말소 (원고 강영진 패소 판결)			

살 펴 보 기

소유권이전등기소송에서 원고 강영진이 패소하였으므로 경락자에게는 아무런 문제가 발생치 않습니다.

2009. 03. 19의 등기부등본에는 갑구 11번 예고등기가 있었으나 원고 강영진이 2009. 05. 20 항소취하로 원고패소판결 확정되었습니다.

2009. 06. 18 열람한 등기부등본에는 11번 예고등기가 말소되어 있습니다.

예고등기 ⑥ :: 최근의 등기부등본을 열람하지 않아 경락자가 착오를 일으킨 :: 예고등기

남부8계 2008-4282[5] 상세정보

경매구분	강제(기일)	채 권 자	신용보증기금	경매일시	09.07.28 (10:00)
용 도	도로	채무/소유자	김억남	다음예정	09.09.01 (77,888,800원)
감 정 가	237,696,000	청 구 액	38,106,200	경매개시일	08.02.25
최 저 가	97,361,000 (41%)	토지총면적	192 m² (58.08평)	배당종기일	08.05.13
입찰보증금	10% (9,736,100)	건물총면적	0 m² (0평)	조 회 수	금일2 공고후35 누적164
주의사항	· 예고등기				

- 물건사진 1
- 지번·위치 1
- 구 조 도 0
- 위성지도

우편번호및주소/감정서	물건번호/면 적 (m²)	감정가/최저가/과정	임차조사	등기권리
157-220 서울 강서구 방화동 564-109 ●감정평가서정리 - 개화산역남동측인근 - 주택,빌라등형성된주거지대 - 차량접근가능,대중교통사정보통 - 버스(정)및개화선역 2-7분소요 - 부정형등고평탄지,8m도로임 - 동측왕복4차선,남측3m도로접함 - 2종일반주거지역(7층이하),도시지역 - 공항시설보호지구,최고고도지구(수평포면:해발57.86m미	물건번호: 5 번 (총물건수 7건) 5)도로 192 (58.08평) 현장보고서 신청 GO	감정가 237,696,000 대지 237,696,000 (100%) 최저가 97,361,000 (41.0%) ●경매진행과정 237,696,000 유찰 2008-12-15 20%↓ 190,157,000 변경 2009-02-04 0% 190,157,000 유찰 2009-04-09 20%↓ 152,126,000 유찰 2009-05-26 20%↓ 121,701,000 유찰 2009-06-23	●법원임차조사 *오른쪽은 용성빌딩,왼쪽은 새하늘 부동산이 있고 승용차가 교행 할수 있음. 전부가 주택이나 빌딩 사이의 도로/진입로로 주변 거주자들의 일상생활에 꼭 필요한 도로로 보임.정확한 위치나 면적은 전문가의 측량으로 특정할 수 있을 것으로 보임.소유자가 전부 점유하여 사용하는지 여부 임대차관계 미상.	소유권 김억남 1988.08.12 전소유자:김수재 압 류 강서세무서 2004.03.19 가압류 신용보증기금 인천채권관리 2004.05.20 50,000,000 가압류 한국자산관리 신용지원2부 2004.06.03 72,328,764 가압류 기술신용보증 안양 2005.02.04 30,560,262 가압류 신용보증기금 서부채권추심 2006.03.22 108,985,006

▸ 등기권리자 배당

등기권리	권리자	등기일자	채권액	등기배당액 배당총액	말소여부	비고
압류	강서세무서	2004-03-19	0	0	말소	말소기준권리
가압	신용보증기금	2004-05-20	50,000,000	12,646,114	말소	
가압	한국자산관리	2004-06-03	72,328,764	18,293,556	말소	
가압	기술신용보증	2005-02-04	30,560,262	7,729,371	말소	
가압	신용보증기금	2006-03-22	108,985,006	27,564,736	말소	
가압	서울보증보험	2007-04-23	5,001,330	1,264,948	말소	
가압	한국자산관리	2007-10-05	61,753,697	15,618,886	말소	
강제	신용보증기금	2008-02-25	0	0	말소	경매기입등기
가압	농협중앙	2008-04-17	55,254,604	13,975,121	말소	
예등	남부지법	2008-07-22	0	0	**인수**	

권리관계수정

▸ 임차인배당

대항력	임차인	전입일 (사업등록)	임차금 월세포함	임차배당액 배당총액	인수	확정일	배당	형태
법원기록상 임대차 관계 없음								

소액임차금표 권리관계수정

▸ **배당순서(예상)**

권리	배당자	배당액	배당후잔액	배당사유
경매비용		268,268	97,092,732	
가압	신용보증기금	12,646,114	84,446,618	가압류이하 안분배당
가압	한국자산관리	18,293,556	66,153,062	가압류이하 안분배당
가압	기술신용보증	7,729,371	58,423,691	가압류이하 안분배당
가압	신용보증기금	27,564,736	30,858,955	가압류이하 안분배당
가압	서울보증보험	1,264,948	29,594,007	가압류이하 안분배당
가압	한국자산관리	15,618,886	13,975,121	가압류이하 안분배당
가압	농협중앙	13,975,121	0	가압류이하 안분배당

Tip • • •

경매 사이트에는 "예고등기를 인수해야 한다" 고 나와 있습니다.

경매사건검색

검색조건 법원 : 서울남부지방법원 | 사건번호 : 2008타경4282

사건내역 | 기일내역 | 문건/송달내역 　 인쇄 　 < 이전

사건기본내역

사건번호	2008타경4282	사건명	부동산강제경매
접수일자	2008.02.22	개시결정일자	2008.02.25
담당계	경매8계 전화 : (02)2192-1338(구내:1338)		
청구금액	38,106,200원	사건항고/정지여부	
종국결과	미종국	종국일자	

당사자내역

당사자구분	당사자명	당사자구분	당사자명
채권자	신용보증기금	채무자겸소유자	김억남
근저당권자	서울축산업협동조합	가압류권자	강서농업협동조합
가압류권자	신용보증기금	가압류권자	한국자산관리공사
가압류권자	기술신용보증기금	가압류권자	서울보증보험 주식회사
압류권자	강서세무서	압류권자	서울특별시강서구
가등기권자	삼성,제왕,궁전연립재건축주택조합(권혁원)	가등기권자	장준재
교부권자	서울특별시	배당요구권자	기술신용보증기금
배당요구권자	한국자산관리공사		

경매사건검색

검색조건 법원 : 서울남부지방법원 | 사건번호 : 2008타경4282

사건내역 | 기일내역 | 문건/송달내역

인쇄 < 이전

문건처리내역

접수일	접수내역	결과
2008.02.26	등기소 강서등기소 등기필증 제출	
2008.03.07	기타 집행관 이진수 현황조사서 제출	
2008.03.10	압류권자 강서세무서 교부청구 제출	
2008.03.17	가압류권자 기술신용보증기금 이해관계인신고서 제출	
2008.03.17	가압류권자 기술신용보증기금 배당요구신청 제출	
2008.03.17	가압류권자 기술신용보증기금 채권계산서 제출	
2008.03.21	가압류권자 한국자산관리공사 배당요구및채권계산서 제출	
2008.03.27	채권자 신용보증기금 채권계산서 제출	
2008.04.03	기타 명문감정평가사사무소 감정평가서 제출	
2008.04.25	압류권자 서울특별시강서구 채권계산서 제출	
2008.04.28	압류권자 강서세무서 교부청구 제출	
2008.05.08	교부권자 강서구청 교부청구 제출	
2008.05.13	교부권자 서울특별시 교부청구 제출	
2008.06.23	채권자 신용보증기금 보정기일연기신청 제출	
2008.07.11	채권자 신용보증기금 보정서 제출	

등기부 등본 (말소사항 포함) - 토지

[토지] 서울특별시 강서구 방화동 564-109 　　　　고유번호 1149-1996-246033

【 표 제 부 】 (토지의 표시)					
표시번호	접 수	소 재 지 번	지 목	면 적	등기원인 및 기타사항
1 (전 1)	1995년10월14일	서울특별시 강서구 방화동 564-109	도로	192㎡	
					부동산등기법 제177조의 6 제1항의 규정에 의하여 1999년 07월 27일 전산이기

【 갑 구 】 (소유권에 관한 사항)				
순위번호	등 기 목 적	접 수	등 기 원 인	권 리 자 및 기 타 사 항
1 (전 1)	소유권이전	1964년2월12일 제2964호	1964년1월28일 공유물 분할	소유자 [redacted]
~~2~~ ~~(전 1)~~	~~소유권이전청구권가등기~~	~~1987년4월9일~~ ~~제22509호~~	~~1973년6월16일~~ ~~매매예약~~	~~권리자~~ [redacted]
3 (전 1)	소유권이전	1988년8월12일 제87262호	1988년3월21일 협의분할로 인한 재산상속	소유자 [redacted]
				부동산등기법 제177조의 6 제1항의 규정에 의하여 1번 내지 3번 등기를 1999년 07월 27일 전산이기

순위번호	등 기 목 적	접 수	등 기 원 인	권 리 자 및 기 타 사 항
4	압류	2004년3월19일 제20886호	2004년3월16일 압류(징세 46120-1125)	권리자 국 처분청 강서세무서
5	가압류	2004년5월20일 제38143호	2004년5월17일 인천지방법원의 가압류 결정(2004카단14889)	청구금액 금50,000,000원 채권자 신용보증기금 114271-0001636 서울 마포구 공덕동 254-5 (인천채권관리팀)
6	가압류	2004년6월3일 제41729호	2004년5월31일 서울중앙지방법원의 가압류 결정(2004카단82524)	청구금액 금72,328,764원 채권자 한국자산관리공사 서울 강남구 역삼동 814 (신용지원2부)
7	가압류	2005년2월4일 제7558호	2005년1월31일 수원지방법원의 가압류 결정(2005카단917)	청구금액 금30,560,262원 채권자 기술신용보증기금 180171-0000028 부산 중구 중앙동4가 17-7 (안양지점)
8	가압류	2006년3월22일 제19410호	2006년3월20일 서울남부지방법원의 가압류 결정(2006카단6042)	청구금액 금108,985,006원 채권자 신용보증기금 114271-0001636 서울 마포구 공덕동 254-5 (서부채권추심2팀)
9	가압류	2007년4월23일 제27603호	2007년4월23일 서울중앙지방법원의 가압류결정(2007카단54673)	청구금액 금5,001,330원 채권자 서울보증보험 주식회사 서울 종로구 연지동136-74 (소관:강서신용관리지원단)
10	가압류	2007년10월5일	2007년10월5일	청구금액 금61,753,697 원

순위번호	등 기 목 적	접 수	등 기 원 인	권리자 및 기타사항
		제63144호	서울중앙지방법원의 가압류결정(2007카단96063)	채권자 [redacted]
11	강제경매개시결정	2008년2월25일 제11963호	2008년2월25일 서울남부지방법원의 강제경매개시결정(2008타경4282)	채권자 [redacted]
12	가압류	2008년4월17일 제28708호	2008년4월17일 서울남부지방법원의 가압류결정(2008카단5542)	청구금액 금55,254,604 원 채권자 농업협동조합자산관리 주식회사 서울 강동구 성내동451 (소관:서울서부센타)
13	2번가등기말소예고등기	2008년7월22일 제61365호	2008년7월8일 서울남부지방법원에 소제기(2008가단64731)	
14	2번가등기말소	2008년8월11일 제67785호	2008년8월4일 해제	

등기부등본 요약

갑구			을구		
1	1964. 02 . 12	소유권이전(김수재)			
2	1987. 04. 02	소유권이전청구권가등기(장준제)			
3	1988. 08. 12	소유권이전(김억남)			
11	2008.02. 25	강제경매개시(신용보증)			
13	2008. 07. 22	2번가등기말소예고등기			
14	2008. 08. 11	2번가등기말소			

살 펴 보 기

경매 사이트와 대법원 사이트에는 예고등기라고 나와있으나 등기열람 결과 예고등기는 말소되어 경락자에게 아무런 문제가 없습니다.

경매개시일(2008. 02. 25)에는 가등기가 존재하였으나 2008. 08. 11 가등기가 말소되었습니다.

그러므로 경매참여시에는 반드시 최근의 등기부등본을 열람하는 것이 중요합니다.

Tip ···

도로가 경매에 나오는 경우가 있습니다. 과연 도로는 경락을 받아서 어떻게 사용 가능할까요? 물론 재개발지역내의 도로는 90m² 이상이면 입주권을 부여하기 때문에, 재개발지역의 물건이라면 그야말로 대박물건입니다.

예고등기 ⑦ :: 후순위소유권에 대한 말소예고등기 ::

서부7계 2009-2343 상세정보

경매구분	임의(기일)	채 권 자	한국피에프금융	경매일시	09.07.14 (10:00)
용 도	주상복합(아파트)	채무/소유자	신정숙/조애자	다음예정	09.08.18 (512,000,000원)
감 정 가	800,000,000	청 구 액	462,569,740	경매개시일	09.02.12
최 저 가	640,000,000 (80%)	토지총면적	19 ㎡ (5.75평)	배당종기일	09.04.30
입찰보증금	10% (64,000,000)	건물총면적	110 ㎡ (33.28평)[43평형]	조 회 수	금일4 공고후2 누적162
주의사항	· 예고등기 · 전소유자인 점유자 신정숙은 임대차관계가 아닌 소유의 의사로 점유하고 있다고 진술				

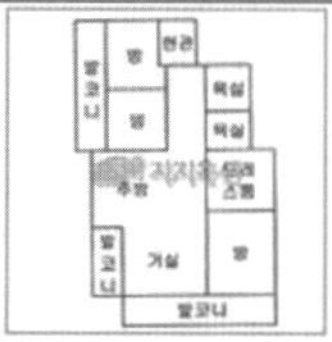

■ 물건사진 13
■ 지번·위치 3
■ 구 조 도 2
■ 위성지도

우편번호및주소/감정서	물건번호/면 적 (㎡)	감정가/최저가/과정	임차조사	등기권리
140-100 서울 용산구 문배동 3-3 이안용산프리미어 13층 B-1305호 ●감정평가서정리 - 동양제과북측인근위치 - 주위아파트및근린시설등형성 - 차량출입가능,대중교통사정양호 - 버스(정)및지하철4,6호선삼각지역및 지하철1호선남영역인근소재 - 도시가스개별난방 - 부정형등고평탄지 - 동측,남측및북서측 30m,10m,10m도로접	물건번호: 단독물건 대지 18.93/4735.8 (5.73평) 건물 109.74 (33.2평) 방3 34층-07.08.21보존 현장보고서 열람 GO	감정가 800,000,000 대지 344,000,000 (43%) 건물 456,000,000 (57%) 최저가 640,000,000 (80.0%) ●경매진행과정 800,000,000 유찰 2009-06-09 20%↓ 640,000,000 진행 2009-07-14	●법원임차조사 신정숙 전입 2007.08.03 주거점유자 조사서상 *원래의소유자라고주장하는신정숙이방3개전부를점유.점유자신정숙의진술에의하면신정숙이원소유자였으나남편의사업관계로인한채무로소유권을등기부상소유자조애자에게넘겼으나계산이끝나지않아현재소유권분쟁소송중에있으며,현재의점유자가최초분양시부터입주하여현재까지점유하고있다고진술함 ●지지옥션세대조사 전입 2007.08.03 신정숙	저당권 한국피에프금융 2007.09.03 529,200,000 소유권 조애자 2008.04.01 전소유자:신정숙 가처분 신정숙 2008.04.17 예고등기 조애자 2008.05.01 2008가단28574 조애자소유말소예등 임 의 한국피에프금융 2009.02.12 *청구액:462,569,740원 등기부채권총액 529,200,000원 열람일자 : 2009.03.16

배당내역(예상)

경매비용

총경매비용	4,599,164 원 계산내역보기	- 법원마다 약간의 차이가 있을 수 있음. - 부동산 1필지로 산정함

등기권리자 배당

등기권리	권리자	등기일자	채권액	등기배당액 배당총액	말소여부	비고
저당	한국피에프금융	2007-09-03	529,200,000	529,200,000	말소	말소기준권리
가처	신정숙	2008-04-17	0	0	말소	
예등	조애자	2008-05-01	0	0	**인수**	
임의	한국피에프금융	2009-02-12	0	0	말소	경매기입등기

권리 관계수정

임차인배당 (지지옥션 세대열람)

대항력	임차인	전입일 (사업등록)	임차금 월세포함	임차배당액 배당총액	인수	확정일	배당	형태
법원기록상 임대차 관계 없음								

Tip ∙ ∙ ∙

경매 사이트에서는 "예고등기를 경락자가 인수한다"고 나와 있지만 근저당권보다 후순위 소유권에 대한 예고등기이므로 경락자가 인수하지 않습니다.

사건일반내역 | 사건진행내역 | » 인쇄하기 | » 나의 사건 검색하기

▸ 사건번호 : 서울서부지방법원 2008가단28574

기본내역 » 청사배치

사건번호	2008가단28574	사건명	소유권이전등기말소
원고	신정숙	피 고	조애자
재판부	민사1단독 (전화:3271-1257)		
접수일	2008.04.16	종국결과	
원고소가	45,474,948	피고소가	
수리구분	제소	병합구분	없음
상소인		상소일	
상소각하일			
송달료,보관금 종결에 따른 잔액조회		사건이 종결되지 않았으므로 송달료, 보관금 조회가 불가능합니다.	

최근기일내역 » 상세보기

일 자	시 각	기일구분	기일장소	결 과
2008.07.25	14:30	변론기일	306호 법정	속행

• 최근 기일 순으로 일부만 보입니다. 반드시 상세보기로 확인하시기 바랍니다.

최근 제출서류 접수내역 » 상세보기

일 자	내용
2008.04.28	원고대리인 김영철, 김준효 보정서 제출
2008.05.13	피고대리인 정영근 소송위임장 제출
2008.05.22	피고대리인 정영근 답변서 제출
2008.11.24	피고대리인 정영근 송달장소변경신고서 제출

등기부 등본 (말소사항 포함) - 집합건물

[집합건물] 서울특별시 용산구 문배동 3-3 이안용산프리미어 제13층 제비-1305호 고유번호 2743-2007-003944

【 표 제 부 】 (1동의 건물의 표시)

표시번호	접 수	소재지번,건물명칭 및 번호	건 물 내 역	등기원인 및 기타사항
1	2007년8월21일	서울특별시 용산구 문배동 3-3 이안용산프리미어	철근콘크리트구조 평슬래브지붕 지하6층 지상34층 공동주택, 업무시설, 제1.2종근린생활시설 지하6층 1,119.25 ㎡ 지하5층 2,690.62 ㎡	도면편철장 1책 232장

【 표 제 부 】 (전유부분의 건물의 표시)

표시번호	접 수	건물번호	건 물 내 역	등기원인 및 기타사항
1	2007년8월21일	제13층 제비-1305호	철근콘크리트구조 109.74 ㎡	도면편철장 1책 232장

(대지권의 표시)

표시번호	대지권종류	대지권비율	등기원인 및 기타사항
1	1 소유권대지권	4736.8분의 15.93	2007년7월24일 대지권 2007년8월21일

【 갑 구 】 (소유권에 관한 사항)

순위번호	등 기 목 적	접 수	등 기 원 인	권 리 자 및 기 타 사 항
1	소유권보존	2007년8월21일 제29517호		[redacted]
2	소유권이전	2007년9월3일 제31305호	2004년3월26일 매매	[redacted]
3	소유권이전청구권가등기	2008년1월4일 제438호	2008년1월3일 매매예약	[redacted]
	소유권이전	2008년4월1일 제13700호	2008년1월3일 매매	[redacted]

순위번호	등 기 목 적	접 수	등 기 원 인	권 리 자 및 기 타 사 항
				거래가액 금800,000,000원
4	가처분	2008년4월17일 제16589호	2008년4월17일 서울서부지방법원의 가처분결정(2008카합646)	피보전권리 소유권이전등기말소등기청구권 채권자 [redacted] 금지사항 매매, 증여, 전세권, 저당권, 임차권의 설정 기타일체의 처분행위 금지
5	3번소유권말소예고등기	2008년5월1일 제18970호	2008년4월29일 2008. 4. 16.원인무효를 원인으로 하는 소유권이전 등기말소의 소 제기(2008가단28574)	
6	임의경매개시결정	2009년2월12일 제4479호	2009년2월12일 서울서부지방법원의 임의경매개시결정(2009 타경2343)	채권자 [redacted]

【 을 구 】 (소유권 이외의 권리에 관한 사항)				
순위번호	등 기 목 적	접 수	등 기 원 인	권 리 자 및 기 타 사 항
1	근저당권설정	2007년9월3일 제31306호	2007년9월3일 설정계약	채권최고액 금629,200,000원 채무자 [redacted] 근저당권자 [redacted]

순위번호	등 기 목 적	접 수	등 기 원 인	권 리 자 및 기 타 사 항
				[redacted]

등기부등본 요약

갑구			을구		
1	2007. 08. 21	소유권(효진테크)			
2	2007. 09. 03	소유권(신정숙)			
			1	2007. 09. 03	근저당권(채무자 신정숙, 근저당권자 한국피에프)
3	2008. 01. 04	소유권이전청구권가등기(조애자)			
	2008. 04. 01	소유권(조애자)			
4	2008. 04. 17	가처분(신정숙, 소유권이전말소등기청구권)			
5	2008. 05. 01	3번 소유권말소예고등기			
6	2009. 02. 12	임의경매(한국피에프)			

살 펴 보 기

비록 갑구 5번의 소유권이전등기말소소송이 끝나지 않아서 소송결과는 알 수 없지만, 말소기준권리인 을구 2번 한국피에프와 비교하여 후순위소유권에 대한 소유권이전등기말소소송이므로 경매의 결과에는 전혀 영향을 미치지 못합니다.

남부8계 2008-26657 상세정보

경매구분	임의(기일)	채권자	기업은행	낙찰일시	09.06.23
용도	오피스텔(주거용)	채무/소유자	문성균	낙찰가격	307,790,000
감정가	380,000,000	청구액	241,263,798	경매개시일	08.12.05
최저가	304,000,000 (80%)	토지총면적	23 m² (6.96평)	배당종기일	09.02.16
입찰보증금	10% (30,400,000)	건물총면적	94 m² (28.44평)	조회수	금일3 공고후95 누적188
주의사항	· 예고등기				

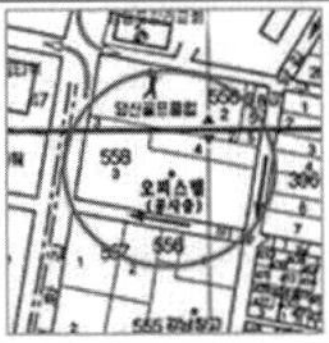
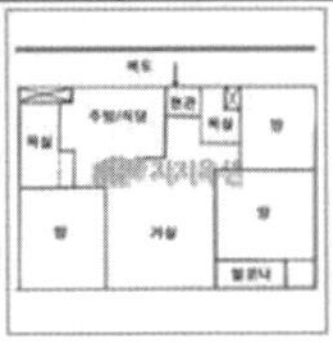

- ■ 물건사진 5
- ■ 지번·위치 4
- ■ 구 조 도 2
- ■ 위성지도

우편번호및주소/감정서	물건번호/면 적 (m²)	감정가/최저가/과정	임차조사	등기권리
150-043 서울 영등포구 당산동3가 558-3 더파크365 11층 1108호 ●감정평가서정리 - 철콘구조철콘지붕 - 업무시설및근린시설 - 영등포구청서측인근 - 주위중소규모아파트단지,오피스텔,공공건물,노변상가등혼재 - 인근당산로,선유로,제물포길소재 - 300m거리영등포구청역(2,5호선)소재 - 대중교통사정양호 - 도시가스개별난방설비 - 장방형평지 - 서측,남측,동측	물건번호: 단독물건 대지 23.24/4971.9 (7.03평) 건물 94.17 (28.49평) 방2,욕실겸화장실2 공용:73.78 14층-07.02.12보존	감정가 380,000,000 대지 114,000,000 (30%) 건물 266,000,000 (70%) 최저가 304,000,000 (80.0%) ●경매진행과정 380,000,000 유찰 2009-05-26 20%↓ 304,000,000 낙찰 2009-06-23 307,790,000 (81%) - 응찰 : 1명 - 낙찰자:허영복	●법원임차조사 허한수 전입 2008.03.18 주거/조사서상 이미영 전입 2008.03.18 배당 2009.01.05 (보) 70,000,000 주거 점유 2008.3.10-2009.4.10 *방문시 폐문부재하여 문앞에 경매현황조사,배당요구신청 안내문을 부착해 두었으나 연락이 없음. 임대차관계 미상 ●지지옥션세대조사 전입 2008.03.18 허한수 전입 2008.12.29 이미영 [세대주 허한수의 동거	소유권 문성균 2007.04.12 전소유자:한국자산 신탁(주) 저당권 기업은행 계산역 2007.04.17 288,000,000 압 류 영등포구청 세무과 2007.09.14 저당권 이미영 2008.04.17 250,000,000 예고등기 서울남부지법 2008.10.17 저당회복예등 (2008가단90143) 임 의 기업은행 여신관리부 2008.12.05

배당내역(예상)

경매비용

총경매비용	3,279,118 원 계산내역보기	- 법원마다 약간의 차이가 있을 수 있음. - 부동산 1필지로 산정함

등기권리자 배당

등기권리	권리자	등기일자	채권액	등기배당액 배당총액	말소여부	비고
저당	기업은행	2007-04-17	288,000,000	288,000,000	말소	말소기준권리
압류	영등포구청	2007-09-14	0	0	말소	
저당	이미영	2008-04-17	250,000,000	16,510,882 16,510,882	말소	
예등	서울남부지법	2008-10-17	0	0	**인수**	
임의	기업은행	2008-12-05	0	0	말소	경매기입등기

권리관계수정

임차인배당 (지지옥션 세대열람)

대항력	임차인	전입일 (사업등록)	임차금 월세포함	임차배당액 배당총액	인수	확정일	배당	형태
무	이미영	2008-03-18	70,000,000	0 16,510,882	소멸		요구	주거
무	허한수	2008-03-18	0	0	소멸		안함	주거

Tip • • •

경매 사이트에는 "예고등기를 인수해야 한다" 고 나와 있습니다.

등기부 등본 (말소사항 포함) - 집합건물

[집합건물] 서울특별시 영등포구 당산동3가 558-3 더파크365 제11층 제1108호 　　　　고유번호 2641-2007-000973

【 표　　제　　부 】　(1동의 건물의 표시)

표시번호	접 수	소재지번, 건물명칭 및 번호	건 물 내 역	등기원인 및 기타사항
1	2007년2월12일	서울특별시 영등포구 당산동3가 558-3 더파크365	철근콘크리트구조 (철근)콘크리트지붕 14층 업무시설 제1종근린생활시설 지4층　4,136.65㎡ 지3층　3,456.68㎡ 지2층　3,456.68㎡ 지1층　3,678.68㎡	구분으로 인하여 서울특별시 영등포구 당산동3가 558-3에서 이기 도면편철장 제 46호

【 갑　　　구 】　(소유권에 관한 사항)

순위번호	등 기 목 적	접 수	등 기 원 인	권 리 자 및 기 타 사 항
1 (전 1)	소유권보존			소유자 [redacted] 가처분 등기의 촉탁으로 인하여 2006년10월12일 등기

순위번호	등 기 목 적	접 수	등 기 원 인	권 리 자 및 기 타 사 항
~~2~~ ~~(전 2)~~	~~가처분~~	~~2006년10월12일~~ ~~제66360호~~	~~2006년9월27일~~ ~~서울남부지방법원의~~ ~~가처분결정 및~~ ~~결정경정(2006카합2305,~~ ~~2006카기4604)~~	~~피보전권리 소유권이전등기청구권~~ ~~채권자~~ [redacted] ~~1-703~~ [redacted] ~~디-204~~ [redacted]
~~2-1~~ ~~(전 2-1)~~	~~2번가처분변경~~	~~2006년12월7일~~ ~~제89552호~~	~~2006년11월23일~~ ~~일부채권자해제~~	[redacted]
~~2-2~~ ~~(전 2-2)~~	~~2번가처분변경~~	~~2006년12월6일~~ ~~제89992호~~	~~2006년11월23일~~ ~~일부채권자해제~~	[redacted]

순위번호	등 기 목 적	접 수	등 기 원 인	권 리 자 및 기 타 사 항
				[redacted]
~~2-3~~ ~~(전 2-3)~~	~~2번가처분변경~~	~~2006년12월6일~~ ~~제60603호~~	~~2006년11월23일~~ ~~일부채권자해제~~	~~채권자~~ [redacted]
3 (전 3)	소유권이전	2006년10월19일 제56783호	2006년10월18일 신탁	수탁자 [redacted]
				~~신탁~~ ~~신탁원부 제952호~~
				구분으로 인하여 순위 제1 내지 3번 등기를 서울특별시 영등포구 당산동3가 558-3에서 전사 접수 2007년2월12일 제7019호
4	2번가처분등기말소	2007년2월15일 제7689호	2007년2월14일 취소결정	
5	소유권이전	2007년4월12일 제16685호	2006년12월17일 매매	소유자 [redacted]
				3번 신탁등기말소

순위번호	등 기 목 적	접 수	등 기 원 인	권 리 자 및 기 타 사 항
				원인 신탁재산의 처분
5-1	5번등기명의인표시변경	2007년10월31일 제50004호	2007년5월4일 전거	[redacted]
6	압류	2007년9월14일 제42738호	2007년9월12일 압류(세무과2216)	권리자 [redacted]
7	임의경매개시결정	2008년12월5일 제58230호	2008년12월5일 서울남부지방법원의 임의경매개시결정(2008타경26657)	채권자 [redacted]

【 을 구 】 (소유권 이외의 권리에 관한 사항)

순위번호	등 기 목 적	접 수	등 기 원 인	권 리 자 및 기 타 사 항
1	근저당권설정	2007년4월17일 제17383호	2007년4월17일 설정계약	채권최고액 금288,000,000원 채무자 [redacted] 근저당권자 [redacted]
~~2~~	~~근저당권설정~~	~~2007년10월31일~~ ~~제50005호~~	~~2007년10월31일~~ ~~설정계약~~	~~채권최고액 금75,000,000원~~ ~~채무자~~ [redacted]

순위번호	등 기 목 적	접 수	등 기 원 인	권리자 및 기타사항
				~~110-1103~~ ~~근저당권자~~ [redacted]
3	2번근저당권설정등기말소	2008년2월22일 제7317호	2008년2월22일 해지	
~~4~~	~~전세권설정~~	~~2008년2월22일~~ ~~제7447호~~	~~2008년2월16일~~ ~~설정계약~~	~~전세금 금200,000,000원~~ ~~범 위 건물의 전부(주거용)~~ ~~존속기간 2008년 3월 10일부터 2009년 4월 10일까지~~ ~~반환기 2009년 4월 10일~~ ~~전세권자~~ [redacted]
~~4-1~~				~~4번 등기는 건물만에 관한 것임~~ ~~2008년2월22일 부기~~
5	4번전세권설정등기말소	2008년3월19일 제11762호	2008년3월18일 해지	
6	근저당권설정	2008년4월17일 제17829호	2008년4월16일 설정계약	채권최고액 금250,000,000원 채무자 [redacted] 근저당권자 [redacted]
~~7~~	~~2번근저당권회복예고등기~~	~~2008년5월14일~~ ~~제22550호~~	~~2008년5월9일~~ ~~서울남부지방법원에~~	

순위번호	등 기 목 적	접 수	등 기 원 인	권리자 및 기타사항
			~~소제기(2008가단41288)~~	
8	2번근저당권회복예고등기	2008년10월17일 제51027호	2008년10월6일 서울남부지방법원에 소제기(2008가단90143)	
9	7번예고등기말소	2008년11월12일 제54576호	2008년11월6일 소취하	

등기부등본 요약

갑구			을구		
1	2006.10.12	소유권(주식회사 래도)			
3	2006.10.19	소유권(한국자산신탁)			
5	2007.04.12	소유권(문성균)			
			1	2007.04.17	근저당권(채무자 문성균, 근저당권자 중소기업은행)
			2	2007.10.31	근저당권(채무자 문성균, 근저당권자 조병화)
			3	2008.02.22	2번 근저당권말소
			6	2008.04.17	근저당권(채무자 문성균, 근저당권자 이미영)
			8	2008.10.17	2번 근저당권회복예복등기
7	2008.12.05	임의경매개시(중소기업은행)			

살 펴 보 기

말소기준권리는 을구 1번 입니다. 그러므로 을구 8번 예고등기는 말소기준권리보다 후순위의 근저당권설정 회복예고등기이므로, 경락자는 소송결과와 무관합니다. 단지 승소여부에 따라 배당순서가 변동될 뿐입니다.

남부6계 2006-32467 상세정보

◦ 병합:2007-3282

경 매 구 분	강제(기일)	채 권 자	김연호	낙 찰 일 시	09.06.22
용 도	아파트	채무/소유자	김영기	낙 찰 가 격	605,187,500
감 정 가	800,000,000	청 구 액	174,166,670	경매개시일	06.10.17
최 저 가	512,000,000 (64%)	토지총면적	55 m² (16.64평)	배당종기일	07.01.08
입찰보증금	10% (51,200,000)	건물총면적	72 m² (21.78평)[31평형]	조 회 수	금일2 공고후397 누적1,046
주 의 사 항	· 예고등기 · 유치권자 임차인 김경학으로부터 공사비 20,500,000원 신고가 있으나 성립여부는 불분명함. · 2009.05.15 임차인 전입인 김경학 유치권신고 제출				

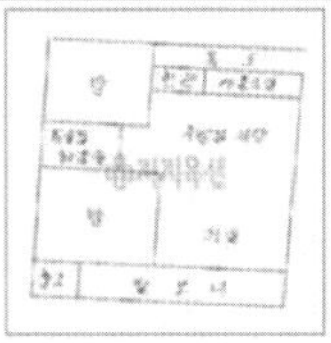

- 물건사진 7
- 지번·위치 3
- 구 조 도 2
- 위성지도

우편번호및주소/감정서	물건번호/면 적 (m²)	감정가/최저가/과정	임차조사	등기권리
158-070 서울 양천구 신정동 314 목동신시가지 810동 901호 ●감정평가서정리 - 서울남부지방법원남동측인근 - 제반차량출입가능 - 버스(정)근거리,대중교통사정보통 - 중앙난방 - 사각부정형등고평탄지 - 사방15-40m도로접함 - 3종및1종일반주거지역,도시지역 - 지구단위계획구역,공	물건번호: 단독물건 대지 54.68/71410.3 (16.54평) 건물 71.77 (21.71평) (31평형) 방2 20층-87.10.02보존 남향,복도식 <<11계에서이관>>	감정가 800,000,000 대지 480,000,000 (60%) 건물 320,000,000 (40%) 최저가 512,000,000 (64.0%) ●경매진행과정 800,000,000 유찰 2007-07-03 20%↓ 640,000,000 변경 2007-08-07 0% 640,000,000 유찰 2009-05-18	●법원임차조사 김경학 전입 2006.10.23 주거/조사서상 *3차에 걸쳐 방문하여 방문메모지를 남겼으나 연락이 없음.임대차관계 미상.전입자 전원 주민등록 신청필. ●지지옥션세대조사 전입 2006.10.23 김경학 [동거인2명] 동사무소확인:07.06.21	소유권 김영기 1996.06.25 저당권 외환은행 철산역 2006.02.02 520,000,000 가등기 이경숙 2006.04.10 소유이전청구가등 예고등기 남부지법 2006.10.02 박광일저당회복 예등 2006가단 79449 강 제 김연호 2006.10.18 *청구액:174,166,670원 등기부채권총액

배당내역(예상)

▸ 경매비용

총경매비용	2,701,760 원 계산내역보기	- 법원마다 약간의 차이가 있을 수 있음. - 부동산 1필지로 산정함

▸ 등기권리자 배당

등기권리	권리자	등기일자	채권액	등기배당액 배당총액	말소여부	비고
저당	외환은행	2006-02-02	520,000,000	520,000,000	말소	말소기준권리
가등	이경숙	2006-04-10	0	0	말소	
예등	남부지법	2006-10-02	0	0	**인수**	
강제	김연호	2006-10-18	174,166,670	82,485,740	말소	경매기입등기

권리관계수정

▸ 임차인배당 (지지옥션 세대열람)

대항력	임차인	전입일 (사업등록)	임차금 월세포함	임차배당액 배당총액	인수	확정일	배당	형태
무	김경학	2006-10-23	0	0	소멸		안함	주거

소액임차금표 | 주민등록확인필 | 권리관계수정

배당순서(예상)

권리	배당자	배당액	배당후잔액	배당사유
경매비용		2,701,760	602,485,740	
저당	외환은행	520,000,000	82,485,740	저당
강제	김연호	82,485,740	0	강제

경매사건검색

검색조건 법원 : 서울남부지방법원 | 사건번호 : 2006타경32467

사건내역 | 기일내역 | 문건/송달내역 | 인쇄 | < 이전

사건기본내역

사건번호	2006타경32467	사건명	부동산강제경매
중복/병합/이송	2007타경3282(중복)		
접수일자	2006.10.16	개시결정일자	2006.10.17
담당계	경매6계 전화 : (02)2192-1336(구내:1336)		
청구금액	174,166,670원	사건항고/정지여부	
종국결과	미종국	종국일자	

관련사건내역

관련법원	관련사건번호	관련사건구분
서울남부지방법원	2006가단32467	민사본안

당사자내역

당사자구분	당사자명	당사자구분	당사자명
채권자	김연호	채무자겸소유자	김영기
임차인	전입인 김경학	근저당권자	주식회사한국외환은행의채권양수인외환제십육차유동화전문(유)
가압류권자	이순자	가압류권자	이경숙
가압류권자	신정민	가등기권자	이경숙
교부권자	양천구청	유치권자	김경학

경매사건검색

검색조건 법원 : 서울남부지방법원 | 사건번호 : 2006타경32467

사건내역 | 기일내역 | 문건/송달내역

인쇄 | < 이전

중복/병합사건 선택하세요

문건처리내역

접수일	접수내역	결과
2006.10.30	법원 서울남부지방법원 등기과 등기완료통지서 제출	
2006.11.09	기타 우성감정평가사사무소 감정평가서 제출	
2006.11.16	기타 서울남부지방법원 집행관사무소 부동산현황조사보고서 제출	
2007.01.03	압류권자 서울시양천구청 교부청구 제출	
2007.01.05	근저당권자 주식회사한국외환은행 채권계산서 제출	
2007.01.08	기타 이순자 배당요구신청 제출	
2007.01.15	채권자 김연호 보정서 제출	
2007.03.28	채권자대리인 변호사 정흥규 보정서 제출	
2007.04.16	채권자대리인 법무법인 신문고 변호사 정흥규 보정서 제출	
2007.06.29	신청인대리인 법무법인 세인 강제집행정지결정신청서 제출	
2007.07.20	기타 박광일 참고자료제출 제출	
2009.05.15	임차인 전입인 김경학 유치권신고 제출	
2009.05.19	기타 한국자산관리공사 공매대행통지서 제출	
2009.05.25	가등기권자 이경숙 채권계산서 제출	
2009.05.25	가등기권자 이경숙 채권계산서 제출	
2009.05.25	가등기권자 신정민 채권계산서 제출	

사건일반내역 | 사건진행내역 | » 인쇄하기 | » 나의 사건 검색하기

▸ 사건번호 : 서울남부지방법원 2006가단79449

기본내역 » 청사배치

사건번호	2006가단79449	사건명	근저당권설정등기말소회복청구
원고	박광일	피 고	김영기 외 2명
재판부	민사7단독		
접수일	2006.09.13	종국결과	2008.02.13 원고패
원고소가	100,000,000	피고소가	
수리구분	제소	병합구분	없음
상소인	원고	상소일	2008.03.03
상소각하일		보존여부	기록보존됨
송달료,보관금 종결에 따른 잔액조회		» 잔액조회	

심급내역

법 원	사건번호	결 과
서울고등법원	2008나33322	2009.01.13 항소기각

당사자내역

구 분	이 름	종국결과	판결송달일
원고	1. 박광일		2008.02.26
피고1	1. 김영기	공시송달	2008.02.23
피고2	2. 이경숙		2008.02.26
피고3	3. 주식회사 한국외환은행 대표이사 리처드웨커		2008.02.26
피고들의 보조참가	4. 박형식		2008.02.26
피고들의 보조참가	5. 주식회사 한국투자상호저축은행 대표이사 이춘식		2008.02.26

【 표 제 부 】 (1동의 건물의 표시)				
표시번호	접 수	소재지번,건물명칭 및 번호	건 물 내 역	등기원인 및 기타사항
1 (전 1)	1987년10월2일	서울특별시 양천구 신정동 314 목동신시가지아파트 제810동	철근콘크리트조 슬래브지붕 20층아파트 1층 637.06㎡ 2층 627.1㎡ 3층 614.75㎡ 4층 614.75㎡ 5층 614.75㎡ 6층 614.75㎡ 7층 614.75㎡ 8층 614.75㎡ 9층 614.75㎡ 10층 614.75㎡ 11층 614.75㎡ 12층 614.75㎡ 13층 614.75㎡ 14층 614.75㎡ 15층 614.75㎡ 16층 618.53㎡ 17층 618.53㎡ 18층 618.53㎡ 19층 618.53㎡ 20층 618.53㎡ 지하층 666.58㎡	도면편철장 제8책제106장 부동산등기법 제177조의 6 제1항의

표시번호	접 수	소재지번,건물명칭 및 번호	건 물 내 역	등기원인 및 기타사항
				규정에 의하여 1999년 06월 01일 전산이기

(대지권의 목적인 토지의 표시)				
표시번호	소 재 지 번	지 목	면 적	등기원인 및 기타사항
1 (전 1)	1. 서울특별시 양천구 신정동 314	대	71410.3㎡	1990년5월18일 등기 부동산등기법 제177조의 6 제1항의 규정에 의하여 1999년 06월 01일 전산이기

【 표 제 부 】 (전유부분의 건물의 표시)				
표시번호	접 수	건물번호	건 물 내 역	등기원인 및 기타사항
1 (전 1)	1987년10월2일	제9층 제901호	철근콩크리트조 71.77㎡	도면편철장 제8책제106호 부동산등기법 제177조의 6 제1항의 규정에 의하여 1999년 06월 01일 전산이기

(대지권의 표시)

표시번호	대지권종류	대지권비율	등기원인 및 기타사항
1 (전 1)	1 소유권대지권	71410.3분의 54.68	1990년5월18일 대지권 1990년5월18일
			부동산등기법 제177조의 6 제1항의 규정에 의하여 1999년 06월 01일 전산이기

【 갑 구 】 (소유권에 관한 사항)

순위번호	등 기 목 적	접 수	등 기 원 인	권 리 자 및 기 타 사 항
1 (전 4)	소유권이전	1996년6월25일 제71578호	1996년5월11일 매매	소유자 [redacted]
				부동산등기법 제177조의 6 제1항의 규정에 의하여 1999년 06월 01일 전산이기
1-1	1번등기명의인표시변경	1999년10월19일 제131151호	1996년7월22일 전거	[redacted]
2	소유권이전청구권가등기	2006년4월10일 제26307호	2006년4월7일 매매예약	가등기권자 [redacted]
3	강제경매개시결정	2006년10월18일 제80014호	2006년10월17일 서울남부지방법원의 강제경매개시결정(2006 타경32467)	채권자 [redacted]
4	가압류	2006년12월14일 제101010호	2006년12월11일 수원지방법원성남지원의 가압류 결정(2006카단51134)	청구금액 금395,900,000원 채권자 [redacted]
5	가압류	2006년12월22일 제104064호	2006년12월20일 서울남부지방법원의 가압류 결정(2006카합3336)	청구금액 금272,000,000원 채권자 [redacted]
6	가압류	2007년1월4일 제1071호	2007년1월4일 서울남부지방법원의 가압류 결정(2006카합3473)	청구금액 금398,200,000원 채권자 [redacted]
7	임의경매개시결정	2007년2월12일 제12065호	2007년2월9일 서울남부지방법원의 경매개시 결정(2007타경3282)	채권자 [redacted]
8	압류	2007년5월10일 제31031호	2007년4월30일 압류(세무1과-3369)	권리자 서울시양천구
9	압류	2008년1월23일 제3279호	2008년1월8일 압류(부과징수부-22)	채권자 [redacted]

순위번호	등 기 목 적	접 수	등 기 원 인	권 리 자 및 기 타 사 항
10	압류	2008년6월16일 제33373호	2008년6월11일 압류(법인세과-3091)	권리자 국 처분청 성남세무서
11	가압류	2008년11월26일 제62357호	2008년11월26일 서울중앙지방법원의 가압류결정(2008카단103752)	청구금액 금5,947,429 원 채권자 롯데카드 주식회사 서울 강남구 삼성동157 ((소관:영등포지점))

【 을 구 】 (소유권 이외의 권리에 관한 사항)

순위번호	등 기 목 적	접 수	등 기 원 인	권 리 자 및 기 타 사 항
~~1~~ ~~(전 1)~~	~~근저당권설정~~	~~1995년8월22일~~ ~~제72060호~~	~~1995년8월22일~~ ~~설정계약~~	~~채권최고액 금9,700,000원정~~ ~~채무자~~ [redacted] ~~근저당권자~~ [redacted]
~~1-1~~ ~~(전 1-1)~~	~~1번근저당권변경~~	~~1996년7월2일~~ ~~제75402호~~	~~1996년7월2일~~ ~~확정~~ ~~채무의 면책적인수~~	~~채무자~~ [redacted]
~~1-2~~	~~1번근저당권이전~~	~~2004년10월2일~~ ~~제61858호~~	~~2001년11월1일~~ ~~회사합병~~	~~근저당권자~~ [redacted]
~~2~~ ~~(전 2)~~	~~근저당권설정~~	~~1996년7월2일~~ ~~제75403호~~	~~1996년7월2일~~ ~~설정계약~~	~~채권최고액 금23,100,000원정~~ ~~채무자~~ [redacted] ~~근저당권자~~ [redacted]
				부동산등기법 제177조의 6 제1항의 규정에 의하여 1번 내지 2번 등기를 1999년 06월 01일 전산이기
~~2-1~~	~~2번근저당권이전~~	~~2001년11월7일~~ ~~제63133호~~	~~2001년11월1일~~ ~~회사합병~~	~~근저당권자~~ [redacted]
3	~~근저당권설정~~	~~1999년10월19일~~ ~~제131152호~~	~~1999년10월18일~~ ~~설정계약~~	~~채권최고액 금24,000,000원~~ ~~채무자~~ [redacted] 근저당권자 [redacted]
4	~~근저당권설정~~	~~2000년11월28일~~ ~~제57978호~~	~~2000년11월28일~~ ~~설정계약~~	~~채권최고액 금39,000,000원~~ ~~채무자~~ [redacted] 근저당권자 [redacted]

순위번호	등 기 목 적	접 수	등 기 원 인	권 리 자 및 기 타 사 항
5	근저당권설정	2001년11월2일 제81945호	2001년11월2일 설정계약	채권최고액 금390,000,000원 채무자 [redacted] 근저당권자 주식회사한미은행 110111-0303539 서울 중구 다동 39 (목동지점) 공동담보 건물 서울특별시 양천구 신정동 326 목동신시가지아파트 제1215동 제2층 제207호
5-1	5번근저당권공동담보소멸			[redacted] 제207호 에 대한 근저당권말소등기로 인하여 2004년7월23일 부기
6	3번근저당권설정등기말소	2001년11월5일 제82603호	2001년11월5일 해지	
7	4번근저당권설정등기말소	2001년11월5일 제82604호	2001년11월5일 해지	
8	2번근저당권설정등기말소	2001년11월7일 제83134호	2001년11월5일 해지	
9	근저당권설정	2004년3월11일 제15842호	2004년3월11일 설정계약	채권최고액 금100,000,000원 채무자 [redacted] 근저당권자 [redacted]
10	9번근저당권설정등기말소	2004년7월20일 제46755호	2004년7월19일 해지	
11	근저당권설정	2004년9월23일 제60736호	2004년9월23일 설정계약	채권최고액 금325,000,000원 채무자 [redacted] 근저당권자 [redacted]
12	1번근저당권설정등기말소	2004년10월2일 제61859호	2004년9월23일 해지	
13	5번근저당권설정등기말소	2004년10월2일 제61860호	2004년9월23일 해지	
14	근저당권설정	2005년1월17일 제2762호	2005년1월17일 설정계약	채권최고액 금387,400,000원 채무자 [redacted] 근저당권자 [redacted]
15	11번근저당권설정등기말소	2005년1월18일 제3004호	2005년1월18일 해지	
16	근저당권설정	2005년2월21일	2005년2월18일	채권최고액 금200,000,000원

순위번호	등 기 목 적	접 수	등 기 원 인	권 리 자 및 기 타 사 항
		~~제11066호~~	~~설정계약~~	[redacted]
~~17~~	~~근저당권설정~~	~~2005년9월12일~~ ~~제64610호~~	~~2005년9월12일~~ ~~설정계약~~	[redacted]
18	16번근저당권설정등기말소	2005년10월20일 제72443호	2005년10월20일 해지	
19	근저당권설정	2006년2월2일 제7013호	2006년2월2일 설정계약	[redacted]
20	14번근저당권설정등기말소	2006년2월2일 제7014호	2006년2월2일 해지	
21	17번근저당권설정등기말소	2006년2월2일	2006년2월2일	

열람일시 : 2009년06월19일 오전 11시50분53초

9/10

순위번호	등 기 목 적	접 수	등 기 원 인	권 리 자 및 기 타 사 항
		제7015호	해지	
~~22~~	~~근저당권설정~~	~~2006년3월23일~~ ~~제20507호~~	~~2006년3월23일~~ ~~설정계약~~	~~채권최고액 금165,000,000원~~ ~~채무자 김영가~~ ~~서울 양천구 신정동 314 목동신시가지아파트 810동 901호~~ ~~근저당권자 이장우 700929-1******~~ ~~서울 구로구 궁동 278-9 현대그린빌라 303~~
23	22번근저당권설정등기말소	2006년4월18일 제29150호	2006년4월17일 해지	
~~24~~	~~16번근저당권회복예고등기~~	~~2006년10월2일~~ ~~제76206호~~	~~2006년9월13일~~ ~~서울남부지방법원에 소제기(2006가단79449)~~	
25	24번예고등기말소	2009년5월27일 제27755호	2009년2월4일 원고패소판결확정	

등기부등본 요약

갑구			을구		
1	1996. 06. 25	소유권이전(김영기)			
			16	2005. 02. 21	근저당(채무자 김영기, 근저당권자 박광일)
			18	2005. 10. 20	16번 근저당권설정등기 말소
			19	2006. 02. 02	근저당(채무자 김영기, 근저당권자 외환은행)
2	2006. 04. 10	소유권이전청구권가등기(이정숙)			
			24	2006. 10. 02	16번 근저당권회복예고 등기
3	2006. 10. 18	강제경매개시(김연호)			
7	2007. 02. 12	을구 19번 근저당권에 의한 임의경매개시(외환은행)			
			25	2009. 05. 27	24번 예고등기말소 (원고패소판결확정)

살 펴 보 기

을구 24번의 을구 16번 근저당권회복예고등기가 원고패소로 확정판결되었으므로 경락자는 문제가 없습니다. 말소기준권리는 을구 19번이므로 갑구 2번 이정숙의 가등기는 말소기준권리에 의거 당연 말소됩니다.

예고등기 ⑩ :: 후순위근저당권 말소예고등기가 경락자에게 미치는 영향 ::

동부3계 2008-15050 상세정보

경매구분	임의(기일)	채권자	현대모비스	낙찰일시	09.06.15
용도	다세대	채무/소유자	대영부품/조호익	낙찰가격	301,600,000
감정가	330,000,000	청구액	387,543,212	경매개시일	08.10.07
최저가	211,200,000 (64%)	토지총면적	35 m² (10.59평)	배당종기일	09.01.12
입찰보증금	10% (21,120,000)	건물총면적	74 m² (22.38평)	조회수	금일2 공고후285 누적895
주의사항	·예고등기				

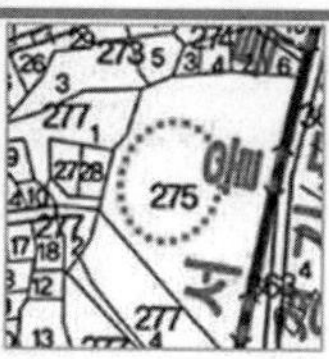
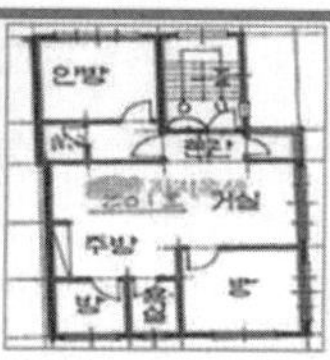

- 물건사진 10
- 지번·위치 2
- 구조도 1
- 위성지도

우편번호및주소/감정서	물건번호/면 적 (m²)	감정가/최저가/과정	임차조사	등기권리
138-120 서울 송파구 마천동 568-3 양지빌라 2층 201호 ●감정평가서정리 - 철콘조평슬래브지붕 - 마천종합사회복지관 북동측약200m지점 - 주위다세대및일반주택지대 - 소형차량출입가능,대중교통편보통 - 버스(정)도보약2분내외거리 - 도시가스개별난방 - 가장형평탄한토지 - 세로각지의도로접합 - 1종일반주거지역 - 건축허가착공제한구역	물건번호: 단독물건 대지 35.3/145.1 (10.68평) (35.3/145.1 조호익 지분) 건물 74.03 (22.39평) 방3-공용면적:9.6 3층-94.01.10보존 남동향,계단식 4세대 현장보고서 열람 GO	감정가 330,000,000 대지 198,000,000 (60%) 건물 132,000,000 (40%) 최저가 211,200,000 (64.0%) ●경매진행과정 330,000,000 유찰 2009-03-16 20%↓ 264,000,000 유찰 2009-04-27 20%↓ 211,200,000 낙찰 2009-06-15 301,600,000 (91.4%) - 응찰 : 16명 - 낙찰자:이승용	●법원임차조사 조경옥 전입 2007.08.09 확정 2007.08.09 배당 2008.11.03 (보) 20,000,000 점유 2007.8.11- 2층방1/주거 *소재지에 출장한 바,문이 잠겨있고 거주자가 부재중이여서 조사하지 못하였음. 관할 동사무소에 주민등록등재자를 조사한 바,세대주 조경옥이 등재되어있음 ●지지옥션세대조사 전입 2007.08.09 조경옥 동사무소확인:09.03.04	저당권 마천신협 1997.07.09 6,500,000 저당권 마천신협 2000.11.01 7,500,000 저당권 현대모비스 2008.01.30 213,400,000 저당권 최소철 2008.03.14 200,000,000 압류 국민건강보험 송파지사 2008.05.20 임의 현대모비스 2008.10.07 *청구액:387,543,212원 예고등기 동부지법 2008.11.24 최소철저당말소

배당내역(예상)

경매비용

총경매비용	4,272,011 원 계산내역보기	- 법원마다 약간의 차이가 있을 수 있음. - 부동산 1필지로 산정함

등기권리자 배당

등기권리	권리자	등기일자	채권액	등기배당액 배당총액	말소여부	비고
저당	마천신협	1997-07-09	6,500,000	6,500,000	말소	말소기준권리
저당	마천신협	2000-11-01	7,500,000	7,500,000	말소	
저당	현대모비스	2008-01-30	213,400,000	213,400,000	말소	
저당	최소철	2008-03-14	200,000,000	49,927,989	말소	
압류	국민건강보험	2008-05-20	0	0	말소	
임의	현대모비스	2008-10-07	0	0	말소	경매기입등기
예등	동부지법	2008-11-24	0	0	**인수**	

권리관계수정

임차인배당 (지지옥션 세대열람)

대항력	임차인	전입일 (사업등록)	임차금 월세포함	임차배당액 배당총액	인수	확정일	배당	형태
무	조경옥	2007-08-09	20,000,000	20,000,000	소멸	2007-08-09	요구	주거

소액임차금표 주민등록확인필 권리관계수정

배당순서(예상)

권리	배당자	배당액	배당후잔액	배당사유
경매비용		4,272,011	297,327,989	
임차인	조경옥	12,000,000	285,327,989	소액임차금배당 (기준일:1997-07-09)
저당	마천신협	6,500,000	278,827,989	저당
저당	마천신협	7,500,000	271,327,989	저당
임차인	조경옥	8,000,000	263,327,989	임차인
저당	현대모비스	213,400,000	49,927,989	저당
저당	최소철	49,927,989	0	저당

사건일반내역 | 사건진행내역 | » 인쇄하기 | » 나의 사건 검색하기

▸ 사건번호 : 서울동부지방법원 2008가단76618

기본내역 » 청사배치

사건번호	2008가단76618	사건명	근저당권설정등기말소청구
원고	조호익	피 고	최소철
재판부	민사4단독 (전화:02-2204-2213)		
접수일	2008.11.14	종국결과	2009.06.11 원고패
원고소가	18,416,900	피고소가	
수리구분	제소	병합구분	없음
상소인		상소일	
상소각하일			
송달료,보관금 종결에 따른 잔액조회		» 잔액조회	

최근기일내역 » 상세보기

일 자	시 각	기일구분	기일장소	결 과
2009.04.30	10:00	변론기일	민사법정4호	기일변경
2009.04.30	14:00	변론기일	민사법정4호	속행
2009.05.28	10:00	변론기일	민사법정4호	변론종결
2009.06.11	10:00	판결선고기일	민사법정4호	판결선고

등기부 등본 (말소사항 포함) - 집합건물

[집합건물] 서울특별시 송파구 마천동 668-3 제2층 제201호　　　　고유번호 1162-1996-144442

【 표 제 부 】 (1동의 건물의 표시)				
표시번호	접 수	소재지번,건물명칭 및 번호	건 물 내 역	등기원인 및 기타사항
1 (전 2)	1996년8월2일	서울특별시 송파구 마천동 668-3	철근콘크리트조 평슬래브 3층 다세대주택(4세대) 1층83.63㎡ 2층83.63㎡ 3층83.63㎡ 지층83.63㎡ 옥탑9.60㎡	
				부동산등기법 제177조의 6 제1항의 규정에 의하여 1999년 05월 31일 전산이기

【 표 제 부 】 (전유부분의 건물의 표시)				
표시번호	접 수	건물번호	건 물 내 역	등기원인 및 기타사항
1 (전 1)	1994년1월10일	제2층 제201호	철근콘크리트조 74.03㎡	도면편철장 1책26면
				부동산등기법 제177조의 6 제1항의 규정에 의하여 1999년 05월 31일 전산이기

【 갑 구 】 (소유권에 관한 사항)				
순위번호	등 기 목 적	접 수	등 기 원 인	권 리 자 및 기 타 사 항
1 (전 1)	소유권보존	1994년1월7일 제1273호		[redacted]
1-1	1번등기명의인표시변경	2000년11월1일 제75123호	1996년1월11일 지번변경	[redacted]
2 (전 2)	1번항철수,김미경지분전부이전	1994년1월7일 제1275호	1993년12월30일 공유물 분할	[redacted]
				부동산등기법 제177조의 6 제1항의 규정에 의하여 1번 내지 2번 등기를 1999년 05월 31일 전산이기
2-1	2번등기명의인표시변경	2000년11월1일 제75123호	1996년1월11일 지번변경	[redacted]
3	~~압류~~	~~2001년1월22일~~ ~~제3907호~~	~~2001년1월16일~~ ~~압류(징세46120-450)~~	~~권리자 국~~ ~~처분청 송파세무서~~
4	3번압류등기말소	2001년6월28일	2001년6월26일	

순위번호	등 기 목 적	접 수	등 기 원 인	권 리 자 및 기 타 사 항
		제56379호	해제	
~~5~~	~~가압류~~	~~2004년1월6일 제486호~~	~~2004년1월2일 서울지방법원남부지원의 가압류 결정(2003카합3466)~~	~~청구금액 금110,330,034원~~ ~~채권자~~ [redacted]
6	5번가압류등기말소	2007년3월14일 제22340호	2007년3월6일 해제	
7	압류	2008년5월20일 제31287호	2008년5월13일 압류(부과징수부-621)	채권자 [redacted]
8	임의경매개시결정	2008년10월7일 제69723호	2008년10월7일 서울동부지방법원의 경매개시 결정(2008타경16050)	채권자 [redacted]

【 을 구 】	(소유권 이외의 권리에 관한 사항)			
순위번호	등 기 목 적	접 수	등 기 원 인	권 리 자 및 기 타 사 항
1 (전 2)	근저당권설정	1997년7월9일 제50218호	1997년7월9일 설정계약	채권최고액 금육백오십만원 채무자 [redacted]
				공동담보 동소 동번지 조호익지분 토지
~~2~~ ~~(전 4)~~	~~근저당권설정~~	~~1997년10월28일 제91378호~~	~~1997년10월24일 설정계약~~	~~채권최고액 금일천삼백만원~~ ~~채무자~~ [redacted]
				부동산등기법 제177조의 6 제1항의 규정에 의하여 1번 내지 2번 등기를 1999년 05월 31일 전산이기
3	근저당권설정	2000년11월1일 제75124호	2000년11월1일 설정계약	채권최고액 금7,500,000원 채무자 [redacted]
4	2번근저당권설정등기말소	2000년11월28일 제84805호	2000년11월20일 해지	
5	근저당권설정	2008년1월30일 제5704호	2008년1월30일 설정계약	채권최고액 금213,400,000원 채무자 [redacted]

순위번호	등 기 목 적	접 수	등 기 원 인	권리자 및 기타사항
				공동담보 [illegible]
6	근저당권설정	2008년3월14일 제15125호	2008년3월13일 설정계약	채권최고액 금200,000,000원 채무자 [illegible] [illegible]
7	6번근저당권말소예고등기	2008년11월24일 제91065호	2008년11월14일 서울동부지방법원에 소제기(2008가단76618)	

등기부등본 요약

갑구			을구		
1	1994. 01. 07	소유권(조호익, 황철수, 김미경 각1/3)			
2	1994. 01. 07	소유권(조호익)			
			1	1997. 07. 09	근저당권(채무자 도갑선, 근저당권자 마천신협)
			3	2000. 11. 01	근저당권(채무자 도갑선, 근저당권자 마천신협)
			5	2008. 01. 30	근저당권(채무자 대영부품, 근저당권자 현대모비스)
			6	2008. 03. 14	근저당권(채무자 장현권, 근저당권자 최소철)
8	2008. 10. 07	임의경매개시(현대모비스)			
			7	2008. 11. 24	6번 근저당권말소예고등기

살 펴 보 기

을구 7번의 을구 6번에 대한 근저당권말소예고등기는 후순위근저당권에 대한 말소예고등기이므로, 경락자는 아무런 피해 없이 인수 가능합니다.

예고등기 ⑪ :: 중복경매가 후순위근저당권 말소예고등기에 미치는 영향 ::

중앙10계 2008-17312[1] 상세정보

◎ 중복:2008-36863(국민은행), 2008-36887(국민은행), 2009-1017(국민은행)

경매구분	임의(기일)	채권자	현대알앤씨건	경매일시	09.07.16 (10:00)
용도	아파트	채무/소유자	세계엔지니어	다음예정	09.08.20 (394,240,000원)
감정가	770,000,000	청구액	350,000,000	경매개시일	08.06.17
최저가	492,800,000 (64%)	토지총면적	55 m² (16.64평)	배당종기일	08.08.25
입찰보증금	10% (49,280,000)	건물총면적	118 m² (35.7평)	조회수	금일8 공고후173 누적349
주의사항	·예고등기				

- 물건사진 8
- 지번·위치 3
- 구조도 2
- 위성지도

우편번호및주소/감정서	물건번호/면 적 (m²)	감정가/최저가/과정	임차조사	등기권리
135-090 서울 강남구 삼성동 117-18 현대빌라트 2층 202호 ●감정평가서정리 - 삼릉공원북동측인근 - 다세대및다가구및단독주택등혼재한 주거지대 - 상가,관공서,금융기관 등소재 - 차량출입용이 - 버스(정)북측대로변 소재 - 제반교통사정보통 - 도시가스개별난방 - 3종일반주거지역 - 대공방어협조구역 - 가로구역별건축물최	물건번호: 1 번 (총물건수 3건) 1)대지 55.15/864.6 (16.68평) 건물 118.04 (35.71평) 6층-04.11.24보존 현장보고서 신청 GO	감정가 770,000,000 대지 346,500,000 (45%) 건물 423,500,000 (55%) 최저가 492,800,000 (64.0%) ●경매진행과정 770,000,000 유찰 2009-05-07 20%↓ 616,000,000 유찰 2009-06-11 20%↓ 492,800,000 진행 2009-07-16	●법원임차조사 정병대 전입 2008.02.27 주거/조사서상 *2회 방문하였으나 폐문부재이고, 방문한 취지 및 연락처를 남겼으나 아무런 연락이 없으므로 주민등록 전입된 세대만 임차인으로 보고 ●지지옥션세대조사 전입 2008.07.02 임선자 202호 동사무소확인:09.04.24	소유권 세계엔지니어 2004.11.24 저당권 국민은행 논현남 2006.07.03 619,800,000 저당권 현대리모델링 2006.07.03 120,000,000 저당권 윤의환 2008.05.08 100,000,000 임 의 현대알앤씨건 2008.06.17 *청구액:350,000,000원 압 류 국민연금관리 강남신사지사 2008.07.10 예고등기 서울중앙지법 2008.09.24

배당내역(예상)

경매비용

총경매비용	1,418,547 원 (전체 - 4,108,260원) 계산내역보기	- 법원마다 약간의 차이가 있을 수 있음. - 부동산 1필지로 산정함 - 감정가 비율로 나눔(공동 담보 물건)

등기권리자 배당

등기권리	권리자	등기일자	채권액	등기배당액 배당총액	말소여부	비고
저당	국민은행	2006-07-03	619,800,000	491,381,453	말소	말소기준권리
저당	현대리모델링	2006-07-03	120,000,000	0	말소	
저당	윤의환	2008-05-08	100,000,000	0	말소	
임의	현대알앤씨건	2008-06-17	350,000,000	0	말소	경매기입등기
압류	국민연금관리	2008-07-10	0	0	말소	
예등	서울중앙지법	2008-09-24	0	0	**인수**	
압류	비에이치월드	2008-11-10	0	0	말소	
임의	국민은행	2008-12-03	0	0	말소	

권리관계수정

임차인배당 (지지옥션 세대열람)

대항력	임차인	전입일 (사업등록)	임차금 월세포함	임차배당액 배당총액	인수	확정일	배당	형태
무	임선자	2008-07-02	0	0	소멸		안함	주거
무	정병대	2008-02-27	0	0	소멸		안함	주거

경매사건검색

▶ **검색조건** 법원 : 서울중앙지방법원 | 사건번호 : 2008타경17312

사건내역 | 기일내역 | 문건/송달내역　　인쇄 | < 이전

사건기본내역

사건번호	2008타경17312	사건명	부동산임의경매
중복/병합/이송	2008타경36863(중복) 2008타경36887(중복) 2009타경1017(중복)		
접수일자	2008.06.16	개시결정일자	2008.06.17
담당계	경매10계 전화 : 530-2714		
청구금액	350,000,000원	사건항고/정지여부	
종국결과	미종국	종국일자	

관련사건내역

관련법원	관련사건번호	관련사건구분
서울중앙지방법원	2008타기2071	개시결정이의

당사자내역

당사자구분	당사자명	당사자구분	당사자명
채권자	현대알앤씨건설주식회사	채무자겸소유자	주식회사세계엔지니어링
임차인	정병대	임차인	조동출
근저당권자	주식회사국민은행	근저당권자	윤의환
압류권자	근로복지공단서울강남지사	교부권자	서울특별시강남구
교부권자	삼성세무서	교부권자	국민연금공단강남지사
가처분권자	조동출		

경매사건검색

검색조건 법원 : 서울중앙지방법원 | 사건번호 : 2008타경17312

사건내역 | 기일내역 | 문건/송달내역

인쇄 | < 이전

중복/병합사건 선택하세요

문건처리내역

접수일	접수내역	결과
2008.06.18	등기소 강남등기소 등기필증 제출	
2008.06.23	채무자겸소유자 주식회사세계엔지니어링 결정등본(처분결정등본신청) 제출	
2008.06.30	기타 고려감정 감정평가서 제출	
2008.07.07	채무자겸소유자 주식회사세계엔지니어링 열람및복사신청 제출	
2008.07.09	기타 서울중앙지방법원집행관 현황조사서 제출	
2008.07.10	압류권자 국민건강보험공단 교부청구 제출	
2008.07.18	기타 한국자산관리공사 공매통지서 제출	
2008.07.21	압류권자 근로복지공단서울강남지사 교부청구 제출	
2008.08.12	채권자 현대알앤씨건설주식회사 특별송달신청 제출	
2008.08.18	압류권자 서울시 강남구 교부청구 제출	
2008.08.29	교부권자 삼성세무서 교부청구 제출	
2008.09.03	채권자 현대알앤씨건설주식회사 주소보정 제출	
2008.10.09	채권자 현대알앤씨건설주식회사 야간송달신청 제출	
2008.11.27	근저당권자 주식회사한국주택은행 채권계산서 제출	
2009.06.01	배당요구권자 이동주 배당요구신청 제출	

등기부 등본 (말소사항 포함) - 집합건물

[집합건물] 서울특별시 강남구 삼성동 117-18 현대빌라트 제2층 제202호 고유번호 1146-2004-016211

【 표 제 부 】 (1동의 건물의 표시)				
표시번호	접 수	소재지번,건물명칭 및 번호	건 물 내 역	등기원인 및 기타사항
1	2004년11월24일	서울특별시 강남구 삼성동 117-18 현대빌라트	철근콘크리트구조 (철근)콘크리트지붕 6층 공동주택 지하1층 596.68㎡ 1층 302.03㎡ 2층 455.43㎡ 3층 418.58㎡ 4층 359.95㎡ 5층 307.47㎡ 6층 222.68㎡ 옥탑1층 25.4㎡(연면적제외) 옥탑2층 25.4㎡(연면적제외)	도면편철장 2책 384장

(대지권의 목적인 토지의 표시)				
표시번호	소 재 지 번	지 목	면 적	등기원인 및 기타사항
1	1. 서울특별시 강남구 삼성동 117-18	대	864.6㎡	2004년11월24일

【 표 제 부 】 (전유부분의 건물의 표시)				
표시번호	접 수	건물번호	건 물 내 역	등기원인 및 기타사항
1	2004년11월24일	제2층 제202호	철근콘크리트조 118.04㎡	도면편철장 2책 384장

(대지권의 표시)			
표시번호	대지권종류	대지권비율	등기원인 및 기타사항
1	1 소유권대지권	864.6분의 55.15	2004년11월16일 대지권 2004년11월24일

【 갑 구 】 (소유권에 관한 사항)				
순위번호	등 기 목 적	접 수	등 기 원 인	권 리 자 및 기 타 사 항
1	소유권보존	2004년11월24일 제95751호		소유자 [redacted]
1-1	1번등기명의인표시변경	2005년12월22일 제109989호	2005년6월7일 전거	[redacted]
2	~~소유권이전청구권가등기~~	~~2005년12월22일~~ ~~제109990호~~	~~2005년12월21일~~ ~~매매예약~~	[redacted]
3	~~가압류~~	~~2006년2월6일~~ ~~제10475호~~	~~2006년2월1일~~ ~~서울중앙지방법원의~~ ~~가압류~~ ~~결정(2006카단35338)~~	[redacted]
4	3번가압류등기말소	2006년6월22일 제67800호	2006년6월13일 해제	
5	2번가등기말소	2006년6월30일 제71414호	2006년6월30일 해제	

순위번호	등 기 목 적	접 수	등 기 원 인	권 리 자 및 기 타 사 항
6	~~가압류~~	~~2007년10월2일 제75332호~~	~~2007년10월2일 서울중앙지방법원의 가압류 결정(2007카단6815)~~	~~청구금액 금1,400,000,000 원~~ ~~채권자~~ [redacted]
7	6번가압류등기말소	2008년5월22일 제34320호	2008년5월9일 해제	
8	임의경매개시결정	2008년6월17일 제41484호	2008년6월17일 서울중앙지방법원의 임의경매개시결정(2008타경17312)	채권자 [redacted]
9	압류	2008년7월10일 제48467호	2008년7월9일 압류(강남신사고객지원팀-4726)	채권자 [redacted]
10	임의경매개시결정	2008년12월3일 제79434호	2008년12월3일 서울중앙지방법원의 임의경매개시결정(2008타경36863)	채권자 [redacted]

【 을 구 】	(소유권 이외의 권리에 관한 사항)			
순위번호	등 기 목 적	접 수	등 기 원 인	권 리 자 및 기 타 사 항
1	근저당권설정	2006년7월3일 제71835호	2006년6월30일 설정계약	채권최고액 금619,800,000원 채무자 [redacted]

순위번호	등 기 목 적	접 수	등 기 원 인	권 리 자 및 기 타 사 항
				[redacted]
2	근저당권설정	2006년7월3일 제71843호	2006년6월30일 설정계약	채권최고액 금120,000,000원 [redacted]
2-1	2번근저당권부채권압류	2008년11월10일 제75106호	2008년8월5일 서울중앙지방법원의 근저당권부채권압류 및 추심명령(2008타채17263)	채권자 [redacted]
3	근저당권설정	2008년5월8일 제30945호	2008년5월8일 설정계약	채권최고액 금100,000,000원 채무자 [redacted] 근저당권자 [redacted]
4	2번근저당권말소예고등기	2008년9월24일 제66049호	2008년8월26일 서울중앙지방법원에 소제기(2008가단303546)	

사건일반내역 사건진행내역 » 인쇄하기 » 나의 사건 검색하기

▸ 사건번호 : 서울중앙지방법원 2008타기2071

기본내역 » 청사배치

사건번호	2008타기2071	사건명	경매개시결정에 대한 이의
재판부	경매10계 (전화:530-2714)		
접수일	2008.07.10	종국결과	
항고접수일		항고인	
항고종국일		항고결과	
송달료,보관금 종결에 따른 잔액조회		사건이 종결되지 않았으므로 송달료, 보관금 조회가 불가능합니다.	

최근기일내역

일 자	시 각	기일구분	기일장소	결 과
지정된 기일내역이 없습니다.				

• 최근 기일 순으로 일부만 보입니다. 반드시 상세보기로 확인하시기 바랍니다.

최근 제출서류 접수내역 » 상세보기

일 자	내용
2008.07.30	피신청인 현대알앤씨건설주식회사 답변서 제출

• 최근 제출서류 순으로 일부만 보입니다. 반드시 상세보기로 확인하시기 바랍니다.

관련사건내역

법 원	사건번호	구 분
서울중앙지방법원	2008타경17312	경매사건

사건일반내역 | 사건진행내역 | » 인쇄하기 | » 나의 사건 검색하기

▸ 사건번호 : 서울중앙지방법원 2008가단303546

기본내역 » 청사배치

사건번호	2008가단303546	사건명	근저당권설정등기말소
원고	주식회사 세계엔지니어링	피 고	현대알앤씨건설 주식회사
재판부	민사112단독 (전화:02-530-2320)		
접수일	2008.08.26	종국결과	2008.09.22 재배당
원고소가	141,624,366	피고소가	
수리구분	제소	병합구분	없음
상소인		상소일	
상소각하일			
송달료,보관금 종결에 따른 잔액조회	» 잔액조회		

최근기일내역

일 자	시 각	기일구분	기일장소	결 과
지정된 기일내역이 없습니다.				

• 최근 기일 순으로 일부만 보입니다. 반드시 상세보기로 확인하시기 바랍니다.

최근 제출서류 접수내역 » 상세보기

일 자	내용
2008.09.04	원고 주식회사 세계엔지니어링 청구취지변경신청 제출
2008.09.08	원고 주식회사 세계엔지니어링 청구취지변경신청 제출
2008.09.18	원고 주식회사 세계엔지니어링 보정서 제출

사건일반내역 | 사건진행내역 | » 인쇄하기 | » 나의 사건 검색하기

▶ 사건번호 : 서울중앙지방법원 2009머4684

기본내역 » 청사배치

사건번호	2009머4684	사건명	근저당권말소
원고	주식회사 세계엔지니어링	피 고	현대알앤씨건설 주식회사
재판부	민사91단독(조정) (전화:02-530-1880,1461)		
접수일	2009.05.11	종국결과	
원고소가	141,624,366	피고소가	
수리구분	조정회부	병합구분	없음
상소인		상소일	
상소각하일			
송달료,보관금 종결에 따른 잔액조회		사건이 종결되지 않았으므로 송달료, 보관금 조회가 불가능합니다.	

최근기일내역 » 상세보기

일 자	시 각	기일구분	기일장소	결 과
2009.06.05	10:00	조정기일	조정실 동관 1554호	속행
2009.06.29	14:30	조정기일	조정실 동관 1554호	

사건일반내역 | 사건진행내역 | » 인쇄하기 | » 나의 사건 검색하기

사건번호 : 서울중앙지방법원 2008가합93136

기본내역 » 청사배치

사건번호	2008가합93136	사건명	근저당권말소
원고	주식회사 세계엔지니어링	피 고	현대알앤씨건설 주식회사
재판부	제17민사부(다) (전화:530-1747)		
접수일	2008.09.24	종국결과	
원고소가	141,624,366	피고소가	
수리구분	재배당	병합구분	없음
상소인		상소일	
상소각하일			
송달료,보관금 종결에 따른 잔액조회		사건이 종결되지 않았으므로 송달료, 보관금 조회가 불가능합니다.	

최근기일내역 » 상세보기

일 자	시 각	기일구분	기일장소	결 과
2008.12.12	14:40	변론기일	민사법정 동관 453호	기일변경
2009.01.09	15:10	변론기일	민사법정 동관 453호	속행
2009.04.24	11:00	변론기일	민사법정 동관 453호	속행

사건일반내역 | 사건진행내역 | » 인쇄하기 | » 나의 사건 검색하기

사건번호 : 서울중앙지방법원 2008카기6805

기본내역 » 청사배치

사건번호	2008카기6805	사건명	강제집행정지
신청인	주식회사 세계엔지니어링	피신청인	현대알앤씨건설 주식회사
제3채무자		청구금액	0원
재판부	민사112단독()	담보내역	0원
접수일	2008.09.12	종국결과	2008.09.22 신청취하
수리구분	제소	병합구분	없음
결정문송달일		기록보존인계일	2008.10.06
항고인		항고일	
항고신청결과		해제내역	
보존여부	기록보존됨		
송달료,보관금 종결에 따른 잔액조회		» 잔액조회	

등기부등본 요약

갑구			을구		
1	2004. 11. 24	소유자(세계엔지니어링)			
			1	2006. 07. 03	근저당권(채무자 박규영, 근저당권자 국민은행
			2	2006. 07. 03	근저당권(채무자 세계엔지니어링, 근저당권자 현대리모델링)
			3	2008. 05. 08	근저당권(채무자 김종범, 근저당권자 윤의환)
8	2008. 06. 17	임의경매개시(현대알앤씨)			
			4	2008. 09. 24	2번 근저당권말소예고등기
10	2008. 12. 03	임의경매개시(국민은행)			

살 펴 보 기

최초 경매신청자는 을구 2번 근저당권에 의한 갑구 8번에 의한 것입니다. 또한 을구 4번의 을구 2번에 대한 근저당권말소예고등기는 을구 1번의 채권자 국민은행이 중복경매(갑구 10번)를 신청하였습니다.

그러므로 경락자는 을구 4번의 을구 2번 근저당권말소예고등기에 의하여 을구 2번의 근저당권이 말소가 된다고 해도, 선순위인 을구 1번의 채권자인 국민은행이 있으므로 아무런 영향을 받지 않고 안전하게 등기이전을 할 수 있습니다.

즉, 인수자가 추가 부담하는 일은 없습니다.

관련판례 살펴보기

대법원 1974. 5. 28 선고 74다150 판결

【판시사항】

원고 승소판결확정 후의 예고등기의 말소는 등기공무원이 직권으로 하여야 하는가 여부

【판결요지】

예고등기와 그 말소에 관하여는 법원의 직권에 의한 촉탁에 의하여서만 할 수 있고 그 밖에 당사자의 신청에 의하여서는 할 수 없는 것이라 할 것이고 다만 소를 제기한 자에 대한 승소판결이 확정된 경우에 있어서의 예고등기의 말소에 관하여는 부동산등기법에 아무런 규정이 없으나 위 승소판결이 확정된 후 예고등기의 목적이 된 등기의 말소 또는 회복이 이루어졌을 때에는 예고등기는 그 목적을 달하여 더 이상 이를 존치하여 둘 필요가 없게 되므로 이 경우에는 등기공무원은 직권으로 이를 말소하여야 할 것이다.

대법원 2003. 12. 12 선고 2003다48037 판결

【판시사항】

[1] 예고등기의 처분금지효력의 유무

예고등기는 등기원인의 무효 또는 취소로 인한 등기의 말소 또는 회복의 소가 제기된 경우에 그 등기에 의하여 소의 제기가 있었음을 제3

자에게 경고하여 계쟁부동산에 관하여 법률행위를 하고자 하는 선의의 제3자로 하여금 소송의 결과 발생할 수도 있는 불측의 손해를 방지하려는 목적에서 하는 것으로서 부동산에 관한 권리의 처분을 금지하는 효력은 없다.

2 전세권말소의 예고등기가 있고 전세권자를 상대로 한 말소소송에서 승소하였다는 사정만으로는 예고등기 후 전세권부채권가압류권자에게 위 전세권설정등기의 말소등기에 관하여 승낙을 할 의무가 없다.

대법원 2005. 7. 14 선고 2004다25697 판결

【판시사항】

1 예고등기 후에 당해 부동산의 소유권을 취득한 제3자에게 예고등기의 말소청구권이 있는지 여부(소극) 및 예고등기의 원인이 된 소를 제기한 자가 그 말소등기절차를 이행하여야 할 등기의무자의 지위에 있는지 여부(소극)

2 당사자 사이에 부동산등기법 제170조 제2항의 절차를 이행하기로 약정한 경우
예고등기의 원인이 된 소를 제기한 자에 대하여 그 절차의 이행을 청구할 수 있는지 여부(적극)

【판결요지】

1 부동산등기법상 예고등기와 그 말소는 법원의 직권에 의한 촉탁에 의하여서만 할 수 있고 그 밖에 당사자의 신청에 의하여서는 말소할 수 없으므로, 예고등기 후에 당해 부동산의 소유권을 취득한 제3자에게 예고등기의 말소청구권이 있다고 할 수 없음은 물론 예고등기의 원인이 된 소를 제기한 자가 그 말소등기절차를 이행하여야 할 등기의무자의 지위에 있거나 예고등기를 말소함에 있어서 부동산등기법 제171조에서 정한 이해관계에 있는 제3자라고 볼 수 없다.

2 부동산등기법 제170조 제2항의 규정 취지는 예고등기의 원인이 된 소를 제기하여 승소판결을 받은 자가 그 판결에 의한 등기신청을 하지 않겠다는 확정적 의사를 법원에 통지하면 법원은 그 의사를 확인하고 예고등기의 말소를 촉탁하여야 한다는 것이고, 이는 예고등기의 원인이 된 소를 제기한 자가 예고등기를 말소할 수 있는 절차를 정한 것이라 할 것이므로, 당사자 사이에 부동산등기법 제170조 제2항의 절차를 이행하기로 약정한 경우에는 예고등기의 원인이 된 소를 제기한 자는 그 절차를 이행할 실체법상 의무를 부담한다고 할 것이고, 이러한 경우에는 부동산등기법 제170조 제2항에 정한 절차의 이행을 청구할 수 있다.

제 3 부

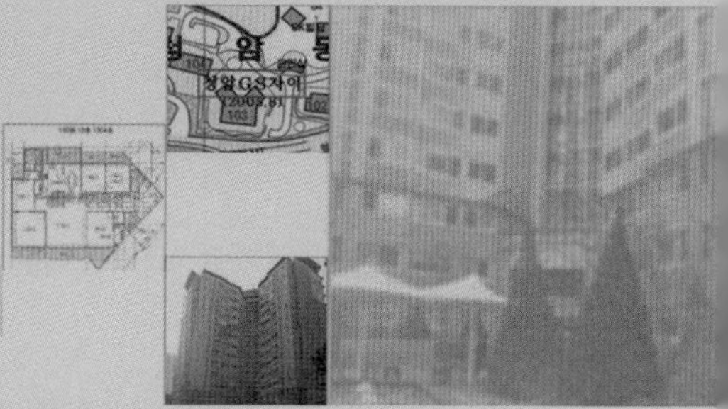

선순위가등기

Chapter 01

선순위가등기는 항상 선순위인가요?

선순위가등기와 관련된 내용을 분석하다 보면 정말 의외의 결과가 많이 발생합니다.

특히 경매사례에서 볼 수 있듯이 가등기권자와 경매신청자가 동일한 경우도 있고, 선순위가등기권자가 법원의 최고에 의하여 채권신고를 했느냐 안했느냐의 여부에 따라 경락자에게 미치는 영향이 달라질 수도 있습니다.

가등기는 다음과 같이 두 가지로 분류됩니다.

채권확보를 위한 담보가등기인지, 소유권이전을 위한 청구가등기인지를 먼저 분류해야 합니다. 쉽지는 않지만 이에 관한 분류를 한 다음, 담보가등기라면 금액의 과다에 따라 경매참여 여부가 달라지게 될 것입니다. 담보가등기와 소유권보전을 위한 청구가등기는 100%는 아니지만 다음과 같은 방법으로 확인할 수 있습니다.

등기부등본상에서 확인될 수도 있고, 대법원 경매 사이트의 "문건처리내역"에서 확인될 수도 있고, 대법원 사이트의 "나의 사건 검색"에서 확인될 수도 있습니다. 즉, 담보가등기와 소유권이전을 위한 청구가등기의 분별여부는 Case by case로 연구를 해야 합니다. 어려움이 많은 분야이지만 정확한 분석이 이루어지면, 남들과 경쟁 없이 큰 이익이 발생할 수가 있습니다.

보통 매매계약에 따른 가등기의 경우에는 등기부상에 "소유권이전청구권의 가등기", 금전을 차용하면서 가등기를 하는 경우에는 "소유권이전 담보가등기"라고 되어 있다고 말을 합니다. 그러나 실전에서 가등기에 대하여 살펴보면 거의 모든 등기부상에 등기목적 "소유권이전청구권 가등기", 등기원인 "매매예약"이라고 되어 있습니다.

즉, 실제로는 담보가등기일지라도 소유권이전청구를 위한 가등기의 형식으로 기재되어 있습니다.

그래서 등기부등본만을 봐서는 가등기가 소유권이전청구권의 가등기인지, 소유권이전 담보가등기인지를 구별하기가 어려운 형편입니다. 판례에서도 가등기의 효력은 등기부상의 기재형식이 아니라 실질에 의하여 결정된다고 말하고 있습니다. 그래서 등기부상의 기재형식이 아닌 실질적인 내용을 찾기 위해서 많은 노력을 기울여야 합니다.

또한 경매에서 가등기권자가 배당요구를 한 경우에는 담보가등기이고, 배당요구를 하지 않으면 소유권이전청구권가등기라고 흔히들 말하고 있으나 반드시 그런 것만은 아님을 유의해야 합니다.

자! 이제 『가등기담보 등에 관한 법률』에서 경매와 관련된 부분을 알아본 다음 사례별로 연구해 보기로 합니다. 사례별로 연구를 하다 보면 어떤 경우에는 임의경매, 어떤 경우에는 강제경매로 진행되는 경우가 있습니다. 많은 책자에서 가등기권리자도 저당권처럼 임의경매 신청이 가능하고, 이때의 가등기는 소유권이전청구권가등기가 아닌 담보가등기라고 하지만 반드시 그렇지만은 않다는 것을 알 수 있습니다.

실제로 독자 여러분들이 사례를 보면서 확인해 보시기 바랍니다.

『가등기담보 등에 관한 법률』

제12조(경매의 청구)

① 담보가등기권리자는 그 선택에 따라 제3조에 따른 담보권을 실행하거나 담보 목적부동산의 경매를 청구할 수 있다. 이 경우 경매에 관하여는 담보가등기권리를 저당권으로 본다.
② 후순위권리자는 청산기간에 한정하여 그 피담보채권의 변제기 도래 전이라도 담보목적부동산의 경매를 청구할 수 있다.

제13조(우선변제청구권)

담보가등기를 마친 부동산에 대하여 강제경매등이 개시된 경우에 담보가등기권리자는 다른 채권자보다 자기채권을 우선변제 받을 권리가 있다. 이 경우 그 순위에 관하여는 그 담보가등기권리를 저당권으로 보고, 그 담보가등기를 마친 때에 그 저당권의 설정등기(設定登記)가 행하여진 것으로 본다.

제14조(강제경매등의 경우의 담보가등기)

담보가등기를 마친 부동산에 대하여 강제경매등의 개시 결정이 있는 경우에 그 경매의 신청이 청산금을 지급하기 전에 행하여진 경우(청산금이 없는 경우에는 청산기간이 지나기 전)에는 담보가등기권리자는 그 가등기에 따른 본등기를 청구할 수 없다.

第15條(담보가등기권리의 소멸)

담보가등기를 마친 부동산에 대하여 강제경매등이 행하여진 경우에는 담보가등기권리는 그 부동산의 매각에 의하여 소멸한다.

第16條(강제경매등에 관한 특칙)

① 법원은 소유권의 이전에 관한 가등기가 되어 있는 부동산에 대한 강제경매등의 개시결정(開始決定)이 있는 경우에는 가등기권리자에게 다음 각 호의 구분에 따른 사항을 법원에 신고하도록 적당한 기간을 정하여 최고(催告)하여야 한다.

1. 해당 가등기가 담보가등기인 경우 : 그 내용과 채권「이자나 그 밖의 부수채권(附隨債權)을 포함한다」의 존부(存否) · 원인 및 금액
2. 해당 가등기가 담보가등기가 아닌 경우 : 해당 내용

② 압류등기 전에 이루어진 담보가등기권리가 매각에 의하여 소멸되면 제1항의 채권신고를 한 경우에만 그 채권자는 매각대금을 배당받거나 변제금을 받을 수 있다.
이 경우 그 담보가등기의 말소에 관하여는 매수인이 인수하지 아니한 부동산의 부담에 관한 기입을 말소하는 등기의 촉탁에 관한 「민사집행법」 제144조제1항제2호를 준용한다.

③ 소유권의 이전에 관한 가등기권리자는 강제경매등 절차의 이해관계인으로 본다.

선순위가등기 ❶ :: 경락자에게 인수가 되지 않는 경우 – 1 ::

(선순위가등기권자와 강제경매신청자가 동일)

남부10계 2008-19710 상세정보

경매구분	강제(기일)	채권자	이종광	낙찰일시	09.05.08
용도	다세대	채무/소유자	심경자	낙찰가격	90,000,000
감정가	95,000,000	청구액	120,000,000	경매개시일	08.09.11
최저가	76,000,000 (80%)	토지총면적	12.65 ㎡ (3.83평)	배당종기일	08.11.25
입찰보증금	10% (7,600,000)	건물총면적	30.12 ㎡ (9.11평)	조회수	금일1 공고후187 누적383
주의사항	· 선순위가등기				

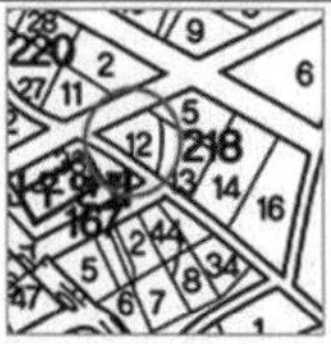
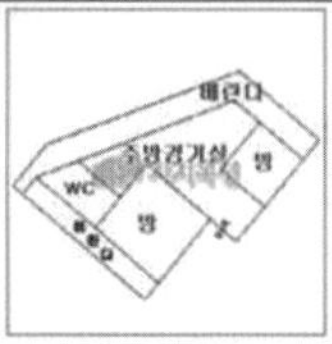

- 물건사진 3
- 지번·위치 4
- 구조도 2
- 위성지도

우편번호및주소/감정서	물건번호/면 적 (㎡)	감정가/최저가/과정	임차조사	등기권리
152-080 서울 구로구 고척동 218-12 한수아트빌라 4층 401호 ●감정평가서정리 - 철콘조평슬래브지붕 - 덕의초등교서측인근 - 주위공동및단독주택, 근린시설등혼재 - 제반차량출입가능 - 버스(정)인근소재,대중교통사정보통 - 사다리형등고평탄지 - 북서측및남서측각각 6m,5m도로접함 - 도시지역,도로접함 - 2종일반주거지역(7층이하) - 대공방어협조구역,진입표면구역	물건번호: 단독물건 대지 12.654/193 (3.83평) 건물 30.12 (9.11평) 방2 4층-94.10.10보존	감정가 95,000,000 대지 38,000,000 (40%) 건물 57,000,000 (60%) 최저가 76,000,000 (80.0%) ●경매진행과정 95,000,000 유찰 2009-04-03 20%↓ 76,000,000 낙찰 2009-05-08 90,000,000 (94.7%) - 응찰 : 1명 - 낙찰자:이종범 허가 2009-05-15	●법원임차조사 서상연 전입 2001.11.24 확정 2004.12.29 배당 2008.11.21 (보) 40,000,000 전부 점유 2001.11.18-2년 소유자의시부모 김상필 전입 2007.02.05 조사서상 *소유자점유.전입자 김한갑은 소유자의 시부모임 ●지지옥션세대조사 전입 2001.11.24 김한갑 (소유자 심경자의 시부모) 전입 2007.02.05 김상필	소유권 심경자 2001.11.19 전소유자:한재섭 가등기 이종광 2005.12.23 소유이전청구가등 강 제 이종광 2008.09.11 *청구액:120,000,000원 열람일자 : 2008.10.02

배당내역(예상)

▸ 경매비용

총경매비용	2,239,260 원 계산내역보기	- 법원마다 약간의 차이가 있을 수 있음. - 부동산 1필지로 산정함

▸ 등기권리자 배당

등기권리	권리자	등기일자	채권액	등기배당액 배당총액	말소여부	비고
가등	이종광	2005-12-23	120,000,000	87,760,740	말소	말소기준권리
강제	이종광	2008-09-11	0	0	말소	경매기입등기

권리관계수정

▸ 임차인배당 (지지옥션 세대열람)

대항력	임차인	전입일 (사업등록)	임차금 월세포함	임차배당액 배당총액	인수	확정일	배당	형태
무	김상필	2007-02-05	0	0	소멸		안함	주거

소액임차금표 주민등록확인필 권리관계수정

배당순서(예상)

권리	배당자	배당액	배당후잔액	배당사유
경매비용		2,239,260	87,760,740	
가등	이종광	87,760,740	0	가등

경매사건검색

▶ **검색조건** 법원 : 서울남부지방법원 | 사건번호 : 2008타경19710

사건내역 | 기일내역 | 문건/송달내역 | 인쇄 | < 이전

사건기본내역

사건번호	2008타경19710	사건명	부동산강제경매
접수일자	2008.09.10	개시결정일자	2008.09.11
담당계	경매10계 전화 : (02)2192-1340		
청구금액	120,000,000원	사건항고/정지여부	
종국결과	미종국	종국일자	

당사자내역

당사자구분	당사자명	당사자구분	당사자명
채권자	이종광	채무자겸소유자	심경자
임차인	김상필	임차인	서상연
가등기권자	이종광		

▶ **검색조건** 법원 : 서울남부지방법원 | 사건번호 : 2008타경19710

사건내역 | 기일내역 | 문건/송달내역 | 인쇄 | < 이전

문건처리내역

접수일	접수내역	결과
2008.09.12	등기소 구로등기소 등기필증 제출	
2008.09.24	채권자 이종광 야간송달신청 제출	
2008.10.09	기타 집행관 이치림 현황조사서 제출	
2008.10.21	기타 (주)제일감정평가법인 감정평가서 제출	
2008.10.28	채권자 이종광 휴일특별송달신청 제출	
2008.11.21	임차인 서상연 권리신고및배당요구신청 제출	
2008.12.10	채권자 이종광 열람및복사신청 제출	
2009.01.16	가등기권자 이종광 배당요구및채권계산서 제출	
2009.02.04	가등기권자 이종광 확인서 제출	
2009.05.20	임차인 서상연 배당금 양도요구서 제출	
2009.06.18	채권자 이종광 채권계산서 제출	

등기부 등본 (말소사항 포함) - 집합건물

[집합건물] 서울특별시 구로구 고척동 218-12 제4층 제401호

고유번호 1151-1996-044192

【 표 제 부 】 (1동의 건물의 표시)				
표시번호	접 수	소재지번,건물명칭 및 번호	건 물 내 역	등기원인 및 기타사항
1 (전 1)	1994년10월10일	서울특별시 구로구 고척동 218-12	철근콘크리트조 평스라브지붕 4층 다세대주택 1층 110.26㎡ 2층 110.26㎡ 3층 99.46㎡ 4층 71.4㎡ 지층 119.86㎡	
				부동산등기법시행규칙부칙 제3조 제1항의 규정에 의하여 1998년 04월 13일 전산이기

(대지권의 목적인 토지의 표시)				
표시번호	소 재 지 번	지 목	면 적	등기원인 및 기타사항
1 (전 1)	1. 서울특별시 구로구 고척동 218-12	대	193㎡	1994년10월10일
				부동산등기법시행규칙부칙 제3조 제1항의 규정에 의하여 1998년 04월 13일 전산이기

【 표 제 부 】 (전유부분의 건물의 표시)				
표시번호	접 수	건물번호	건 물 내 역	등기원인 및 기타사항
1 (전 1)	1994년10월10일	제4층 제401호	철근콘크리트조 30.12㎡	도면편철장 3책 1396호
				부동산등기법시행규칙부칙 제3조 제1항의 규정에 의하여 1998년 04월 13일 전산이기

(대지권의 표시)			
표시번호	대지권종류	대지권비율	등기원인 및 기타사항
1 (전 1)	1 소유권대지권	193분의 12.664	1994년9월29일 대지권 1994년10월10일
			부동산등기법시행규칙부칙 제3조 제1항의 규정에 의하여 1998년 04월 13일 전산이기

【 갑 구 】 (소유권에 관한 사항)				
순위번호	등 기 목 적	접 수	등 기 원 인	권 리 자 및 기 타 사 항
1 (전 2)	소유권이전	1994년11월17일 제68837호	1994년11월1일 매매	소유자 [redacted]
				부동산등기법시행규칙부칙 제3조 제1항의 규정에 의하여

순위번호	등 기 목 적	접 수	등 기 원 인	권 리 자 및 기 타 사 항
				1998년 04월 13일 전산이기
2	~~가압류~~	~~1998년5월2일~~ ~~제22576호~~	~~1998년4월30일~~ ~~서울지방법원남부지원의~~ ~~가압류~~ ~~결정(98카단17928)~~	~~청구금액 금10,000,000원정~~ ~~채권자 최상규 610015-1******~~ ~~서울 금천구 시흥동 948-11~~
3	~~임의경매신청~~	~~1998년11월20일~~ ~~제68922호~~	~~1998년11월16일~~ ~~서울지방법원~~ ~~남부지원의 경매개시~~ ~~결정(98타경60948)~~	~~채권자 주식회사국민은행~~ ~~서울 중구 남대문로2가 9-1~~ ~~(자산관리부)~~
4	소유권이전	1999년6월29일 제48835호	1999년6월29일 임의경매로 인한 낙찰	소유자 [redacted]
5	2번가압류, 3번임의경매신청 등기말소	1999년6월29일 제48835호	1999년6월29일 임의경매로 인한 낙찰	
6	소유권이전	2000년2월8일 제7292호	2000년1월7일 매매	소유자 [redacted]
7	소유권이전	2001년11월19일 제99393호	2001년9월22일 매매	소유자 [redacted]
8	소유권이전청구권가등기	2005년12월23일 제113493호	2005년12월23일 매매예약	가등기권자 [redacted]
9	강제경매개시결정	2008년9월11일 제81181호	2008년9월11일 서울남부지방법원의	채권자 [redacted]
			강제경매개시결정(2008타경19710)	

【 을 구 】 (소유권 이외의 권리에 관한 사항)

순위번호	등 기 목 적	접 수	등 기 원 인	권 리 자 및 기 타 사 항
~~1~~ ~~(전 1)~~	~~근저당권설정~~	~~1994년11월17일~~ ~~제68838호~~	~~1994년11월17일~~ ~~설정계약~~	~~채권최고액 금34,000,000원~~ ~~채무자 전계심~~ ~~서울 구로구 고척동 218-12 401호~~ ~~근저당권자 주식회사국민은행 110111-0015655~~ ~~서울 중구 남대문로 2가 9-1~~ ~~(금호동지점)~~
				부동산등기법시행규칙부칙 제3조 제1항의 규정에 의하여 1998년 04월 13일 전산이기
2	~~근저당권설정~~	~~1998년4월22일~~ ~~제20610호~~	~~1998년4월10일~~ ~~설정계약~~	~~채권최고액 금20,000,000원정~~ ~~채무자 전계심~~ ~~서울 구로구 고척동 218-12 401호~~ ~~근저당권자 최경순 280621-1******~~ ~~서울 구로구 구로동 714-27~~
3	1번근저당권설정, 2번근저당권설정 등기말소	1999년6월29일 제48835호	1999년6월29일 임의경매로 인한 낙찰	
4	~~근저당권설정~~	~~1999년6월29일~~ ~~제48836호~~	~~1999년6월29일~~ ~~설정계약~~	~~채권최고액 금16,000,000원~~ ~~채무자 장봉알~~

순위번호	등 기 목 적	접 수	등 기 원 인	권 리 자 및 기 타 사 항
				~~서울 동대문구 이문2동 204-72~~ ~~근저당권자 주식회사국민은행 110111-0015655~~ ~~서울 중구 남대문로2가 9-1~~ ~~(여의도중앙지점)~~
5	4번근저당권설정등기말소	2000년1월25일 제4278호	2000년1월25일 해지	

등기부등본 요약

갑구			을구		
4	1999. 06. 29	소유자(강병일)			
6	2000. 02. 08	소유권이전(한재섭)			
7	2001. 11. 19	소유권이전(심경자)			
8	2005. 12. 23	소유권이전청구권가등기(이종광)			
9	2008. 09. 11	강제경매개시결정(이종광)			

살 펴 보 기

갑구 8번 가등기권자와 강제경매채권자가 동일하고, 가등기권자 겸 강제경매채권자가 배당신청을 했으므로 경락자는 아무런 부담이 없습니다.

선순위가등기 ❷ :: 경락자에게 인수가 되지 않는 경우 – 2 ::

(선순위가등기권자와 강제경매신청자가 동일)

북부9계 2008-11993 상세정보

경매구분	강제(기일)	채권자	김화순	경매일시	09.07.07 (10:00)
용도	다세대	채무/소유자	이정자	다음예정	09.08.11 (54,400,000원)
감정가	85,000,000	청구액	57,000,000	경매개시일	08.06.26
최저가	68,000,000 (80%)	토지총면적	12.05 m² (3.64평)	배당종기일	08.09.23
입찰보증금	10% (6,800,000)	건물총면적	23.51 m² (7.11평)	조회수	금일2 공고후27 누적253
주의사항	·선순위가등기 ·현황조사보고서)1. 폐문부재로 소유자 및 점유자들을 만나지 못하여 점유자 확인 불능임.2. 세대주 이정자(소유자)를 발견함.				

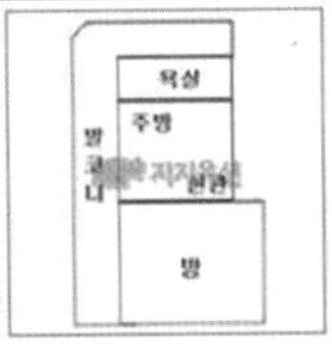

■ 물건사진 2
■ 지번·위치 4
■ 구조도 1
■ 위성지도

우편번호및주소/감정서	물건번호/면 적 (m²)	감정가/최저가/과정	임차조사	등기권리
132-010 서울 도봉구 도봉동 582 인창빌라 5층 501호 ●감정평가서정리 -철콘조철콘지붕 -북동측동아,유원,삼환 아파트단지,동측 도봉역,남쪽럭키아파트단지,서측북서울 중학교소재 -저소득층과중산측단독주택,다세대및 다가구주택지대 -차량출입과주차가능,	물건번호: 단독물건 대지 12.0483/157.3 (3.64평) 건물 23.51 (7.11평) 공용포함:27.27 5층-02.11.08보존 현장보고서 신청 GO	감정가 85,000,000 대지 22,950,000 (27%) 건물 62,050,000 (73%) 최저가 68,000,000 (80.0%) ●경매진행과정 85,000,000 유찰 2009-06-02 20%↓ 68,000,000 진행 2009-07-07	●법원임차조사 *3회 방문하였으나, 폐문부재로 소유자 및 점유자들을 만나지 못하여 점유자 확인 불능임. 세대주 이정자(소유자)를 발견함 ●지지옥션세대조사 전입 2005.03.22 유운걸 501호 전입 2007.05.29 이정자 인창맨션-501호 동사무소확인:09.05.08	소유권 이정자 2007.04.27 전소유자:서주몽 가등기 김화순 2007.12.12 소유이전청구가등 강 제 김화순 2008.06.26 *청구액:57,000,000원 압 류 국민건강보험 2009.03.11 열람일자 : 2009.05.05

배당내역(예상)

경매비용

총경매비용	1,585,060 원 계산내역보기	- 법원마다 약간의 차이가 있을 수 있음. - 부동산 1필지로 산정함

등기권리자 배당

등기권리	권리자	등기일자	채권액	등기배당액 배당총액	말소여부	비고
가등	김화순	2007-12-12	57,000,000	57,000,000	말소	말소기준권리
강제	김화순	2008-06-26	0	0	말소	경매기입등기
압류	국민건강보험	2009-03-11	0	0	말소	

권리관계수정

임차인배당 (지지옥션 세대열람)

대항력	임차인	전입일 (사업등록)	임차금 월세포함	임차배당액 배당총액	인수	확정일	배당	형태
유	유운걸	2005-03-22	0	0	**인수**		안함	주거

소액임차금표 주민등록확인필 권리관계수정

배당순서(예상)

권리	배당자	배당액	배당후잔액	배당사유
경매비용		1,585,060	66,414,940	
가등	김화순	57,000,000	9,414,940	가등
소유자	이정자	9,414,940	0	배당잉여금

경매사건검색

검색조건 법원 : 서울북부지방법원 | 사건번호 : 2008타경11993

사건내역 | 기일내역 | 문건/송달내역 　 인쇄 　 < 이전

사건기본내역

사건번호	2008타경11993	사건명	부동산강제경매
접수일자	2008.06.25	개시결정일자	2008.06.26
담당계	경매9계 전화 : 3399-7330(구내:7330)		
청구금액	57,000,000원	사건항고/정지여부	
종국결과	미종국	종국일자	

당사자내역

당사자구분	당사자명	당사자구분	당사자명
채권자	김화순	채무자겸소유자	이정자
가등기권자	김화순	교부권자	도봉구(징수과)
교부권자	국민건강보험공단도봉지사		

경매사건검색

검색조건 법원 : 서울북부지방법원 | 사건번호 : 2008타경11993

사건내역 | 기일내역 | 문건/송달내역 　 인쇄 　 < 이전

문건처리내역

접수일	접수내역	결과
2008.06.30	등기소 도봉등기소 등기필증 제출	
2008.07.03	기타 이송만감정평가사사무소 감정평가서 제출	
2008.07.14	기타 집행관 현황조사서 제출	
2008.07.22	채권자 김화순 배당요구(포기)신청서 제출	
2008.07.22	채권자 김화순 보정서 제출	
2008.08.26	채권자 김화순 보정서 제출	
2008.09.22	교부권자 도봉구 징수과 교부청구 제출	
2008.09.29	채권자 김화순 야간송달신청 제출	
2009.01.02	채권자 김화순 보정서 제출	
2009.02.10	채권자 김화순 야간및휴일특별송달신청 제출	
2009.04.03	채권자 김화순 보정서 제출	
2009.04.13	교부권자 국민건강보험공단도봉지사 교부청구 제출	

등기부 등본 (말소사항 포함) - 집합건물

[집합건물] 서울특별시 도봉구 도봉동 682 인창빌라 제5층 제501호 고유번호 1160-2002-009346

【 표 제 부 】 (1동의 건물의 표시)

표시번호	접 수	소재지번,건물명칭 및 번호	건 물 내 역	등기원인 및 기타사항
1	2002년11월8일	서울특별시 도봉구 도봉동 682 인창빌라	철근콘크리트조 철근콘크리트지붕 5층 다세대주택 1층 9.84㎡ 2층 92.35㎡ 3층 92.35㎡ 4층 89.27㎡ 5층 72.33㎡	도면편철장 제5책 제1021장

(대지권의 목적인 토지의 표시)

표시번호	소 재 지 번	지 목	면 적	등기원인 및 기타사항
1	1. 서울특별시 도봉구 도봉동 682	대	157.3㎡	2002년11월8일

【 표 제 부 】 (전유부분의 건물의 표시)

표시번호	접 수	건물번호	건 물 내 역	등기원인 및 기타사항
1	2002년11월8일	제5층 제501호	철근콘크리트조 23.51㎡	도면편철장 제5책 제1021장

(대지권의 표시)

표시번호	대지권종류	대지권비율	등기원인 및 기타사항
1	1 소유권대지권	157.3분의 12.0483	2002년10월24일 대지권 2002년11월8일
~~2~~			~~별도등기 있음~~ ~~1토지(을구 4번 근저당권설정 등기)~~ ~~2002년11월8일~~
3			2번 별도등기 말소 2003년1월22일

【 갑 구 】 (소유권에 관한 사항)

순위번호	등 기 목 적	접 수	등 기 원 인	권 리 자 및 기 타 사 항
1	소유권보존	2002년11월8일 제123317호		소유자 [redacted]
2	소유권이전	2003년2월18일 제11857호	2002년12월21일 매매	소유자 [redacted]
3	소유권이전	2007년4월27일 제36545호	2007년3월27일 매매	소유자 [redacted] 거래가액 금68,500,000원
3-1	3번등기명의인표시변경	2007년8월21일 제65083호	2007년5월29일 전거	[redacted]

순위번호	등 기 목 적	접 수	등 기 원 인	권 리 자 및 기 타 사 항
4	소유권이전청구권가등기	2007년12월12일 제101267호	2007년12월12일 매매예약	가등기권자 [redacted]
5	강제경매개시결정	2008년6월26일 제63585호	2008년6월26일 서울북부지방법원의 강제경매개시결정(2008 타경11993)	채권자 [redacted]
6	압류	2009년3월11일 제15213호	2009년3월10일 압류(자격징수부-772)	권리자 국민건강보험공단도봉지사

【 을 구 】	(소유권 이외의 권리에 관한 사항)			
순위번호	등 기 목 적	접 수	등 기 원 인	권 리 자 및 기 타 사 항
~~1~~	~~근저당권설정~~	~~2003년2월10일~~ ~~제12100호~~	~~2003년2월10일~~ ~~설정계약~~	~~채권최고액 금46,500,000원~~ ~~채무자~~ [redacted] ~~근저당권자 주식회사우리은행 110111-0023393~~ ~~서울 중구 회현동1가 203~~ ~~(신원북지점)~~
2	1번근저당권설정등기말소	2007년5월2일 제37787호	2007년5월2일 해지	
3	~~근저당권설정~~	~~2007년8월21일~~ ~~제68834호~~	~~2007년8월20일~~ ~~설정계약~~	~~채권최고액 금45,000,000원~~ ~~채무자~~ [redacted]

순위번호	등 기 목 적	접 수	등 기 원 인	권 리 자 및 기 타 사 항
				~~근저당권자~~ [redacted]
~~4~~	~~근저당권설정~~	~~2007년10월11일~~ ~~제81504호~~	~~2007년10월11일~~ ~~설정계약~~	~~채권최고액 금15,000,000원~~ ~~채무자~~ [redacted] ~~근저당권자~~ [redacted]
5	4번근저당권설정등기말소	2007년12월13일 제101506호	2007년12월13일 해지	
6	3번근저당권설정등기말소	2007년12월13일 제101507호	2007년12월13일 해지	

등기부등본 요약

갑구			을구		
1	2002. 11. 08	소유자(김인학)			
2	2003. 02. 18	소유권이전(서주몽)			
3	2007. 04. 27	소유권이전(이정자)			
4	2007. 12. 12	소유권이전청구권가등기(김순화)			
5	2008. 06. 26	강제경매개시(김화순)			

살 펴 보 기

갑구 4번 가등기권자와 강제경매채권자가 동일하고, 가등기권자겸 강제경매채권자가 배당신청을 했으므로 경락자는 아무런 부담이 없습니다.

선순위가등기 ❸ :: 경락자에게 인수가 되지 않는 경우 ::
(착각으로 인하여 선순위가등기가 말소되지 않은 경우)

고양4계 2008-6379[1] 상세정보

경매구분	임의(기일)	채권자	신한은행	경매일시	09.07.14 (10:00)
용도	상가	채무/소유자	홍완희/메디칼리츠	다음예정	09.08.18 (97,792,000원)
감정가	191,000,000	청구액	260,000,000	경매개시일	08.03.27
최저가	122,240,000 (64%)	토지총면적	14.53 m² (4.4평)	배당종기일	08.06.30
입찰보증금	10% (12,224,000)	건물총면적	70.71 m² (21.39평)	조회수	금일4 공고후9 누적453
주의사항	· 선순위가등기				

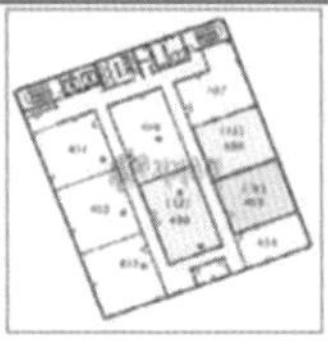

- 물건사진 9
- 지번·위치 3
- 구 조 도 1
- 위성지도

우편번호및주소/감정서	물건번호/면 적 (m²)	감정가/최저가/과정	임차조사	등기권리
410-350 경기 고양시 일산동구 마두동 798-1 ,-2 삼회골드프라자 4층 405호 ●감정평가서정리 - 철콘조평슬래브지붕 - 백마역북측인근 - 주위마두역주변상업지역으로백화점(뉴코아아울렛),올림픽스포츠센타,금융기관,판매시설및영업시설,업무용건물,근린시설등혼재 - 간선도로(중앙로)접함 - 제차량접근용이,제반교통사정좋은편 - 도로로2-3분거리마두역및중앙차로	물건번호: 1 번 (총물건수 3건) 1)대지 14.53/1491.2 (4.4평) 건물 70.71 (21.39평) 현:공실 공용면적:66.51 m² 10층-96.03.12보존 *2009.4월감정가조정 현장보고서 신청 GO	감정가 191,000,000 대지 76,400,000 (40%) 건물 114,600,000 (60%) 최저가 122,240,000 (64.0%) ●경매진행과정 191,000,000 유찰 2008-09-17 20%↓ 152,800,000 유찰 2008-10-16 20%↓ 122,240,000 유찰 2008-11-13 20%↓ 97,792,000 유찰 2008-12-16		가등기 삼회유통 1996.04.17 삼회주택지분이전 청구가등 소유권 메디칼리츠 2004.03.08 저당권 신한은행 신촌 2004.03.08 260,000,000 저당권 아라코 2006.01.27 120,000,000 임 의 신한은행 개인여신관리 2008.03.27 *청구액:260,000,000원 등기부채권총액 380,000,000원 열람일자 : 2008.04.11

Tip • • •

동일 물건인 뒷편의 의정부 2계 1999타경 7032(3)호 사건과 비교하여 봅니다.

배당내역(예상)

경매비용

총경매비용	1,050,582 원 (전체 - 3,344,260원) 계산내역보기	- 법원마다 약간의 차이가 있을 수 있음. - 부동산 1필지로 산정함 - 감정가 비율로 나눔(공동 담보 물건)

등기권리자 배당

등기권리	권리자	등기일자	채권액	등기배당액 배당총액	말소여부	비고
가등	삼회유통	1996-04-17	0	0	**인수**	삼회주택지분이전 청구가등
저당	신한은행	2004-03-08	260,000,000	121,189,418	말소	말소기준권리
저당	아라코	2006-01-27	120,000,000	0	말소	
임의	신한은행	2008-03-27	0	0	말소	경매기입등기

권리관계수정

임차인배당

대항력	임차인	전입일 (사업등록)	임차금 월세포함	임차배당액 배당총액	인수	확정일	배당	형태
법원기록상 임대차 관계 없음								

소액임차금표 권리관계수정

배당순서(예상)

권리	배당자	배당액	배당후잔액	배당사유
경매비용		1,050,582	121,189,418	
저당	신한은행	121,189,418	0	저당

Tip • • •

경매 사이트에는 "삼희유통의 선순위가등기를 인수해야 한다" 고 나와 있습니다.

경매사건검색

검색조건 법원 : 고양지원 | 사건번호 : 2008타경6379

사건내역 | 기일내역 | 문건/송달내역 | 인쇄 | < 이전

사건기본내역

사건번호	2008타경6379	사건명	부동산임의경매
접수일자	2008.03.26	개시결정일자	2008.03.27
담당계	경매4계 전화 : 031-920-6314		
청구금액	260,000,000원	사건항고/정지여부	
종국결과	미종국	종국일자	

당사자내역

당사자구분	당사자명	당사자구분	당사자명
채권자	주식회사 신한은행	채무자	홍완희
소유자	주식회사 메디칼리츠	근저당권자	아라코주식회사
압류권자	고양시일산동구	가등기권자	주식회사삼희유통
교부권자	역삼세무서	교부권자	일산동구청

Tip ···

대법원 법원경매정보 사이트의 "당사자내역"에서는 가등기권자 주식회사 삼희유통을 당사자(이해관계인)로 인정하였습니다. 그러나 뒤에서 보는 바와 같이 가등기권자 주식회사 삼희유통은 전혀 당사자(이해관계인)가 아닙니다.

경매사건검색

검색조건 법원 : 고양지원 | 사건번호 : 2008타경6379

사건내역 | 기일내역 | 문건/송달내역

인쇄 | < 이전

문건처리내역

접수일	접수내역	결과
2008.03.31	등기소 고양등기소 등기필증 제출	
2008.04.10	기타 계산감정평가사사무소 감정평가서 제출	
2008.04.14	기타 집행관 강영원 현황조사서 제출	
2008.04.22	채권자 주식회사 신한은행 야간송달신청 제출	
2008.04.22	채권자 주식회사 신한은행 공시송달신청 제출	
2008.05.08	교부권자 역삼세무서 교부청구 제출	
2008.05.16	채권자 주식회사 신한은행 공시송달신청 제출	
2008.06.03	압류권자 고양시일산동구 교부청구 제출	
2008.06.17	채권자 주식회사 신한은행 휴일야간송달신청 제출	
2008.08.12	채권자 주식회사 신한은행 공시송달신청 제출	
2008.09.12	교부권자 역삼세무서 교부청구 제출	
2009.01.09	채권자 주식회사 신한은행 기일연기신청 제출	
2009.01.19	교부권자 역삼세무서 교부청구 제출	
2009.03.13	채권자 주식회사 신한은행 매각기일연기신청 제출	
2009.04.03	채권자 주식회사 신한은행 의견서및 경매속행신청서 제출	
2009.04.07	채권자 주식회사 신한은행 사실조회회신 제출	
2009.05.28	교부권자 역삼세무서 교부청구 제출	

● 송달내역

송달일	송달내역	송달결과
2008.03.31	소유자 주식회사 메디칼리츠 대표이사 한다자 개시결정정본 발송	2008.04.03 기타송달불능
2008.03.31	채무자 홍완희 개시결정정본 발송	2008.04.04 수취인불명
2008.03.31	채권자 주식회사 신한은행 대표이사 신상훈 지배인 정종술 개시결정정본 발송	2008.04.03 도달
2008.03.31	감정인 송경섭 평가명령 발송	2008.04.03 도달
2008.03.31	최고관서 관세청 최고서 발송	2008.04.01 도달
2008.03.31	최고관서 역삼세무서 최고서 발송	2008.04.01 도달
2008.03.31	가등기권자 주식회사삼희유통 최고서 발송	2008.04.01 도달
2008.03.31	최고관서 고양시 일산동구청장 최고서 발송	2008.04.01 도달
2008.03.31	근저당권자 아라코주식회사 최고서 발송	2008.04.01 도달
2008.03.31	압류권자 고양시일산동구 최고서 발송	2008.04.01 도달
2008.04.14	채권자 주식회사 신한은행 대표이사 신상훈 지배인 정종술 주소보정명령등본 발송	2008.04.17 도달
2008.04.15	채권자 주식회사 신한은행 대표이사 신상훈 지배인 정종술 주소보정명령등본 발송	2008.04.18 도달
2008.04.23	소유자1 주식회사 메디칼리츠 개시결정정본 발송	2008.05.15 폐문부재
2008.04.23	법원 서울동부지방법원 집행관 귀하 촉탁서 발송	2008.04.25 도달
2008.04.23	채무자1 홍완희 개시결정정본 발송	2008.04.26 수취인불명
2008.04.23	법원 서울동부지방법원 집행관 귀하 촉탁서 발송	2008.04.25 도달
2008.05.07	채권자 주식회사 신한은행 대표이사 신상훈 지배인 정종술 주소보정명령등본 발송	2008.05.13 도달
2008.05.19	채무자1 홍완희 개시결정정본 발송	2008.06.03 도달

의정부2계 1999-7032[3] 상세정보

병합:2003-17565, 2004-6227

경매구분	임의(기일)	채권자	동아건설산업	낙찰일시	04.01.27 (종결)
용도	상가	채무/소유자	삼희주택	낙찰가격	92,100,000
감정가	178,000,000	청구액	1,400,000,000	경매개시일	99.01.28
최저가	91,136,000 (51%)	토지총면적	14.53 m² (4.4평)	배당종기일	
입찰보증금	응찰가의 10%	건물총면적	70.71 m² (21.39평)	조회수	금일1 공고후19 누적255

■ 물건사진 0
■ 지번·위치 1
■ 구조도 0

우편번호및주소/감정서	물건번호/면 적 (m²)	감정가/최저가/과정	임차조사	등기권리
411-350 경기 고양시 일산구 마두동 798-1번지 ,-2 삼희골드프라자 4층 405호 ●감정평가서정리 - 일반상업지역 - 철근콘크리트조슬래브(평) - 각호별임의로구분및분할합병사용중 - 마두역북서측인근 - 버스정류장인근 - 8차선도로및폭10m도로 - 남서측,북서측으로접함 - 중앙공급식유류보일난방 감정평가액	물건번호: 3 번 (총물건수 9건) 3)대지 14.53/1491.2 (4평) 건물 70.71 (21.39평) 현:공실 10층-96.03.12보존 <<10계에서이관>>	감정가 178,000,000 대지 35,600,000 (20%) 건물 142,400,000 (80%) 최저가 91,136,000 (51.2%) ●경매진행과정 178,000,000 유찰 2003-10-21 20%↓ 142,400,000 유찰 2003-11-18 20%↓ 113,920,000 유찰 2003-12-16 20%↓ 91,136,000 낙찰 2004-01-27 92,100,000		저당권 동아건설산업 1996.04.10 8,020,000,000 가등기 골드종합건설 소유가등 1996.04.17 저당권 동아건설 1996.10.09 8,020,000,000 임 의 동아건설산업 1999.01.30 *청구액:1,400,000,000원 등기부채권총액 16,040,000,000원 ↑위는 1번등기내용임 (상세안내)

Tip • • •

2008타경 6379(1)과 동일 물건인 1999타경 7032(3)호 물건과 비교해 보면 경락자는 2004년 경락을 받은 후에도 선순위가등기를 말소하지 못하고 2009년 3월까지 있었습니다. 그 후 진행된 2008타경 6379(1)호 사건에서도 대법원사이트에는 선순위가등기권자가 당사자로 되어 있고, 권리를 신고하라고 최고까지 하였습니다.

2008. 04. 11 열람

등기부 등본 (말소사항 포함) - 집합건물

[집합건물] 경기도 고양시 일산동구 마두동 798-1외 1필지 삼희골드프라자 제4층 제405호 고유번호 1164-1996-041130

【 표 제 부 】 (1동의 건물의 표시)

표시번호	접 수	소재지번,건물명칭 및 번호	건 물 내 역	등기원인 및 기타사항
~~1~~ ~~(전 1)~~	~~1996년3월19일~~	~~경기도 고양시 마두동 798-1, 798-2~~ ~~삼희골드프라자~~	~~철근콘크리트조 평스라브지붕 10층 근린생활시설및 위락,업무시설~~ ~~1층 967.68㎡~~ ~~2층 967.68㎡~~ ~~3층 967.68㎡~~ ~~4층 967.68㎡~~ ~~5층 967.68㎡~~ ~~6층 967.68㎡~~ ~~7층 967.68㎡~~ ~~8층 967.68㎡~~ ~~9층 967.68㎡~~ ~~10층 967.68㎡~~ ~~지하1층 1118.88㎡~~ ~~지하2층 1118.88㎡~~ ~~지하3층 1118.88㎡~~ ~~지하4층 1052.64㎡~~	부동산등기법 제177조의 6 제1항의 규정에 의하여 2000년 03월 07일 전산이기
~~2~~		~~경기도 고양시 일산구 마두동 798-1, 798-2~~ ~~삼희골드프라자~~	~~철근콘크리트조 평스라브지붕 10층 근린생활시설및 위락,업무시설~~ ~~1층 967.68㎡~~ ~~2층 967.68㎡~~	~~2000년4월16일 행정구역명칭변경으로 인하여~~ ~~2000년4월18일 등기~~

[집합건물] 경기도 고양시 일산동구 마두동 798-1외 1필지 삼희골드프라자 제4층 제405호 고유번호 1164-1996-041130

표시번호	접 수	소재지번,건물명칭 및 번호	건 물 내 역	등기원인 및 기타사항
			~~3층 967.68㎡~~ ~~4층 967.68㎡~~ ~~5층 967.68㎡~~ ~~6층 967.68㎡~~ ~~7층 967.68㎡~~ ~~8층 967.68㎡~~ ~~9층 967.68㎡~~ ~~10층 967.68㎡~~ ~~지하1층 1118.88㎡~~ ~~지하2층 1118.88㎡~~ ~~지하3층 1118.88㎡~~ ~~지하4층 1052.64㎡~~	
3		경기도 고양시 일산동구 마두동 798-1, 798-2 삼희골드프라자	철근콘크리트조 평스라브지붕 10층 근린생활시설및 위락,업무시설 1층 967.68㎡ 2층 967.68㎡ 3층 967.68㎡ 4층 967.68㎡ 5층 967.68㎡ 6층 967.68㎡ 7층 967.68㎡ 8층 967.68㎡ 9층 967.68㎡ 10층 967.68㎡ 지하1층 1118.88㎡ 지하2층 1118.88㎡ 지하3층 1118.88㎡ 지하4층 1052.64㎡	2005년5월16일 행정구역변경으로 인하여 2005년5월20일 등기

[집합건물] 경기도 고양시 일산동구 마두동 798-1외 1필지 삼회골드프라자 제4층 제405호 고유번호 1164-1996-041130

(대지권의 목적인 토지의 표시)				
표시번호	소 재 지 번	지 목	면 적	등기원인 및 기타사항
~~1~~ ~~(전 1)~~	~~1. 경기도 고양시 일산구 마두동 798-1~~ ~~2. 경기도 고양시 일산구 마두동 798-2~~	~~대~~ ~~대~~	~~745.6㎡~~ ~~745.7㎡~~	~~1996년10월9일~~
				부동산등기법 제177조의 6 제1항의 규정에 의하여 2000년 03월 07일 전산이기
2	2. 경기도 고양시 마두동 798-2	대	745.7㎡	전산이기착오로인하여 2토지 2000년4월11일
3	1. 경기도 고양시 일산동구 마두동 798-1	대	745.6㎡	2005년5월16일 1토지 행정구역명칭변경 2005년5월16일

【 표 제 부 】 (전유부분의 건물의 표시)				
표시번호	접 수	건물번호	건 물 내 역	등기원인 및 기타사항
1 (전 1)	1996년3월12일	제4층 제405호	철근콘크리트조 70.71㎡	
				부동산등기법 제177조의 6 제1항의 규정에 의하여 2000년 03월 07일 전산이기

[집합건물] 경기도 고양시 일산동구 마두동 798-1외 1필지 삼회골드프라자 제4층 제405호 고유번호 1164-1996-041130

(대지권의 표시)			
표시번호	대지권종류	대지권비율	등기원인 및 기타사항
1 (전 1)	1, 2 소유권대지권	1491.2분의 14.53	1996년10월9일 대지권 1996년10월9일
			부동산등기법 제177조의 6 제1항의 규정에 의하여 2000년 03월 07일 전산이기

【 갑 구 】 (소유권에 관한 사항)				
순위번호	등 기 목 적	접 수	등 기 원 인	권 리 자 및 기 타 사 항
1 (전 4)	주식회사삼회주택지분전부이전	1996년3월18일 제42548호	1996년3월18일 매매	~~공유자 지분 2분의 1~~ ~~주식회사삼회유통 110111-0402282~~ ~~서울시 강남구 역삼동 613-22~~
1-1 (전 4-2)	1번소유권경정	1996년12월20일 제199950호	신청착오	공유자 지분 10분의 3 주식회사삼회유통 110111-0402282 서울시 강남구 역삼동 613-22
2 (전 6)	홍경순지분소유권이전	1996년4월10일 제55954호	1996년4월6일 공유물 분할	~~공유자 지분 2분의 1~~ ~~주식회사삼회주택 110111-0783294~~ ~~서울시 강남구 역삼동 797-10~~ ~~이전할지분2분지1~~
2-1 (전 6-2)	2번소유권경정	1996년12월20일 제199950호	신청착오	공유자 지분 10분의 7 주식회사삼회주택 110111-0783294

[집합건물] 경기도 고양시 일산동구 마두동 798-1외 1필지 삼희골드프라자 제4층 제405호 고유번호 1164-1996-041130

순위번호	등 기 목 적	접 수	등 기 원 인	권 리 자 및 기 타 사 항
				서울시 강남구 역삼동 797-16
3 (전 7)	주식회사삼희주택지분전부소유권이전청구권가등기	1996년4월17일 제68186호	1996년4월9일 매매예약	권리자 주식회사삼희유통 110111-0402282 서울 강동구 고덕동 193-2
~~4~~ ~~(전 9)~~	~~주식회사삼희주택지분압류~~	~~1998년3월30일~~ ~~제16368호~~	~~1998년3월26일~~ ~~압류~~	~~권리자 송파구청~~
~~5~~ ~~(전 10)~~	~~주식회사삼희주택지분압류~~	~~1998년9월7일~~ ~~제51731호~~	~~1998년9월7일~~ ~~압류~~	~~권리자 일산구청~~
~~6~~ ~~(전 11)~~	~~공유자전원의지분전부임의경매~~	~~1999년1월30일~~ ~~제9665호~~	~~1999년1월28일~~ ~~서울지방~~ ~~법원 의정부지원의~~ ~~경매개시~~ ~~결정(99타경7032)~~	~~채권자 동아건설산업주식회사~~ ~~서울 중구 서소문동 120-23~~ 부동산등기법 제177조의 6 제1항의 규정에 의하여 1번 내지 6번 등기를 2000년 03월 07일 전산이기
7	~~1번주식회사삼희유통지분압류~~	~~2001년10월26일~~ ~~제99406호~~	~~2001년10월22일~~ ~~압류~~	~~권리자 일산구청~~
8	~~1번주식회사삼희유통지분압류~~	~~2001년12월17일~~ ~~제120707호~~	~~2001년12월13일~~ ~~압류~~	~~권리자 근로복지공단(서울강남지사)~~
9	8번압류등기말소	2003년1월15일 제3414호	2003년1월13일 해제	

[집합건물] 경기도 고양시 일산동구 마두동 798-1외 1필지 삼희골드프라자 제4층 제405호 고유번호 1164-1996-041130

순위번호	등 기 목 적	접 수	등 기 원 인	권 리 자 및 기 타 사 항
10	4번압류등기말소	2004년1월29일 제6282호	2004년1월17일 해제	
11	공유자전원지분전부이전	2004년3월8일 제20500호	2004년3월8일 임의경매로 인한 낙찰	소유자 주식회사메디칼리츠 110111-1231060 서울 강남구 역삼동 776-13
12	5번압류, 6번임의경매신청등기말소	2004년3월8일 제20500호	2004년3월8일 임의경매로 인한 낙찰	
~~13~~	~~압류~~	~~2004년7월19일~~ ~~제69601호~~	~~2004년7월19일~~ ~~압류(세무과-9001)~~	~~권리자 고양시~~ ~~처분청 일산구청~~
14	13번압류등기말소	2005년3월16일 제22472호	2005년3월15일 해제	
15	7번압류등기말소	2006년6월28일 제68622호	2006년6월27일 해제	
16	임의경매개시결정	2008년3월27일 제41631호	2008년3월27일 의정부지방법원 고양지원의 임의경매개시결정(2008타경6379)	채권자 주식회사 신한은행 110111-0012809 서울 중구 태평로2가120 (개인여신관리부)

[집합건물] 경기도 고양시 일산동구 마두동 798-1외 1필지 삼회골드프라자 제4층 제405호　　　고유번호 1164-1996-041130

【 을 구 】 (소유권 이외의 권리에 관한 사항)

순위번호	등 기 목 적	접 수	등 기 원 인	권리자 및 기타사항
~~1~~ ~~(전 1)~~	~~근저당권설정~~	~~1990년4월10일~~ ~~제55062호~~	~~1990년4월9일~~ ~~설정계약~~	~~채권최고액 금팔십억이천만원정~~ ~~채무자 (주)삼회주택~~ ~~서울 송파구 가락동 93-11~~ ~~근저당권자 동이건설산업(주) 110111-0110769~~ ~~서울 중구 서소문동 120-23~~ ~~공동담보목록 제130호~~
~~1-1~~ ~~(전 1-1)~~	~~1번근저당권담보추가~~			~~공동담보 순위권2번의 저당권의 목적~~ ~~물인 이건물과 그대지권~~
~~1-2~~ ~~(전 1-2)~~	~~1번근저당권담보추가~~			~~공동담보목록 제414호~~ ~~1990년10월31일 부가~~
~~2~~ ~~(전 2)~~	~~근저당권설정~~	~~1990년10월9일~~ ~~제102973호~~	~~1990년10월9일~~ ~~추가설정계약~~	~~채권최고액 금팔십억이천만원정~~ ~~채무자 주식회사삼회주택~~ ~~서울시 강남구 역삼동 707-16~~ ~~근저당권자 동이건설산업주식회사 110111-0110769~~ ~~서울시 중구 서소문동 120-23~~ ~~공동담보 순위권1번의 저당권의 목적물에 추가~~ 부동산등기법 제177조의 6 제1항의 규정에 의하여 1번 내지 2번 등기를 2000년 03월 07일 전산이기
3	1번근저당권설정, 2번근저당권설정 등기말소	2004년3월8일 제20600호	2004년3월8일 임의경매로 인한 낙찰	
4	근저당권설정	2004년3월8일 제20603호	2004년3월8일 설정계약	채권최고액 금260,000,000원 채무자 [redacted] 근저당권자 주식회사신한은행 110111-0303183 서울 중구 태평로2가 120 (신촌지점) 공동담보 건물 경기도 고양시 일산구 마두동 798-1 외 1필지 삼회골드프라자 제4층 제406호 건물 경기도 고양시 일산구 마두동 798-1 외 1필지 삼회골드프라자 제4층 제409호
5	~~근저당권설정~~	~~2005년3월16일~~ ~~제22062호~~	~~2005년3월16일~~ ~~설정계약~~	~~채권최고액 금238,000,000원~~ ~~채무자 주식회사회원종합건설~~ ~~서울 강남구 역삼동 776-13~~ ~~근저당권자 주식회사삼성상호저축은행 110111-0113476~~ ~~서울 강남구 역삼동 720-11~~ ~~공동담보목록 제2005-163호~~
6	5번근저당권설정등기말소	2005년12월13일 제129273호	2005년12월12일 해지	
7	근저당권설정	2006년1월27일 제8560호	2006년1월27일 설정계약	채권최고액 금120,000,000원 채무자 주식회사메디프렌드 서울 강남구 역삼동 776-13 근저당권자 아라코주식회사 110111-0947882 서울 중구 남대문로5가 526 공동담보 건물 경기도 고양시 일산동구 마두동 798-1 외 1필지 삼회골드프라자 제4층 제406호 건물 경기도 고양시 일산동구 마두동 798-1 외 1필지 삼회골드프라자 제4층 제409호

[집합건물] 경기도 고양시 일산동구 마두동 798-1외 1필지 삼회골드프라자 제4층 제405호　　　고유번호 1164-1996-041130

등기부등본 요약 (2008. 04. 11)

갑구			을구		
1	1996. 12. 20	소유권(삼희유통, 공유지분 3/10)			
2	1996. 12. 20	소유권(삼희주택, 공유지분 7/10)			
			1	1996. 04. 10	근저당권(채무자 삼희주택, 근저당권자 동아건설)
3	1996. 04. 17	삼희주택지분전부 소유권 이전청구권가등기(삼희유통)			
			2	1996. 10. 09	근저당권(채무자 삼희주택, 근저당권자 동아건설)
6	1999. 01. 30	공유자전원의 지분 전부 임의경매(동아건설)			
11	2004. 03. 08	임의경매로 인한 소유권이전 (메디칼리츠)			
			4	2004. 03. 08	근저당권(채무자 홍완희, 근저당권자 신한은행)
			7	2006. 01. 27	근저당권(채무자 메디프랜드, 근저당권자 아라코)
16	2008. 03. 27	임의경매개시(신한은행)			

Tip • • •

2008. 4. 11 등기부등본에서는 2004. 3. 8 임의경매로 인한 소유권이전시 갑구3번 가등기가 말소되었어야 하나 말소되지 않았습니다.

2009. 07. 02 열람

등기부 등본 (말소사항 포함) - 집합건물

[집합건물] 경기도 고양시 일산동구 마두동 798-1외 1필지 삼회골드프라자 제4층 제405호 　　고유번호 1164-1996-041130

【 표 제 부 】 (1동의 건물의 표시)

표시번호	접 수	소재지번,건물명칭 및 번호	건 물 내 역	등기원인 및 기타사항
~~1~~ ~~(전 1)~~	~~1996년3월12일~~	~~경기도 고양시 마두동 798-1, 798-2 삼회골드프라자~~	~~철근콘크리트조 평스라브지붕 10층 근린생활시설및 위락,업무시설 1층 967.68㎡ 2층 967.68㎡ 3층 967.68㎡ 4층 967.68㎡ 5층 967.68㎡ 6층 967.68㎡ 7층 967.68㎡ 8층 967.68㎡ 9층 967.68㎡ 10층 967.68㎡ 지하1층 1118.88㎡ 지하2층 1118.88㎡ 지하3층 1118.88㎡ 지하4층 1052.64㎡~~	 부동산등기법 제177조의 6 제1항의 규정에 의하여 2000년 03월 07일 전산이기
2		~~경기도 고양시 일산구 마두동 798-1, 798-2 삼회골드프라자~~	~~철근콘크리트조 평스라브지붕 10층 근린생활시설및 위락,업무시설 1층 967.68㎡ 2층 967.68㎡~~	~~2000년4월15일 행정구역명칭변경으로 인하여 2000년4월18일 등기~~

열람일시 : 2009년07월02일 오후 8시27분44초

1/9

(대지권의 목적인 토지의 표시)

표시번호	소 재 지 번	지 목	면 적	등기원인 및 기타사항
~~1~~ ~~(전 1)~~	~~1. 경기도 고양시 일산구 마두동 798-1~~ ~~2. 경기도 고양시 일산구 마두동 798-2~~	~~대~~ ~~대~~	~~745.5㎡~~ ~~745.7㎡~~	~~1996년10월9일~~ 부동산등기법 제177조의 6 제1항의 규정에 의하여 2000년 03월 07일 전산이기
2	2. 경기도 고양시 마두동 798-2	대	745.7㎡	전산이기착오로인하여 2토지 2000년4월11일
3	1. 경기도 고양시 일산동구 마두동 798-1	대	745.5㎡	2005년5월16일 1토지 행정구역명칭변경 2005년5월16일

【 표 제 부 】 (전유부분의 건물의 표시)

표시번호	접 수	건물번호	건 물 내 역	등기원인 및 기타사항
1 (전 1)	1996년3월12일	제4층 제405호	철근콘크리트조 70.71㎡	 부동산등기법 제177조의 6 제1항의 규정에 의하여 2000년 03월 07일 전산이기

(대지권의 표시)			
표시번호	대지권종류	대지권비율	등기원인 및 기타사항
1 (전 1)	1, 2 소유권대지권	1491.2분의 14.53	1996년10월9일 대지권 1996년10월9일
			부동산등기법 제177조의 6 제1항의 규정에 의하여 2000년 03월 07일 전산이기

【 갑 구 】 (소유권에 관한 사항)				
순위번호	등 기 목 적	접 수	등 기 원 인	권 리 자 및 기 타 사 항
1 (전 4)	주식회사삼회주택지분전부이전	1996년3월18일 제42548호	1996년3월18일 매매	~~공유자 지분 2분의 1~~ ~~주식회사삼회유통 110111-0402282~~ ~~서울시 강남구 역삼동 613-22~~
1-1 (전 4-2)	1번소유권경정	1996년12월20일 제199950호	신청착오	공유자 지분 10분의 3 주식회사삼회유통 110111-0402282 서울시 강남구 역삼동 613-22
2 (전 6)	홍정순지분소유권이전	1996년4월10일 제55954호	1996년4월6일 공유물 분할	~~공유자 지분 2분의 1~~ ~~주식회사삼회주택 110111-0783294~~ ~~서울시 강남구 역삼동 797-16~~ ~~이전할지분2분지1~~
2-1 (전 6-2)	2번소유권경정	1996년12월20일 제199950호	신청착오	공유자 지분 10분의 7 주식회사삼회주택 110111-0783294

순위번호	등 기 목 적	접 수	등 기 원 인	권 리 자 및 기 타 사 항
				서울시 강남구 역삼동 797-16
3 ~~(전 7)~~	~~주식회사삼회주택지분전부소유권이전청구권가등기~~	~~1996년4월17일~~ ~~제58186호~~	~~1996년4월9일~~ ~~매매예약~~	~~권리자 주식회사삼회유통 110111-0402282~~ ~~서울 강동구 고덕동 193-2~~
4 ~~(전 9)~~	~~주식회사삼회주택지분압류~~	~~1998년3월30일~~ ~~제16368호~~	~~1998년3월26일~~ ~~압류~~	~~권리자 송파구청~~
5 ~~(전 10)~~	~~주식회사삼회주택지분압류~~	~~1998년9월7일~~ ~~제51731호~~	~~1998년9월7일~~ ~~압류~~	~~권리자 일산구청~~
6 ~~(전 11)~~	~~공유자전원의지분전부임의경매~~	~~1999년1월30일~~ ~~제9805호~~	~~1999년1월28일~~ ~~서울지방~~ ~~법원 의정부지원의~~ ~~경매개시~~ ~~결정(99타경7032)~~	~~채권자 동아건설산업주식회사~~ ~~서울 중구 서소문동 120-23~~
				부동산등기법 제177조의 6 제1항의 규정에 의하여 1번 내지 6번 등기를 2000년 03월 07일 전산이기
7	~~1번주식회사삼회유통지분압류~~	~~2001년10월26일~~ ~~제99408호~~	~~2001년10월22일~~ ~~압류~~	~~권리자 일산구청~~
8	~~1번주식회사삼회유통지분압류~~	~~2001년12월17일~~ ~~제120767호~~	~~2001년12월13일~~ ~~압류~~	~~권리자 근로복지공단(서울강남지사)~~
9	8번압류등기말소	2003년1월15일 제3414호	2003년1월13일 해제	

순위번호	등 기 목 적	접 수	등 기 원 인	권 리 자 및 기 타 사 항
10	4번압류등기말소	2004년1월29일 제6282호	2004년1월17일 해제	
11	공유자전원지분전부이전	2004년3월8일 제20500호	2004년3월8일 임의경매로 인한 낙찰	소유자 주식회사메디칼리츠 110111-1231060 서울 강남구 역삼동 776-13
12	5번압류, 6번임의경매신청 등기말소	2004년3월8일 제20500호	2004년3월8일 임의경매로 인한 낙찰	
~~13~~	~~압류~~	~~2004년7월19일~~ ~~제69801호~~	~~2004년7월19일~~ ~~압류(세무과-9601)~~	~~권리자 고양시~~ ~~처분청 일산구청~~
14	13번압류등기말소	2005년3월16일 제22472호	2005년3월15일 해제	
15	7번압류등기말소	2006년6월28일 제68622호	2006년6월27일 해제	
16	임의경매개시결정	2008년3월27일 제41631호	2008년3월27일 의정부지방법원 고양지원의 임의경매개시결정(2008 타경6379)	채권자 주식회사 신한은행 110111-0012809 서울 중구 태평로2가120 (개인여신관리부)
17	압류	2009년3월19일 제36063호	2009년3월18일 압류(세무과-5158)	권리자 고양시일산동구
18	3번가등기말소	2009년3월24일 제38216호	2004년3월8일 임의경매로 인한 매각	

순위번호	등 기 목 적	접 수	등 기 인	권 리 자 및 기 타 사 항
19	압류	2009년5월29일 제77195호	2009년5월26 압류(법인세	권리자 국 처분청 역삼세무서

【 을 구 】 (소유권 이외의)

순위번호	등 기 목 적	접 수	등 기	
~~1~~ ~~(전 1)~~	~~근저당권설정~~	~~1996년4월10~~ ~~제55962호~~		
~~1-1~~ ~~(전 1-1)~~	~~1번근저당권담보추가~~			~~공동담보 순위전2번의 저당권의 목적~~ ~~물인 이건물과 그대지권~~
~~1-2~~ ~~(전 1-2)~~	~~1번근저당권담보추가~~			~~공동담보목록 제414호~~ ~~1996년10월31일 부가~~
~~2~~ ~~(전 2)~~	~~근저당권설정~~	~~1996년10월9일~~ ~~제162973호~~	~~1996년10월9일~~ ~~추가설정계약~~	~~채권최고액 금팔십억이천만원정~~ ~~채무자 주식회사삼화주택~~ ~~서울시 강남구 역삼동 797-16~~ ~~근저당권자 동아건설산업주식회사 110111-0119762~~ ~~서울시 중구 서소문동 120-23~~ ~~공동담보 순위전1번의 저당권의 목적물에 추가~~ 부동산등기법 제177조의 6 제1항의 규정에 의하여 1번

2004. 03. 08 임의경매로 매각된 물건의 가등기를 왜 2009. 03. 24에 말소했는지 생각해 보시길…

순위번호	등 기 목 적	접 수	등 기 원 인	권 리 자 및 기 타 사 항
				내지 2번 등기를 2000년 03월 07일 전산이기
3	1번근저당권설정, 2번근저당권설정 등기말소	2004년3월8일 제20500호	2004년3월8일 임의경매로 인한 낙찰	
4	근저당권설정	2004년3월8일 제20503호	2004년3월8일 설정계약	채권최고액 금260,000,000원 채무자 [redacted] 근저당권자 주식회사신한은행 110111-0303183 서울 중구 태평로2가 120 (신촌지점) 공동담보 건물 경기도 고양시 일산구 마두동 798-1 외 1필지 삼희골드프라자 제4층 제406호 건물 경기도 고양시 일산구 마두동 798-1 외 1필지 삼희골드프라자 제4층 제409호
5	~~근저당권설정~~	~~2005년3월15일~~ ~~제22082호~~	~~2005년3월15일~~ ~~설정계약~~	~~채권최고액 금238,000,000원~~ ~~채무자 주식회사화림종합건설~~ ~~서울 강남구 역삼동 776-13~~ ~~근저당권자 주식회사삼성상호저축은행 110111-0113475~~ ~~서울 강남구 역삼동 726-11~~ ~~공동담보목록 제2005-163호~~
6	5번근저당권설정등기말소	2005년12월13일 제129273호	2005년12월12일 해지	
7	근저당권설정	2006년1월27일 제8560호	2006년1월27일 설정계약	채권최고액 금120,000,000원 채무자 주식회사메디프렌드 서울 강남구 역삼동 776-13

순위번호	등 기 목 적	접 수	등 기 원 인	권 리 자 및 기 타 사 항
				근저당권자 아라코주식회사 110111-0947882 서울 중구 남대문로5가 526 공동담보 건물 경기도 고양시 일산동구 마두동 798-1 외 1필지 삼희골드프라자 제4층 제406호 건물 경기도 고양시 일산동구 마두동 798-1 외 1필지 삼희골드프라자 제4층 제409호

등기부등본 요약 (2008. 04. 11)

갑구			을구		
1	1996. 12. 20	소유권(삼희유통, 공유지분 3/10)			
2	1996. 12. 20	소유권(삼희주택, 공유지분 7/10)			
			1	1996. 04. 10	근저당권(채무자 삼희주택, 근저당권자 동아건설)
3	1996. 04. 17	삼희주택지분전부 소유권 이전청구권가등기(삼희유통)			
			2	1996. 10. 09	근저당권(채무자 삼희주택, 근저당권자 동아건설)
6	1999. 01. 30	공유자전원의 지분 전부 임의경매(동아건설)			
11	2004. 03. 08	임의경매로 인한 소유권이전 (메디칼리츠)			
			4	2004. 03. 08	근저당권(채무자 홍완희, 근저당권자 신한은행)
			7	2006. 01. 27	근저당권(채무자 메디프랜드, 근저당권자 아라코)
16	2008. 03. 27	임의경매개시(신한은행)			
18	2009. 03. 24	3번 가등기말소			

살 펴 보 기

■ 을구 1번 근저당권설정시 근저당권자는 상가의 일부만 담보 설정하겠는지? 보통 금융기관에서는 공유지분의 구분이 확연히 구분가능할 때 등 특별한 사정이 아닌 한 공유지분 일부만 설정하지 않습니다.

또한 을구 1번의 근저당권이 갑구 3번의 소유권이전청구권가등기 보다 먼저 설정 되었습니다.

■ 을구 2번 추가 근저당권을 설정한 내용을 볼 때 채무자의 지분보다 많고, 또한 채무자의 지분에 소유권이전청구권가등기를 설정한 삼희유통이 담보를 제공하지 않았다면 근저당권자가 근저당을 설정하였겠는지?

■ 갑구 6번의 "임의경매시 공유자전원의 지분" 이라는 문구가 분명히 있습니다. 왜 갑구 11번의 임의경매로 인한 소유권이전시 갑구 3번은 말소를 안 했는지? 왜 갑구 16번의 임의경매개시와 관련한 대법원 경매 사이트에는 아무런 권리도 없는 삼희유통을 당사자로 표기하였는지? 왜 갑구 3번의 가등기를 갑구 18번과 같이 2009. 03. 24에 말소를 하였는지?

■ 위의 건은 선순위가등기가 2004. 03. 08 임의경매로 인한 소유권 이전 시 당연히 말소되었어야 했으나 누군가(?)의 잘못 또는 실수로 2009년까지 그대로 방치되었습니다.

그러므로 위의 건은 경락자에게 아무런 인수부담이 없는 물건입니다.

선순위가등기 ❹ :: 경락자에게 인수 되지 않는 경우 ::

(선순위가등기권자가 배당신청)

중앙10계 2008-15910[1] 상세정보

경매구분	임의(기일)	채권자	박종수	낙찰일시	09.05.07
용도	주상복합(상가)	채무/소유자	박규희	낙찰가격	71,990,000
감정가	165,000,000	청구액	293,000,000	경매개시일	08.06.03
최저가	67,584,000 (41%)	토지총면적	4.55 m² (1.38평)	배당종기일	08.08.11
입찰보증금	10% (6,758,400)	건물총면적	30.18 m² (9.13평)	조회수	금일1 공고후112 누적384
주의사항	· 선순위가등기				

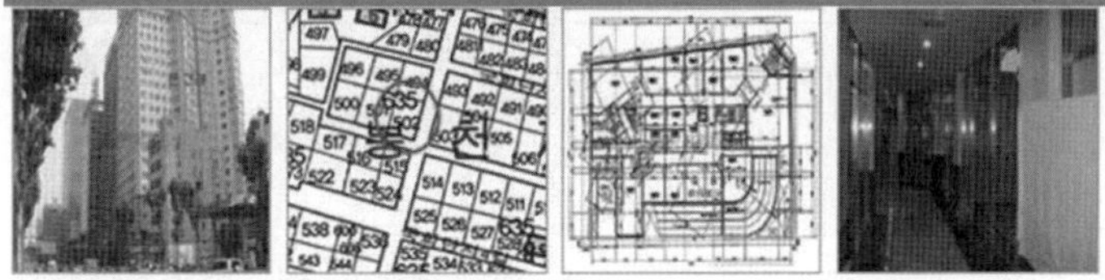

- 물건사진 4
- 지번·위치 3
- 구조도 1
- 위성지도

우편번호및주소/감정서	물건번호/면 적 (m²)	감정가/최저가/과정	임차조사	등기권리
135-090 서울 강남구 삼성동 144-14 채널리저브 지1층 B114호 ●감정평가서정리 - 공동주택및업무시설, 근린생활시설, 운동시설 - 포스코사거리북서측 대로변위치 - 부근노변따라중.고층 규모의상업.업무용 빌딩이루고,후면근린 생활시설및음식점, 모텔등형성된후면상가지대 - 차량접근용이.교통사정편리 - 인근간선도로(테헤란	물건번호: 1 번 (총물건수 2건) 1)대지 4.55/2010.9 (1.38평) 건물 30.18 (9.13평) 현:공실(구분상가) 공용면적포함:55.51 m² 23층-07.01.19보존	감정가 165,000,000 대지 102,000,000 (61.82%) 건물 63,000,000 (38.18%) 최저가 67,584,000 (41.0%) ●경매진행과정 165,000,000 유찰 2008-12-18 20%↓ 132,000,000 유찰 2009-01-22 20%↓ 105,600,000 유찰 2009-02-26 20%↓ 84,480,000 유찰 2009-04-02		소유권 박규희 2008.03.04 전소유자: 채널씨앤디(주) 가등기 박종수 2008.03.04 소유이전청구가등 임 의 박종수 2008.06.03 *청구액:293,000,000원 열람일자 : 2008.06.27 *지1층 B114호 등기 *저당권확인바랍니다.

배당내역(예상)

▸ 경매비용

총경매비용	1,603,737 원 (전체 - 3,547,660원) 계산내역보기	- 법원마다 약간의 차이가 있을 수 있음. - 부동산 1필지로 산정함 - 감정가 비율로 나눔(공동 담보 물건)

▸ 등기권리자 배당

등기권리	권리자	등기일자	채권액	등기배당액 배당총액	말소여부	비고
가등	박종수	2008-03-04	293,000,000	70,386,263	말소	말소기준권리
임의	박종수	2008-06-03	0	0	말소	경매기입등기

권리 관계수정

▸ 임차인배당

대항력	임차인	전입일 (사업등록)	임차금 월세포함	임차배당액 배당총액	인수	확정일	배당	형태
법원기록상 임대차 관계 없음								

소액임차금표 권리 관계수정

배당순서(예상)

권리	배당자	배당액	배당후잔액	배당사유
경매비용		1,603,737	70,386,263	
가등	박종수	70,386,263	0	가등

경매사건검색

검색조건 법원 : 서울중앙지방법원 | 사건번호 : 2008타경15910

사건내역 | 기일내역 | 문건/송달내역 　　 인쇄 | < 이전

사건기본내역

사건번호	2008타경15910	사건명	부동산임의경매
접수일자	2008.06.02	개시결정일자	2008.06.03
담당계	경매10계 전화 : 530-2714		
청구금액	293,000,000원	사건항고/정지여부	
종국결과	미종국	종국일자	

당사자내역

당사자구분	당사자명	당사자구분	당사자명
채권자	박종수	채무자겸소유자	박규희
가등기권자	박종수	교부권자	서울특별시강남구

경매사건검색

검색조건 법원 : 서울중앙지방법원 | 사건번호 : 2008타경15910

사건내역 | 기일내역 | 문건/송달내역 　　 인쇄 | < 이전

문건처리내역

접수일	접수내역	결과
2008.06.04	등기소 강남등기소 등기필증 제출	
2008.06.18	기타 서울중앙지방법원집행관 현황조사서 제출	
2008.07.02	기타 한국감정원 감정평가서 제출	
2008.07.29	압류권자 서울특별시강남구 교부청구 제출	
2008.08.06	채권자 박종수 주소보정 제출	
2008.09.25	채권자 박종수 야간송달신청 제출	
2008.10.23	채권자 박종수 공시송달신청 제출	
2009.05.29	최고가매수인 등기촉탁신청 제출	
2009.05.29	최고가매수인 특별송달신청 제출	
2009.05.29	최고가매수인 매각대금완납증명	
2009.05.29	최고가매수인 등기촉탁신청 제출	
2009.05.29	최고가매수인 매각대금완납증명	
2009.05.29	최고가매수인 특별송달신청 제출	
2009.06.08	채권자 박종수 채권계산서 제출	
2009.06.08	최고가매수신고인 영수증 제출	
2009.06.08	최고가매수신고인 영수증 제출	

등기부 등본 (말소사항 포함) - 집합건물

[집합건물] 서울특별시 강남구 삼성동 144-14 채널리저브 제지1층 제비114호　　　　고유번호 1146-2007-000219

【 표　　제　　부 】 (1동의 건물의 표시)

표시번호	접 수	소재지번,건물명칭 및 번호	건 물 내 역	등기원인 및 기타사항
1	2007년1월19일	서울특별시 강남구 삼성동 144-14 채널리저브	(철근)콘크리트지붕 23층 공동주택,업무시설,근린생활시설,운동시설 채널리저브 지6층 823.55㎡ 지5층 1557.49㎡ 지4층 1659.51㎡ 지3층1144.9㎡ 지2층 1519.23㎡ 지1층 1545.46㎡ 1층 1080.46㎡ 2층 317.62㎡ 3층 620.77㎡ 4층 620.77㎡ 5층 620.77㎡ 6층 620.77㎡ 7층 620.77㎡ 8층 620.77㎡ 9층 620.77㎡ 10층 620.77㎡ 11층 620.77㎡ 12층 620.77㎡ 13층 620.77㎡ 14층 620.77㎡ 15층 620.77㎡ 16층 620.77㎡	도면편철장 1책 제38호

표시번호	접 수	소재지번,건물명칭 및 번호	건 물 내 역	등기원인 및 기타사항
			17층 620.77㎡ 18층 620.77㎡ 19층 620.77㎡ 20층 620.77㎡ 21층 577.6㎡ 22층 577.6㎡ 23층 341.98㎡	

(대지권의 목적인 토지의 표시)

표시번호	소 재 지 번	지 목	면 적	등기원인 및 기타사항
~~1~~	~~1. 서울특별시 강남구 삼성동 144-14~~	~~대~~	~~920.5㎡~~	~~2007년1월19일~~
2	1. 서울특별시 강남구 삼성동 144-14	대	2010.9㎡	2007년1월19일 1토지 신청착오 2007년1월24일

【 표　　제　　부 】 (전유부분의 건물의 표시)

표시번호	접 수	건물번호	건 물 내 역	등기원인 및 기타사항
1	2007년1월19일	제지1층 제비114호	철근콘크리트조 30.18㎡	도면편철장 1책 제38호

(대지권의 표시)			
표시번호	대지권종류	대지권비율	등기원인 및 기타사항
~~1~~	~~1 소유권대지권~~	~~2010.9분의 4.439~~	~~2006년12월29일 대지권~~ ~~2007년1월19일~~
2	1 소유권대지권	2010.9분의 4.55	2006년12월29일 대지권 2007년1월19일 신청착오 2007년2월13일

【 갑 구 】 (소유권에 관한 사항)

순위번호	등 기 목 적	접 수	등 기 원 인	권 리 자 및 기 타 사 항
1	소유권보존	2007년1월19일 제6472호		소유자 채널씨앤디 주식회사 110111-0415342 서울 강남구 역삼동 726-2
2	소유권이전	2007년1월19일 제6473호	2006년1월19일 신탁	수탁자 주식회사 한국토지신탁 110111-1258220 서울 강남구 삼성동 144-25
				~~신탁~~ ~~신탁원부 제26호~~
3	소유권이전	2007년8월10일 제63245호	2007년8월10일 신탁재산의귀속	소유자 채널씨앤디주식회사 110111-0415342 서울특별시 강남구 역삼동 726-2
				2번 신탁등기말소 원인 신탁재산의 귀속

순위번호	등 기 목 적	접 수	등 기 원 인	권 리 자 및 기 타 사 항
4	소유권이전	2008년3월4일 제13591호	2008년3월4일 매매	소유자 [redacted] 거래가액 금97,440,000원
5	소유권이전청구권가등기	2008년3월4일 제13593호	2008년3월4일 매매예약	가등기권자 [redacted]
6	임의경매개시결정	2008년6월3일 제37943호	2008년6월3일 서울중앙지방법원의 임의경매개시결정(2008 타경15910)	채권자 [redacted]

등기부등본 요약

갑구			을구		
1	2007. 01. 19	소유자(채널씨앤디)			
2	2007. 01. 19	소유권이전(한국토지신탁)			
3	2007. 08. 10	소유권이전(채널씨앤디)			
4	2008. 03. 04	소유권이전(박규희)			
5	2008. 03. 04	소유권이전청구권가등기(박종수)			
6	2008. 06. 03	임의경매개시(박종수)			

살 펴 보 기

갑구 5번 가등기권자와 임의경매채권자가 동일하고, 가등기권자 겸 임의경매채권자가 배당신청을 했으므로 경락자는 아무런 부담이 없습니다.

선순위가등기 ❺ :: 경락자에게 인수가 되지 않는 경우 ::

(선순위가등기권자가 경매 신청)

중앙4계 2008-4118 상세정보

경 매 구 분	임의(기일)	채 권 자	강귀례	경 매 일 시	09.07.02 (10:00)
용 도	연립	채무/소유자	정태주	다 음 예 정	09.08.06 (61,440,000원)
감 정 가	120,000,000	청 구 액	69,000,000	경매개시일	08.02.13
최 저 가	76,800,000 (64%)	토지총면적	23 m² (6.96평)	배당종기일	08.04.22
입찰보증금	10% (7,680,000)	건물총면적	50 m² (15.12평)	조 회 수	금일1 공고후84 누적474
주 의 사 항	· 선순위가등기 · 임차인 김일환의 보증금전액(1억2천만원)				

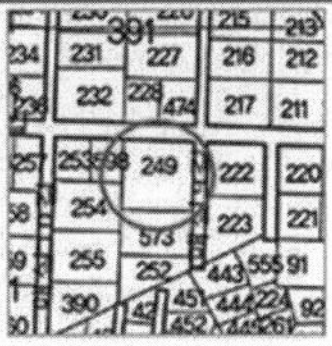

- 물건사진 1
- 지번·위치 2
- 구 조 도 0
- 위성지도

우편번호및주소/감정서	물건번호/면 적 (m²)	감정가/최저가/과정	임차조사	등기권리
156-020 서울 동작구 대방동 391-249 지하층 2호 ●감정평가서정리 - 철콘조평슬래브지붕 2008.03.31 고려감정	물건번호: 단독물건 대지 23.41/439.7 (7.08평) 건물 49.92 (15.1평) 4층-95.05.18보존 15세대	감정가 120,000,000 최저가 76,800,000 (64.0%) ●경매진행과정 120,000,000 유찰 2009-04-23 20%↓ 96,000,000 유찰 2009-05-28 20%↓ 76,800,000 진행 2009-07-02	●법원임차조사 김일환 전입 2005.07.12 배당 2008.11.11 (보) 120,000,000 지하층2호방2/주거 점유 2005.6.30- *2회 방문하였으나 폐문부재이고, 방문한 취지 및 연락처를 남겼으나 아무런 연락이 없으므로 주민등록 전입된 세대만 임차인으로 보고함. ●지지옥션세대조사 전입 2005.07.12 김일환 전입 2007.03.02 김형석 동사무소확인:09.04.10	소유권 정태주 2005.02.22 전소유자:최경미 가등기 강귀례 2005.10.13 소유이전청구가등 저당권 정영순 2007.01.10 65,000,000 압 류 국민건강보험 고양지사 2008.01.31 임 의 강귀례 2008.02.14 *청구액:69,000,000원 등기부채권총액 65,000,000원 열람일자 : 2009.04.07 *저당권확인바랍니다.

Tip • • •

가등기권자 강귀례에 의하여 임의경매로 진행되었습니다.

배당내역(예상)

경매비용

총경매비용	1,787,860 원 계산내역보기	- 법원마다 약간의 차이가 있을 수 있음. - 부동산 1필지로 산정함

등기권리자 배당

등기권리	권리자	등기일자	채권액	등기배당액 배당총액	말소여부	비고
가등	강귀례	2005-10-13	69,000,000	69,000,000	말소	말소기준권리
저당	정영순	2007-01-10	65,000,000	6,012,140	말소	
압류	국민건강보험	2008-01-31	0	0	말소	
임의	강귀례	2008-02-14	0	0	말소	경매기입등기

권리관계수정

임차인배당 (지지옥션 세대열람)

대항력	임차인	전입일 (사업등록)	임차금 월세포함	임차배당액 배당총액	인수	확정일	배당	형태
무	김형석	2007-03-02	0	0	소멸		안함	주거
유	김일환	2005-07-12	120,000,000	0	인수		안함	주거

소액임차금표 주민등록확인필 권리관계수정

배당순서(예상)

권리	배당자	배당액	배당후잔액	배당사유
경매비용		1,787,860	75,012,140	
가등	강귀례	69,000,000	6,012,140	가등
저당	정영순	6,012,140	0	저당

경매사건검색

검색조건 법원 : 서울중앙지방법원 | 사건번호 : 2008타경4118

사건내역 | 기일내역 | 문건/송달내역 | 인쇄 | < 이전

사건기본내역

사건번호	2008타경4118	사건명	부동산임의경매
접수일자	2008.02.12	개시결정일자	2008.02.13
담당계	경매4계 전화 : 530-1816(구내:1816)		
청구금액	69,000,000원	사건항고/정지여부	
종국결과	미종국	종국일자	

당사자내역

당사자구분	당사자명	당사자구분	당사자명
채권자	강귀례	채무자겸소유자	정태주
임차인	김일환	근저당권자	정영순
압류권자	국민건강보험공단	교부권자	서울특별시동작구

경매사건검색

검색조건 법원 : 서울중앙지방법원 | 사건번호 : 2008타경4118

사건내역 | 기일내역 | 문건/송달내역

인쇄 | < 이전

문건처리내역

접수일	접수내역	결과
2008.02.15	등기소 동작등기소 등기필증 제출	
2008.03.06	압류권자 국민건강보험공단 교부청구 제출	
2008.03.07	기타 서울중앙지방법원집행관 현황보고서 제출	
2008.03.10	채권자 강귀례 특별송달신청 제출	
2008.03.14	기타 고려감정평가법인 원조협조요청 제출	
2008.03.24	채권자 강귀례 권리신고및배당요구신청 제출	
2008.03.24	채권자 강귀례 채권계산서 제출	
2008.03.31	기타 고려감정평가법인 감정평가서 제출	
2008.04.02	근저당권자 정영순 채권계산서 제출	
2008.04.03	교부권자 서울특별시동작구 교부청구 제출	
2008.05.09	채권자 강귀례 야간송달신청 제출	
2008.06.13	채무자겸소유자 정태주 열람및복사신청 제출	
2008.06.25	채권자 강귀례 공시송달신청 제출	
2008.06.27	채권자 강귀례 특별송달신청 제출	
2008.09.09	채권자 강귀례 탄원서(진정서등) 제출	
2008.09.23	채권자 강귀례 특별송달신청 제출	
2008.09.23	채권자 강귀례 특별송달신청 제출	

● 송달내역

송달일	송달내역	송달결과
2008.02.14	채권자 강귀례 개시결정정본 발송	2008.02.18 도달
2008.02.14	감정인 김영일 평가명령 발송	2008.02.19 도달
2008.02.14	채무자겸소유자 정태주 개시결정정본 발송	2008.02.20 폐문부재
2008.02.22	최고관서 고양세무서 최고서 발송	2008.02.25 도달
2008.02.22	최고관서 서울시 동작구청장 최고서 발송	2008.02.25 도달
2008.02.22	가등기권자 강귀례 최고서 발송	2008.02.25 도달
2008.02.22	근저당권자 정영순 최고서 발송	2008.02.25 도달
2008.02.22	압류권자 국민건강보험공단 대표이사 최고서 발송	2008.02.25 도달
2008.02.27	채권자 강귀례 주소보정명령등본 발송	2008.03.03 도달
2008.03.07	임차인 김일환 임차인통지서 발송	2008.03.10 이사불명
2008.03.10	채무자겸소유자1 정태주 개시결정정본 발송	2008.04.23 폐문부재
2008.03.10	법원 의정부지방법원 고양지원 집행관 귀하 촉탁서 발송	2008.03.13 도달
2008.03.17	임차인 김일환 임차인통지서 발송	2008.03.18 도달
2008.03.17	기타 (주)고려감정평가법인 심문서 발송	2008.03.20 도달
2008.05.09	채무자겸소유자1 정태주 개시결정정본 발송	2008.06.16 폐문부재
2008.05.09	법원 의정부지방법원 고양지원 집행관 귀하 촉탁서 발송	2008.05.15 도달
2008.05.19	채권자 강귀례 주소보정명령등본 발송	2008.05.22 도달
2008.06.25	채무자겸소유자1 정태주 개시결정정본 발송	2008.07.10 도달
2008.06.27	채무자겸소유자1 정태주 개시결정정본 발송	2008.08.26 폐문부재
2008.06.27	법원 의정부지방법원 고양지원 집행관 귀하 촉탁서 발송	2008.07.02 도달
2008.07.02	채권자 강귀례 주소보정명령등본 발송	2008.07.07 도달

사건일반내역 사건진행내역 » 인쇄하기 » 나의 사건 검색하기

▸ 사건번호 : 서울중앙지방법원 2006가단260607

기본내역 » 청사배치

사건번호	2006가단260607	사건명	가등기말소
원고	정태주	피 고	강귀례
재판부	민사70단독(중액)		
접수일	2006.07.06	종국결과	2007.02.22 원고패
원고소가	4,130,062	피고소가	
수리구분	제소	병합구분	없음
상소인	원고	상소일	2007.03.29
상소각하일		보존여부	기록보존됨
송달료,보관금 종결에 따른 잔액조회		» 잔액조회	

심급내역

법 원	사건번호	결 과
서울중앙지방법원	2007나10145	2007.10.11 항소취하간주

최근기일내역 » 상세보기

일 자	시 각	기일구분	기일장소	결 과
2006.12.05	15:00	변론준비기일	동관 제473호 준비실	변론준비종결
2006.12.28	15:30	변론기일	동관 제355호법정	속행
2007.01.25	17:30	변론기일	동관 제355호법정	변론종결
2007.02.22	09:50	판결선고기일	동관 제355호법정	판결선고

당사자내역

구 분	이 름	종국결과	판결송달일
원고	1. 정태주		2007.03.19
피고	1. 강귀례		2007.03.07

사건일반내역 | 사건진행내역 | » 인쇄하기 | » 나의 사건 검색하기

▸ 사건번호 : 서울중앙지방법원 2007나10145

기본내역 » 청사배치

사건번호	2007나10145	사건명	가등기말소
원고	정태주	피 고	강귀례
재판부	제7민사부(라) (전화:530-1720)		
접수일	2007.04.12	종국결과	2007.10.11 항소취하간주
원고소가	4,130,062	피고소가	
수리구분	제소	병합구분	없음
상소인		상소일	
상소각하일			
송달료,보관금 종결에 따른 잔액조회	» 잔액조회		

심급내역

법 원	사건번호	결 과
서울중앙지방법원	2006가단260607	2007.02.22 원고패

당사자내역

구 분	이 름	종국결과	판결송달일
원고(항소인)	1. 정태주	2007.10.11 항소취하간주	
피고(피항소인)	1. 강귀례	2007.10.11 항소취하간주	

등기부 등본 (말소사항 포함) - 집합건물

[집합건물] 서울특별시 동작구 대방동 391-249 제지하층 제2호　　　　고유번호 1150-1996-513642

【 표 제 부 】 (1동의 건물의 표시)

표시번호	접 수	소재지번,건물명칭 및 번호	건 물 내 역	등기원인 및 기타사항
1 (전 1)	1995년5월18일	서울특별시 동작구 대방동 391-249	철근콘크리트조 평슬래브지붕 4층 연립주택 (15세대) 지층 325.96㎡ 1층 232.39㎡ 2층 233.43㎡ 3층 206.16㎡ 4층 170.94㎡ 옥탑 25.92㎡	도면편철장 제2책153장
				부동산등기법 제177조의 6 제1항의 규정에 의하여 1999년 07월 14일 전산이기

(대지권의 목적인 토지의 표시)

표시번호	소 재 지 번	지 목	면 적	등기원인 및 기타사항
1 (전 1)	1. 서울특별시 동작구 대방동 391-249	대	439.7㎡	1995년5월18일 등기
				부동산등기법 제177조의 6 제1항의 규정에 의하여 1999년 07월 14일 전산이기

【 표 제 부 】 (전유부분의 건물의 표시)

표시번호	접 수	건물번호	건 물 내 역	등기원인 및 기타사항
1 (전 1)	1995년5월18일	제지하층 제2호	철근콘크리트조 49.92㎡	도면편철장 제2책 153장
				부동산등기법 제177조의 6 제1항의 규정에 의하여 1999년 07월 14일 전산이기

(대지권의 표시)

표시번호	대지권종류	대지권비율	등기원인 및 기타사항
1 (전 1)	1 소유권대지권	439.7분의 23.41	1995년4월26일 대지권 1995년5월18일등기
			부동산등기법 제177조의 6 제1항의 규정에 의하여 1999년 07월 14일 전산이기

【 갑 구 】 (소유권에 관한 사항)

순위번호	등 기 목 적	접 수	등 기 원 인	권 리 자 및 기 타 사 항
1 (전 2)	소유권이전	1995년9월6일 제31222호	1995년8월22일 매매	소유자 [redacted]
				부동산등기법 제177조의 6 제1항의 규정에 의하여 1999년

순위번호	등 기 목 적	접 수	등 기 원 인	권 리 자 및 기 타 사 항
				07월 14일 전산이기
~~2~~	~~소유권이전청구권가등기~~	~~2004년7월10일 제29240호~~	~~2004년7월10일 매매예약~~	~~가등기권자~~ [illegible]
3	2번가등기말소	2005년2월22일 제5808호	2005년2월22일 해제	
4	소유권이전	2005년2월22일 제5809호	2005년1월22일 매매	소유자 [illegible]
4-1	4번등기명의인표시변경	2005년10월13일 제44902호	2005년8월9일 전거	[illegible]
4-2	4번등기명의인표시변경	2007년1월10일 제1573호	2006년11월6일 전거	[illegible]
5	소유권이전청구권가등기	2005년10월13일 제44903호	2005년10월11일 매매예약	가등기권자 [illegible]
6	~~압류~~	~~2005년10월25일 제46421호~~	~~2005년10월24일 압류~~	~~권리자 동작구(세무1과)~~
7	6번압류등기말소	2006년6월23일 제28059호	2006년6월23일 해제	
8	~~5번가등기말소예고등기~~	~~2006년7월20일 제33002호~~	~~2006년7월6일 서울중앙지방법원에 소제기(2006가단200007)~~	

순위번호	등 기 목 적	접 수	등 기 원 인	권 리 자 및 기 타 사 항
9	8번예고등기말소	2008년1월24일 제3486호	2007년2월2일 화경판결	
10	압류	2008년1월31일 제4420호	2008년1월28일 압류	채권자 국민건강보험공단 111471-0008863 서울특별시 마포구 염리동 168-9 의료보험회관 (고양지사)
11	임의경매개시결정	2008년2월14일 제6859호	2008년2월13일 서울중앙지방법원의 임의경매개시결정(2008 타경4118)	채권자 [illegible]

【 을 구 】 (소유권 이외의 권리에 관한 사항)				
순위번호	등 기 목 적	접 수	등 기 원 인	권 리 자 및 기 타 사 항
~~1 (전 3)~~	~~근저당권설정~~	~~1998년12월17일 제45367호~~	~~1998년12월16일 설정계약~~	~~채권최고액 금오천만원정 채무자~~ [illegible] ~~근저당권자 한빛비아스포츠웨어한국 110114-0026903 서울 강남구 청담2동 41 청담빌딩 12층~~
				부동산등기법 제177조의 6 제1항의 규정에 의하여 1999년 07월 14일 전산이기
2	1번근저당권설정등기말소	2000년1월13일 제1157호	2000년1월12일 해지	

순위번호	등 기 목 적	접 수	등 기 원 인	권 리 자 및 기 타 사 항
3	~~근저당권설정~~	~~2005년4월25일~~ ~~제15821호~~	~~2005년4월25일~~ ~~설정계약~~	~~채권최고액 금00,000,000원~~ ~~채무자~~ ~~근저당권자~~
4	3번근저당권설정등기말소	2005년7월19일 제31921호	2005년7월19일 해지	
5	근저당권설정	2007년1월10일 제1574호	2007년1월4일 설정계약	채권최고액 금65,000,000원 채무자 근저당권자

등기부등본 요약

갑구			을구		
4	2005. 02. 22	소유자(정태주)			
5	2005. 10. 13	소유권이전청구권가등기(강귀례)			
			5	2007. 01. 10	근저당권(채무자 정태주, 근저당권자 정영순)
11	2008. 02. 14	임의경매개시(강귀례)			

살 펴 보 기

갑구 5번 가등기권자 강귀례가 승소하여 임의경매 진행하므로 경락자는 아무런 문제가 없습니다.

그러나 만약 5번 소유권이전청구권가등기에 대한 확정판결이 나오기 전에 을구 5번 근저당권 설정자 정영순에 의해 경매가 진행되었다고 하면, 이때 경락 받은 경락자는 갑구 5번 가등기에 의하여 이 물건에 대하여 아무런 법적인 주장을 할 수 없게 됩니다.

선순위가등기 ❻ :: 경락자에게 인수가 되지 않는 경우 ::

(선순위가등기권자가 참고자료 제출)

남부9계 2009-1129 상세정보

경매구분	강제(기일)	채권자	김주영	낙찰일시	09.06.24
용도	오피스텔(주거용)	채무/소유자	지혜와삶	낙찰가격	132,100,000
감정가	140,000,000	청구액	87,000,000	경매개시일	09.01.16
최저가	112,000,000 (80%)	토지총면적	11.53 ㎡ (3.49평)	배당종기일	09.03.20
입찰보증금	10% (11,200,000)	건물총면적	37.53 ㎡ (11.35평)[19평형]	조회수	금일1 공고후157 누적275
주의사항	· 선순위가등기				

- ■ 물건사진 3
- ■ 지번·위치 3
- ■ 구 조 도 2
- ■ 위성지도

우편번호및주소/감정서	물건번호/면 적 (㎡)	감정가/최저가/과정	임차조사	등기권리
152-050 서울 구로구 구로동 650-4 SK허브수 A동 15층 1514호 ●감정평가서정리 - 철콘구조철콘지붕 - 구일중학교북서측인근 - 주위일부중소규모점포및근린시설,일부공장,각급학교,아파트등혼재 - 차량출입용이,대중교통사정양호 - 인근노선버스및마을버스(정),구일역위치 - 도시가스난방	물건번호: 단독물건 대지 11.53/15791 (3.49평) 건물 37.53 (11.35평) (19평형) 방1-공용:25.84 15층-05.05.16보존 2개동940세대	감정가 140,000,000 대지 42,000,000 (30%) 건물 98,000,000 (70%) 최저가 112,000,000 (80.0%) ●경매진행과정 140,000,000 유찰 2009-05-27 20%↓ 112,000,000 낙찰 2009-06-24 132,100,000 (94.4%) - 응찰 : 3명 - 낙찰자:정혜승	●법원임차조사 김주영 전입 2006.04.26 확정 2006.04.26 배당 2009.02.19 (보) 87,000,000 점유 2006.3.29- 주거/전부 *방문시마다 폐문부재하여 문앞에 경매현황조사 안내문및 배당요구신청 안내문을 부착하였으나 연락없음.임대차관계미상 ●지지옥션세대조사 전입 2006.04.26 김주영 동사무소확인:09.05.14	소유권 지혜와삶 2007.03.29 전소유자:리얼리치 가등기 주인숙 2007.04.26 소유이전청구가등 압 류 구로세무서 2007.09.03 압 류 구로구 2008.02.22 압 류 근로복지공단 서울관악지사 2008.05.19 강 제 김주영 2009.01.16 *청구액:87,000,000원 열람일자 : 2009.02.16

배당내역(예상)

경매비용

총경매비용	2,011,060 원 계산내역보기	- 법원마다 약간의 차이가 있을 수 있음. - 부동산 1필지로 산정함

등기권리자 배당

등기권리	권리자	등기일자	채권액	등기배당액 배당총액	말소여부	비고
가등	주인숙	2007-04-26	0	0	말소	말소기준권리
압류	구로세무서	2007-09-03	0	0	말소	
압류	구로구	2008-02-22	0	0	말소	
압류	근로복지공단	2008-05-19	0	0	말소	
강제	김주영	2009-01-16	0	0 87,000,000	말소	경매기입등기

권리관계수정

임차인배당 (지지옥션 세대열람)

대항력	임차인	전입일 (사업등록)	임차금 월세포함	임차배당액 배당총액	인수	확정일	배당	형태
유	김주영	2006-04-26	87,000,000	87,000,000 87,000,000	소멸	2006-04-26	요구	주거

소액임차금표 주민등록확인필 권리관계수정

배당순서(예상)

권리	배당자	배당액	배당후잔액	배당사유
경매비용		2,011,060	130,088,940	
임차인	김주영	87,000,000	43,088,940	임차인
소유자	지혜와삶	43,088,940	0	배당잉여금

Tip • • •

채권자 김주영은 현 소유자보다 먼저 전입을 하고 확정일자를 받아 가등기권자에 앞서는 선순위이고 또한 경매신청자이기도 합니다. 그러므로 경락자에게 문제가 안됩니다.

경매사건검색

검색조건 법원 : 서울남부지방법원 | 사건번호 : 2009타경1129

사건내역 | 기일내역 | 문건/송달내역 　 인쇄 　 < 이전

사건기본내역

사건번호	2009타경1129	사건명	부동산강제경매
접수일자	2009.01.15	개시결정일자	2009.01.16
담당계	경매9계 전화 : (02)2192-1339(구내:1339)		
청구금액	87,000,000원	사건항고/정지여부	
종국결과	미종국	종국일자	

당사자내역

당사자구분	당사자명	당사자구분	당사자명
채권자	김주영	채무자겸소유자	주식회사지혜와삶
임차인	김주영	압류권자	구로세무서
압류권자	서울특별시구로구	압류권자	근로복지공단
가등기권자	주인숙	교부권자	춘천세무서

▶ **검색조건** 법원 : 서울남부지방법원 | 사건번호 : 2009타경1129

사건내역 | 기일내역 | 문건/송달내역 | 인쇄 | < 이전

● **문건처리내역**

접수일	접수내역	결과
2009.01.19	등기소 구로등기소 등기필증 제출	
2009.01.23	교부권자 춘천세무서 교부청구 제출	
2009.01.28	채권자 김주영 보정서 제출	
2009.02.04	기타 남일감정평가사사무소 감정평가서 제출	
2009.02.04	교부권자 근로복지공단 서울관악지사 교부청구 제출	
2009.02.19	배당요구권자 김주영 배당요구신청 제출	
2009.02.23	기타 집행관 이치림 현황조사서 제출	
2009.02.27	채권자 김주영 야간송달신청 제출	
2009.03.06	압류권자 서울특별시구로구 교부청구 제출	
2009.03.16	가등기권자 주인숙 참고자료 제출	
2009.03.20	교부권자 춘천세무서 교부청구 제출	
2009.05.27	압류권자 근로복지공단 교부청구 제출	
2009.05.28	교부권자 춘천세무서 교부청구 제출	
2009.05.29	압류권자 구로세무서 교부청구 제출	
2009.06.12	압류권자 구로세무서 교부청구 제출	

Tip • • •

법원의 최고에 따라 가등기권자 주인숙이 참고자료(대물반환예약서)를 제출하였습니다.

● 송달내역

송달일	송달내역	송달결과
2009.01.15	채무자겸소유자 주식회사지혜와삶 이사 윤상희 개시결정정본 발송	2009.01.22 수취인불명
2009.01.15	채권자 김주영 개시결정정본 발송	2009.02.02 도달
2009.01.19	최고관서 서울시 구로구청장 최고서 발송	2009.01.20 도달
2009.01.19	채권자 김주영 보정명령등본 발송	2009.01.23 도달
2009.01.19	압류권자 서울특별시구로구 최고서 발송	2009.01.20 도달
2009.01.19	압류권자 근로복지공단 최고서 발송	2009.01.20 도달
2009.01.19	가등기권자 주인숙 최고서 발송	2009.01.20 도달
2009.01.19	감정인 김형일 평가명령 발송	2009.01.22 도달
2009.01.19	최고관서 구로세무서 최고서 발송	2009.01.20 도달
2009.01.19	최고관서 관세청 최고서 발송	2009.01.20 도달
2009.01.19	압류권자 구로세무서 최고서 발송	2009.01.20 도달
2009.02.19	채권자 김주영 주소보정명령등본 발송	2009.02.25 도달
2009.02.25	임차인 김주영 임차인통지서 발송	2009.03.04 도달
2009.03.09	법원 서울남부지방법원 집행관 귀하 촉탁서 발송	
2009.03.09	채무자겸소유자1 주식회사지혜와삶 개시결정정본 발송	2009.03.23 도달
2009.05.18	압류권자 구로세무서 매각및 매각결정기일통지서 발송	2009.05.20 도달
2009.05.18	압류권자 서울특별시구로구 매각및 매각결정기일통지서 발송	2009.05.20 도달
2009.05.18	압류권자 근로복지공단 매각및 매각결정기일통지서 발송	2009.05.20 도달
2009.05.18	가등기권자 주인숙 매각및 매각결정기일통지서 발송	2009.05.20 도달
2009.05.18	교부권자 춘천세무서 매각및 매각결정기일통지서 발송	2009.05.20 도달
2009.05.18	채무자겸소유자 주식회사지혜와삶 이사 윤상희 매각및 매각결정기일통지서 발송	2009.05.20 도달

등기부 등본 (말소사항 포함) - 집합건물

[집합건물] 서울특별시 구로구 구로동 650-4 에스케이허브수 제에이동 제15층 제1514호 　　　　고유번호 2643-2006-008237

【 표 제 부 】 (1동의 건물의 표시)

표시번호	접 수	소재지번,건물명칭 및 번호	건 물 내 역	등기원인 및 기타사항
1	2005년5월16일	서울특별시 구로구 구로동 650-4 에스케이허브수 제에이동	철근콘크리트구조 철근콘크리트지붕 15층 업무시설(오피스텔 420실)외1 지2층 5,397.66㎡ 지1층 5,817.72㎡ 1층 1,823.52㎡ 2층 1,972.51㎡ 3층 1,972.51㎡ 4층 1,972.51㎡ 5층 1,972.51㎡ 6층 1,972.51㎡ 7층 1,972.51㎡ 8층 1,972.51㎡ 9층 1,972.51㎡ 10층 1,972.51㎡ 11층 1,972.51㎡ 12층 1,972.51㎡ 13층 1,972.51㎡ 14층 1,972.51㎡ 15층 1,972.51㎡ 옥탑1 58.5㎡(연면적제외)	도면편철장 1책 163장

(대지권의 목적인 토지의 표시)

표시번호	소 재 지 번	지 목	면 적	등기원인 및 기타사항
1	1. 서울특별시 구로구 구로동 650-4	대	15791㎡	2005년5월16일

【 표 제 부 】 (전유부분의 건물의 표시)

표시번호	접 수	건물번호	건 물 내 역	등기원인 및 기타사항
1	2005년5월16일	제15층 제1514호	철근콘크리트구조 37.53㎡	도면편철장 1책 163장

(대지권의 표시)

표시번호	대지권종류	대지권비율	등기원인 및 기타사항
1	1 소유권대지권	15791분의 11.53	2005년4월14일 대지권 2005년5월16일

【 갑 구 】 (소유권에 관한 사항)

순위번호	등 기 목 적	접 수	등 기 원 인	권 리 자 및 기 타 사 항
1	소유권보존	2005년5월16일 제45676호		소유자 주식회사리얼리치 110111-0635247 ~~서울 강남구 역삼동 737 스타타워 6층~~
1-1	1번등기명의인표시변경		2007년1월18일 변경	주식회사리얼리치의 주소 서울 서초구 서초동 1303-22 교보타워빌딩 비동 13층 2007년3월29일 부기

순위번호	등 기 목 적	접 수	등 기 원 인	권 리 자 및 기 타 사 항
2	소유권이전	2007년3월29일 제28670호	2007년3월27일 매매	소유자 주식회사지혜와삶 110111-2****** 서울 구로구 구로동 212-1 에이스트윈타워1차 1304호 거래가액 금109,160,000원
3	소유권이전청구권가등기	2007년4월26일 제38045호	2007년4월26일 대물반환예약	가등기권자 [redacted]
4	압류	2007년9월3일 제73651호	2007년8월29일 압류(재산법인세과-1412)	권리자 국 처분청 구로세무서
5	압류	2008년2월22일 제12746호	2008년2월14일 압류(세무1과-1732)	권리자 서울특별시구로구
6	압류	2008년5월19일 제44364호	2008년5월13일 압류(납부지원2부-58966)	채권자 근로복지공단 111271-0007456 서울특별시 영등포구 영등포동2가 94-267 (서울관악지사)
7	강제경매개시결정	2009년1월16일 제3120호	2009년1월16일 서울남부지방법원의 강제경매개시결정(2009 타경1129)	채권자 [redacted]

【 을 구 】 (소유권 이외의 권리에 관한 사항)

순위번호	등 기 목 적	접 수	등 기 원 인	권 리 자 및 기 타 사 항
~~1~~	~~근저당권설정~~	~~2007년3월29일~~	~~2007년3월29일~~	~~채권최고액 금100,000,000원~~

순위번호	등 기 목 적	접 수	등 기 원 인	권 리 자 및 기 타 사 항
		~~제28671호~~	~~설정계약~~	~~채무자 주식회사 지혜와 삶~~ ~~서울 구로구 구로동 212-1 에이스트윈타워2차 1304호~~ ~~근저당권자~~ [redacted]
2	1번근저당권설정등기말소	2007년4월4일 제30497호	2007년4월4일 해지	
3	~~근저당권설정~~	~~2007년4월4일~~ ~~제30498호~~	~~2007년4월4일~~ ~~설정계약~~	~~채권최고액 금200,000,000원~~ ~~채무자 주식회사지혜와삶~~ ~~서울 구로구 구로동 212-1 에이스트윈타워1차 1304호~~ ~~근저당권자~~ [redacted]
4	3번근저당권설정등기말소	2007년4월26일 제38046호	2007년4월25일 해지	

대물반환예약서

예약 당사자의 표시

예 약 자 (갑) 홍길동

서울 도봉구 쌍문동 355 미래빌라 404호

예약권리자 (을) 성춘향

경기도 의정부시 가능동 633-10

부동산의 표시: 별지 목록과 같다.

예약자 홍길동을 甲이라 칭하고 예약권리자 성춘향을 乙이라 칭하여 상기 부동산을 담보로 하여 아래와 같이 '금전소비대차계약'을 체결한다.

- 아 래 -

제 1 조 (대물반환예약)

① 채권자는 채무자에게 금 100,000,000원을 대여함에 있어 이자는 연 5%로 하여 매월 말일 지급하고, 변제기는 2004년 12월 31일까지로 한다. 만일 변제기까지 원리금을 변제하지 못하면 채무자는 대물변제로 상기 부동산의 소유권을 채권자에게 이전한다.

② 채무자가 제1항의 이자 채무를 3회 이상 불이행하면 기한의 이익을 상실하고 채권자는 원리금을 일시에 청구할 수 있으며 가등기된 부동산의 경매를 신청할 수 있다.

제 2 조 (담보가등기)

제1조의 채권을 담보하기 위하여 채무자는 채권자에게 상기 부동산에 대한 '담보가등기' 절차를 이행하기로 한다.

제 3 조 (청산금의평가통지)

① 채권자가 제1조의 규정에 의한 소유권을 취득함에는 2개월 전?목적 부동산의 평가액에서 차용액 원리금의 가액을 초과하는 청산금의 평가액을 채무자에게 통지하여야 한다.

② 제1항의 평가액을 정함에 있어서는 채권자가 선정하는 감정평가사의 평가에 의한다.

제 4 조 (가등기에기한본등기)

제3조 제1항의 청산기간을 도과하도록 원리금 등을 변제하지 않을 때에는 채권자는 채무자에게 청산금을 지급함과 동시에 담보가등기에 기한 본등기를 이행함에 있어 채무자는 이 등기절차에 필요한 일체의 서류를 갖추어 이에 협력키로 한다.

제 5 조 (법정지상권)

① 채권자가 건물만에 대하여 제4조의 본등기로 소유권을 취득할 경우에 채무자 소유의 토지상에, 토지만을 취득할 때에는 채권자의 지상에 가등기담보에관한법률 제10조에 의한 법정지상권설정등기신청에 협력키로 한다.

② 제1항의 경우에 지상권의 존속기간은 30년으로 하고 지료는 토지소유자가 선임하는 감정평가인의 평가에 의한다.

제 6 조 (대물변제계약의의제)

제4조의 등기를 신청함에 있어서 위 당사자 간에 별도의 대물변제계약을 체결함이 없이도 제3조 제1항의 통지서가 채무자에게 송달된 후 2개월이 경과된 다음날에 자동적으로 제1조의 대물변제의 본계약이 성립된 것으로 본다.

제 7 조 (비용의부담)

본계약 이행에 필요한 일체의 비용을 채무자가 부담하되, 다만 법령에 의하여 부담할 세액 등은 채권자가 부담한다.

제 8 조 (채권의소멸)

제4조와 제6조의 등기와 동시에 채무자는 채권자에게 부동산을 인도 또는 명도하고 위 등기와 인도가 된 때에는 제1조에 게기한 채권은 소멸하며, 채권자는 채권증서를 반환하여야 한다.

제 9 조 (재판관할의합의)

본 건에 관한 재판의 관할은 채권자의 주소지 관할로 하고 이 증서 2통을 작성하여 각 1통씩 소지한다.

상기 계약을 증명하기 위하여 본 예약서 2통을 작성하여 (갑) (을) 쌍방이 기명날인 한 후 각자 1통을 소지한다.

2009년 05월 16일

예 약 자 (갑) 홍길동

예 약 권 리 자 (을) 성춘향

등기부등본 요약

갑구			을구		
1	2005.05.16	소유자(리얼리차)			
2	2007.03.29	소유자(지혜와 삶)			
3	2007.04.26	소유권이전청구권가등기(주인숙)			
7	2009.01.16	강제경매개시(김주영)			

살 펴 보 기

법원의 최고에 의거 가등기권자 주인숙은 채권계산서를 제출하는 대신 참고 자료를 제출하였습니다. 제출된 대물반환예약서를 참고하면 청구가등기와 담보가등기의 양면성을 가지고 있으나 담보가등기에 가까운 것을 알 수 있습니다.

또한 가등기권자 주인숙은 배당종기일(2009. 3. 20)이전인 2009. 3. 16에 참고 자료를 제출하였습니다. 그러므로 법원경매계에서 배당신청을 했는지 서류를 열람해 보셔야 합니다.

선순위소유권이전가등기와 달리 담보가등기는 경매절차에서 절대적으로 소멸되는 권리입니다. 그러므로 갑구 3번 가등기는 경락자에게 문제가 되지 않습니다.

경매 후기

■ 현재의 등기부등본을 보면 2009. 8. 5 경락으로 인하여 갑구 3번 가등기가 말소되었다가 착오로 말소되었다고 하여 다시 회복이 되고, 다시 2009. 8. 5 강제경매로 인한 매각으로 말소한다고 되어 있습니다.

그러므로 이런 물건에 대하여 정확한 분석을 하고 경매에 참여한다면 생각지 못한 큰 이익을 올릴 수 있습니다.

선순위가등기 ❼ :: 경락자에게 인수가 되는 경우 – 1 ::

(선순위가등기권자가 배당 신청 안함)

중앙3계 2008-20745[2] 상세정보

경매구분	강제(기일)	채권자	김수미	경매일시	09.07.22 (10:00)
용도	도로	채무/소유자	한종인	다음예정	09.08.26 (16,834,400원)
감정가	41,100,000	청구액	120,035,184	경매개시일	08.07.28
최저가	21,043,000 (51%)	토지총면적	20 ㎡ (6.05평)	배당종기일	08.10.06
입찰보증금	10% (2,104,300)	건물총면적	0 ㎡ (0평)	조회수	금일2 공고후41 누적106
주의사항	· 선순위가등기 · 1997.6.18.접수 제50687호 가등기				

■ 물건사진 6
■ 지번·위치 5
■ 구 조 도 0
■ 위성지도

우편번호및주소/감정서	물건번호/면 적 (㎡)	감정가/최저가/과정	임차조사	등기권리
151-010 서울 관악구 신림동 654-12 감정평가액 감정:7,210,000 ●감정평가서정리 - 인접지와등고평탄한 사다리형토지 - 서측,남측각각4m도로 접함 2008.08.28 고려감정 표준공시지가 : 1,820,000 감정지가 : 1,030,000	물건번호: 2 번 (총물건수 4건) 2)도로 7 (2.12평) 현장보고서 신청 GO	감정가 41,100,000 대지 41,100,000 (100%) 최저가 21,043,000 (51.2%) ●경매진행과정 41,100,000 유찰 2009-04-08 20%↓ 32,880,000 유찰 2009-05-13 20%↓ 26,304,000 유찰 2009-06-17 20%↓ 21,043,000 진행 2009-07-22	●법원임차조사 *654-12와 654-31 두개의 부동산이 인접하여 연결된 도로로서 정확한 것은 측량을 요함.	가등기 이만복 1977.06.18 소유이전청구보전 가등 압 류 서초구청장 2003.04.30 압 류 구로세무서 2004.08.20 압 류 경기도화성시 2004.11.15 압 류 강서구 2006.08.04 소유권 한종인 2008.06.23 전소유자:정익수 강 제 김수미 2008.07.29 *청구액:120,035,184 열람일자 : 2009.03.24

배당내역(예상)

▸ 경매비용

총경매비용	259,361 원 (전체 - 2,320,520원) 계산내역보기	- 법원마다 약간의 차이가 있을 수 있음. - 부동산 1필지로 산정함 - 감정가 비율로 나눔(공동 담보 물건)

▸ 등기권리자 배당

등기권리	권리자	등기일자	채권액	등기배당액 배당총액	말소여부	비고
가등	이만복	1977-06-18	0	0	**인수**	
압류	서초구청장	2003-04-30	0	0	말소	말소기준권리
압류	구로세무서	2004-08-20	0	0	말소	
압류	경기도화성시	2004-11-15	0	0	말소	
압류	강서구	2006-08-04	0	0	말소	
강제	김수미	2008-07-29	120,035,184	20,783,639	말소	경매기입등기

권리관계수정

▸ 임차인배당

대항력	임차인	전입일 (사업등록)	임차금 월세포함	임차배당액 배당총액	인수	확정일	배당	형태
법원기록상 임대차 관계 없음								

소액임차금표 권리관계수정

배당순서(예상)

권리	배당자	배당액	배당후잔액	배당사유
경매비용		259,361	20,783,639	
강제	김수미	20,783,639	0	강제

경매사건검색

검색조건 법원 : 서울중앙지방법원 | 사건번호 : 2008타경20745

사건내역 | 기일내역 | 문건/송달내역 | 인쇄 | < 이전

사건기본내역

사건번호	2008타경20745	사건명	부동산강제경매
접수일자	2008.07.16	개시결정일자	2008.07.28
담당계	경매3계 전화 : 530-1815(구내:1815)		
청구금액	120,035,184원	사건항고/정지여부	
종국결과	미종국	종국일자	

당사자내역

당사자구분	당사자명	당사자구분	당사자명
채권자	김수미	채무자겸소유자	한종인
임차인	박용호	임차인	유한
가압류권자	주식회사한국외환은행	가압류권자	대한주택보증주식회사
압류권자	서울특별시서초구	압류권자	서울특별시구로구
압류권자	경기도화성시	압류권자	서울특별시강서구
압류권자	구로세무서	가등기권자	이만복
배당요구권자	김학진	배당요구권자	대한주택보증 주식회사

경매사건검색

검색조건 법원 : 서울중앙지방법원 | 사건번호 : 2008타경20745

사건내역 | 기일내역 | 문건/송달내역 | 인쇄 | < 이전

문건처리내역

접수일	접수내역	결과
2008.07.24	채권자 김수미 보정서 제출	
2008.07.29	등기소 관악등기소 등기필증 제출	
2008.08.07	가압류권자 김학진 권리신고및채권계산서신고 제출	
2008.08.19	채권자 김수미 채권계산서 제출	
2008.08.21	가압류권자 대한주택보증주식회사 배당요구신청 제출	
2008.08.29	가압류권자 주식회사한국외환은행 채권계산서 제출	
2008.09.02	기타 고려감정 감정평가서 제출	
2008.09.05	기타 서울중앙지방법원집행관 현황조사서 제출	
2008.09.22	압류권자 서울특별시구로구 교부청구 제출	
2008.10.01	압류권자 서울특별시강서구 교부청구 제출	
2008.10.02	압류권자 서울특별시 서초구 교부청구 제출	
2008.10.06	압류권자 경기도화성시 교부청구 제출	
2008.10.14	압류권자 경기도화성시 교부청구 제출	

송달내역

송달일	송달내역	송달결과
2008.07.21	채권자 김수미 보정명령등본 발송	2008.07.22 도달
2008.08.05	채무자겸소유자 한종인 개시결정정본 발송	2008.08.06 도달
2008.08.05	감정인 김영일 평가명령 발송	2008.08.08 도달
2008.08.05	가등기권자 이만복 최고서 발송	2008.08.06 도달
2008.08.05	압류권자 구로세무서 최고서 발송	2008.08.06 도달
2008.08.05	압류권자 서울특별시강서구 최고서 발송	2008.08.06 도달
2008.08.05	압류권자 경기도화성시 최고서 발송	2008.08.06 도달
2008.08.05	압류권자 서울특별시구로구 최고서 발송	2008.08.06 도달
2008.08.05	압류권자 서울특별시서초구 최고서 발송	2008.08.06 도달

등기부 등본 (말소사항 포함) - 토지

[토지] 서울특별시 관악구 신림동 654-12 　　　　　　　　　　고유번호 1143-1996-077263

【 표 제 부 】 (토지의 표시)					
표시번호	접 수	소 재 지 번	지 목	면 적	등기원인 및 기타사항
~~1~~ ~~(전 2)~~	~~1977년9월17일~~	~~서울특별시 관악구 신림동 654-12~~	~~도로~~	~~9㎡~~	 부동산등기법 제177조의 6 제1항의 규정에 의하여 1999년 08월 06일 전산이기
2		서울특별시 관악구 신림동 654-12	도로	7㎡	면적단위환산으로 인하여 1999년9월14일 등기

【 갑 구 】 (소유권에 관한 사항)				
순위번호	등 기 목 적	접 수	등 기 원 인	권 리 자 및 기 타 사 항
1 (전 1)	분할에인한전사이전	1977년6월18일 제50686호	1977년6월13일 매매	소유자 [redacted]
2 (전 1)	가등기	1977년6월18일 제50687호	1977년6월13일 매매 예약에인한 소유권이전청구권보전	권리자 [redacted] 부동산등기법 제177조의 6 제1항의 규정에 의하여 1번 내지 2번 등기를 1999년 08월 06일 전산이기

순위번호	등 기 목 적	접 수	등 기 원 인	권 리 자 및 기 타 사 항
3	~~압류~~	~~2000년12월6일~~ ~~제46030호~~	~~2000년12월4일~~ ~~압류~~	~~권리자 국~~ ~~처분청 동작세무서~~
4	압류	2003년4월30일 제21336호	2003년4월16일 압류(세일13400-2226)	권리자 서울시서초구 처분청 서초구청장
5	압류	2004년8월20일 제39003호	2004년8월17일 압류(징세과-8964)	권리자 국 처분청 구로세무서
6	압류	2004년11월15일 제51336호	2004년10월22일 압류(세무과-22535)	권리자 경기도 처분청 화성시
7	3번압류등기말소	2006년2월3일 제4261호	2006년2월1일 해제	
8	압류	2006년8월4일 제37475호	2006년7월18일 압류(세무과-718)	권리자 강서구
9	소유권이전	2008년6월23일 제30473호	1998년1월15일 상속	소유자 [redacted] 대위자 [redacted] 대위원인 2002년 11월 20일 서울중앙지방법원의 판결
10	강제경매개시결정	2008년7월29일 제37148호	2008년7월28일 서울중앙지방법원의 강제경매개시결정(2008타경20745)	채권자 [redacted]

등기부등본 요약

갑구			을구		
4	1977.06.18	소유자(정익수)			
2	1977.06.18	소유권이전청구권 보전가등기 (이만복)			
9	2008.06.23	상속(한종인)			
10	2008.07.29	강제경매개시(김수미)			

살 펴 보 기

■ 선순위 가등기권자(이만복)는 법원의 최고에도 불구하고 채권을 신고치 않았습니다. 이런 경우에는 분석을 할 때 선순위가등기를 담보가등기로 보는 것 보다는 소유권이전을 위한 청구가등기로 보는 것이 안전합니다. 그러므로 이 건은 정확한 조사가 이루어지기까지는 절대 경매에 참여하면 안됩니다. 경락 받은 후에 가등기권자 이만복이 본등기를 해버리면 경락자는 꽝이니까요. 그러나 이 건은 가등기의 소멸시효가 지났기 때문에 점유자를 확인한 후 경매에 참여한 후 가등기의 말소를 구할 수가 있습니다.

■ 소유권이전청구권가등기의 소멸시효는 매매예약 완결일로부터 10년입니다. 그러므로 매수인(경락자)은 소유권에 기한 방해배제청구로서 그 가등기권리자에 대하여 본등기청구권의 소멸시효를 주장하여 그 가등기의

말소를 구할 수 있습니다. 그러나 가등기권자가 목적 부동산을 인도 받아 점유를 하고 있으면 소멸시효가 진행되지 않기 때문에 누가 점유하고 있는가를 반드시 확인해야 합니다. 또한 이런 가등기는 경매로 소멸되는 것이 아니기 때문에 매수인이 별도로 가등기권리자를 상대로 소송을 통해 가등기를 말소해야 합니다.

선순위가등기 ❽ :: 경락자에게 인수가 되는 경우 – 2 ::
(법원의 최고에도 배당 신청 안함)

동부1계 2008-7493 상세정보

경매구분	강제(기일)	채권자	신용보증기금	낙찰일시	09.06.22
용도	임야	채무/소유자	이근남	낙찰가격	102,770,000
감정가	184,726,000	청구액	60,331,274	경매개시일	08.05.21
최저가	75,664,000 (41%)	토지총면적	74 m² (22.38평)	배당종기일	08.08.25
입찰보증금	20% (15,132,800)	건물총면적	0 m² (0평)	조회수	금일1 공고후110 누적973
주의사항	·재매각물건 ·선순위가등기 ·거여동 187-52번지 상의 갑구 순위번호 2번 가등기 ·일괄매각,보증금2할본건 1.토지(거여동 187-52)는 공부상 임야이나 현황이 도로 및 공지이고, 주택개량재개발지구내 환지예정지로서 공부면적은 64m²이나 권리면적은 60.2m² 임.				

■ 물건사진 4
■ 지번·위치 5
■ 구 조 도 0

우편번호및주소/감정서	물건번호/면 적 (m²)	감정가/최저가/과정	임차조사	등기권리
138-110 서울 송파구 거여동 187-52 ●감정평가서정리 - 3종일반주거지역입안 감정평가액 (감정:164,346,000) 2008.07.02 이정희감정 표준공시지가 : 2,750,000 감정지가 : 2,730,000	물건번호: 단독물건 임야 64 (19.36평) 사정상:60.2m²	감정가 184,726,000 대지 184,726,000 (100%) 최저가 75,664,000 (41.0%) ●경매진행과정 184,726,000 유찰 2008-09-22 20%↓ 147,781,000 유찰 2008-11-03 20%↓ 118,225,000 유찰 2008-12-15 20%↓ 94,580,000	●법원임차조사 *관할 동사무소에 주민등록등재자를 조사한 바등재자 없음	소유권 이근남 1977.10.10 가등기 김종율 1998.02.06 소유이전청구가등 압 류 서인천세무서 2001.09.18 압 류 인천강화군 2002.10.04 가압류 신용보증기금 김포 2004.02.02 112,738,627 강 제 신용보증기금 서부채권관리 2008.05.21 *청구액:60,331,274원

배당내역(예상)

▸ 경매비용

총경매비용	1,653,368 원 계산내역보기	- 법원마다 약간의 차이가 있을 수 있음. - 부동산 1필지로 산정함

▸ 등기권리자 배당

등기권리	권리자	등기일자	채권액	등기배당액 배당총액	말소여부	비고
가등	김종율	1998-02-06	0	0	**인수**	
압류	서인천세무서	2001-09-18	0	0	말소	말소기준권리
압류	인천강화군	2002-10-04	0	0	말소	
가압	신용보증기금	2004-02-02	112,738,627	101,116,632	말소	
강제	신용보증기금	2008-05-21	0	0	말소	경매기입등기

권리관계수정

▸ 임차인배당

대항력	임차인	전입일 (사업등록)	임차금 월세포함	임차배당액 배당총액	인수	확정일	배당	형태
법원기록상 임대차 관계 없음								

소액임차금표 권리관계수정

배당순서(예상)

권리	배당자	배당액	배당후잔액	배당사유
경매비용		1,653,368	101,116,632	
가압	신용보증기금	101,116,632	0	가압류이하 안분배당

경매사건검색

검색조건 법원 : 서울동부지방법원 | 사건번호 : 2008타경7493

사건내역 | 기일내역 | 문건/송달내역 | 인쇄 | < 이전

사건기본내역

사건번호	2008타경7493	사건명	부동산강제경매
접수일자	2008.05.20	개시결정일자	2008.05.21
담당계	경매1계 전화 : 02-2204-2405(구내:2405)		
청구금액	60,331,274원	사건항고/정지여부	
종국결과	미종국	종국일자	

당사자내역

당사자구분	당사자명	당사자구분	당사자명
채권자	신용보증기금	채무자겸소유자	이근남
가압류권자	한국자산관리공사	압류권자	국(서인천세무서)
압류권자	강화군	가등기권자	김종율
교부권자	서인천세무서	배당요구권자	한국자산관리공사

▶ **검색조건** 법원 : 서울동부지방법원 | 사건번호 : 2008타경7493

사건내역 | 기일내역 | 문건/송달내역

인쇄 | < 이전

● 기일내역

물건번호	감정평가액	기일	기일종류	기일장소	최저매각가격	기일결과
1	184,726,000원	2008.09.22 (10:00)	매각기일	입찰법정(7호법정)	184,726,000원	유찰
		2008.11.03 (10:00)	매각기일	입찰법정(7호법정)	147,781,000원	유찰
		2008.12.15 (10:00)	매각기일	입찰법정(7호법정)	118,225,000원	유찰
		2009.02.09 (10:00)	매각기일	입찰법정(7호법정)	94,580,000원	매각
		2009.02.16 (14:00)	매각결정기일	입찰법정(7호법정)		최고가매각허가결정
		2009.03.19 (10:00)	대금지급기한	경매1계		미납
		2009.05.11 (10:00)	매각기일	입찰법정(7호법정)	94,580,000원	유찰
		2009.06.22 (10:00)	매각기일	입찰법정(7호법정)	75,664,000원	매각 (102,770,000원)
		2009.06.29 (14:00)	매각결정기일	입찰법정(7호법정)		최고가매각불허가결정

▶ **검색조건** 법원 : 서울동부지방법원 | 사건번호 : 2008타경7493

사건내역 | 기일내역 | 문건/송달내역

인쇄 | < 이전

● 문건처리내역

접수일	접수내역	결과
2008.05.22	등기소 송파등기소 등기필증 제출	
2008.06.10	가압류권자 한국자산관리공사 채권계산서 제출	
2008.06.11	가압류권자 한국자산관리공사 권리신고및배당요구신청 제출	
2008.06.12	가압류권자 한국자산관리공사 권리신고및배당요구신청 제출	
2008.06.12	압류권자 국(서인천세무서) 교부청구 제출	
2008.06.16	기타 최웅철 현황조사서 제출	
2008.07.14	채권자 신용보증기금 보정서 제출	
2008.07.15	기타 이정희감정평가사사무소 감정평가서 제출	
2008.08.04	압류권자 국(서인천세무서) 교부청구 제출	
2008.08.18	압류권자 강화군 교부청구 제출	
2008.08.22	교부권자 서인천세무서 교부청구 제출	
2008.09.26	교부권자 서인천세무서 교부청구 제출	
2009.03.06	압류권자 국(서인천세무서) 교부청구 제출	
2009.05.13	압류권자 국(서인천세무서) 교부청구 제출	
2009.05.27	압류권자 국(서인천세무서) 교부청구 제출	
2009.06.30	최고가매수신고인 항고장 제출	

● 송달내역

송달일	송달내역	송달결과
2008.06.03	가압류권자 한국자산관리공사 최고서 발송	2008.06.04 도달
2008.06.03	최고관서 서울시 송파구청장 최고서 발송	2008.06.04 도달
2008.06.03	최고관서 삼척세무서 최고서 발송	2008.06.04 도달
2008.06.03	압류권자 국(서인천세무서) 최고서 발송	2008.06.04 도달
2008.06.03	가등기권자 김종율 최고서 발송	2008.06.04 도달
2008.06.03	압류권자 강화군 최고서 발송	2008.06.04 도달
2008.06.03	채권자 신용보증기금 이사장 김규복, 대리인 최병길 개시결정정본 발송	2008.06.09 도달
2008.06.03	채무자겸소유자 이근남 개시결정정본 발송	2008.06.05 도달
2008.06.27	채권자 신용보증기금 이사장 김규복, 대리인 최병길 보정명령등본 발송	2008.07.02 도달
2008.06.30	감정인 이정희 평가명령 발송	2008.07.02 도달
2008.09.06	압류권자 국(서인천세무서) 매각및 매각결정기일통지서 발송	2008.09.08 도달
2008.09.06	채무자겸소유자 이근남 매각및 매각결정기일통지서 발송	2008.09.08 도달
2008.09.06	채권자 신용보증기금 이사장 김규복, 대리인 최병길 매각및 매각결정기일통지서 발송	2008.09.08 도달
2008.09.06	압류권자 강화군 매각및 매각결정기일통지서 발송	2008.09.08 도달
2008.09.06	배당요구권자 한국자산관리공사 사장 이철휘, 대리인 이인수 매각및 매각결정기일통지서 발송	2008.09.08 도달
2008.09.06	교부권자 서인천세무서 매각및 매각결정기일통지서 발송	2008.09.08 도달
2008.09.06	가등기권자 김종율 매각및 매각결정기일통지서 발송	2008.09.08 도달
2009.02.25	최고가매수인 대금지급기한통지서 발송	2009.03.04 도달
2009.04.24	채무자겸소유자 이근남 매각및 매각결정기일통지서 발송	2009.04.28 도달

등기부 등본 (말소사항 포함) - 토지

[토지] 서울특별시 송파구 거여동 187-62 고유번호 1162-1996-120087

【 표 제 부 】 (토지의 표시)					
표시번호	접 수	소 재 지 번	지 목	면 적	등기원인 및 기타사항
1 (전 1)	1998년9월1일	서울특별시 송파구 거여동 187-62	임야	64㎡	
					부동산등기법 제177조의 6 제1항의 규정에 의하여 1999년 05월 19일 전산이기

【 갑 구 】 (소유권에 관한 사항)				
순위번호	등 기 목 적	접 수	등 기 원 인	권 리 자 및 기 타 사 항
1 (전 1)	소유권이전	1977년10월10일 제80039호	1977년10월10일 매매	소유자 [redacted]
2 (전 2)	소유권이전청구권가등기	1998년2월6일 제5775호	1998년2월5일 매매예약	권리자 [redacted]
				부동산등기법 제177조의 6 제1항의 규정에 의하여 1번 내지 2번 등기를 1999년 05월 19일 전산이기
3	압류	2001년9월18일 제84257호	2001년9월12일 압류(징세46100-3580)	권리자 국 처분청 서인천세무서
4	압류	2002년10월4일	2002년10월1일	권리자 인천강화군

순위번호	등 기 목 적	접 수	등 기 원 인	권 리 자 및 기 타 사 항
		제111226호	압류(재무13410-4408)	
5	가압류	2004년2월2일 제9566호	2004년1월29일 서울서부지방법원의 가압류 결정(2004카단1345)	청구금액 금112,738,627원 채권자 신용보증기금 114271-0001636 서울 마포구 공덕동 254-5 (김포지점)
6	강제경매개시결정	2008년5월21일 제31788호	2008년5월21일 서울동부지방법원의 강제경매개시결정(2008 타경7493)	채권자 신용보증기금 114271-0001636 서울특별시 마포구 공덕동 254-5 (서부채권관리2팀)

등기부등본 요약

갑구			을구		
1	1977. 10. 10	소유자(이근남)			
2	1998. 02. 06	소유권이전청구권가등기(김종율)			
6	2008. 05. 21	강제경매개시(신용보증)			

살 펴 보 기

■ 선순위가등기권자(김종율)는 법원의 최고에도 불구하고 채권을 신고하지 않았습니다. 이러한 선순위가등기는 담보가등기로 보는 것보다는 소유권이전을 위한 청구가등기로 보는 것이 타당하다고 하였으므로 정확한 조사가 이루어지기 전까지는 절대 경매에 참여하면 안 된다고 하였습니다.

■ 경락 받은 후에 가등기권자 김종율이 본등기를 해버리면 경락자는 허탕을 친 것이니까요.

■ 2009. 2. 9 낙찰 받은 경락자가 왜 대금납부를 하지 않았을까요?

■ 또한 2009. 6. 29 에 왜 법원은 낙찰불허가 결정을 했을까요?

■ 그러나 소유권이전청구권가등기의 소멸시효는 10년이므로 경락자가 소

멸시효를 주장하여 가등기의 말소를 구할 수는 있습니다.

■ 또한 해당 토지가 현재 재개발지역이므로 재개발조합사무실을 찾아 정확한 정보를 아는 것이 중요합니다. 분양자격이 주어진다면 큰 이익이 발생할 수가 있으니까요.

■ 경락을 받았을 때 가등기권자가 본등기를 해버리면 낙찰자는 채권자를 상대로 부당이득반환청구소송을 해야 합니다. 그래도 이 건은 채권자가 신용보증기금이라 회수가 가능하겠지만 일반 개인이라면 쉽지만은 않을 겁니다.

경매 후기

■ 갑구 2번 가등기권자에 의하여 1998. 2. 5 매매예약에 기하여 2009. 3. 25에 본등기가 되었습니다. 그러므로 경매법원에서는 2009. 6. 22 경락 되었으나 2009. 6. 29 낙찰불허가 결정을 하였습니다.

2009. 3. 25에 본등기를 함으로써 갑구 2번 이후의 권리가 모두 말소되었으나 2009. 6. 22 까지 경매가 진행되는 어처구니 없는 일이 발생하였습니다. 그 동안 어느 누구도 등기부등본을 열람해 보지 않았는지…

가등기권자도 마찬가지 입니다. 2008. 5. 21 경매가 개시되었지만 2009. 3. 25 에야 본등기를 했습니다. 그 전에 누군가 경락을 받아 소유권을 이전하고 보존처분 취소 소송을 제기해버렸다면…

■ 자! 여기에서 갑구 2번의 가등기가 10년이 지난 뒤에 본등기를 하였습니다. 대법원 2008. 2. 14 선고 2007마 17222판결에서 보면 "보전처분을 집행한 때부터 10년이 경과할 때까지 채권자가 본안의 소를 제기하지 않은 경우에는 채무자가 보전처분 취소소송을 제기하여 그 취소를 구할 수 있다는 것에 불과하고, 보전처분 집행 후 10년간 본안소송이 제기되지 않았다고 하여 보전처분 취소판결 없이도 보전처분의 효력이 당연히 소멸되거나, 보전처분 취소판결이 확정된 때에 보전처분 집행 시부터 10년이 경과된 시점에 소급하여 보전처분의 효력을 소멸하게하는 것으로는 볼 수 없다."라고 하였습니다.

그러나 만약 갑구 2번 가등권권자가 2009. 3. 25 본등기를 하기 전에 경락을 받고, 이전등기를 한 다음 그 취소를 신청하였다면 대법원 1999. 10. 26 선고 99다 37887판결에서 "가압류 · 가처분채권자가 가압류 · 가처분 집행 후 10년간 본안의 소를 제기하지 아니한 때에는 가압류 · 가처분채무자 또는 이해관계인은 그 취소를 신청할 수 있고 , 그 기간이 경과되면 취소의 요건은 완성되며, 그 후에 본안의 소가 제기 되어도 가압류 · 가처분취소를 배제하는 효력이 생기지 아니한다."라고 되어 있는 것처럼 경락자는 온전한 소유권을 취득할 수 있었을 겁니다.

선순위가등기 ⑨ :: 경락자에게 인수가 되는 경우 – 1 ::
(경매 진행 중 가등기 말소)

동부2계 2008-20892 상세정보

경매구분	강제(기일)	채 권 자	김영숙	경매일시	정지물건
용 도	아파트	채무/소유자	김재준	다음예정	정지물건
감 정 가	540,000,000	청 구 액	100,438,356	경매개시일	08.12.30
최 저 가	432,000,000 (80%)	토지총면적	32 ㎡ (9.68평)	배당종기일	09.04.06
입찰보증금	10% (43,200,000)	건물총면적	69 ㎡ (20.87평)[28평형]	조 회 수	금일1 공고후195 누적196
주의사항	·선순위가등기 ·최선순위 소유권이전청구권 가등기 있음				

■ 물건사진 2
■ 지번·위치 3
■ 구 조 도 2
■ 위성지도

우편번호및주소/감정서	물건번호/면 적 (㎡)	감정가/최저가/과정	임차조사	등기권리
133-110 서울 성동구 성수동1가 676-3 ,-5,-9,685-396 현대 101동 14층 1403호 ●감정평가서정리 - 성수중교북동측인근위치 - 주위소규모공동주택및공원등혼재 - 차량진출입용이,교통사정무난 - 인근버스(정)및전철역소재 - 도시가스개별난방 - 부정형등고평탄지 - 남측13m도로접함 - 도시지역 - 3종주거지역	물건번호: 단독물건 대지 32.34/6057 (9.78평) 건물 69.21 (20.94평) 방3,욕실2 감정서상:69.31 15층-90.11.28보존 남향,복도식 현장보고서 신청 GO	감정가 540,000,000 대지 162,000,000 (30%) 건물 378,000,000 (70%) 최저가 432,000,000 (80.0%) ●경매진행과정 540,000,000 유찰 2009-06-01 정지 2009-07-20	●법원임차조사 양남호 전입 2008.09.08 확정 2008.09.08 배당 2009.03.17 (보) 155,000,000 주거/전부 점유 2008.9.6-2년 본건 목적물 소재지에 출장한 바,문이 잠겨있고 거주자가 부재중이여서 조사하지 못 하였음. 관할 동사무소에 주민등록등재자를 조사한 바,세대주 양남호가 등재되어있음. ●지지옥션세대조사 전입 2008.09.08 양남호 동사무소확인:09.05.20	소유권 김재준 2002.03.07 전소유자:장영인 가등기 정순녀 2008.12.11 소유이전청구가등 강 제 김영숙 2008.12.30 *청구액:100,438,356원 열람일자 : 2009.02.12

배당내역(예상)

▸ 경매비용

총경매비용	2,094,504 원 계산내역보기	- 법원마다 약간의 차이가 있을 수 있음. - 부동산 1필지로 산정함

▸ 등기권리자 배당

등기권리	권리자	등기일자	채권액	등기배당액 배당총액	말소여부	비고
가등	정순녀	2008-12-11	0	0	말소	말소기준권리
강제	김영숙	2008-12-30	100,438,356	100,438,356	말소	경매기입등기

권리관계수정

▸ 임차인배당 (지지옥션 세대열람)

대항력	임차인	전입일 (사업등록)	임차금 월세포함	임차배당액 배당총액	인수	확정일	배당	형태
유	양남호	2008-09-08	155,000,000	155,000,000	소멸	2008-09-08	요구	주거

소액임차금표 주민등록확인필 권리관계수정

배당순서(예상)

권리	배당자	배당액	배당후잔액	배당사유
경매비용		2,094,504	429,905,496	
임차인	양남호	155,000,000	274,905,496	임차인
강제	김영숙	100,438,356	174,467,140	강제
소유자	김재준	174,467,140	0	배당잉여금

Tip • • •

경매 사이트에서는 "가등기가 경락자에게 인수되지 않고 말소된다" 고 되어 있으나 경매가 개시될 당시에는 인수되는 권리입니다.

경매사건검색

▶ **검색조건** 법원 : 서울동부지방법원 | 사건번호 : 2008타경20892

사건내역 | 기일내역 | 문건/송달내역 　　　 인쇄 　 < 이전

사건기본내역

사건번호	2008타경20892	사건명	부동산강제경매
접수일자	2008.12.29	개시결정일자	2008.12.30
담당계	경매2계　전화 : 2204-2406(구내:2406)		
청구금액	100,438,356원	사건항고/정지여부	집행정지됨
종국결과	미종국	종국일자	

관련사건내역

관련법원	관련사건번호	관련사건구분
서울동부지방법원	2009가합9407	민사본안
서울동부지방법원	2009카기1100	

당사자내역

당사자구분	당사자명	당사자구분	당사자명
채권자	김영숙	채무자겸소유자	김재준
임차인	양남호	가등기권자	정순녀

경매사건검색

검색조건 법원 : 서울동부지방법원 | 사건번호 : 2008타경20892

사건내역 | 기일내역 | 문건/송달내역   인쇄 | < 이전

문건처리내역

접수일	접수내역	결과
2008.12.31	등기소 서울동부지방법원 등기과 등기필증 제출	
2009.01.07	기타 서울감정평가사사무소 감정평가서 제출	
2009.01.13	채권자 김영숙 보정서 제출	
2009.01.14	기타 최웅철 현황조사서 제출	
2009.01.23	채무자겸소유자 김재준 열람신청서 제출	
2009.03.17	임차인 양남호(주민등록등재자) 권리신고및배당요구신청 제출	
2009.06.18	채무자겸소유자 김재준 정지신청 제출	
2009.06.23	채무자겸소유자 김재준 주소보정 제출	

송달내역

송달일	송달내역	송달결과
2008.12.30	채권자 김영숙 보정명령등본 발송	2009.01.05 도달
2009.01.02	최고관서 서울시 성동구청장 최고서 발송	2009.01.05 도달
2009.01.02	가등기권자 정순녀 최고서 발송	2009.01.05 도달
2009.01.02	채권자 김영숙 개시결정정본 발송	2009.01.07 도달
2009.01.02	채무자겸소유자 김재준 개시결정정본 발송	2009.01.07 도달
2009.01.02	최고관서 성동세무서 최고서 발송	2009.01.05 도달
2009.01.02	감정인 박창현 평가명령 발송	2009.01.07 도달
2009.01.19	임차인 양남호(주민등록등재자) 임차인통지서 발송	2009.01.21 도달
2009.05.14	채권자 김영숙 매각및 매각결정기일통지서 발송	2009.05.18 도달
2009.05.14	채무자겸소유자 김재준 매각및 매각결정기일통지서 발송	2009.05.18 도달
2009.05.14	임차인 양남호 매각및 매각결정기일통지서 발송	2009.05.18 도달
2009.05.14	가등기권자 정순녀 매각및 매각결정기일통지서 발송	2009.05.18 도달

Tip ・・・

법원의 최고에도 불구하고 가등기권자 정순녀는 아무 것도 신고치 않았습니다.

등기부 등본 (말소사항 포함) - 집합건물

[집합건물] 서울특별시 성동구 성수동1가 676-3외 3필지 현대아파트 제101동 제14층 제1403호 | 고유번호 1111-1996-010554

【 표 제 부 】 (1동의 건물의 표시)

표시번호	접 수	소재지번, 건물명칭 및 번호	건 물 내 역	등기원인 및 기타사항
1 (전 1)	1990년11월28일	서울특별시 성동구 성수동1가 676-3, 676-5, 676-9, 685-396 현대아파트 제101동	철근콘크리트조 평 슬래브 15층 아파트 1층 438.19㎡ 2층 431.89㎡	

【 표 제 부 】 (전유부분의 건물의 표시)

표시번호	접 수	건물번호	건 물 내 역	등기원인 및 기타사항
1 (전 1)	1990년11월28일	제14층 제1403호	철근콘크리트조 60.21㎡	도면편철장 제5책 3455장 부동산등기법 제177조의 6 제1항의 규정에 의하여 1999년 02월 22일 전산이기

(대지권의 표시)

표시번호	대지권종류	대지권비율	등기원인 및 기타사항
1 (전 1)	1, 2, 3 소유권대지권	6057분의 32.34	1990년9월22일 대지권 1990년11월28일

【 갑 구 】 (소유권에 관한 사항)

순위번호	등 기 목 적	접 수	등 기 원 인	권 리 자 및 기 타 사 항
1 (전 1)	소유권보존	1990년11월28일 제66595호		소유자 [redacted] 부동산등기법 제177조의 6 제1항의 규정에 의하여 1999년 02월 22일 전산이기
1-1	1번등기명의인표시변경	2000년4월25일 제25143호	2000년1월15일 전거	[redacted]
1-2	1번등기명의인표시변경		2001년11월22일 전거	[redacted] 2002년3월7일 부기
2	소유권이전	2002년3월7일 제21290호	2002년1월15일 매매	소유자 [redacted]
2-1	2번등기명의인표시변경	2008년12월11일 제87998호	2007년10월10일 전거	[redacted]
3	~~가처분~~	~~2008년7월15일~~	~~2008년7월14일~~	~~피보전권리 소유권이전등기청구권~~

순위번호	등 기 목 적	접 수	등 기 원 인	권 리 자 및 기 타 사 항
		~~제53000호~~	~~서울동부지방법원의 가처분결정(2006카단7416)~~	~~채권자~~ [redacted] ~~금지사항 매매, 증여, 전세권, 저당권, 임차권의 설정 기타일체의 처분행위 금지~~
~~4~~	~~가압류~~	~~2006년7월26일 제55929호~~	~~2006년7월24일 서울동부지방법원의 가압류 결정(2006카단7776)~~	~~청구금액 금117,000,000원~~ ~~채권자~~ [redacted]
5	4번가압류등기말소	2006년10월9일 제73266호	2006년9월29일 해제	
6	3번가처분등기말소	2007년1월4일 제1073호	2006년12월28일 해제	
~~7~~	~~가압류~~	~~2007년3월27일 제21767호~~	~~2007년3월20일 서울동부지방법원의 가압류결정(2007카단3056)~~	~~청구금액 금117,000,000원~~ ~~채권자~~ [redacted]
~~8~~	~~가압류~~	~~2008년3월18일 제17607호~~	~~2008년3월14일 서울중앙지방법원의 가압류결정(2008카단1004)~~	~~청구금액 금160,000,000 원~~ ~~채권자~~ [redacted]
~~9~~	~~강제경매개시결정~~	~~2008년5월9일 제34208호~~	~~2008년5월9일 서울동부지방법원의 강제경매개시결정(2008타경6960)~~	~~채권자~~ [redacted]
10	9번강제경매개시결정등기말소	2008년7월16일 제54347호	2008년7월14일 취하	
11	8번가압류등기말소	2008년8월5일 제59034호	2008년7월15일 취소결정	
12	7번가압류등기말소	2008년8월22일 제63273호	2008년2월18일 취소결정	
13	소유권이전청구권가등기	2008년12월11일 제87999호	2008년12월11일 매매예약	가등기권자 [redacted]
14	강제경매개시결정	2008년12월30일 제91047호	2008년12월30일 서울동부지방법원의 강제경매개시결정(2008타경20892)	채권자 [redacted]

【 을 구 】 (소유권 이외의 권리에 관한 사항)

순위번호	등 기 목 적	접 수	등 기 원 인	권 리 자 및 기 타 사 항
~~1~~	~~근저당권설정~~	~~2000년4월25일 제25144호~~	~~2000년4월25일 설정계약~~	~~채권최고액 금52,000,000원~~ ~~채무자~~ [redacted] ~~근저당권자 주식회사조흥은행 110111-0012809 서울 중구 남대문로1가 14~~

순위번호	등 기 목 적	접 수	등 기 원 인	권 리 자 및 기 타 사 항
				~~(동순위사항)~~
2	1번근저당권설정등기말소	2002년2월21일 제15171호	2002년2월20일 해지	
3	~~근저당권설정~~	~~2002년3월16일 제25606호~~	~~2002년3월16일 설정계약~~	~~채권최고액 금72,000,000원~~ ~~채무자~~ [illegible] [illegible] ~~근저당권자 주식회사국민은행 110111-2365321~~ ~~서울 중구 남대문로2가 9-1~~ ~~(공동담보)~~
4	3번근저당권설정등기말소	2004년6월14일 제42637호	2004년6월11일 해지	

등기부등본 요약

갑구			을구		
1	1990. 11. 28	소유권(장영인)			
2	2002. 03. 07	소유권이전(김재준)			
13	2008. 12. 11	소유권이전청구권가등기(정순녀)			
14	2008. 12. 30	강제경매개시(김영숙)			

살 펴 보 기

경매 사이트에는 가등기권자 인수하지 않는다고 하였는데 가등기권자 정순녀는 법원의 최고에 불구하고 신고하지 않아 소유권이전청구가등기로 분석해야 하며 경락자는 가등기권자의 권리를 인수해야 합니다.

그러나 이 건 경매는 경매가 진행 중인 2009. 3. 4 갑구 13번 가등기가 말소되었습니다.

경매가 개시될 때 2008. 12. 30 에는 선순위가등기가 있다는 말에 아무도 관심을 갖지 않았으나 실제로는 2009. 3. 4 가등기가 말소되었으므로 경매 전에 등기부등본만 자주 열람하였다면 아무런 문제가 없이 경매에 참여하여 큰 이익을 얻었을 겁니다.

그러므로 경매에 관한 물건을 살필 때는 기본적으로 등기부등본을 자주 열람하는 것이 현명할 겁니다.

제 4 부

선순위가처분

Chapter 01

선순위가처분은 반드시 경락자에게 인수되나요?

선순위가처분도 선순위가등기와 비슷한 경우가 많이 발생하지만 등기부등본의 분석과 법원의 재판결과를 잘 분석해야 합니다.

뒤에 나오는 "선순위가처분 3 - 경락자에게 인수가 안되는 선순위가처분 (1)" 에서 보는 바와 같이 등기부등본을 잘 분석해야 할 부분이 있습니다.

어떻게 보면 경매에서 가장 중요하고 기본적인 것이 등기부등본을 분석하는 것입니다. 등기부등본을 정확하게 분석할 수 있다면 경매의 7부 능선을 넘어 섰다고도 할 수 있습니다.

선순위가처분도 선순위가등기와 같이 Case by case로 분석을 해 나가다 보면 독자 여러분에게 좋은 결과가 있을 것 입니다.

선순위가처분에 대하여 결론적으로 말하자면 경락자에게 무조건 인수되는 것은 아니므로 철저한 분석이 필요하다고 하겠습니다.

즉, 선순위가처분은 원칙적으로 경락자에게 인수되는 권리이지만 선순위가처분권자와 강제경매신청채권자가 동일한 경우처럼 경락자에게 인수되지 않고 소멸되는 경우가 있습니다.

또한 후순위가처분도 원칙적으로 경락자에게 인수되지 않고 소멸되지만 다음의 경우와 같이 경락자에게 인수되는 경우가 있습니다.

예를 들어 토지소유자가 그 지상건물 소유자를 상대로 건물철거 및 토지 인도를 구하기 위하여 건물에 대한 처분금지가처분을 한 토지인도 및 건물 철거소송에 따른 처분금지가처분과 토지사기단이 거짓으로 이전한 땅을 원 소유자가 되찾기 위한 원인무효에 의한 소유권이전등기가처분과 같은 경우입니다.

복잡한 물건일수록 단순화시켜 세밀하게 분석하는 것이 중요합니다.

선순위가처분 ① :: 경락자에게 인수되는 선순위가처분 – 1 ::

중앙4계 2008-18797[2] 상세정보

경 매 구 분	강제(기일)	채 권 자	한국자산관리	경 매 일 시	09.07.02 (10:00)
용 도	도로	채무/소유자	예의평/예의평외1	다 음 예 정	09.08.06 (60,825,600원)
감 정 가	148,500,000	청 구 액	1,872,485	경매개시일	08.07.02
최 저 가	76,032,000 (51%)	토지총면적	330 ㎡ (99.82평)	배당종기일	08.09.08
입찰보증금	10% (7,603,200)	건물총면적	0 ㎡ (0평)	조 회 수	금일2 공고후23 누적215
주 의 사 항	· 지분경매 · 선순위가처분 · 2007.8.6. 접수 제48417호 가처분등기				

- 물건사진 10
- 지번·위치 4
- 구 조 도 0
- 위성지도

우편번호및주소/감정서	물건번호/면 적 (㎡)	감정가/최저가/과정	임차조사	등기권리
110-819 서울 종로구 부암동 369-75 ●감정평가서정리 - 부암동사무소북서측 인근 - 주변후면전용주거지대 - 단독,공동주택,중소규모근린시설,임야등 소재 - 차량접근가능,대중교통사정보통 - 도보약8분정도노선버스(정)소재 - 남동향급경사의부정형토지 - 폭약4-5m도로이용중 - 인접토지소유자에의	물건번호: 2 번 (총물건수 2건) 2)도로 330/387 (99.82평) (330/387 예의평 지분) 현장보고서 열람 GO	감정가 148,500,000 대지 148,500,000 (100%) 최저가 76,032,000 (51.2%) ●경매진행과정 148,500,000 유찰 2009-02-12 20%↓ 118,800,000 유찰 2009-04-23 20%↓ 95,040,000 유찰 2009-05-28 20%↓ 76,032,000 진행 2009-07-02	●법원임차조사 *소유자점유.현재 모두 도로로 사용되고 있어 주택임대차보호법에 해당되는 임차인 등이 존재 하지 않음	가처분 김국진 2007.08.06 가압류 한국자산관리 신용지원2부 2007.12.12 3,732,545 강 제 한국자산관리 신용지원부 2008.07.02 등기부채권총액 3,732,545원 열람일자 : 2009.01.28 *부암동 369-75 등기임

>**배당내역(예상)**

▸ 경매비용

총경매비용	511,115 원 (전체 - 593,204원) 계산내역보기	- 법원마다 약간의 차이가 있을 수 있음. - 부동산 1필지로 산정함 - 감정가 비율로 나눔(공동 담보 물건)

▸ 등기권리자 배당

등기권리	권리자	등기일자	채권액	등기배당액 배당총액	말소여부	비고
가처	김국진	2007-08-06	0	0	인수	
가압	한국자산관리	2007-12-12	3,732,545	3,732,545	말소	말소기준권리
강제	한국자산관리	2008-07-02	0	0	말소	경매기입등기

권리 관계수정

▸ 임차인배당

대항력	임차인	전입일 (사업등록)	임차금 월세포함	임차배당액 배당총액	인수	확정일	배당	형태
법원기록상 임대차 관계 없음								

소액임차금표 권리 관계수정

>**배당순서(예상)**

권리	배당자	배당액	배당후잔액	배당사유
경매비용		511,115	75,520,885	
가압	한국자산관리	3,732,545	71,788,340	가압
소유자	예의평외1	71,788,340	0	배당잉여금

경매사건검색

검색조건 법원 : 서울중앙지방법원 | 사건번호 : 2008타경18797

사건내역 | 기일내역 | 문건/송달내역 　 인쇄 　 < 이전

사건기본내역

사건번호	2008타경18797	사건명	부동산강제경매
접수일자	2008.07.01	개시결정일자	2008.07.02
담당계	경매4계 전화 : 530-1816(구내:1816)		
청구금액	1,872,485원	사건항고/정지여부	
종국결과	미종국	종국일자	

당사자내역

당사자구분	당사자명	당사자구분	당사자명
채권자	한국자산관리공사	채무자겸소유자	예의평
가압류권자	한국자산관리공사	공유자	권복희
교부권자	고양세무서	가처분권자	김국진

경매사건검색

검색조건 법원 : 서울중앙지방법원 | 사건번호 : 2008타경18797

사건내역 | 기일내역 | 문건/송달내역

인쇄 | < 이전

문건처리내역

접수일	접수내역	결과
2008.07.07	등기소 중부등기소 등기필증 제출	
2008.07.24	교부권자 고양세무서 교부청구 제출	
2008.07.30	기타 서울중앙지방법원집행관 현황조사서 제출	
2008.08.06	기타 온누리감정 감정평가서 제출	
2009.04.29	교부권자 고양세무서 교부청구 제출	

사건일반내역 | 사건진행내역

» 인쇄하기 | » 나의 사건 검색하기

사건번호 : 서울중앙지방법원 2007카합2380

기본내역 » 청사배치

사건번호	2007카합2380	사건명	부동산처분금지가처분
채권자	김국진	채무자	주희숙 외 1명
제3채무자		청구금액	379,840,000원
재판부	제51민사부(나) (전화:02)530-2855(결정,이의,취소),1706(해제))	담보내역	379,840,000원
접수일	2007.07.26	종국결과	2007.08.06 인용
수리구분		병합구분	없음
결정문송달일		기록보존인계일	
항고인		항고일	
항고신청결과		해제내역	
송달료,보관금 종결에 따른 잔액조회		» 잔액조회	

등기부 등본 (말소사항 포함) - 토지

[토지] 서울특별시 종로구 부암동 369-75 　　　　고유번호 1103-1996-018576

【 표 제 부 】 (토지의 표시)

표시번호	접 수	소 재 지 번	지 목	면 적	등기원인 및 기타사항
1 (전 2)	1999년9월17일	서울특별시 종로구 부암동 369-75	도로	387㎡	
					부동산등기법 제177조의 6 제1항의 규정에 의하여 2000년 04월 20일 전산이기

【 갑 구 】 (소유권에 관한 사항)

순위번호	등 기 목 적	접 수	등 기 원 인	권 리 자 및 기 타 사 항
1 (전 1)	분할예인한전사이전	1950년2월23일 제3237호	1949년1월8일 매매	소유자 [redacted]
2 (전 1)				합병된건 887평5799평110평 에관한등기는본호순위제건1번과 동일한사유임
				접수 1961년8월24일 제27033호
3 (전 1)				합병된건12 6평114평176평135평

순위번호	등 기 목 적	접 수	등 기 원 인	권 리 자 및 기 타 사 항
				103평23평71평80평 91평에관한등기는본호순위제 건1번과동일한사유임
				접수 1961년8월24일 제27033호
				부동산등기법 제177조의 6 제1항의 규정에 의하여 1번 내지 3번 등기를 2000년 04월 20일 전산이기
4	소유권이전	2007년2월8일 제8644호	1955년3월31일 유산상속	소유자 [redacted]
5	소유권일부이전	2007년3월9일 제14322호	2006년2월8일 매매	공유자 지분 387분의 57 [redacted] 거래가액 금10,000,000원
6	4번예의평지분가처분	2007년8월6일 제46417호	2007년8월6일 서울중앙지방법원의 가처분결정(2007카합238 0)	피보전권리 점유취득시효완성을 원인으로한 소유권이전등기청구권 채권자 [redacted] 금지사항 매매, 증여, 전세권, 저당권, 임차권의 설정 기타일체의 처분행위 금지
7	4번예의평지분가압류	2007년12월12일 제73270호	2007년12월12일 서울중앙지방법원의 가압류	청구금액 금3,732,546 원 채권자 한국자산관리공사 114671-0023169 서울특별시 강남구 역삼동 814
			결정(2007카단115382)	(신용지원2부)
8	4번예의평지분강제경매개시결정	2008년7월2일 제42851호	2008년7월2일 서울중앙지방법원의 강제경매개시결정(2008 타경18797)	채권자 한국자산관리공사 114671-0023169 서울특별시 강남구 역삼동 814 (신용지원부)

등기부등본 요약

갑구			을구		
1	1950. 02. 23	소유구권(양춘옥)			
4	2007. 02. 08	소유권(예의평)			
5	2007. 03. 09	소유권 일부이전(권복희 57/387)			
6	2007. 08. 06	4번 예의평지분가처분(김국진, 점유취득 완성을 원인으로 한 소유권이전 등기청구권)			
8	2008. 07. 02	4번 예의평지분 강제경매 (한국자산관리공사)			

살 펴 보 기

갑구 6번 점유취득시효완성을 원인으로 한 소유권이전등기청구권이 갑구 8번 말소기준보다 앞서므로 경락자가 인수해야 합니다.

Tip • • •

제245조 (점유로 인한 부동산소유권의 취득기간)

① 20년간 소유의 의사로 평온, 공연하게 부동산을 점유하는 자는 등기함으로써 그 소유권을 취득한다.

② 부동산의 소유자로 등기한 자가 10년간 소유의 의사로 평온, 공연하게 선의이며 과실 없이 그 부동산을 점유한 때에는 소유권을 취득한다.

선순위가처분 ② :: 경락자에게 인수되는 선순위가처분 - 2 ::

[특강] 돈 되는 경매물건 27선 (6/25木) **여주4계 2008-929 상세정보**

경매구분	강제(기일)	채 권 자	신한카드	경매일시	09.06.26 (10:00)
용 도	전	채무/소유자	박영옥	다음예정	09.07.31 (5,216,000원)
감 정 가	38,860,000	청 구 액	8,811,374	경매개시일	08.02.11
최 저 가	6,520,000 (17%)	토지총면적	670 m² (202.68평)	배당종기일	08.05.13
입찰보증금	30% (1,956,000)	건물총면적	0 m² (0평)	조 회 수	금일4 공고후26 누적501
주의사항	· 재매각물건 · 선순위가처분 · 맹지 · 분묘기지권 · 입찰외 · 매수인에게 대항할수있는 2002.05.27. 최선순위가처분 있음				

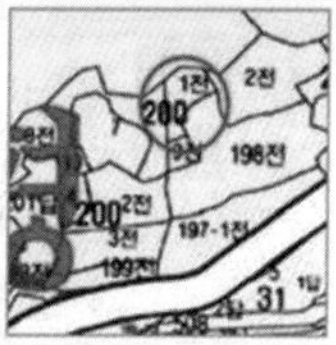

- 물건사진 1
- 지번·위치 2
- 구 조 도 0
- 위성지도

우편번호및주소/감정서	물건번호/면 적 (m²)	감정가/최저가/과정	임차조사	등기권리
476-912 경기 양평군 강상면 대석리 200-1 ●감정평가서정리 - 대감마을북동측인근 소재 - 부근농경지및임야,기존주택지대 - 차량접근불가능,대중교통사정다소불편 - 부정형토지 - 관리지역 - 수질보전특별대책지역I권역 08.02.27 조양감정 표준공시지가 : 28,000 감정지가 : 58,000	물건번호: 단독물건 전 670 (202.68평) 현:맹지,묵전 농취증필요 입찰외소유자미상분묘1기소재 분묘기지권성립여지 있음	감정가 38,860,000 최저가 6,520,000 (16.8%) ●경매진행과정 38,860,000 유찰 2008-07-04 20%↓ 31,088,000 유찰 2008-08-08 20%↓ 24,870,000 유찰 2008-09-26 20%↓ 19,896,000 유찰 2008-10-31 20%↓ 15,917,000 유찰 2008-11-28 20%↓ 12,734,000	●법원임차조사 *소유자점유	소유권 박영옥 2001.11.28 가처분 신복희 2002.05.27 가압류 엘지카드 2005.03.23 12,023,510 압 류 국민건강 양평지사 2005.11.01 강 제 신한카드 2008.02.12 *청구액:8,811,374원 등기부채권총액 12,023,510원 열람일자 : 2008.02.22

배당내역(예상)

경매비용

총경매비용	775,635 원 계산내역보기	- 법원마다 약간의 차이가 있을 수 있음. - 부동산 1필지로 산정함

등기권리자 배당

등기권리	권리자	등기일자	채권액	등기배당액 배당총액	말소여부	비고
가처	신복희	2002-05-27	0	0	인수	
가압	엘지카드	2005-03-23	12,023,510	3,314,990	말소	말소기준권리
압류	국민건강	2005-11-01	0	0	말소	
강제	신한카드	2008-02-12	8,811,374	2,429,375	말소	경매기입등기

권리관계수정

임차인배당

대항력	임차인	전입일 (사업등록)	임차금 월세포함	임차배당액 배당총액	인수	확정일	배당	형태
법원기록상 임대차 관계 없음								

소액임차금표 권리관계수정

배당순서(예상)

권리	배당자	배당액	배당후잔액	배당사유
경매비용		775,635	5,744,365	
가압	엘지카드	3,314,990	2,429,375	가압류이하 안분배당
강제	신한카드	2,429,375	0	가압류이하 안분배당

경매사건검색

▶ **검색조건** 법원 : 여주지원 | 사건번호 : 2008타경929

사건내역 | 기일내역 | 문건/송달내역 인쇄 < 이전

사건기본내역

사건번호	2008타경929	사건명	부동산강제경매
접수일자	2008.01.24	개시결정일자	2008.02.11
담당계	경매4계 전화 : 031-880-7534(구내:7534)		
청구금액	8,811,374원	사건항고/정지여부	
종국결과	미종국	종국일자	

물건내역

물건번호	1 물건상세조회	물건용도	대지,임야,전답	감정평가액 (최저매각가격)	38,860,000원 (6,520,000원)		
물건비고	02.05.27.최선순위가처분있음 농지취득자격증명원 제출요(매각결정기일까지 미제출시 보증금반환하지않음), 본건 지상에 소유자 미상의 분묘1기소재(분묘기지권 성립여지있음)입찰보증금은 최저매각가격의 30%임						
목록1	경기도 양평군 강상면 대석리 200-1			목록구분	토지	비고	미종국
물건상태	매각준비 -> **매각공고**						
기일정보	2009.06.26			최근입찰결과	2009.05.29 유찰		

당사자내역

당사자구분	당사자명	당사자구분	당사자명
채권자	신한카드주식회사	채무자겸소유자	박영옥
압류권자	국민건강보험공단양평지사	교부권자	국민건강보험공단양평지사
교부권자	양평군	가처분권자	신복희
배당요구권자	농업협동조합중앙회		

경매사건검색

▶ **검색조건** 법원 : 여주지원 | 사건번호 : 2008타경929

사건내역 | 기일내역 | 문건/송달내역 — 인쇄 | < 이전

문건처리내역

접수일	접수내역	결과
2008.02.12	등기소 양평등기소 등기필증 제출	
2008.03.06	기타 조양감정 평가서 제출	
2008.03.26	압류권자 국민건강보험공단양평지사 교부청구 제출	
2008.05.02	교부권자 양평군 교부청구 제출	
2008.07.16	배당요구권자 농협중앙회 배당요구 제출	
2008.08.06	가처분권자 신복희 주소보정 제출	
2009.03.09	채권자 신한카드주식회사 예납금 제출	

사건일반내역 | 사건진행내역 — » 인쇄하기 | » 나의 사건 검색하기

▸ 사건번호 : 수원지방법원 여주지원 2002카단1028

기본내역 » 청사배치

사건번호	2002카단1028	사건명	부동산처분금지가처분
채권자	신복희	채무자	박영옥
제3채무자		청구금액	2,961,400원
재판부	1단독()	담보내역	2,961,400원
접수일	2002.05.17	종국결과	2002.05.24 인용
수리구분		병합구분	없음
결정문송달일		기록보존인계일	
항고인		항고일	
항고신청결과		해제내역	
보존여부	기록보존됨		
송달료,보관금 종결에 따른 잔액조회		» 잔액조회	

등기부 등본 (말소사항 포함) - 토지

[토지] 경기도 양평군 강상면 대석리 200-1　　　　고유번호 1343-1996-035947

【 표 제 부 】 (토지의 표시)

표시번호	접 수	소 재 지 번	지 목	면 적	등기원인 및 기타사항
1 (전 3)	1988년9월3일	경기도 양평군 강상면 대석리 200-1	전	670㎡	
					부동산등기법 제177조의 6 제1항의 규정에 의하여 2001년 12월 12일 전산이기

【 갑 구 】 (소유권에 관한 사항)

순위번호	등 기 목 적	접 수	등 기 원 인	권 리 자 및 기 타 사 항
1 (전 4)	소유권이전	2001년11월28일 제30269호	2001년11월27일 매매	소유자 [redacted]
				부동산등기법 제177조의 6 제1항의 규정에 의하여 2001년 12월 12일 전산이기
2	가처분	2002년5월27일 제15193호	2002년5월24일 수원지방법원여주지원의 가처분결정(2002카단1028)	피보전권리 매매를 원인으로 한 소유권이전등기청구권 채권자 [redacted] 금지사항 매매, 증여, 전세권, 저당권, 임차권의 설정 기타일체의 처분행위 금지
3	가압류	2005년3월23일	2005년3월18일	청구금액 금12,023,510원

[토지] 경기도 양평군 강상면 대석리 200-1　　　　고유번호 1343-1996-035947

순위번호	등 기 목 적	접 수	등 기 원 인	권 리 자 및 기 타 사 항
		제11336호	서울중앙지방법원의 가압류 결정(2005카단48444)	채권자 엘지카드주식회사 110111-0412926 서울 중구 남대문로5가 6-1
4	압류	2005년11월1일 제50545호	2005년10월31일 압류(부과징수팀-677)	권리자 국민건강보험공단양평지사
5	강제경매개시결정(3번가압류의 본압류로의 이행)	2008년2월12일 제5283호	2008년2월11일 수원지방법원 여주지원의 강제경매개시결정(2008타경929)	채권자 신한카드주식회사 110111-0412926 서울특별시 중구 충무로1가 21

【 을 구 】 (소유권 이외의 권리에 관한 사항)

순위번호	등 기 목 적	접 수	등 기 원 인	권 리 자 및 기 타 사 항
~~1~~ ~~(전 1)~~	~~근저당권설정~~	~~1992년2월29일~~ ~~제2367호~~	~~1992년2월26일~~ ~~설정계약~~	~~채권최고액 금9,000,000원정~~ ~~채무자~~ [redacted] ~~근저당권자~~ [redacted]
				부동산등기법 제177조의 6 제1항의 규정에 의하여 2001년 12월 12일 전산이기
2	1번근저당권설정등기말소	2002년5월11일 제13467호	2002년4월29일 해지	

등기부등본 요약

갑구			을구		
1	2001. 11. 28	소유권(박영옥)			
2	2002. 05. 27	가처분(매매를 원인으로 한 소유권이전등기청구권, 신복희)			
3	205. 03. 23	가압류(엘지카드)			
4	2005. 11. 01	압류(국민건강보험공단)			
5	2008. 02. 12	강제경매개시(3번 가압류의 본압류로의 이행, 신한카드)			

살 펴 보 기

■ 경락자는 2번 가처분을 인수합니다.

또한 가처분권자 신복희는 법원에 아무런 신고도 하지 않았습니다. 그리나 앞에서 알 수 있듯이 가처분권자 신복희가 청구한 가처분금액이 2,961,400원으로 소액입니다. 즉, 최초법사가가 38,860,000원인데 금차법사가가 6,520,000원이므로 최악의 경우 2번 가처분을 인수한다고 해도 별 문제는 없을 것 같습니다.

■ 가처분채권자가 가처분 집행 후 3년간(시기에 따라 경과기간이 다릅니다) 본안 소송을 제기하지 않았을 경우 채무자나 이해관계인(매수인 등 제3취득자)이 사정변경에 의한 가처분 취소신청을 할 수 있습니다. 그러나 이 건은 2002.6.30.이전에 가처분을 했기 때문에 소멸시효기간은 10년

입니다.

■ 대법원 1999. 10. 26. 선고 99다37887 판결을 보면 "가압류 · 가처분채권자가 가압류 · 가처분집행 후 10년간 본안의 소를 제기하지 아니한 때에는 가압류 · 가처분채무자 또는 이해관계인은 그 취소를 신청할 수 있고, 위 기간이 경과되면 취소의 요건은 완성되며, 그 후에는 본안의 소가 제기되어도 가압류 · 가처분취소를 배제하는 효력이 생기지 아니한다." 고 되어 있습니다.

■ 가압류 · 가처분의 소멸시효 완성기간

가압류·가처분 등기	경과기간
2002.6.30.까지 등기된 보전처분	10년
2002.7. 1.부터 등기된 보전처분	5년
2005.7.28 부터 등기된 보전처분	3년

Tip 관련 법규정

■ **민법 제162조 (채권, 재산권의 소멸시효)**

① 채권은 10년간 행사하지 아니하면 소멸시효가 완성한다.
② 채권 및 소유권 이외의 재산권은 20년간 행사하지 아니하면 소멸시효가 완성한다.

■ **민사집행법 제287조(본안의 제소명령)**

① 가압류법원은 채무자의 신청에 따라 변론 없이 채권자에게 상당한 기간 이내에 본안의 소를 제기하여 이를 증명하는 서류를 제출하거나 이미 소를 제기하였으면 소송계속사실을 증명하는 서류를 제출하도록 명하여야 한다.
② 제1항의 기간은 2주 이상으로 정하여야 한다.
③ 채권자가 제1항의 기간 이내에 제1항의 서류를 제출하지 아니한 때에는 법원은 채무자의 신청에 따라 결정으로 가압류를 취소하여야 한다.
④ 제1항의 서류를 제출한 뒤에 본안의 소가 취하되거나 각하된 경우에는 그 서류를 제출하지 아니한 것으로 본다.
⑤ 제3항의 신청에 관한 결정에 대하여는 즉시항고를 할 수 있다. 이 경우 민사소송법 제447조의 규정은 준용하지 아니한다.

■ **민사집행법 제288조(사정변경 등에 따른 가압류취소)**

① 채무자는 다음 각호의 어느 하나에 해당하는 사유가 있는 경우에는 가압류가 인가된 뒤에도 그 취소를 신청할 수 있다. 제3호에 해당하는 경우에는 이해관계인도 신청할 수 있다.
1. 가압류이유가 소멸되거나 그 밖에 사정이 바뀐 때
2. 법원이 정한 담보를 제공한 때
3. 가압류가 집행된 뒤에 3년간 본안의 소를 제기하지 아니한 때
② 제1항의 규정에 의한 신청에 대한 재판은 가압류를 명한 법원이 한다. 다만, 본안이 이미 계속된 때에는 본안법원이 한다.
③ 제1항의 규정에 의한 신청에 대한 재판에는 제286조 제1항 내지 제4항 · 제6항 및 제7항을 준용한다.

■ **민사집행법 제301조(가압류절차의 준용)**

가처분절차에는 가압류절차에 관한 규정을 준용한다. 다만, 아래의 여러 조문과 같이 차이가 나는 경우에는 그러하지 아니하다.

선순위가처분 ③ :: 경락자에게 인수가 안 되는 선순위가처분 - 1 ::

성남1계 2008-16570 상세정보

경매구분	강제(기일)	채권자	신종석	경매일시	09.07.06 (10:00)
용도	임야	채무/소유자	김인숙/김인숙외7	다음예정	09.08.03 (24,172,800원)
감정가	73,769,040	청구액	57,400,000	경매개시일	08.09.17
최저가	30,216,000 (41%)	토지총면적	1024.57 m² (309.93평)	배당종기일	08.11.24
입찰보증금	10% (3,021,600)	건물총면적	0 m² (0평)	조회수	금일2 공고후30 누적177
주의사항	·지분경매 ·선순위가처분 ·입찰외 ·김인숙 지분(18876분의2347)중 가처분(18876분의1322)를 제외한 지분(18876분의1025)매각				

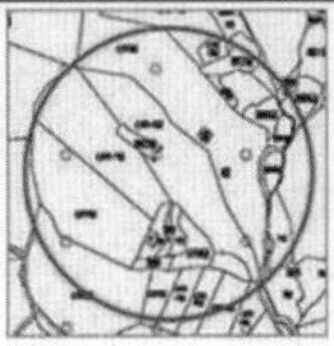

- 물건사진 3
- 지번·위치 5
- 구조도 0
- 위성지도

우편번호및주소/감정서	물건번호/면 적 (m²)	감정가/최저가/과정	임차조사	등기권리
463-460 경기 성남시 분당구 대장동 산63-2 ●감정평가서정리 - 고기초교북서측근거리위치 - 부근임야,농경지등형성된산림지대 - 동측영덕-양재간고속도로공사중 - 차량접근가능,교통사정다소불편 - 남서측하향의부정형완경사지,자연림 - 남동측구거통해개설중인도로연결 - 남서측2m비포장진입로있으나접하는등여부는측량요함	물건번호: 단독물건 임야 1024.57/18868 (309.93평) (1025/18876 김인숙 지분) 수목포함 입찰외남동측하단부분묘소재 현장보고서 신청	감정가 73,769,040 대지 73,769,040 (100%) 최저가 30,216,000 (41.0%) ●경매진행과정 73,769,040 유찰 2009-03-02 20%↓ 59,015,000 유찰 2009-04-06 20%↓ 47,212,000 유찰 2009-05-04 20%↓ 37,770,000 유찰 2009-06-01 20%↓ 30,216,000		가처분 박찬호 2004.09.18 가압류 신종석 2007.05.10 100,000,000 압 류 수지구청 2008.02.29 강 제 신종석 2008.09.17 *청구액:57,400,000원 등기부채권총액 100,000,000원 열람일자 : 2008.10.07

Tip •••

등기부등본 요약과 같이 등기부등본의 지분만 정확히 계산할 수 있다면 가처분이 전혀 문제가 안된다는 것을 알 수 있습니다.

배당내역(예상)

경매비용

총경매비용	1,590,020 원 계산내역보기	- 법원마다 약간의 차이가 있을 수 있음. - 부동산 1필지로 산정함

등기권리자 배당

등기권리	권리자	등기일자	채권액	등기배당액 배당총액	말소여부	비고
가처	박찬호	2004-09-18	0	0	**인수**	
가압	신종석	2007-05-10	100,000,000	28,625,980	말소	말소기준권리
압류	수지구청	2008-02-29	0	0	말소	
강제	신종석	2008-09-17	0	0	말소	경매기입등기

권리관계수정

임차인배당

대항력	임차인	전입일 (사업등록)	임차금 월세포함	임차배당액 배당총액	인수	확정일	배당	형태
법원기록상 임대차 관계 없음								

소액임차금표 권리관계수정

배당순서(예상)

권리	배당자	배당액	배당후잔액	배당사유
경매비용		1,590,020	28,625,980	
가압	신종석	28,625,980	0	가압류이하 안분배당

Tip ···

경매 사이트에서는 박찬호의 선순위가처분을 인수한다고 하였으나 실제로는 인수되지 않는 권리입니다.

경매사건검색

▶ **검색조건** 법원 : 성남지원 | 사건번호 : 2008타경16570

사건내역 | 기일내역 | 문건/송달내역 | 인쇄 | < 이전

사건기본내역

사건번호	2008타경16570	사건명	부동산강제경매
접수일자	2008.09.16	개시결정일자	2008.09.17
담당계	경매1계 전화 : (031)737-1321(구내:1321)		
청구금액	57,400,000원	사건항고/정지여부	
종국결과	미종국	종국일자	

당사자내역

당사자구분	당사자명	당사자구분	당사자명
채권자	신종석	채무자겸소유자	김인숙
압류권자	수지구청장	공유자	유범환
공유자	한성희	공유자	박병륜
공유자	이선희	공유자	성춘자
공유자	고인옥	공유자	이한집
가등기권자	김창영	교부권자	성남시분당구청장
가처분권자	박찬호		

경매사건검색

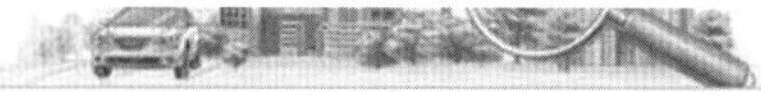

검색조건 법원 : 성남지원 | 사건번호 : 2008타경16570

사건내역 | 기일내역 | 문건/송달내역

인쇄 | < 이전

문건처리내역

접수일	접수내역	결과
2008.09.18	등기소 분당등기소 등기필증 제출	
2008.10.01	채권자 신종석 보정서 제출	
2008.10.07	기타 성남지원 집행관사무소 현황조사서 제출	
2008.10.07	기타 한서감정평가사사무소 감정서 제출	
2008.11.21	교부권자 분당구청장 교부청구 제출	
2008.11.27	채권자 신종석 공시송달신청 제출	
2008.12.12	압류권자 수지구청장 교부청구 제출	
2008.12.29	채권자 신종석 공시송달신청 제출	

토지 감정평가명세표

Page : 1

기호	소재지	지번	지목 및 용도	용도지역 및 구조	면적 (㎡)		평가가액		비고
					공부	사정	단가	금액	
1	경기도 성남분당구 대장동	산63-2	임야		868x 1,025/18,876	1,024.57	72,000	73,769,040	김인숙지분 (18,876분지 1,025)
	합계							₩73,769,040.-	

등기부 등본 (말소사항 포함) - 토지

[토지] 경기도 성남시 분당구 대장동 산63-2 　　　　　　　　고유번호 1356-1996-058002

【 표 제 부 】 (토지의 표시)					
표시번호	접 수	소 재 지 번	지 목	면 적	등기원인 및 기타사항
~~1~~ ~~(전 1)~~	~~1983년11월14일~~	~~경기도 성남시 대장동 산63-2~~	~~임야~~	~~18876㎡~~	
					부동산등기법 제177조의 6 제1항의 규정에 의하여 2000년 12월 23일 전산이기
~~2~~		~~경기도 성남시 분당구 대장동 산63-2~~	~~임야~~	~~18876㎡~~	~~1991년9월17일 행정구역변경으로 인하여~~ ~~2001년1월29일 등기~~
3	2005년4월27일	경기도 성남시 분당구 대장동 산63-2	임야	18868㎡	분할로 인하여 임야 8㎡를 경기도 성남시 분당구 대장동 산63-3에 이기

【 갑 구 】 (소유권에 관한 사항)				
순위번호	등 기 목 적	접 수	등 기 원 인	권 리 자 및 기 타 사 항
1 (전 2)	소유권이전	1983년11월24일 제71983호	1983년11월19일 공유물 분할	소유자 [redacted]
2 (전 3)	김일화지분일부이전	1983년11월24일 제71986호	1983년11월23일 매매	공유자 지분 18876분의 3306 [redacted]

순위번호	등 기 목 적	접 수	등 기 원 인	권 리 자 및 기 타 사 항
				[redacted]
3 (전 4)	김일화지분일부이전	1983년11월24일 제71987호	1983년11월23일 매매	공유자 지분 18876분의 3306 [redacted]
4 (전 5)	김일화지분일부이전	1983년11월24일 제71988호	1983년11월23일 매매	공유자 지분 18876분의 3306 [redacted]
5 (전 6)	김일화지분일부이전	1983년11월24일 제71989호	1983년11월23일 매매	공유자 지분 18876분의 1653 [redacted]
6 (전 7)	김일화지분일부이전	1984년4월16일 제13539호	1984년4월14일 매매	공유자 지분 18876분의 1653 [redacted]
6-1	6번등기명의인표시경정	2001년5월2일 제30471호	신청착오	[redacted]
6-2	6번등기명의인표시변경	2001년5월2일 제30472호	2000년11월6일 전거	[redacted]
7 (전 8)	이형균지분전부소유권이전	1984년12월20일 제49678호	1984년12월14일 매매	공유자 지분 18876분의 3306 [redacted]

순위번호	등 기 목 적	접 수	등 기 원 인	권리자 및 기타사항
8 (전 9)	김용방지분전부이전	1984년12월24일 제50533호	1984년12월24일 공유지분매매	공유자 지분 18876분의 3306 [redacted]
9 (전 10)	김일화지분전부소유권이전청구권가등기	1986년6월5일 제22048호	1986년5월22일 매매예약	권리자 [redacted]
10 (전 11)	김일화지분전부이전	1988년8월16일 제52326호	1988년8월9일 매매	공유자 지분 18876분의 5652 [redacted]
11 (전 16)	유범환지분전부가압류	1996년2월16일 제21729호	1996년2월14일 인천지방법원 가압류 결정(96카단3657)	청구금액 56,300,000원 채권자 동양할부금융주식회사 서울 강남구 대치동 946-1
~~12~~ ~~(전 19)~~	~~8번이성희지분전부가처분~~	~~1997년9월25일~~ ~~제109608호~~	~~1997년9월25일~~ ~~수원지방법원성남지원의~~ ~~가처분~~ ~~결정(97카단8518)~~	~~권리자~~ [redacted] ~~금지사항 매매,양도,전세권,~~ ~~저당권,임차권의 설정 및 기타~~ ~~일체의 처분행위~~
13 (전 20)	유범환지분전부압류	1998년3월4일 제18067호	1998년2월28일 압류(소득46210-113)	권리자 국 처분청 인천세무서
14 (전 23)	4번경윤지분전부이전	1998년9월10일 제79737호	1997년8월6일 상속재산분할	공유자 지분 18876분의 3306 [redacted]
15 (전 24)	유범환지분전부압류	1999년2월2일 제13067호	1999년2월1일 압류(세무13410-411)	권리자 인천동구청
16 (전 26)	유범환지분전부압류	2000년9월7일 제90927호	2000년9월5일 압류(세무13410-4249)	권리자 분당구청 부동산등기법 제177조의 6 제1항의 규정에 의하여 1번 내지 16번 등기를 2000년 12월 23일 전산이기
17	10번김창영지분전부이전	2001년4월18일 제26062호	2001년3월3일 매매	공유자 지분 18876분의 5652 [redacted]
17-1	17번등기명의인표시경정		착오발견	[redacted] 착오기재로 인하여 2001년8월2일 부기
18	6번박병문지분18876분의1653 중 일부(18876분의496)이전	2001년5월2일 제30473호	2001년4월15일 매매	공유자 지분 18876분의 496 [redacted]
19	12번가처분등기말소	2002년5월22일 제53766호	2002년5월13일 해제	
20	17번김인숙지분18876분의5652 중 일부(18876분의3306)이전	2002년7월19일 제67196호	2002년7월10일 매매	공유자 지분 18876분의 3306 [redacted]
21	3번유범환지분압류	2003년1월24일	2003년1월21일	권리자 인천동구청

순위번호	등 기 목 적	접 수	등 기 원 인	권 리 자 및 기 타 사 항
		제3929호	압류(전교91000-329)	
22	3번유범환지분가압류	2003년7월5일 제47251호	2003년7월2일 인천지방법원의 가압류 결정(2003카단27261)	청구금액 금68,400,000원 채권자 [redacted]
23	3번유범환지분가압류	2003년8월18일 제58077호	2003년8월13일 인천지방법원의 가압류 결정(2003카합1714)	청구금액 금768,200,000원 채권자 [redacted]
24	17번김인숙지분18876분의2347 중일부(18876분의1322)가처분	2004년9월18일 제72457호	2004년9월15일 수원지방법원 성남지원의 가처분결정(2004카단6919)	피보전권리 매매를 원인으로 한 소유권이전등기 청구권 채권자 [redacted] 금지사항 매매,증여,전세권,저당권,임차권의 설정 기타일체의 처분행위 금지
25	17번김인숙지분가압류	2007년5월10일 제30558호	2007년5월9일 서울동부지방법원의 가압류 결정(2007카단4714)	청구금액 금100,000,000원 채권자 [redacted]
26	17번김인숙지분압류	2008년2월29일 제10357호	2008년2월15일 압류(세무과-1669)	권리자 용인시 처분청 수지구청
27	17번김인숙지분강제경매개시결정(25번가압류의 본압류로의 이행)	2008년9월17일 제49060호	2008년9월17일 수원지방법원 성남지원의 강제경매개시결정(2008타경16570)	채권자 [redacted]

【 을 구 】 (소유권 이외의 권리에 관한 사항)

순위번호	등 기 목 적	접 수	등 기 원 인	권 리 자 및 기 타 사 항
1 (전 6)	유범환지분전부근저당권설정	1993년9월10일 제79321호	1993년9월8일 설정계약	채권최고액 금육천오백만원 채무자 [redacted] 근저당권자 [redacted]
1-1				~~공동담보 토지 경기도 성남시 분당구 대장동 산63-3~~ 분할로 인하여 2005년4월27일 부기
1-2	1번근저당권공동담보소멸			토지 경기도 성남시 분당구 대장동 산63-3 에 대한 근저당권말소등기로 인하여 2007년12월24일 부기
2 (전 8)	유범환지분전부근저당권설정	1994년10월14일 제85573호	1994년10월13일 추가설정계약	~~채권최고액 금3,750,000,000원~~ 채무자 [redacted] ~~근저당권자 대한생명보험주식회사 110111-0003204~~ ~~서울 영등포구 여의도동 60~~ 공동담보 제227호
2-1	2번근저당권변경	2004년8월26일 제65611호	2003년12월11일 변경계약	채권최고액 금950,000,000원
2-2	2번근저당권이전	2004년8월26일 제65612호	2003년12월11일 근저당권 양도	~~근저당권자 주식회사서울모은상호저축은행 110111-0126341~~ ~~서울 중구 초동 106-9~~

순위번호	등 기 목 적	접 수	등 기 원 인	권 리 자 및 기 타 사 항
2-3	2번근저당권이전	2004년8월31일 제66630호	2004년8월30일 대위변제	근저당권자 [redacted]
2-4				~~공동담보 토지 경기도 성남시 분당구 대장동 산63-3~~ 분할로 인하여 2005년4월27일 부기
2-5	2번근저당권공동담보일부소멸			토지 성남시 분당구 대장동 산63-3에 대한 근저당권설정등기말소로 인하여 2007년12월24일 부기
3 (전 9)	유범환지분전부근저당권설정	~~194 년12월3일~~ 제104037호	1994년11월30일 설정계약	채권최고액 금100,000,000원 채무자 주식회사미추홀관광 인천 중구 인현동 1-23 근저당권자 아시아자동차공업주식회사 120111-0060473 서울 영등포구 여의도동 15 공동담보 금곡동 산49-14 토지
3-1				~~공동담보 토지 경기도 성남시 분당구 대장동 산63-3~~ 분할로 인하여 2005년4월27일 부기
3-2	3번근저당권경정			접수일자 1994년12월3일 직권경정 2007년6월20일 등기
3-3	3번근저당권공동담보일부소멸			토지 경기도 성남시 분당구 대장동 산63-3에 대한 근저당권설정등기말소로 인하여 2007년12월24일 부기

순위번호	등 기 목 적	접 수	등 기 원 인	권 리 자 및 기 타 사 항
~~4~~ ~~(전 10)~~	~~갑구10번김창영지분전부근저당권설정~~	~~1997년11월1일~~ ~~제124549호~~	~~1997년10월31일~~ ~~설정계약~~	~~채권최고액 금삼억오천만원~~ ~~채무자~~ [redacted] ~~근저당권자~~ [redacted] 부동산등기법 제177조의 6 제1항의 규정에 의하여 1번 내지 4번 등기를 2000년 12월 23일 전산이기
5	4번근저당권설정등기말소	2001년4월18일 제26061호	2001년4월17일 해지	

등기부등본 요약

갑구					
1	1983. 11. 24	소유권 (김일화)	14	1998. 09. 10	4번 정윤지분 전부이전 (성춘자 3,306/18,876)
~~2~~	~~1983. 11. 24~~	~~김일화지분 일부이전 (이형균 3,306/18,876)~~	17	2001. 04. 18	10번 김창영지분 전부이전 김인숙 2,347/18,876
3	1983. 11. 24	김일화지분 일부이전 (유범환 3,306/18,876)	18	2001. 05. 02	6번 박병륜지분 일부이전 (고인옥 496/18,876)
~~4~~	~~1983. 11. 24~~	~~김일화지분 일부이전 (정 윤 3,306/18,876)~~	20	2002. 07. 19	17번 김인숙지분 일부이전 (이한집 3,305/18,876)
5	1983. 11. 24	김일화지분 일부이전 (한성희 1,653/18,876)	24	2004. 09. 18	17번 김인숙지분 2,347/18,876 중
6	1984. 04. 16	김일화지분 일부이전 (박병륜 (1653-496)/18,876)			일부가처분 (박찬호 1,322/18,876)
~~7~~	~~1984. 12. 20~~	~~이형균지분 전부이전 (김응랑 3,306/18,876)~~	27	2008. 09. 17	17번 김인숙지분 강제경매개시 (채권자 신종석)
8	1984. 12. 24	김응랑지분 전부이전 (이선희 3,306/18,876)			
~~9~~	~~1986. 06. 05~~	김일화지분전부 소유권 ~~이전청구권가등기~~ (김창영 5,652/18,876)			
~~10~~	~~1988. 08. 16~~	~~김일화지분 전부이전 (김창영5,652/18,876)~~			

현재 소유권

김일화 3,306 / 한성희 1,653 / 박병륜 1,157
이선희 3,306 / 성춘자 3,306 / 고인옥 496
김인숙 2,347 (1322 가처분 박찬호)
이한집 3,305 **합계 18,876 m²**

살 펴 보 기

김인숙 지분 중 박찬호가 가처분한 지분을 제외한 지분에 대하여 경매가 개시되어 경락자에게는 아무런 문제가 없습니다.

선순위가처분 ④ :: 경락자에게 인수가 안 되는 선순위가처분 - 2 ::

회원을 위한 무료 강연회 **통쾌한명도비법**

천안4계 2010-21244 상세정보

경매구분	강제(기일)	채권자	김형재	경매일시	11.07.04 (10:00)
용도	대지	채무/소유자	김윤성	다음예정	미정
감정가	149,400,000	청구액	770,000,000	경매개시일	10.11.09
최저가	51,244,000 (34%)	토지총면적	498 m² (150.64평)	배당종기일	11.01.21
입찰보증금	10% (5,124,400)	건물총면적	0 m² (0평)	조회수	금일3 공고후52 누적186
주의사항	· 선순위가처분 · 맹지 · 소멸되지 않는 권리 : 최선순위가처분있음.				

■ 물건사진 3
■ 지번·위치 2
■ 구 조 도 0

우편번호및주소/감정서	물건번호/면 적 (m²)	감정가/최저가/과정	임차조사	등기권리
336-851 충남 아산시 배방읍 갈매리 77-1 (구, 배방면 갈매리) ●감정평가서정리 - 배방자이아파트남측 인근 - 주위전답등농경지,임야및농가주택등혼재된근교농촌지대 - 차량출입가능 - 인근버스(정)소재 - 부정형완경사지 - 지적도상맹지이나동측2-3m도로접함 - 계획관리지역	물건번호: 단독물건 대지 498 (150.64평) 현:나지	감정가 149,400,000 · 토지 149,400,000 (100%) (평당 991,768) 최저가 51,244,000 (34.3%) ●경매진행과정 149,400,000 ① 유찰 2011-03-21 30%↓ 104,580,000 ② 유찰 2011-04-25 30%↓ 73,206,000 ③ 유찰 2011-05-30	●법원임차조사 *현장이해관계인부재로 점유관계조사불능임	소유권김윤성 1992.07.18 가처분김형재 2008.09.12 2008 카단 82889 서울중앙지법 내역보기 강 제김형재 2010.11.09 *청구액:770,000,000원 열람일자 : 2010.12.20

■ **예상배당표** [최저가 51,244,000 원으로 분석] 권리분석오류신고

	종류	권리자	등기일자	채권액	예상배당액	인수	비고
등기권리	가처분	김형재	2008-09-12			인수	
	강 제	김형재	2010-11-09	770,000,000	45,185,740	말소	경매기입등기

	전입자	전입일 (대항력)	확정일	배당요구 및 임차금	예상배당액	인수	형태
임차권리	법원기록상 임대차 관계 없음						

	종류	배당자	예상배당액	배당후잔액	배당사유
배당순서	경매비용		6,058,260	45,185,740	
	강 제	김형재	45,185,740	0	강제이하 안분배당

나의 사건검색

* 본 사이트에서 제공된 사건정보는 법적인 효력이 없으니 참고자료로만 활용하시기 바랍니다.
  보다 상세한 내용은 해당 법원에 문의하시기 바랍니다.

사건일반내용 | 사건진행내용 | » 인쇄하기 | » 나의 사건 검색하기

▸ 사건번호 : 서울중앙지방법원 2008카단82889

기본내용 » 청사배치

사건번호	2008카단82889	사건명	부동산처분금지가처분
채권자	김형재	채무자	김윤성
제3채무자		청구금액	27,489,600원
재판부	56단독(신청)() (전화:530-1828(결정,담보취소) 530-1806(이의,취소,해제))	담보내용	27,489,600원
접수일	2008.09.02	종국결과	2008.09.12 인용
수리구분		병합구분	없음
기록보존인계일			
항고인		항고일	
항고신청결과		해제내용	
송달료,보관금 종결에 따른 잔액조회		» 잔액조회	

Tip • • •

선순위가처분권리를 인수한다고 해도 청구금액이 2,750만원 정도로 경매물건에 비하여 소액입니다.

등기부 등본 (말소사항 포함) - 토지

[토지] 충청남도 아산시 배방읍 갈매리 77-1　　　　고유번호 1648-1996-280881

【 표 제 부 】 (토지의 표시)

표시번호	접 수	소 재 지 번	지 목	면 적	등기원인 및 기타사항
~~1~~ ~~(전 1)~~	~~1992년7월14일~~	~~충청남도 아산군 배방면 갈매리 77-1~~	~~대~~	~~498㎡~~	
					부동산등기법 제177조의 6 제1항의 규정에 의하여 2001년 08월 08일 전산이기
2		~~충청남도 아산시 배방면 갈매리 77-1~~	~~대~~	~~498㎡~~	~~2001년6월23일 행정구역변경으로 인하여~~ ~~2001년6월23일 등기~~
3		충청남도 아산시 배방읍 갈매리 77-1	대	498㎡	2009년5월1일 행정구역명칭변경으로 인하여 2009년5월1일 등기

【 갑 구 】 (소유권에 관한 사항)

순위번호	등 기 목 적	접 수	등 기 원 인	권 리 자 및 기 타 사 항
1 (전 2)	소유권이전	1992년7월18일 제17655호	1992년7월15일 증여	소유자 [redacted]
				부동산등기법 제177조의 6 제1항의 규정에 의하여 2001년 08월 08일 전산이기
2	가처분	2008년9월12일 제60279호	2008년9월12일 서울중앙지방법원의 가처분결정(2008카단82889)	피보전권리 대물변제를 원인으로 한 소유권이전등기청구권 채권자 [redacted] 금지사항 매매, 증여, 전세권, 저당권, 임차권의 설정 기타일체의 처분행위 금지
3	강제경매개시결정	2010년11월9일 제54517호	2010년11월9일 대전지방법원 천안지원의 강제경매개시결정(2010타경21244)	채권자 [redacted]

등기부등본 요약

갑구			을구		
1	1992. 07. 18	소유권(김윤성)			
2	2008. 09. 12	가처분(김형재, 대물변제를 원인으로 한 소유권이전등기청구권)			
3	2010. 11. 09	강제경매(김형재)			

살 펴 보 기

■ 가처분권자와 강제경매신청권자가 동일인이고 배당을 신청하였으므로 경락자는 2번 가처분을 인수하지 않습니다.

그리고 앞에서 알 수 있듯이 가처분권자 김형재가 청구한 가처분금액이 27,489,600원으로 소액입니다. 즉, 최초법사가가 149,400,000원인데 금차법사가가 51,244,000원이므로 최악의 경우 2번 가처분을 인수한다고 해도 별 문제는 없을 것 같습니다.

선순위가처분 ⑤ :: 경락자에게 인수가 안 되는 선순위가처분 - 3 ::

고양3계 2010-34087[1] 상세정보

경 매 구 분	임의(기일)	채 권 자	금촌농협	경 매 일 시	11.06.09 (10:00)
용 도	임야	채무/소유자	민용식외1/민용식	다 음 예 정	11.07.14
감 정 가	2,764,930,000	청 구 액	627,014,792	경매개시일	10.12.03
최 저 가	2,764,930,000 (100%)	토지총면적	4809 m² (1454.72평)	배당종기일	11.02.11
입찰보증금	10% (276,493,000)	건물총면적	0 m² (0평)	조 회 수	금일1 공고후13 누적13
주 의 사 항	· 선순위가처분 · 입찰외 · 말소되지 않는 선순위 가처분등기 있음(1992.2.20.접수)				

- 물건사진 6
- 지번·위치 3
- 구 조 도 0

우편번호및주소/감정서	물건번호/면 적 (m²)	감정가/최저가/과정	임차조사	등기권리
413-832 경기 파주시 교하읍 다율리 145-7 ●감정평가서정리 - 다락골동측인근 - 주위택지개발예정지구(교하신도시3지구)내근린시설,기존단독주택,전,답,자연림등 혼재한개발예정지대 - 145-9번지통해차량접근가능 - 버스(정)인근소재 - 제반교통사정보통 - 부정형토지,축대쌓아 평탄하게조성 - 145-9번지현황도로통해접근가능 - 도시지역미지정 - 다율리145-8(85m²)로 분할 - 제한보호구역	물건번호: 1 번 (총물건수 3건) 1)임야 4809 (1454.72평) 입찰외제시외주택 65소재(145-8,-6지상) 현장보고서 신청 GO	감정가 2,764,930,000 · 토지 2,764,930,000 (100%) (평당 1,900,661) 최저가 2,764,930,000 (100.0%) ●경매진행과정 2,764,930,000 ① 진행 2011-06-09	●법원임차조사 *사람이 없어 점유자 확인이 안되므로 점유관계등은 별도의 확인요망	가처분조한주 1992.02.20 92 카 1069 의정부지법 조항득,허행순,조애자,조회자,조부자,조항숙 소유권민용식 2003.07.24 저당권금촌농협 남부 2005.05.31 2,240,000,000 지상권금촌농협 남부 2005.05.31 30년 저당권금촌농협 남부 2006.02.06 780,000,000 저당권김영희 2006.02.06 1,000,000,000 저당권최중원

■ **예상배당표** [최저가 2,764,930,000 원으로 분석] 권리분석오류신고

	종류	권리자	등기일자	채권액	예상배당액	인수	비고
등기권리	가처분	조한주	1992-02-20			인수	
	저당권	금촌농협	2005-05-31	2,240,000,000	2,240,000,000	말소	말소기준권리
	지상권	금촌농협	2005-05-31			말소	
	저당권	금촌농협	2006-02-06	780,000,000	520,613,242	말소	
	저당권	김영희	2006-02-06			말소	
	이 전	최중원	2006-02-06	1,000,000,000		말소	
	저당권	최중원	2006-08-22	1,500,000,000		말소	
	압 류	파주세무서	2010-07-20			말소	
	압 류	파주시	2010-07-27			말소	
	임 의	금촌농협	2010-12-03			말소	경매기입등기

	전입자	전입일 (대항력)	확정일	배당요구 및 임차금	예상배당액	인수	형태
임차권리	법원기록상 임대차 관계 없음						

	종류	배당자	예상배당액	배당후잔액	배당사유
배당순서	경매비용		4,316,758	2,760,613,242	
	저당권	금촌농협	2,240,000,000	520,613,242	저당
	저당권	금촌농협	520,613,242	0	저당

Tip • • •

경매 사이트에는 "가처분을 경락자가 인수한다"고 되어 있습니다.

물건상세검색

검색조건 법원 : 고양지원 | 사건번호 : 2010타경34087

사건내역 | 기일내역 | 문건/송달내역

인쇄 | < 이전

사건기본내역

사건번호	2010타경34087	사건명	부동산임의경매
접수일자	2010.12.02	개시결정일자	2010.12.03
담당계	경매3계 전화 : 031-920-6313		
청구금액	627,014,792원	사건항고/정지여부	
종국결과	미종국	종국일자	

현황조사서 | 감정평가서 | 관심사건등록

배당요구종기내역

목록번호	소재지	배당요구종기일
1	경기도 파주시 교하면 다율리 145-7	2011.02.11
2	경기도 파주시 교하면 다율리 145-9	2011.02.11
3	경기도 파주시 교하면 다율리 145-10	2011.02.11

항고내역

물건번호	항고제기자	항고접수일자	항고		재항고		확정여부
		접수결과	사건번호	항고결과	사건번호	재항고결과	
검색결과가 없습니다.							

물건내역

물건번호	1 물건상세조회	물건용도	임야	감정평가액 (최저매각가격)	2,764,930,000원 (2,764,930,000원)		
물건비고	말소되지 않는 선순위 가처분등기 있음(1992.2.20.접수).다율리 145-8(85m²)로 분할됨. 다율리 145-8과 인접지 다율리 145-6 양지상에 제시외건물 소재하나 매각에서 제외.						
목록1	경기도 파주시 교하면 다율리 145-7			목록구분	토지	비고	미종국
물건상태	매각준비 -> **매각공고**						
기일정보	2011.06.09			최근입찰결과			

당사자내역

당사자구분	당사자명	당사자구분	당사자명
채권자	금촌농업협동조합	채무자	최중원
소유자	민용식	소유자	조승희
근저당권자	최중원	가압류권자	벽제농업협동조합
압류권자	국,파주세무서	압류권자	파주시

물건상세검색

▶ **검색조건** 법원 : 고양지원 | 사건번호 : 2010타경34087

사건내역 | 기일내역 | 문건/송달내역

인쇄 | < 이전

문건처리내역

접수일	접수내역	결과
2010.12.08	등기소 파주등기소 등기필증 제출	
2010.12.22	채권자 금촌농업협동조합 야간송달신청 제출	
2010.12.22	감정인 이화감정평가사사무소 감정평가서 제출	
2011.01.06	집행관 허환 부동산현황조사서 제출	
2011.01.26	압류권자 파주시 교부청구 제출	
2011.01.26	압류권자 파주시 교부청구 제출	
2011.01.27	배당요구권자 벽제농업협동조합 권리신고및배당요구신청 제출	
2011.02.08	근저당권자 최중원 채권계산서 제출	
2011.02.08	근저당권자 최중원 채권계산서 제출	

송달내역

송달일	송달내역	송달결과
2010.12.05	채무자 최중원 개시결정정본 발송	2010.12.08 도달
2010.12.05	소유자 민용식 개시결정정본 발송	2010.12.10 폐문부재
2010.12.05	소유자 조승희 개시결정정본 발송	2010.12.10 폐문부재
2010.12.05	채권자 금촌농업협동조합 조합장 안광헌 개시결정정본 발송	2010.12.08 도달
2010.12.05	감정인 윤순자 평가명령 발송	2010.12.08 도달
2010.12.10	최고관서 파주세무서 최고서 발송	2010.12.13 도달
2010.12.10	최고관서 파주시 최고서 발송	2010.12.13 도달
2010.12.10	근저당권자 최중원 최고서 발송	2010.12.13 도달
2010.12.10	압류권자 국,파주세무서 최고서 발송	2010.12.13 도달
2010.12.10	압류권자 파주시 최고서 발송	2010.12.13 도달
2010.12.16	소유자 민용식 개시결정정본 발송	2010.12.17 도달

등기부 등본 (말소사항 포함) - 토지

[토지] 경기도 파주시 교하면 다율리 145-7 　　　　고유번호 1156-2003-005085

【 표 제 부 】 (토지의 표시)

표시번호	접 수	소 재 지 번	지 목	면 적	등기원인 및 기타사항
~~1~~	~~2003년9월8일~~	~~경기도 파주시 교하면 다율리 산77-9~~	~~임야~~	~~4553㎡~~	~~분할로 인하여 경기도 파주시 교하면 다율리 산77-5 에서 이기~~
2	2007년7월4일	경기도 파주시 교하면 다율리 145-7	임야	4809㎡	등록전환

【 갑 구 】 (소유권에 관한 사항)

순위번호	등 기 목 적	접 수	등 기 원 인	권 리 자 및 기 타 사 항
1 (전 1)	회복에인한소유권이전	19 년 월 일 제?호	1944년10월6일 매매	공유자 [redacted] 접수 1954년6월26일 제8967호
2 (전 2)	조주상지분전부가처분	1992년2월20일 제4906호	1992년2월19일 서울지방법	권리자 [redacted]
			원의정부지원가처분결정 (92카1069)	[redacted] 금지사항 양도,저당권,임차권,전세 권의 설정등 기타일체의 처분 행위의금지
3 (전 3)	조한주지분3분의1전부소유권이 전청구권보전가등기	1996년11월12일 제43277호	1996년11월11일 매매예약	권리자 지분 3분의 1 [redacted]
	조한주지분전부이전	1999년6월18일 제27931호	1999년5월14일 매매	공유자 지분 3분의 1 [redacted]
4 (전 4)	조주상지분전부이전	1997년1월7일 제433호	1992년2월13일 명의신탁해지	공유자 지분 3분의 1 평양조씨문춘공손첨추공파교하종중 123121-3137020 서울 성동구 마장동 470-6 (인락에 의함)

[토지] 경기도 파주시 교하면 다율리 145-7　　　　고유번호 1156-2003-005085

순위번호	등 기 목 적	접 수	등 기 원 인	권 리 자 및 기 타 사 항
12 (전 15)	4번평양조씨문춘공손침추공파교하종중지분전부이전	2003년6월27일 제38114호	2002년10월9일 공유물 분할	공유자 지분 3분의 1 [redacted] 조정조서에 의함
13 (전 16)	9번평양조씨문충공손침추공파교하종중지분전부이전	2003년6월27일 제38114호	2002년10월9일 공유물 분할	공유자 지분 3분의 1 [redacted] 조정조서에 의함
14 (전 18)	공유자전원지분전부이전	2003년7월24일 제45177호	2003년7월24일 매매	소유자 [redacted]
				분할로 인하여 순위 제1 내지 14번을 경기도 파주시 교하면 다율리 산77-5에서 전사 접수 2003년9월8일 제55573호
18	17번압류등기말소	2006년2월10일 제11544호	2006년2월8일 해제	
~~19~~	~~압류~~	~~2006년7월5일~~ ~~제60465호~~	~~2006년7월4일~~ ~~압류(시세-7255)~~	~~권리자 파주시~~
20	19번압류등기말소	2007년12월31일 제116614호	2007년12월6일 해제	
~~21~~	~~압류~~	~~2010년7월14일~~ ~~제50402호~~	~~2010년7월14일~~ ~~압류(고객지원부-2564)~~	~~권리자 국민건강보험공단 111471-0008863~~ ~~서울시 마포구 독막길 24(염리동 168-9)~~ ~~(파주지사)~~
22	압류	2010년7월20일 제51649호	2010년7월15일 압류(부가소득세과-5296)	권리자 국 처분청 파주세무서
23	압류	2010년7월27일 제53247호	2010년7월16일 압류(징수과-5674)	권리자 파주시
24	21번압류등기말소	2010년8월25일 제61765호	2010년8월25일 해제	
25	임의경매개시결정	2010년12월3일 제94435호	2010년12월3일 의정부지방법원 고양지원의 임의경매개시결정(2010	채권자 금촌농업협동조합 115636-0000170 파주시 금촌동 329-148

순위번호	등 기 목 적	접 수	등 기 원 인	권 리 자 및 기 타 사 항
			타경34087)	

【 을 구 】 (소유권 이외의 권리에 관한 사항)

순위번호	등 기 목 적	접 수	등 기 원 인	권 리 자 및 기 타 사 항
~~1~~ ~~(전 1)~~	~~근저당권설정~~	~~2003년7월16일~~ ~~제43393호~~	~~2003년7월16일~~ ~~설정계약~~	~~채권최고액 금770,000,000원~~ ~~채무자~~ [redacted] ~~근저당권자 천현농업협동조합 115636-0000229~~ ~~파주시 법원읍 대능리 84-1~~
~~1-1~~ ~~(전 1-1)~~				~~공동담보 토지 경기도 파주시 교하면 다율리 산77-7~~ ~~분할로 인하여~~ ~~2003년7월16일 부기~~
~~1-2~~ ~~(전 1-2)~~				~~공동담보 토지 경기도 파주시 교하면 다율리 산77-6~~ ~~분할로 인하여~~ ~~2003년7월24일 부기~~
6	근저당권설정	2005년5월31일 제46851호	2005년5월30일 설정계약	채권최고액 금2,240,000,000원 채무자 [redacted] 근저당권자 금촌농업협동조합 115636-0000170 파주시 금촌동 329-148 (남부지점) ~~공동담보 토지 경기도 파주시 교하면 다율리 산77-5~~ ~~토지 경기도 파주시 교하면 다율리 산77-8~~
6-1	6번근저당권공동담보변경			공동담보 토지 경기도 파주시 교하면 다율리 145-9 토지표시변경으로 인하여 2008년1월10일 부기
6-2	6번근저당권공동담보변경			공동담보 토지 경기도 파주시 교하면 다율리 145-10 토지표시변경으로 인하여 2008년1월10일 부기
7	지상권설정	2005년5월31일 제46852호	2005년5월30일 설정계약	목 적 견고한 건물의 소유 범 위 토지의 전부 존속기간 2005년5월31일부터 만30년 지 료 없음 지상권자 금촌농업협동조합 115636-0000170 파주시 금촌동 329-148 (남부지점)
8	1번근저당권설정등기말소	2005년6월1일 제47313호	2005년6월1일 해지	
9	2번근저당권설정등기말소	2005년6월1일 제47314호	2005년6월1일 해지	
10	3번지상권설정등기말소	2005년6월1일 제47315호	2005년6월1일 해지	
11	근저당권설정	2006년2월6일 제9628호	2006년2월6일 설정계약	채권최고액 금780,000,000원 채무자 [redacted] 근저당권자 금촌농업협동조합 115636-0000170 파주시 금촌동 329-148 (남부지점) ~~공동담보 토지 경기도 파주시 교하면 다율리 산77-5~~ ~~토지 경기도 파주시 교하면 다율리 산77-8~~

순위번호	등 기 목 적	접 수	등 기 원 인	권 리 자 및 기 타 사 항
11-1	11번근저당권공동담보변경			공동담보 토지 경기도 파주시 교하면 다율리 145-9 토지표시변경으로 인하여 2008년1월10일 부기
11-2	11번근저당권공동담보변경			공동담보 토지 경기도 파주시 교하면 다율리 145-10 토지표시변경으로 인하여 2008년1월10일 부기
12	근저당권설정	2006년2월6일 제9629호	2006년2월6일 설정계약	채권최고액 금1,000,000,000원 채무자 [redacted] [redacted] 근저당권자 [redacted] ~~공동담보 토지 경기도 파주시 교하면 다율리 산77-5~~ ~~토지 경기도 파주시 교하면 다율리 산77-8~~
12-1	12번근저당권공동담보변경			공동담보 토지 경기도 파주시 교하면 다율리 145-9 토지표시변경으로 인하여 2008년1월10일 부기
12-2	12번근저당권공동담보변경			공동담보 토지 경기도 파주시 교하면 다율리 145-10 토지표시변경으로 인하여 2008년1월10일 부기
12-3	12번근저당권이전	2010년10월7일 제74634호	2010년10월7일 계약양도	근저당권자 [redacted] 경기도 부천시 원미구 상동 500-5 다정한마을 2124-1602
13	근저당권설정	2006년8월22일	2006년8월21일	채권최고액 금1,500,000,000원
		제75317호	설정계약	채무자 [redacted] 근저당권자 [redacted] ~~공동담보 토지 경기도 파주시 교하면 다율리 산77-5~~
13-1	13번근저당권공동담보변경			공동담보 토지 경기도 파주시 교하면 다율리 145-9 토지표시변경으로 인하여 2008년1월10일 부기

등기부등본 요약

갑구			을구		
1	1944. 10. 06	소유권(조면상 1/3, 조주상 1/3, 조한주 1/3)			
2	1992. 02. 20	조주상지분 1/3 가처분 (조한주외 6명)			
14	2003. 07. 24	소유권(민용식)			
			6	2005. 05. 31	근저당권설정 (채무자 민용식, 근저당권자 금촌농협)
			11	2006. 02. 06	근저당권설정 (채무자 최중원, 근저당권자 금촌농협)
			12	2006. 02. 06	근저당권설정 (채무자 민용식, 근저당권자 최중원)
			13	2006. 08. 22	근저당권설정 (채무자 민용식, 근저당권자 최중원)
22	2010. 07. 20	압류(파주세무서)			
23	2010. 07. 27	압류(파주시)			
25	2010. 12. 03	임의경매(금촌농협)			

살 펴 보 기

갑구 2번 가처분이 있는 상태에서 금융기관 및 개인이 근저당권을 설정하였습니다. 이런 경우에는 대출시 금융기관에서 가처분에 대한 서류를 확인하였거나 이와 관련된 서류를 첨부해 놓은 경우가 많습니다.

근저당권자인 금융기관에 확인해 보는 것도 하나의 방법이며, "선순위가처분 2" 에서 설명한 내용을 다시 한번 생각하시기 바랍니다.

선순위가처분 ⑥ :: 경락자에게 인수가 안 되는 선순위가처분 - 4 ::

고양2계 2010-30191 상세정보

경매구분	강제(기일)	채 권 자	함인경	경매일시	11.06.08 (10:00)
용 도	아파트	채무/소유자	최인권	다음예정	11.07.13
감 정 가	620,000,000	청 구 액	646,459,382	경매개시일	10.11.03
최 저 가	620,000,000 (100%)	토지총면적	98.02 m² (29.65평)	배당종기일	11.01.11
입찰보증금	10% (62,000,000)	건물총면적	153.42 m² (46.41평)[57평형]	조 회 수	금일1 공고후21 누적21
주의사항	· 선순위가처분 · 신청채권자 최선순위 가처분(2007.6.12.자 제69098호) 매각으로 인한 말소에 동의서 제출				

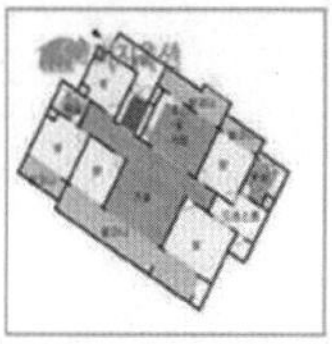

- 물건사진 7
- 지번·위치 4
- 구 조 도 2

우편번호및주소/감정서	물건번호/면 적 (m²)	감정가/최저가/과정	임차조사	등기권리
411-440 경기 고양시 일산서구 가좌동 1086 가좌마을 606동 15층 1501호 ●감정평가서정리 - 가좌초등학교북동측 인근위치 - 주위대규모아파트단지,학교,공원및근린시설등소재 - 차량접근자유로움 - 버스(정)인근소재 - 대중교통사정보통 - 부정형등고평탄지 - 도시가스에의한개별난방 2010.11.18 나라감정	물건번호: 단독물건 대지 98.015/62931 (29.65평) 건물 153.415 (46.41평) 방5,욕실2,발코니4,드레스룸 공용:36.923 20층-05.10.20보존 남서향 현장보고서 신청 GO	감정가 620,000,000 · 대지 93,000,000 (15%) (평당 3,136,594) · 건물 527,000,000 (85%) (평당 11,355,311) 최저가 620,000,000 (100.0%) ●경매진행과정 620,000,000 ① 진행 2011-06-08	●법원임차조사 함인경 전입 2006.10.17 미상 조사서상 *임차인점유. 현장 방문시 아무도 만나지 못하였고, 주민등록표에는 채권자 함인경이 등재되어 있으므로 점유관계 등은 별도의 확인요망. *임차인으로 조사한 함인경은 채권자로서 주민등록 등재자임 ●지지옥션세대조사 세 06.10.17 함인경 동사무소확인:2011.05.26	소유권최인권 2005.12.13 전소유자:강순옥 가처분함인경 2007.06.12 2007 즈단 193 의정부지방법원 고양지원 강 제함인경 2010.11.03 *청구액:646,459,382원 열람일자 : 2010.11.24

■ **예상배당표** [최저가 620,000,000 원으로 분석] 권리분석오류신고

	종류	권리자	등기일자	채권액	예상배당액	인수	비고
등기권리	가처분	함인경	2007-06-12			인수	
	강 제	함인경	2010-11-03	646,459,382	614,507,735	말소	경매기입등기

	전입자	전입일 (대항력)	확정일	배당요구 및 임차금		예상배당액	인수	형태
임차권리	함인경	2006-10-17 (有)	--	요구	0		소멸	주거

	종류	배당자	예상배당액	배당후잔액	배당사유
배당순서	경매비용		5,492,265	614,507,735	
	강 제	함인경	614,507,735	0	강제이하 안분배당

물건상세검색

▶ **검색조건** 법원 : 고양지원 | 사건번호 : 2010타경30191

인쇄 | < 이전

사건내역 | 기일내역 | 문건/송달내역

사건기본내역

사건번호	2010타경30191	사건명	부동산강제경매
접수일자	2010.11.02	개시결정일자	2010.11.03
담당계	경매2계 전화 : 031-920-6312		
청구금액	646,459,382원	사건항고/정지여부	
종국결과	미종국	종국일자	

현황조사서 | 감정평가서 | 관심사건등록

배당요구종기내역

목록번호	소재지	배당요구종기일
1	경기도 고양시 일산서구 가좌동 1086 가좌마을 606동 15층 1501호	2011.01.11

항고내역

물건번호	항고제기자	항고접수일자	항고		재항고		확정여부
		접수결과	사건번호	항고결과	사건번호	재항고결과	
검색결과가 없습니다.							

당사자내역

당사자구분	당사자명	당사자구분	당사자명
채권자	함인경	채무자겸소유자	최인권
임차인	함인경	가처분권자	함인경
배당요구권자	김진	배당요구권자	김민규

물건상세검색

검색조건 법원 : 고양지원 | 사건번호 : 2010타경30191

사건내역 | 기일내역 | 문건/송달내역

인쇄 | < 이전

문건처리내역

접수일	접수내역	결과
2010.11.04	등기소 고양등기소 등기필증 제출	
2010.11.16	채권자대리인 허근녕,이경준 보정서 제출	
2010.11.24	채권자대리인 허근녕,이경준 보정서 제출	
2010.11.26	감정인 주)나라감정평가법인 감정평가서 제출	
2010.11.29	집행관 허환 부동산현황조사서 제출	
2010.11.30	채권자대리인 허근녕,이경준 집행관 송달신청서 제출	
2010.12.09	교부권자 일산서구청 교부청구 제출	
2010.12.27	배당요구권자 김진 배당요구신청 제출	
2010.12.29	배당요구권자 김민규 배당요구신청 제출	
2011.01.10	채권자대리인 법무법인 길도 배당요구신청 제출	
2011.01.10	채권자 함인경 소송위임장 제출	
2011.01.10	채권자대리인 허근녕,이경준 소송대리인사임신고서 제출	
2011.01.11	채권자대리인 길도 배당요구신청 제출	
2011.01.24	채권자대리인 길도 주소보정 제출	
2011.03.09	채권자대리인 허근녕,이경준 기일연기신청 제출	
2011.03.09	채권자대리인 허근녕,이경준 특별송달신청 제출	
2011.03.25	채권자 함인경 탄원서(진정서등) 제출	
2011.05.03	채권자대리인 허근녕,이경준 보정서 제출	
2011.05.16	채권자 함인경 탄원서(진정서등) 제출	

송달내역

송달일	송달내역	송달결과
2010.11.04	채권자대리인 허근녕,이경준 개시결정정본 발송	2010.11.09 도달
2010.11.05	채권자대리인 허근녕,이경준 보정명령등본 발송	2010.11.10 도달
2010.11.12	최고관서 북인천세무서 최고서 발송	2010.11.15 도달
2010.11.12	채무자겸소유자 최인권 개시결정정본 발송	2010.11.19 폐문부재
2010.11.12	최고관서 고양시 일산서구청장 최고서 발송	2010.11.15 도달
2010.11.12	감정인 이수민 평가명령 발송	2010.11.17 도달
2010.11.17	채권자대리인 허근녕,이경준 보정명령등본 발송	2010.11.22 도달
2010.11.24	채권자대리인 허근녕,이경준 주소보정명령등본 발송	2010.11.29 도달
2010.11.30	임차인 함인경 임차인통지서 발송	2010.12.05 도달
2010.12.08	채무자겸소유자1 최인권 개시결정정본 발송	2010.12.28 폐문부재
2010.12.08	법원 인천지방법원 집행관 귀하 촉탁서 발송	2010.12.13 도달
2011.01.14	채권자대리인 길도 주소보정명령등본 발송	2011.01.19 도달
2011.01.25	채무자겸소유자1 최인권 개시결정정본 발송	2011.01.28 도달
2011.03.03	채권자대리인 길도 보정명령등본 발송	2011.03.08 도달
2011.03.14	법원 인천지방법원 집행관 귀하 촉탁서 발송	2011.03.17 도달
2011.03.17	채무자겸소유자1 최인권 개시결정정본 발송	2011.03.26 도달
2011.04.22	채권자대리인 길도 보정명령등본 발송	2011.04.27 도달
2011.05.17	채권자대리인 길도 매각및 매각결정기일통지서 발송	2011.05.18 도달
2011.05.17	채무자겸소유자 최인권 매각및 매각결정기일통지서 발송	2011.05.18 도달
2011.05.17	임차인 함인경 매각및 매각결정기일통지서 발송	2011.05.18 도달
2011.05.17	배당요구권자 김진 매각및 매각결정기일통지서 발송	2011.05.18 도달
2011.05.17	배당요구권자 김민규 매각및 매각결정기일통지서 발송	2011.05.18 도달

등기부 등본 (말소사항 포함) - 집합건물

[집합건물] 경기도 고양시 일산서구 가좌동 1086 가좌마을 제606동 제15층 제1501호 고유번호 2811-2005-009686

【 표 제 부 】 (1동의 건물의 표시)

표시번호	접 수	소재지번,건물명칭 및 번호	건 물 내 역	등기원인 및 기타사항
1	2005년10월20일	경기도 고양시 일산서구 가좌동 1086 가좌마을 제606동	철근콘크리트구조 경사스라브지붕 20층 아파트 1층 39.509㎡ 11층 374.064㎡ 2층 374.064㎡ 12층 374.064㎡ 3층 374.064㎡ 13층 374.064㎡ 4층 374.064㎡ 14층 374.064㎡ 5층 374.064㎡ 15층 374.064㎡ 6층 374.064㎡ 16층 374.064㎡ 7층 374.064㎡ 17층 374.064㎡ 8층 374.064㎡ 18층 374.064㎡ 9층 374.064㎡ 19층 374.064㎡ 10층 374.064㎡ 20층 374.064㎡	도면편철장제522호

(대지권의 목적인 토지의 표시)

표시번호	소 재 지 번	지 목	면 적	등기원인 및 기타사항
1	1. 경기도 고양시 일산서구 가좌동 1086	대	62931㎡	2005년10월20일

【 표 제 부 】 (전유부분의 건물의 표시)

표시번호	접 수	건물번호	건 물 내 역	등기원인 및 기타사항
1	2005년10월20일	제15층 제1501호	철근콘크리트구조	도면편철장제522호
			153.415㎡	

(대지권의 표시)

표시번호	대지권종류	대지권비율	등기원인 및 기타사항
1	1 소유권대지권	62931분의 98.015	2005년10월7일 대지권 2005년10월20일

【 갑 구 】 (소유권에 관한 사항)

순위번호	등 기 목 적	접 수	등 기 원 인	권 리 자 및 기 타 사 항
1	소유권보존	2005년10월20일 제108410호		소유자 주식회사킴스개발산업 110111-0820062 서울 강남구 삼성동 157-3 엘지트윈텔 1606
2	소유권이전	2005년12월6일 제126091호	2003년5월22일 매매	소유자 [redacted]
3	소유권이전	2005년12월13일 제129766호	2005년11월6일 매매	소유자 [redacted]
4	가처분	2007년6월12일 제69098호	2007년6월11일 의정부지방법원 고양지원의 가처분결정(2007즈단193)	피보전권리 이혼에 따른 재산분할청구권 채권자 [redacted] 금지사항 매매, 증여, 전세권, 저당권, 임차권의 설정 기타일체의 처분행위 금지
5	강제경매개시결정	2010년11월3일 제146478호	2010년11월3일 의정부지방법원 고양지원의 강제경매개시결정(2010 타경30191)	채권자 [redacted]

등기부등본 요약

갑구			을구		
1	2005. 10. 20	소유권(킴스개발산업)			
2	2005. 12. 06	소유권(강순옥)			
3	2005. 12. 13	소유권(최인권)			
4	2007. 06. 12	가처분(함인경, 이혼에 따른 재산분할청구권)			
5	2010. 11. 03	강제경매(함인경)			

살 펴 보 기

- 가처분권자와 강제경매신청권자가 동일인이고 배당을 신청하였으므로 경락자는 4번 가처분을 인수하지 않습니다.
  그리고 이 건에서는 이혼에 따른 재산분할소송을 제기하여 승소한 후 강제경매를 실행한 것으로 생각할 수도 있습니다.
  이혼 등에 관한 서류는 대법원 사이트에서 열람이 불가능하므로 해당 경매계에서 경매물건 서류를 직접 열람한 후 참여하는 것이 안전합니다.

제 5 부

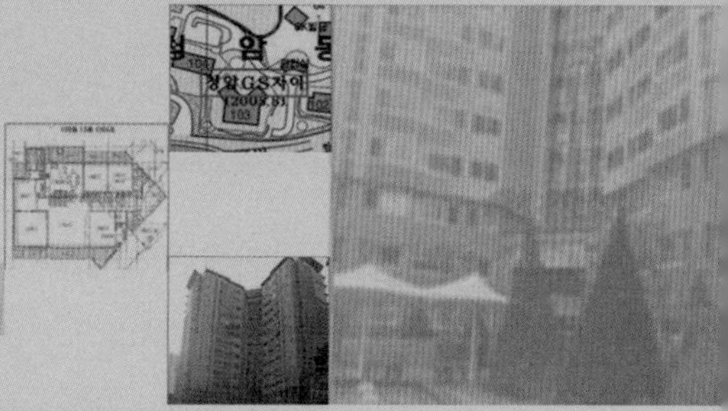

선순위전세권

Chapter 01

선순위전세권은 경락자에게 전액 인수되는가?

선순위전세권도 선순위가등기와 선순위가처분의 경우와 같은 방법으로 생각하면 되겠습니다.

선순위전세권에 대한 가장 정확한 판단은 대법원 경매 사이트의 "문건처리내역" 에서 정확한 내용을 알 수 있습니다.

확인할 사항은 다음의 두 가지 사항입니다.

첫째, 선순위전세권자가 배당신청을 했는지, 하지 않았는지.

이에 따라 아래의 법조항에서 보듯 선순위전세권의 인수여부가 결정됩니다.

둘째, 경매신청권자가 선순위전세권자인지 아닌지.

이에 따라 경락자의 선순위전세권 인수여부가 결정됩니다.

선순위전세권에 대한 분석이 완전히 되지 않고 경매에 참여하게 된다면, 경락자에게 전혀 의외의 결과가 발생할 수 있으므로 주의를 요합니다.

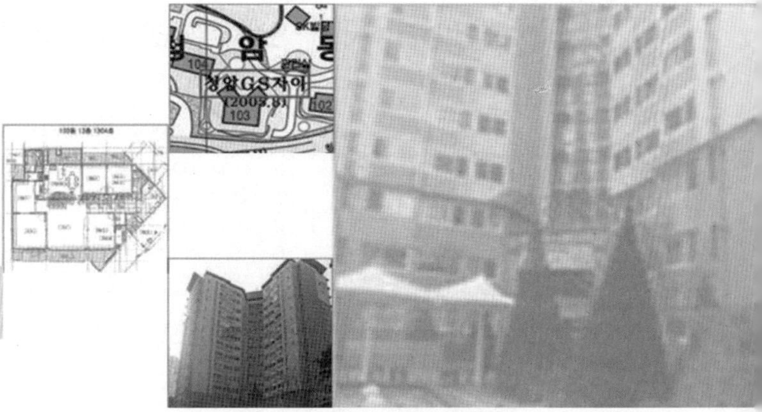

Tip 관련 법조문

■ **민사집행법 제88조(배당요구)**

① 집행력 있는 정본을 가진 채권자, 경매개시결정이 등기된 뒤에 가압류를 한 채권자, 민법 · 상법, 그 밖의 법률에 의하여 우선변제청구권이 있는 채권자는 배당요구를 할 수 있다.

② 배당요구에 따라 매수인이 인수하여야 할 부담이 바뀌는 경우 배당요구를 한 채권자는 배당요구의 종기가 지난 뒤에 이를 철회하지 못한다.

■ **민사집행법 제91조(인수주의와 잉여주의의 선택 등)**

① 압류채권자의 채권에 우선하는 채권에 관한 부동산의 부담을 매수인에게 인수하게 하거나, 매각대금으로 그 부담을 변제하는 데 부족하지 아니하다는 것이 인정된 경우가 아니면 그 부동산을 매각하지 못한다.

② 매각부동산 위의 모든 저당권은 매각으로 소멸된다.

③ 지상권 · 지역권 · 전세권 및 등기된 임차권은 저당권 · 압류채권 · 가압류채권에 대항할 수 없는 경우에는 매각으로 소멸된다.

④ 제3항의 경우 외의 지상권 · 지역권 · 전세권 및 등기된 임차권은 매수인이 인수한다. 다만, 그 중 전세권의 경우에는 전세권자가 제88조에 따라 배당요구를 하면매각으로 소멸된다.

⑤ 매수인은 유치권자(留置權者)에게 그 유치권(留置權)으로 담보하는 채권을 변제할 책임이 있다.

선순위전세권 ❶ :: 경락자에게 인수 부담 없는 경우 (선순위전세권자 배당신청) ::

서부6계 2008-18273[2] 상세정보

경매구분	임의(기일)	채권자	모아상호저축	경매일시	09.07.22 (10:00)
용도	아파트	채무/소유자	부곡레저/생보부동산신	다음예정	09.08.26 (1,024,000,000원)
감정가	2,000,000,000	청구액	4,449,127,714	경매개시일	08.11.19
최저가	1,280,000,000 (64%)	토지총면적	89 m² (26.92평)	배당종기일	09.02.23
입찰보증금	10% (128,000,000)	건물총면적	201 m² (60.8평)[69평형]	조회수	금일1 공고후81 누적148
주의사항	· 선순위전세권 · 2009.02.17 전세권자 박문서 권리신고및배당요구신청 제출 (본 물건번호에 적용여부 확인요망)				

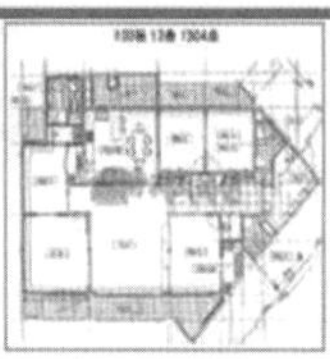

- ■ 물건사진 3
- ■ 지번·위치 3
- ■ 구 조 도 2
- ■ 위성지도

우편번호및주소/감정서	물건번호/면 적 (m²)	감정가/최저가/과정	임차조사	등기권리
140-050 서울 용산구 청암동 181 ,도화동558 천년명가청암자이 103동 13층 1304호 ●감정평가서정리 - 강변삼성아파트북서측인근 - 공동주택및근린시설등혼재 - 차량출입가능 - 버스(정)인근,대중교통사정보통 - 도시가스개별난방 - 부정형토지 - 단지내도로접함 - 청암동181번지:도시지역,3종일반주거지역,역사문화미관지	물건번호: 2 번 (총물건수 7건) 2)대지 89.308/15529.1 (27.02평) 건물 201.23 (60.87평) (69평형) 15층-05.09.08보존 현장보고서 신청 GO	감정가 2,000,000,000 대지 600,000,000 (30%) 건물 1,400,000,000 (70%) 최저가 1,280,000,000 (64.0%) ●경매진행과정 2,000,000,000 유찰 2009-05-13 20%↓ 1,600,000,000 유찰 2009-06-17 20%↓ 1,280,000,000 진행 2009-07-22	●법원임차조사 김명숙 전입 2006.03.20 확정 2006.03.20 배당 2009.02.02 전세 2006.03.22 (보) 700,000,000 점유 2006.3.17-2년 전부(방4개) 주거전세권자 ●지지옥션세대조사 전입 2006.03.20 이효진 동사무소확인:09.05.04	전세권 김명숙 2006.03.22 700,000,000 존속기간:2008.03.16 저당권 모아상호저축부평 2007.03.20 6,500,000,000 저당권 삼신상호저축 2007.03.20 3,900,000,000 소유권 생보부동산신 2008.04.24 전소유자:부곡레저 이 전 한국자산관리 2008.10.22 삼신상호저축 (07.03.20)

배당내역(예상)

▸ 경매비용

총경매비용	2,461,133 원 (전체 - 16,981,818원) 계산내역보기	- 법원마다 약간의 차이가 있을 수 있음. - 부동산 1필지로 산정함 - 감정가 비율로 나눔(공동 담보 물건)

▸ 등기권리자 배당

등기권리	권리자	등기일자	채권액	등기배당액 배당총액	말소여부	비고
전세	김명숙	2006-03-22	700,000,000	0 700,000,000	말소	말소기준권리
저당	한국자산관리	2007-03-20	6,500,000,000	577,538,867	말소	
저당	한국자산관리	2007-03-20	3,900,000,000	0	말소	
이전	한국자산관리	2008-10-22	0	0	말소	
임의	모아상호저축	2008-11-19	0	0	말소	경매기입등기
이전	한국자산관리	2008-12-18	0	0	말소	

권리관계수정

▸ 임차인배당 (지지옥션 세대열람)

대항력	임차인	전입일 (사업등록)	임차금 월세포함	임차배당액 배당총액	인수	확정일	배당	형태
유	김명숙	2006-03-20	700,000,000	700,000,000 700,000,000	소멸	2006-03-20	요구	주거
유	이효진	2006-03-20	0	0	인수		안함	주거

소액임차금표 주민등록확인필 권리관계수정

배당순서(예상)

권리	배당자	배당액	배당후잔액	배당사유
경매비용		2,461,133	1,277,538,867	
임차인	김명숙	700,000,000	577,538,867	임차인
저당	한국자산관리	577,538,867	0	저당

경매사건검색

▷ **검색조건** 법원 : 서울서부지방법원 | 사건번호 : 2008타경18273

사건내역 | 기일내역 | 문건/송달내역 | 인쇄 | < 이전

사건기본내역

사건번호	2008타경18273	사건명	부동산임의경매
접수일자	2008.11.18	개시결정일자	2008.11.19
담당계	경매6계 전화 : 3271-1326(구내:1326)		
청구금액	4,449,127,714원	사건항고/정지여부	
종국결과	미종국	종국일자	

당사자내역

당사자구분	당사자명	당사자구분	당사자명
채권자	한국자산관리공사(주식회사 모아상호저축은행의 양수인)	채무자	주식회사 부곡레저
소유자	주식회사생보부동산신탁	임차인	이동남
임차인	김명숙	임차인	정순철
임차인	전호석	임차인	박소영
임차인	이광열	임차인	이효석
근저당권자	주식회사제이원상호저축은행(전세권근저당권자)	근저당권자	한국자산관리공사
전세권자	이동남	전세권자	김명숙
전세권자	정순철	전세권자	박문서
전세권자	이효석	교부권자	역삼세무서
교부권자	용산구	교부권자	역삼세무서
배당요구권자	주식회사제일이상호저축은행(임차인이동남의 양수인)		

▶ 검색조건 법원 : 서울서부지방법원 | 사건번호 : 2008타경18273

사건내역 | 기일내역 | 문건/송달내역 | 인쇄 | < 이전

● 문건처리내역

접수일	접수내역	결과
2008.11.20	등기소 용산등기소 등기필증 제출	
2008.12.08	배당요구권자 주식회사 제일이상호저축은행 채권계산서 제출	
2008.12.09	기타 역삼세무서 교부청구 제출	
2008.12.11	기타 집행관 현황조사서 제출	
2008.12.16	임차인 정순철 권리신고및배당요구신청 제출	
2009.01.05	채권자 한국자산관리공사 채권자및 송달장소 변경신고 제출	
2009.01.06	기타 매일감정 감정평가서 제출	
2009.01.13	임차인 이효석 권리신고및배당요구신청 제출	
2009.01.23	채권자 주식회사 모아상호저축은행 양수인 한국자산관리공사 보정서 제출	
2009.02.02	임차인 김명숙 권리신고및배당요구신청 제출	
2009.02.04	임차인 전호석 권리신고및배당요구신청 제출	
2009.02.17	전세권자 박문서 권리신고및배당요구신청 제출	
2009.02.18	임차인 이동남 권리신고및배당요구신청 제출	
2009.02.19	기타 용산구청 교부청구 제출	
2009.05.13	교부권자 역삼세무서 교부청구 제출	
2009.05.21	교부권자 역삼세무서 교부청구 제출	
2009.05.25	교부권자 역삼세무서 교부청구 제출	
2009.06.18	기타 전주지방검찰청 지급유예및배당요청 제출	

Tip • • •

배당요구종기일 : 2009. 2. 23
선순위전세권자 김명숙 배당요구신청 : 2009. 2. 2

등기부 등본 (말소사항 포함) - 집합건물

[집합건물] 서울특별시 용산구 청암동 181외 1필지 천년명가청암자이 제103동 제13층 제1304호 고유번호 2743-2006-002446

【 표 제 부 】 (1동의 건물의 표시)				
표시번호	접 수	소재지번,건물명칭 및 번호	건 물 내 역	등기원인 및 기타사항
1	2006년9월6일	서울특별시 용산구 청암동 181 서울특별시 마포구 도화동 558 천년명가청암자이 제103동	철근콘크리트조 (철근)콘크리트지붕 14층 공동주택(아파트) 1층 1033.43㎡ 2층 1003.23㎡	도면편철장 제1책 제166장

【 갑 구 】 (소유권에 관한 사항)				
순위번호	등 기 목 적	접 수	등 기 원 인	권 리 자 및 기 타 사 항
1	소유권보존	2006년9월6일 제34132호		소유자 주식회사부곡레저 110111-0337140 서울 강남구 역삼동 799-16 4층
2	소유권이전	2006년2월21일 제5155호	2006년2월21일 신탁	수탁자 주식회사생보부동산신탁 110111-1617434 서울 강남구 삼성동 157-27 경암빌딩
				~~신탁~~ ~~신탁원부 제13호~~
3	소유권이전	2006년3월22일 제9806호	2006년3월21일 매매	소유자 주식회사부곡레저 110111-0337140 서울 강남구 역삼동 799-16 4층
				2번 신탁등기말소
순위번호	등 기 목 적	접 수	등 기 원 인	권 리 자 및 기 타 사 항
				원인 신탁재산의 귀속
4	소유권이전	2006년3월22일 제9808호	2006년3월22일 신탁	수탁자 주식회사생보부동산신탁 110111-1617434 서울 강남구 삼성동 157-27 경암빌딩
				~~신탁~~ ~~신탁원부 제19호~~
5	소유권이전	2007년3월20일 제10190호	2007년3월20일 신탁재산의귀속	소유자 주식회사 부곡레저 110111-0337140 서울 강남구 역삼동 799-16 4층
				4번 신탁등기말소 원인 신탁재산의 귀속
6	소유권이전	2007년3월20일 제10200호	2007년3월20일 신탁	수탁자 주식회사생보부동산신탁 110111-1617434 서울 강남구 삼성동 157-27 경암빌딩
				~~신탁~~ ~~신탁원부 제77호~~
7	소유권이전	2008년4월24일 제17755호	2008년4월24일 신탁재산의귀속	소유자 주식회사부곡레저 110111-0337140 서울특별시 강남구 역삼동 799-16 4층
				6번 신탁등기말소 원인 신탁재산의귀속
8	소유권이전	2008년4월24일 제17756호	2008년4월24일 신탁	수탁자 주식회사생보부동산신탁 110111-1617434 서울특별시 강남구 삼성동 157-27 경암빌딩

순위번호	등 기 목 적	접 수	등 기 원 인	권 리 자 및 기 타 사 항
				신탁 신탁원부 제168호
9	임의경매개시결정	2008년11월19일 제44746호	2008년11월19일 서울서부지방법원의 임의경매개시결정(2008타경18273)	채권자 주식회사 도아상호저축은행 120111-0000331 인천 남구 주안동408-2 (부평지점)

【 을 구 】 (소유권 이외의 권리에 관한 사항)

순위번호	등 기 목 적	접 수	등 기 원 인	권 리 자 및 기 타 사 항
~~1~~	~~근저당권설정~~	~~2005년9월6일~~ ~~제34144호~~	~~2005년9월6일~~ ~~설정계약~~	~~채권최고액 금873,000,000원~~ ~~채무자 주식회사부국레저~~ ~~서울 강남구 역삼동 799-16 4층~~ ~~근저당권자 동양화재해상보험주식회사 110111-0013320~~ ~~서울 영등포구 여의도동 25-1~~
~~1-1~~	~~1번등기명의인표시변경~~	~~2006년3월20일~~ ~~제9411호~~	~~2005년10월1일~~ ~~상호변경 및 본점이전~~	~~동양화재해상보험주식회사의 성명(명칭)~~ ~~메리츠화재해상보험주식회사~~ ~~메리츠화재해상보험주식회사의 주소 서울 강남구 역삼동 825-2~~
~~1-2~~	~~1번근저당권변경~~	~~2006년3월20일~~ ~~제9412호~~	~~2006년3월20일~~ ~~변경계약~~	~~채권최고액 금390,000,000원~~
2	전세권설정	2006년3월22일 제9807호	2006년3월17일 설정계약	전세금 금700,000,000원 범 위 주거용 건물의 전부

순위번호	등 기 목 적	접 수	등 기 원 인	권 리 자 및 기 타 사 항
				존속기간 2008년 3월 16일까지 반환기 2008년 3월 16일까지 전세권자 [redacted]
2-1				2번 등기는 건물만에 관한 것임 2006년3월22일 부기
3	1번근저당권설정등기말소	2007년3월20일 제10192호	2007년3월20일 해지	
4	(1)근저당권설정	2007년3월20일 제10199호	2007년3월20일 설정계약	채권최고액 금6,500,000,000원 채무자 주식회사 부국레저 서울 강남구 역삼동 799-16 4층 ~~근저당권자 주식회사도아상호저축은행 120111-0000331~~ ~~인천 남구 주안동 408-2~~ ~~(부평지점)~~ 공동담보목록 제2007-46호
4-2	4번(1)근저당권이전	2008년12월18일 제47996호	2008년11월26일 계약양도	근저당권자 한국자산관리공사 114671-0023169 서울특별시 강남구 역삼동 814
4	(2)근저당권설정	2007년3월20일 제10199호	2007년3월20일 설정계약	채권최고액 금3,900,000,000원 채무자 주식회사 부국레저 서울 강남구 역삼동 799-16 4층 ~~근저당권자 주식회사삼신상호저축은행 124311-0000949~~ ~~부천시 원미구 춘의동 212-3~~ 공동담보목록 제2007-46호

열 람 용

순위번호	등 기 목 적	접 수	등 기 원 인	권 리 자 및 기 타 사 항
4-1	4번(2)근저당권이전	2008년10월22일 제42115호	2008년9월26일 계약양도	근저당권자 한국자산관리공사 114671-0023169 서울특별시 강남구 역삼동 814

등기부등본 요약

갑구			을구		
2	2006. 02. 21	소유권(생보부동산신탁)			
3	2006. 03. 22	소유권(부곡레저)			
			2	2006. 03. 22	전세권설정(김명숙)
4	2006. 03. 22	소유권(생보부동산신탁)			
5	2007. 03. 20	소유권(부곡레저)			
			4	2007. 03. 20	근저당권(채무자 부곡레저, 근저당권자 한국자산)
				2007. 03. 20	근저당권(채무자 부곡레저, 근저당권자 한국자산)
6	2007. 03. 20	소유권(생보부동산신탁)			
7	2008. 04. 24	소유권(부곡레저)			
8	2008. 04. 24	소유권(생보부동산신탁)			
9	2008. 11. 19	임의경매개시 (모아상호저축, 한국자산관리공사)			

살 펴 보 기

선순위전세권자 김명숙이 배당을 신청하였습니다. 선배당 받게 되므로 경락자는 인수부담이 없습니다.

선순위전세권 ❷ :: 경락자에게 인수 부담 없는 경우 (선순위전세권자 강제경매신청) ::

남부4계 2008-16568 상세정보

경 매 구 분	강제(기일)	채 권 자	근로복지공단	경 매 일 시	09.07.15 (10:00)
용 도	다세대	채무/소유자	김혜경	다 음 예 정	09.08.19 (138,240,000원)
감 정 가	270,000,000	청 구 액	101,575,340	경매개시일	08.07.28
최 저 가	172,800,000 (64%)	토지총면적	51 m² (15.43평)	배당종기일	08.12.08
입찰보증금	20% (34,560,000)	건물총면적	98 m² (29.64평)	조 회 수	금일2 공고후194 누적503
주 의 사 항	· 재매각물건 · 선순위전세권				

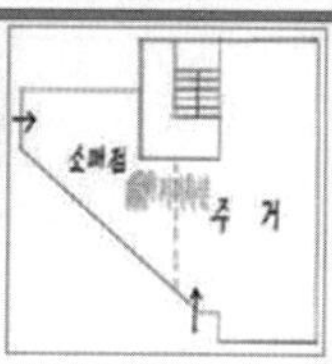

- 물건사진 3
- 지번·위치 4
- 구 조 도 1
- 위성지도

우편번호및주소/감정서	물건번호/면 적 (m²)	감정가/최저가/과정	임차조사	등기권리
157-010 서울 강서구 화곡동 403-2 하이트빌라 101호 ●감정평가서정리 - 철콘조평슬래브지붕 - 다세대주택및소매점 - 화곡역동남측소재 - 주위도로변상가,배후 단독및다세대주택 밀집한주상복합지대 - 강서로와지하철5호선 화곡역인접 - 까치산길접함,교통사정편리 - 도시가스개별난방설비 - 사다리꼴평지 - 북측도로접함 - 도시지역,공항시설보	물건번호: 단독물건 대지 51.44/299.8 (15.56평) 건물 98.22 (29.71평) 방3 5층-02.04.23보존 현장보고서 신청 GO	감정가 270,000,000 대지 135,000,000 (50%) 건물 135,000,000 (50%) 최저가 172,800,000 (64.0%) ●경매진행과정 270,000,000 유찰 2009-01-07 20%↓ 216,000,000 낙찰 2009-02-18 255,500,000 (94.6%) - 응찰 : 1명 - 낙찰자:서동수 허가 2009-02-25	●법원임차조사 양경준 전입 2006.12.26 김은회 전입 2008.06.24 (보) 5,000,000 (월) 200,000 점유 2008.6 *독립세대 양경준은 소유자의 배우자와 형제이다. 임차인 김은회 진술.양경준에 대한 임대차관계미상 ●지지옥션세대조사 전입 2003.01.29 양경국 전입 2006.12.26 양경준 전입 2008.06.24 김은회 동사무소확인:08.12.29	전세권 근로복지공단 서울남부지사 2002.07.09 100,000,000 존속기간:2006.07.07 소유권 김혜경 2004.07.12 전소유자:하이트맨션(주) 저당권 정은경 2004.07.15 20,000,000 저당권 이수근 2004.08.16 50,000,000 저당권 정봉자 2005.03.16 60,000,000 가압류 박현회 2006.07.21

배당내역(예상)

경매비용

총경매비용	2,453,918 원 계산내역보기	- 법원마다 약간의 차이가 있을 수 있음. - 부동산 1필지로 산정함

등기권리자 배당

등기권리	권리자	등기일자	채권액	등기배당액 배당총액	말소여부	비고
전세	근로복지공단	2002-07-09	100,000,000	100,000,000	말소	말소기준권리
저당	정은경	2004-07-15	20,000,000	20,000,000	말소	
저당	이수근	2004-08-16	50,000,000	50,000,000	말소	
저당	정봉자	2005-03-16	60,000,000	346,082	말소	
가압	박현희	2006-07-21	64,400,000	0	말소	
압류	양천구	2006-09-04	0	0	말소	
압류	국민건강보험	2007-01-29	0	0	말소	
가등	이재권	2007-07-26	0	0	말소	
압류	양천세무서	2007-09-11	0	0	말소	
저당	김영순	2008-03-11	45,000,000	0	말소	
압류	양천구	2008-05-19	0	0	말소	
가압	대한생명보험	2008-07-14	19,199,173	0	말소	
강제	근로복지공단	2008-07-28	0	0	말소	경매기입등기

권리 관계수정

임차인배당 (지지옥션 세대열람)

대항력	임차인	전입일 (사업등록)	임차금 월세포함	임차배당액 배당총액	인수	확정일	배당	형태
무	양경국	2003-01-29	0	0	소멸		안함	주거
무	양경준	2006-12-26	0	0	소멸		안함	주거
무	김은희	2008-06-24	5,000,000	0	소멸		안함	주거

경매사건검색

검색조건 법원 : 서울남부지방법원 | 사건번호 : 2008타경16568

사건내역 | 기일내역 | 문건/송달내역 — 인쇄 | < 이전

사건기본내역

사건번호	2008타경16568	사건명	부동산강제경매
접수일자	2008.07.25	개시결정일자	2008.07.28
담당계	경매4계 전화 : 02-2192-1334		
청구금액	101,575,340원	사건항고/정지여부	
종국결과	미종국	종국일자	

당사자내역

당사자구분	당사자명	당사자구분	당사자명
채권자	근로복지공단	채무자겸소유자	김혜경
임차인	김은희	임차인	양경준(전입인)
근저당권자	정은경	근저당권자	이수근
근저당권자	정봉자	근저당권자	김영순
가압류권자	박현희	가압류권자	대한생명보험 주식회사
전세권자	근로복지공단	압류권자	서울특별시양천구
압류권자	국민건강보험공단	압류권자	양천세무서
가등기권자	이재권	교부권자	강서세무서
교부권자	강서구청		

▶ **검색조건** 법원 : 서울남부지방법원 | 사건번호 : 2008타경16568

사건내역 | 기일내역 | 문건/송달내역 | 인쇄 | < 이전

문건처리내역

접수일	접수내역	결과
2008.07.29	등기소 강서등기소 등기필증 제출	
2008.08.06	기타 수감정평가사사무소 감정평가서 제출	
2008.08.11	압류권자 양천세무서 교부청구 제출	
2008.08.13	기타 집행관 이진수 현황조사서 제출	
2008.08.14	교부권자 강서세무서 교부청구 제출	
2008.08.25	압류권자 국민건강보험공단 강서지사 교부청구 제출	
2008.09.02	교부권자 양천구청 교부청구 제출	
2008.09.05	교부권자 강서세무서 교부청구 제출	
2008.09.09	가압류권자 대한생명보험 주식회사 채권계산서 제출	
2008.09.16	근저당권자 이수근 채권계산서 제출	
2008.10.06	교부권자 양천구청 교부청구 제출	
2008.10.08	근저당권자 김영순 채권계산서 제출	
2008.10.09	가등기권자 이재권 배당요구신청 제출	
2008.10.09	교부권자 강서구청 교부청구 제출	
2008.11.19	압류권자 양천세무서 교부청구 제출	
2008.11.19	교부권자 강서세무서 교부청구 제출	
2008.11.24	교부권자 양천구청 교부청구 제출	
2008.12.02	교부권자 국민건강보험공단 강서지사 교부청구 제출	
2008.12.02	교부권자 양천구청 교부청구 제출	
2008.12.03	교부권자 강서구청 교부청구 제출	
2008.12.04	채권자 근로복지공단 채권계산서 제출	
2008.12.08	근저당권자 김영순 채권계산서 제출	
2009.01.05	교부권자 강서세무서 교부청구 제출	
2009.04.03	최고가매수신고인 매각결정취소신청 제출	
2009.04.13	채권자 근로복지공단 채권계산서 제출	

등기부 등본 (말소사항 포함) - 집합건물

[집합건물] 서울특별시 강서구 화곡동 403-2 제1층 제101호 　　　　고유번호 1149-2002-004640

【 표 제 부 】 (1동의 건물의 표시)				
표시번호	접 수	소재지번,건물명칭 및 번호	건 물 내 역	등기원인 및 기타사항
1	2002년4월23일	서울특별시 강서구 화곡동 403-2	철근콘크리트조 평슬래브지붕 5층 다세대주택 및 소매점 1층 115.86㎡ 2층 127.98㎡ 3층 127.98㎡ 4층 127.98㎡ 5층 127.98㎡ 옥탑 8.64㎡(연면적제외)	도면편철장 제5책1장

(대지권의 목적인 토지의 표시)				
표시번호	소 재 지 번	지 목	면 적	등기원인 및 기타사항
1	1. 서울특별시 강서구 화곡동 403-2	대	299.8㎡	2002년4월23일

【 표 제 부 】 (전유부분의 건물의 표시)				
표시번호	접 수	건물번호	건 물 내 역	등기원인 및 기타사항
1	2002년4월23일	제1층 제101호	철근콘크리트조 98.22㎡	도면편철장 제5책1장

(대지권의 표시)			
표시번호	대지권종류	대지권비율	등기원인 및 기타사항
1	1 소유권대지권	299.8분의 51.44	2002년4월6일 대지권 2002년4월23일

【 갑 구 】 (소유권에 관한 사항)				
순위번호	등 기 목 적	접 수	등 기 원 인	권 리 자 및 기 타 사 항
1	소유권보존	2002년4월23일 제48864호		소유자 주식회사하이트맨션 110111-1813941 부천시 오정구 고강동 461-1
2	소유권이전	2004년7월12일 제52413호	2004년4월1일 매매	소유자 [redacted]
2-1	2번등기명의인표시변경	2005년3월16일 제16331호	2004년9월10일 전거	[redacted]
3	~~압류~~	~~2004년12월22일 제94533호~~	~~2004년12월22일 압류(세무과-19874)~~	~~권리자 서울특별시강서구~~
4	3번압류등기말소	2005년12월13일 제93338호	2005년12월12일 해제	
5	가압류	2006년7월21일 제56706호	2006년7월19일 서울남부지방법원의 가압류 결정(2006가단15601)	청구금액 금64,400,000원 채권자 [redacted]

순위번호	등 기 목 적	접 수	등 기 원 인	권 리 자 및 기 타 사 항
6	압류	2006년9월4일 제68634호	2006년8월31일 압류(세무1과-6931)	권리자 서울특별시양천구
7	압류	2007년1월29일 제7530호	2007년1월25일 압류(부과징수부-245)	채권자 국민건강보험공단 111471-0008863 서울 마포구 염리동 168-9 의료보험회관 (강서지사)
8	소유권이전청구권가등기	2007년7월26일 제48262호	2007년7월25일 매매예약	가등기권자 [illegible] [illegible]
9	압류	2007년9월11일 제58482호	2007년8월30일 압류(부가소득세과-1624)	권리자 국 처분청 양천세무서
10	압류	2008년5월19일 제39262호	2008년4월30일 압류(세무1과-3077)	권리자 서울특별시양천구
11	가압류	2008년7월14일 제57508호	2008년7월14일 서울남부지방법원의 가압류결정(2008카단102 31)	청구금액 금19,199,173 원 채권자 대한생명보험 주식회사 서울 영등포구 여의도동60
12	강제경매개시결정	2008년7월28일 제63327호	2008년7월28일 서울남부지방법원의 강제경매개시결정(2008 타경16568)	채권자 근로복지공단 111271-2068015 서울 영등포구 영등포동2가94-267 (서울남부지사 행정복지팀)

【 을 구 】 (소유권 이외의 권리에 관한 사항)

순위번호	등 기 목 적	접 수	등 기 원 인	권 리 자 및 기 타 사 항
1	전세권설정	2002년7월9일 제75895호	2002년7월8일 설정계약	~~전세금 금70,000,000원~~ 범 위 1층 101호 전부 ~~존속기간 2004년 7월 7일~~ ~~반환기 2004년 7월 7일~~ 전세권자 근로복지공단 111271-0007455 서울 영등포구 영등포동 94-267 (서울남부지사)
1-1				1번 등기는 건물만에 관한 것임 2002년7월9일 부기
1-2	1번전세권변경	2004년7월9일 제51925호	2004년7월8일 변경계약	전세금 금100,000,000원 존속기간 2006년7월7일 반환기 2006년7월7일
2	근저당권설정	2004년7월15일 제53209호	2004년7월15일 설정계약	채권최고액 금20,000,000원 채무자 김혜경 서울 강서구 화곡동 989-1 근저당권자 정은경 560920-2****** 서울 강서구 등촌동 691-1 동성아파트 103-1603
3	근저당권설정	2004년8월16일 제60920호	2004년8월16일 설정계약	채권최고액 금60,000,000원 채무자 김혜경 서울 강서구 화곡동 989-1 근저당권자 이수근 651120-1****** 서울 송파구 오금동 154-3 금강빌리지 -301
4	근저당권설정	2005년3월16일 제16332호	2005년3월15일 설정계약	채권최고액 금60,000,000원 채무자 이기홍 고양시 덕양구 행신동 637-15 -3층 근저당권자 정봉자 600820-2****** 고양시 일산구 대화동 2213 성저마을 403-1202
5	근저당권설정	2008년3월11일 제16701호	2008년3월11일 설정계약	채권최고액 금45,000,000원 채무자 김혜경 서울 강서구 화곡동 403-2 하이트빌라 -101 근저당권자 김영순 470701-2****** 서울특별시 양천구 신월동 102-13.2층

등기부등본 요약

갑구			을구		
1	2002.04.23	소유권(하이트맨션)			
			1	2002.07.09	전세권(근로복지공단)
2	2004.07.12	소유권(김혜경)			
			2	2004.07.15	근저당권(채무자 김혜경, 근저당권자 정은경)
			3	2004.08.16	근저당권(채무자 김혜경, 근저당권자 이수근)
			4	2005.03.16	근저당권(채무자 이기흥, 근저당권자 정봉자)
8	2007.07.26	소유권이전청구권가등기(이재권)			
			5	2008.03.11	근저당권(채무자 김혜경, 근저당권자 김영순)
12	2008.07.28	강제경매개시(근로복지공단)			

살 펴 보 기

선순위전세권자가 경매신청을 하였습니다. 그러므로 경락으로 모든 권리가 말소됩니다. 이에 따라 경락자는 아무런 추가부담이 없습니다.

선순위전세권 ❸ :: 경락자에게 인수 부담 없는 경우 (선순위전세권자 임의경매신청) ::

중앙3계 2008-27906 상세정보

경매구분	임의(기일)	채권자	김종구	경매일시	09.07.22 (10:00)
용도	아파트	채무/소유자	문경수	다음예정	09.08.26 (117,760,000원)
감정가	230,000,000	청구액	80,000,000	경매개시일	08.09.23
최저가	147,200,000 (64%)	토지총면적	24 m² (7.26평)	배당종기일	08.12.01
입찰보증금	10% (14,720,000)	건물총면적	60 m² (18.15평)	조회수	금일1 공고후158 누적276
주의사항	·토지별도등기 ·선순위전세권				

- 물건사진 3
- 지번·위치 3
- 구조도 2
- 위성지도

우편번호및주소/감정서	물건번호/면 적 (m²)	감정가/최저가/과정	임차조사	등기권리
110-540 서울 종로구 창신동 639-20 ,-21,-22,-42,-43,-62,-63 창림 4층 401호 ●감정평가서정리 - 동대문역북동측근거리 - 주위단독주택및아파트등소규모공동주택, 교육시설,관공서,근린시설등혼재 - 차량출입가능,제반대중교통여건무난 - 인근도로변노선버스(정)소재 - 남서측근거리동대문역소재 - 도시가스개별난방 - 동측하향완경사의7필	물건번호: 단독물건 대지 23.663/435.9 (7.16평) 건물 59.67 (18.05평) 공용포함:65.28 5층-94.12.22보존 현장보고서 신청 GO	감정가 230,000,000 대지 115,000,000 (50%) 건물 115,000,000 (50%) 최저가 147,200,000 (64.0%) ●경매진행과정 230,000,000 유찰 2009-05-13 20%↓ 184,000,000 유찰 2009-06-17 20%↓ 147,200,000 진행 2009-07-22	●법원임차조사 김종구 전입 2006.08.25 배당 2008.11.03 (보) 80,000,000 전부/주거 점유 06.8.25-08.8.24 전세권자/조사서상 *2회 방문하였으나 폐문부재이고, 주민등록 전입된 세대만 임차인으로 보고함 ●지지옥션세대조사 전입 2006.08.25 김종구 동사무소확인:09.04.30	소유권 문경수 1994.12.27 전세권 김종구 2006.08.25 80,000,000 존속기간:2008.08.25 가압류 정찬원 2008.05.19 40,000,000 임의 김종구 2008.09.23 *청구액:80,000,000원 등기부채권총액 120,000,000원 열람일자 : 2008.10.24 토지별도등기有,확인 GO

Tip •••

토지별도등기가 있는 물건입니다. 이 건은 본 책자의 내용과 별도이므로 달리 설명을 하지 않았습니다.

배당내역(예상)

▸ 경매비용

총경매비용	1,870,260 원 계산내역보기	- 법원마다 약간의 차이가 있을 수 있음. - 부동산 1필지로 산정함

▸ 등기권리자 배당 ☆ 토지등기 내용을 필히 확인후 재분석 바랍니다.

등기권리	권리자	등기일자	채권액	등기배당액 배당총액	말소여부	비고
전세	김종구	2006-08-25	80,000,000	80,000,000 80,000,000	말소	말소기준권리
가압	정찬원	2008-05-19	40,000,000	40,000,000	말소	
임의	김종구	2008-09-23	0	0 0	말소	경매기입등기

권리관계수정

▸ 임차인배당 (지지옥션 세대열람)

대항력	임차인	전입일 (사업등록)	임차금 월세포함	임차배당액 배당총액	인수	확정일	배당	형태
무	김종구	2006-08-25	80,000,000	0 80,000,000	소멸		요구	주거

소액임차금표 주민등록확인필 권리관계수정

배당순서(예상)

권리	배당자	배당액	배당후잔액	배당사유
경매비용		1,870,260	145,329,740	
전세	김종구	80,000,000	65,329,740	전세
가압	정찬원	40,000,000	25,329,740	가압
소유자	문경수	25,329,740	0	배당잉여금

경매사건검색

검색조건 법원 : 서울중앙지방법원 | 사건번호 : 2008타경27906

사건내역 | 기일내역 | 문건/송달내역 | 인쇄 | < 이전

사건기본내역

사건번호	2008타경27906	사건명	부동산임의경매
접수일자	2008.09.22	개시결정일자	2008.09.23
담당계	경매3계 전화 : 530-1815(구내:1815)		
청구금액	80,000,000원	사건항고/정지여부	
종국결과	미종국	종국일자	

현황조사서 | 감정평가서 | 관심사건등록

배당요구종기내역

목록번호	소재지	배당요구종기일
1	서울특별시 종로구 창신동 639-20 4층 401호	2008.12.01

항고내역

물건번호	항고제기자	항고접수일자	항고		재항고		확정여부
		접수결과	사건번호	항고결과	사건번호	재항고결과	
검색결과가 없습니다.							

관련사건내역

관련법원	관련사건번호	관련사건구분
서울중앙지방법원	2008타기3047	개시결정이의

● 물건내역

물건번호	1 물건상세조회	물건용도	아파트	감정평가액 (최저매각가격)	230,000,000원 (147,200,000원)	
물건비고	-대금지급기일(기한)이후지연이자율:연2할 -임대차:물건명세서와 같음					
목록1	서울특별시 종로구 창신동 639-20 4층 401호			목록구분	집합건물	비고 미종국
물건상태	매각준비 -> 매각공고 -> **유찰**					
기일정보	2009.07.22			최근입찰결과	2009.06.17 유찰	

: 등기부

● 목록내역

목록번호	소재지	목록구분	비고
1	서울특별시 종로구 창신동 639-20 4층 401호	집합건물	미종국

● 당사자내역

당사자구분	당사자명	당사자구분	당사자명
채권자	김종구	채무자겸소유자	문경수
임차인	김종구	가압류권자	정찬원
배당요구권자	정찬원		

사건내역 | 기일내역 | 문건/송달내역 | 인쇄 | < 이전

● 문건처리내역

접수일	접수내역	결과
2008.09.24	등기소 중부등기소 등기필증 제출	
2008.10.15	기타 가람동국감정 원조요청 제출	
2008.10.24	채권자 김종구 야간송달신청 제출	
2008.10.24	기타 서울중앙지방법원집행관 현황조사서 제출	
2008.11.03	임차인 김종구 배당요구신청 제출	
2008.11.03	기타 가람동국감정평가법인 감정평가서 제출	
2008.11.03	가압류권자 정찬원 배당요구신청 제출	
2008.12.04	채권자 김종구 야간송달신청 제출	
2009.01.14	채권자 김종구 공시송달신청 제출	
2009.03.23	채권자 김종구 주소보정 제출	

송달내역

송달일	송달내역	송달결과
2008.09.29	채권자 김종구 개시결정정본 발송	2008.10.01 도달
2008.09.29	채무자겸소유자 문경수 개시결정정본 발송	2008.10.06 폐문부재
2008.09.29	감정인 전영주 평가명령 발송	2008.10.01 도달
2008.09.29	최고관서 금천세무서 최고서 발송	2008.09.29 도달
2008.09.29	최고관서 서울시 종로구청장 최고서 발송	2008.09.29 도달
2008.09.29	가압류권자 정찬원 최고서 발송	2008.09.29 도달
2008.10.16	감정인 전영주 결정정본 발송	2008.10.20 도달
2008.10.20	채권자 김종구 주소보정명령등본 발송	2008.10.22 도달
2008.10.24	임차인 김종구 임차인통지서 발송	2008.10.27 도달
2008.11.03	채무자겸소유자1 문경수 개시결정정본 발송	2008.11.12 폐문부재
2008.11.03	법원 서울중앙지방법원 집행관 귀하 촉탁서 발송	
2008.12.09	법원 서울중앙지방법원 집행관 귀하 촉탁서 발송	
2008.12.09	채무자겸소유자1 문경수 개시결정정본 발송	2008.12.29 폐문부재
2009.01.06	채권자 김종구 주소보정명령등본 발송	2009.01.09 도달
2009.01.15	채무자겸소유자1 문경수 개시결정정본 발송	2009.01.30 도달
2009.04.24	채무자겸소유자 문경수 매각및 매각결정기일통지서 발송	
2009.04.28	채권자 김종구 매각및 매각결정기일통지서 발송	2009.04.28 도달
2009.04.28	배당요구권자 정찬원 매각및 매각결정기일통지서 발송	2009.04.28 도달

사건일반내역 | 사건진행내역 | » 인쇄하기 | » 나의 사건 검색하기

▸ 사건번호 : 서울중앙지방법원 2008타기3047

기본내역 » 청사배치

사건번호	2008타기3047	사건명	경매개시결정에 대한 이의
재판부	경매3계 (전화:530-1815)		
접수일	2008.10.07	종국결과	
항고접수일		항고인	
항고종국일		항고결과	
송달료,보관금 종결에 따른 잔액조회		사건이 종결되지 않았으므로 송달료, 보관금 조회가 불가능합니다.	

최근기일내역

일 자	시 각	기일구분	기일장소	결 과
지정된 기일내역이 없습니다.				

• 최근 기일 순으로 일부만 보입니다. 반드시 상세보기로 확인하시기 바랍니다.

최근 제출서류 접수내역

일 자	내용
접수된 문서내역이 없습니다.	

관련사건내역

법 원	사건번호	구 분
서울중앙지방법원	2008타경27906	경매사건

당사자내역

구 분	이 름
신청인	1. 문경수
피신청인	1. 김종구

등기부 등본 (말소사항 포함) - 집합건물

[집합건물] 서울특별시 종로구 창신동 639-20외 6필지 제4층 제401호 　　고유번호 1103-1996-545078

【 표 제 부 】 (1동의 건물의 표시)

표시번호	접 수	소재지번,건물명칭 및 번호	건 물 내 역	등기원인 및 기타사항
1 (전 1)	1994년12월22일	서울특별시 종로구 창신동 639-20, 639-21, 639-22, 639-42, 639-43, 639-62, 639-63	철근콘크리트조 평슬래브 5층 아파트 1층 199.80㎡ 2층 200.70㎡ 3층 200.70㎡ 4층 200.70㎡ 5층 200.70㎡ 지층 199.80㎡	도면편철장 4책771호 부동산등기법 제177조의 6 제1항의 규정에 의하여 2000년 07월 14일 전산이기

(대지권의 목적인 토지의 표시)

표시번호	소 재 지 번	지 목	면 적	등기원인 및 기타사항
1 (전 1)	1. 서울특별시 종로구 창신동 639-20 2. 서울특별시 종로구 창신동 639-21 3. 서울특별시 종로구 창신동 639-22 4. 서울특별시 종로구 창신동 639-42 5. 서울특별시 종로구 창신동 639-43 6. 서울특별시 종로구 창신동 639-62 7. 서울특별시 종로구 창신동 639-63	대 대 대 대 대 대 대	77㎡ 69.4㎡ 66.1㎡ 51.9㎡ 83.6㎡ 16.5㎡ 71.4㎡	1994년12월22일

표시번호	소 재 지 번	지 목	면 적	등기원인 및 기타사항
2 (전 2)				1, 2, 4, 5 토지 등기에 관하여 별도등기있음 1994년12월22일 등기 부동산등기법 제177조의 6 제1항의 규정에 의하여 1번 내지 2번 등기를 2000년 07월 14일 전산이기

【 표 제 부 】 (전유부분의 건물의 표시)

표시번호	접 수	건물번호	건 물 내 역	등기원인 및 기타사항
1 (전 1)	1994년12월22일	제4층 제401호	철근콘크리트조 59.67㎡	도면편철장 제4책771호 부동산등기법 제177조의 6 제1항의 규정에 의하여 2000년 07월 14일 전산이기

(대지권의 표시)

표시번호	대지권종류	대지권비율	등기원인 및 기타사항
1 (전 1)	1, 2, 3, 4, 5, 6, 7 소유권대지권	436.9분의 23.665	1994년12월9일 대지권 1994년12월22일 부동산등기법 제177조의 6 제1항의 규정에 의하여 2000년 07월 14일

표시번호	대지권종류	대지권비율	등기원인 및 기타사항
			전산이기

【 갑 구 】 (소유권에 관한 사항)				
순위번호	등 기 목 적	접 수	등 기 원 인	권 리 자 및 기 타 사 항
1 (전 2)	공유자전원지분전부이전	1994년12월27일 제57270호	1994년11월20일 매매	소유자 [redacted]
				부동산등기법 제177조의 6 제1항의 규정에 의하여 2000년 07월 14일 전산이기
~~2~~	~~가압류~~	~~2000년9월22일 제43336호~~	~~2000년9월20일 서울지방법원의 가압류 결정(2000카단36343)~~	~~청구금액 금4,477,117원 채권자 주식회사한빛은행 110111-0023393 서울 중구 회현동1가 203 (여신회수팀)~~
3	2번가압류등기말소	2001년5월7일 제25578호	2001년4월26일 해제	
4	가압류	2008년5월19일 제32453호	2008년5월19일 서울중앙지방법원의 가압류결정(2008카단58048)	청구금액 금40,000,000 원 채권자 [redacted]
5	임의경매개시결정	2008년9월23일 제58631호	2008년9월23일 서울중앙지방법원의 임의경매개시결정(2008	채권자 [redacted]

순위번호	등 기 목 적	접 수	등 기 원 인	권 리 자 및 기 타 사 항
			타경27906)	

【 을 구 】 (소유권 이외의 권리에 관한 사항)				
순위번호	등 기 목 적	접 수	등 기 원 인	권 리 자 및 기 타 사 항
~~1 (전 3)~~	~~근저당권설정~~	~~2000년5월12일 제21568호~~	~~2000년5월12일 설정계약~~	~~채권최고액 금삼천만원 채무자~~ [redacted] ~~근저당권자 주식회사서울은행 110111-0015671 서울 중구 남대문로2가 10-1 (충신동지점)~~
				부동산등기법 제177조의 6 제1항의 규정에 의하여 2000년 07월 14일 전산이기
2	1번근저당권설정등기말소	2006년6월28일 제38217호	2006년6월28일 해지	
~~3~~	~~근저당권설정~~	~~2006년6월28일 제38218호~~	~~2006년6월28일 설정계약~~	~~채권최고액 금78,000,000원 채무자~~ [redacted] ~~근저당권자 주식회사하나은행 110111-0015671 서울 중구 을지로1가 101-1 (충신동지점)~~
4	전세권설정	2006년8월25일 제48262호	2006년8월25일 설정계약	전세금 금80,000,000원 범 위 4층 401호 59.67㎡
				존속기간 2006년 8월 25일부터 2008년 8월 25일까지 반환기 2006년 8월 25일부터 2008년 8월 25일까지 전세권자 [redacted]
4-1				4번 등기는 건물만에 관한 것임 2006년8월25일 부기
5	3번근저당권설정등기말소	2006년8월29일 제48755호	2006년8월29일 해지	

등기부 등본 (말소사항 포함) - 토지

[토지] 서울특별시 종로구 창신동 639-20　　　　　고유번호 1103-1996-517079

【 표 제 부 】 (토지의 표시)

표시번호	접 수	소 재 지 번	지 목	면 적	등기원인 및 기타사항
1 (전 1)	1978년6월15일	서울특별시 종로구 창신동 639-20	대	77㎡	
					부동산등기법 제177조의 6 제1항의 규정에 의하여 2000년 07월 25일 전산이기

【 갑 구 】 (소유권에 관한 사항)

순위번호	등 기 목 적	접 수	등 기 원 인	권 리 자 및 기 타 사 항
1 (전 7)	소유권이전	1987년7월23일 제34451호	1987년6월25일 매매	소유자 [redacted]
2 (전 8)	소유권대지권			건물의 표시 서울 종로구 창신동 639-20,21, 22,42,43,62,63 위7지상 철근콘크리트조 평슬래브 5층 아파트 1층 199.80㎡ 2층 200.70㎡ 3층 200.70㎡ 4층 200.70㎡ 5층 200.70㎡ 지층 199.80㎡ 1994년12월22일 등기
				부동산등기법 제177조의 6 제1항의 규정에 의하여 1번 내지 2번 등기를 2000년 07월 25일 전산이기

【 을 구 】 (소유권 이외의 권리에 관한 사항)

순위번호	등 기 목 적	접 수	등 기 원 인	권 리 자 및 기 타 사 항
1 (전 11)	근저당권설정	1994년1월10일 제746호	1994년1월8일 설정계약	채권최고액 금육백오십만원정 ~~채무자~~ [redacted] ~~근저당권자 한국주택은행 111235-0001906~~ ~~서울 영등포구 여의도동 36-3~~ ~~(종로지점)~~
1-1 (전 11-1)	1번근저당권담보추가			공동담보 동소동번지 20호의 6번지 2층 202호 건물 1995년1월14일 부기
1-2 (전 11-2)	1번근저당권변경	1995년1월14일 제1479호	1995년1월13일	목적 근저당권의 목적 이재선지분 77분지 23.665 이재선 지분 77분지 53.335포기
1-3	1번근저당권이전	2004년8월24일	2001년11월1일	근저당권자 주식회사국민은행 110111-2365321

순위번호	등 기 목 적	접 수	등 기 원 인	권 리 자 및 기 타 사 항
		제42672호	합병	서울 중구 남대문로2가 9-1 (종로3가지점)
1-4	1번근저당권변경	2004년8월24일 제42673호	2004년8월20일 확정채무의 면책적인수	채무자 [illegible] [illegible]
2 (전 12)	근저당권설정	1994년1월10일 제747호	1994년1월8일 설정계약	채권최고액 금일천오백육십만원정 ~~채무자~~ [illegible] [illegible] ~~근저당권자 한국주택은행 111235-0001008~~ ~~서울 영등포구 여의도동 36-3~~ ~~(종로지점)~~
2-1 (전 12-1)	2번근저당권담보추가			공동담보 동소동번지 20호 외 6필지 2층 202호 전물 1995년1월14일 부기
2-2 (전 12-2)	2번근저당권변경	1995년1월14일 제1480호	1995년1월13일	목적 근저당권의 목적 이재선지분 77분지 23.665 이재선 지분 77분지 53.335포기
				부동산등기법 제177조의 6 제1항의 규정에 의하여 1번 내지 2-2번 등기를 2000년 07월 25일 전산이기
2-3	2번근저당권이전	2004년8월24일 제42672호	2001년11월1일 합병	근저당권자 주식회사국민은행 110111-2365321 서울 중구 남대문로2가 9-1 (종로3가지점)

순위번호	등 기 목 적	접 수	등 기 원 인	권 리 자 및 기 타 사 항
2-4	2번근저당권변경	2004년8월24일 제42674호	2004년8월20일 확정채무의 면책적인수	채무자 [illegible] [illegible]

Tip • • •

토지별도등기가 있는 물건이므로 토지등기부등본을 첨부하였습니다.

등기부등본 요약

갑구			을구		
1	1994. 12. 27	소유권(문경수)			
			4	2006. 08. 25	전세권설정(김종구)
5	2008. 09. 23	임의경매개시(김종구)			

살 펴 보 기

선순위전세권자가 임의경매신청을 하였습니다. 그러므로 경락으로 모든 권리가 말소됩니다.

또한 "토지별도등기" 지만 금액이 크지 않아서 별다른 문제가 없으나 일부 금융기관에서는 대출시 문제가 될 수도 있습니다.

선순위전세권 ❹ :: 경락자에게 인수되는 경우 – 1 ::

(선순위전세권자가 배당신청 안 함)

동부6계 2008-17094 상세정보

◎ 중복:2008-12464

경매구분	강제(기일)	채권자	장미숙	경매일시	09.06.29 (10:00)
용도	아파트상가	채무/소유자	이성인	다음예정	09.08.17 (194,560,000원)
감정가	380,000,000	청구액	179,583,332	경매개시일	08.11.07
최저가	243,200,000 (64%)	토지총면적	0 ㎡ (0평)	배당종기일	
입찰보증금	10% (24,320,000)	건물총면적	70 ㎡ (21.18평)	조회수	금일1 공고후21 누적104
주의사항	· 선순위전세권 · 대지권미등기 · 2008.8.25.전세권(주)아투어패럴				

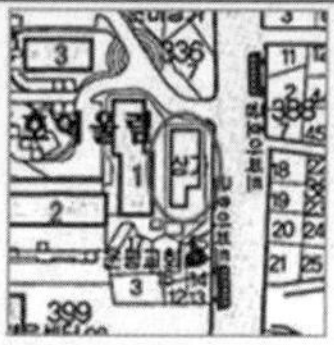

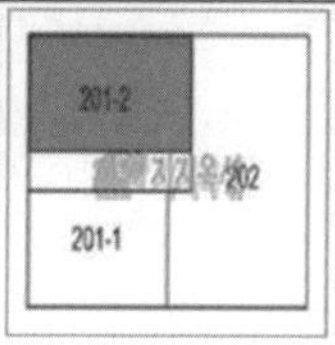

■ 물건사진 2
■ 지번·위치 3
■ 구조도 1
■ 위성지도

우편번호및주소/감정서	물건번호/면적(㎡)	감정가/최저가/과정	임차조사	등기권리
133-050 서울 성동구 마장동 821 금호어울림 상가동 2층 201-2호 ●감정평가서정리 - 중복사건2008-12464 감정평가서 - 마장역남서측인근 - 주위금호어울림아파트,다세대주택및 노변상가점포등소재 - 차량접근가능,제반교통사정보통 - 마장역및시내버스(정)인근소재 - 2층전체를(주)아투어패럴로이용중 - 부정형등고평탄한토	물건번호: 단독물건 대지권미등기 건물 69.59 (21.05평) 2층-07.01.16보존	감정가 380,000,000 대지 152,000,000 (40%) 건물 228,000,000 (60%) 최저가 243,200,000 (64.0%) ●경매진행과정 380,000,000 유찰 2009-03-30 20%↓ 304,000,000 유찰 2009-05-18 20%↓ 243,200,000 진행 2009-06-29	●법원임차조사 아투어패럴 전입 전세 2008.08.25 (보) 320,000,000 점포전세권자 점유 2010.6.10까지 등기부상 *아투어패럴 직원 진술. 관할 동사무소에 주민등록등재자를 조사한바 등재자없음.세무서에 등록사항등의 열람을 요청한바 등록사항등이 없다고 함	소유권 이성인 2008.08.14 전세권 아투어패럴 2008.08.25 320,000,000 존속기간:2010.06.10 압류 성동구 2008.08.28 강제 장미숙 2008.11.07 *청구액:179,583,332원 압류 국민건강보험 동대문지사 2009.01.30 등기부채권총액 320,000,000원 열람일자 : 2009.03.13

배당내역(예상)

▸ 경매비용

총경매비용	2,744,010 원 계산내역보기	- 법원마다 약간의 차이가 있을 수 있음. - 부동산 1필지로 산정함

▸ 등기권리자 배당

등기권리	권리자	등기일자	채권액	등기배당액 배당총액	말소여부	비고
전세	아투어패럴	2008-08-25	320,000,000	0 0	**인수**	
압류	성동구	2008-08-28	0	0	말소	말소기준권리
강제	장미숙	2008-11-07	179,583,332	179,583,332	말소	경매기입등기
압류	국민건강보험	2009-01-30	0	0	말소	

권리관계수정

▸ 임차인배당

대항력	임차인	전입일 (사업등록)	임차금 월세포함	임차배당액 배당총액	인수	확정일	배당	형태
무	아투어패럴		320,000,000	0 0	소멸		안함	영업

소액임차금표 권리관계수정

배당순서(예상)

권리	배당자	배당액	배당후잔액	배당사유
경매비용		2,744,010	240,455,990	
강제	장미숙	179,583,332	60,872,658	강제
소유자	이성인	60,872,658	0	배당잉여금

경매사건검색

검색조건 법원 : 서울동부지방법원 | 사건번호 : 2008타경17094

사건내역 | 기일내역 | 문건/송달내역 인쇄 < 이전

사건기본내역

사건번호	2008타경17094	사건명	부동산강제경매
중복/병합/이송	2008타경12464(중복)		
접수일자	2008.11.06	개시결정일자	2008.11.07
담당계	경매6계 전화 : 2204-2410(구내:2410)		
청구금액	179,583,332원	사건항고/정지여부	
종국결과	미종국	종국일자	

당사자내역

당사자구분	당사자명	당사자구분	당사자명
채권자	장미숙	채무자겸소유자	이성인
전세권자	주식회사 아투어패럴	압류권자	서울특별시 성동구

▶ **검색조건** 법원 : 서울동부지방법원 | 사건번호 : 2008타경17094

사건내역 | 기일내역 | 문건/송달내역 | 인쇄 | < 이전

중복/병합사건 선택하세요

문건처리내역

접수일	접수내역	결과
2008.11.07	등기소 서울동부지방법원 등기과 등기필증 제출	
2008.11.12	채권자 장미숙 보정서 제출	
2009.04.09	채권자 장미숙 보정서 제출	
2009.04.09	채권자 장미숙 속행신청 제출	

송달내역

송달일	송달내역	송달결과
2008.11.07	채권자 장미숙 보정명령등본 발송	2008.11.11 도달
2008.11.12	채권자 장미숙 중복경매통지서 발송	2008.11.17 도달
2008.11.12	채권자 장미숙 개시결정정본 발송	2008.11.17 도달
2008.11.12	채무자겸소유자 이성인 개시결정정본 발송	2008.11.17 도달
2009.03.05	채권자 장미숙 매각및 매각결정기일통지서 발송	2009.03.16 도달
2009.03.05	압류권자 서울특별시 성동구 매각및 매각결정기일통지서 발송	2009.03.16 도달
2009.03.05	채무자겸소유자 이성인 매각및 매각결정기일통지서 발송	2009.03.16 도달
2009.03.05	전세권자 주식회사 아투어패럴 매각및 매각결정기일통지서 발송	2009.03.16 도달
2009.03.31	채권자 장미숙 매수통지서 발송	2009.04.03 도달
2009.04.02	채권자 장미숙 추납통지서 발송	2009.04.07 도달

등기부 등본 (말소사항 포함) - 집합건물

[집합건물] 서울특별시 성동구 마장동 821 제상가동 제2층 제201-2호 고유번호 2401-2007-000160

【 표 제 부 】 (1동의 건물의 표시)				
표시번호	접 수	소재지번,건물명칭 및 번호	건 물 내 역	등기원인 및 기타사항
1	2007년1월16일	서울특별시 성동구 마장동 821 제상가동	철근콘크리트구조 (철근)콘크리트지붕 2층 상가 지층 361.03㎡ 1층 304.63㎡ 2층 312.88㎡	도면편철장 제1책22장

(대지권의 목적인 토지의 표시)				
표시번호	소 재 지 번	지 목	면 적	등기원인 및 기타사항
1	1. 서울특별시 성동구 마장동 821	대	755.4㎡	2007년1월16일

【 표 제 부 】 (전유부분의 건물의 표시)				
표시번호	접 수	건물번호	건 물 내 역	등기원인 및 기타사항
1	2007년1월16일	제2층 제201-2호	철근콘크리트구조 69.59㎡	

【 갑 구 】 (소유권에 관한 사항)				
순위번호	등 기 목 적	접 수	등 기 원 인	권 리 자 및 기 타 사 항
1	소유권보존	2008년8월14일		소유자 [redacted]

순위번호	등 기 목 적	접 수	등 기 원 인	권 리 자 및 기 타 사 항
		제61531호		서울특별시 동대문구 답십리동 886 대위자 [redacted] 대위원인 2008년1월8일 서울북부지방법원 가집행선고부판결에 의한 건물명도등청구권
2	~~강제경매개시결정~~	~~2008년8월26일 제64147호~~	~~2008년8월26일 서울동부지방법원의 강제경매개시결정(2008타경12464)~~	~~채권자~~ [redacted]
3	압류	2008년8월28일 제64897호	2008년8월26일 압류(세무2과-12418)	권리자 서울특별시성동구
4	강제경매개시결정	2008년11월7일 제81229호	2008년11월7일 서울동부지방법원의 강제경매개시결정(2008타경17094)	채권자 [redacted]호
5	2번강제경매개시결정등기말소	2009년1월6일 제511호	2009년1월5일 취하	
6	압류	2009년1월30일 제4622호	2009년1월29일 압류(자격징수부-286)	권리자 국민건강보험공단동대문지사 111471-0008863 서울특별시 동대문구 용두1동 26-14 경동한방프라자 5층

【 을 구 】 (소유권 이외의 권리에 관한 사항)				
순위번호	등 기 목 적	접 수	등 기 원 인	권 리 자 및 기 타 사 항
1	전세권설정	2008년8월25일 제63859호	2008년8월25일 설정계약	전세금 금320,000,000원 범 위 건물의 전부 존속기간 2010년 6월 10일 전세권자 주식회사아투어패럴 110111-1616981 서울특별시 성동구 마장동 821 금호어울림상가2층

등기부등본 요약

갑구			을구		
1	2008. 08. 14	소유권(이성인)			
			1	2008. 08. 25	전세권설정(아투어패럴)
4	2008. 11. 07	강제경매개시(장미숙)			

살 펴 보 기

선순위전세권자가 배당신청을 하지 않았습니다. 그러므로 선순위전세권을 경락자가 인수해야 합니다. 경락을 받으려면 선순위전세권 금액을 생각하고 경매에 응해야 합니다.

선순위전세권 ❺ :: 경락자에게 인수 되는 경우 – 2 ::

(선순위전세권자가 배당신청 안함)

북부3계 2008-24340 상세정보

경매구분	임의(기일)	채권자	중소기업중앙	경매일시	09.07.13 (10:00)
용도	아파트	채무/소유자	윤기숙/윤기영	다음예정	09.08.17 (163,840,000원)
감정가	320,000,000	청구액	130,000,000	경매개시일	08.12.19
최저가	204,800,000 (64%)	토지총면적	43 m² (13.01평)	배당종기일	09.03.17
입찰보증금	10% (20,480,000)	건물총면적	85 m² (25.71평)[32평형]	조회수	금일5 공고후23 누적394
주의사항	· 선순위전세권 · 2006.06.26.전세권 · [현황조사서]임차인 점유				

- 물건사진 13
- 지번·위치 3
- 구조도 2
- 위성지도

우편번호및주소/감정서	물건번호/면 적 (m²)	감정가/최저가/과정	임차조사	등기권리
130-100 서울 동대문구 장안동 568 신일해피트리 301동 2층 207호 ●감정평가서정리 - 군자초등교북동측인근위치 - 주위다세대및단독주택,소규모아파트,근린시설등혼재 - 차량출입가능,대중교통사정무난 - 인근장한로및천호대로버스(정)소재 - 도보5분거리지하철5호선장한평역소재 - 도시가스개별난방 - 장방형등고평탄지	물건번호: 단독물건 대지 43.279/3585.8 (13.09평) 건물 84.94 (25.69평) 방3,욕실겸화장실2 15층-06.01.16보존 동향,계단식 현장보고서 열람 GO	감정가 320,000,000 대지 128,000,000 (40%) 건물 192,000,000 (60%) 최저가 204,800,000 (64.0%) ●경매진행과정 320,000,000 유찰 2009-05-04 20%↓ 256,000,000 유찰 2009-06-08 20%↓ 204,800,000 진행 2009-07-13	●법원임차조사 신윤철 전입 2006.02.20 (보) 115,000,000 전부 1차점 유:2006.02.20- 2년 2차점 유:2008.02.19- 주거전세권자 등기부상 ●지지옥션세대조사 전입 2006.02.20 신윤철 동사무소확인:09.04.21	전세권 신윤철 2006.06.26 115,000,000 존속기 간:2008.02.19 저당권 중소기업협동 2006.07.06 130,000,000 저당권 하나은행 용인 2007.11.12 390,000,000 소유권 윤기영 2008.05.08 전소유자:윤기숙 가처분 신용보증기금 경안 2008.12.17 임 의 중소기업중앙

배당내역(예상)

경매비용

총경매비용	2,394,260 원 계산내역보기	- 법원마다 약간의 차이가 있을 수 있음. - 부동산 1필지로 산정함

등기권리자 배당

등기권리	권리자	등기일자	채권액	등기배당액 배당총액	말소여부	비고
전세	신윤철	2006-06-26	115,000,000	0 0	**인수**	
저당	중소기업협동	2006-07-06	130,000,000	130,000,000	말소	말소기준권리
저당	하나은행	2007-11-12	390,000,000	72,405,740	말소	
가처	신용보증기금	2008-12-17	0	0	말소	
임의	중소기업중앙	2008-12-19	130,000,000	0	말소	경매기입등기

권리관계수정

임차인배당 (지지옥션 세대열람)

대항력	임차인	전입일 (사업등록)	임차금 월세포함	임차배당액 배당총액	인수	확정일	배당	형태
유	신윤철	2006-02-20	115,000,000	0 0	**인수**		안함	주거

소액임차금표 | 주민등록확인필 | 권리관계수정

배당순서(예상)

권리	배당자	배당액	배당후잔액	배당사유
경매비용		2,394,260	202,405,740	
저당	중소기업협동	130,000,000	72,405,740	저당
저당	하나은행	72,405,740	0	저당

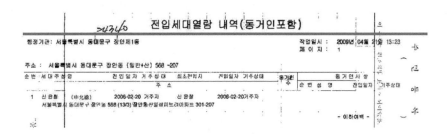

전입세대열람 내역(동거인포함)

행정기관: 서울특별시 동대문구 장안제1동

작업일시 : 2009년 04월 21일 13:23
페 이 지 : 1

주소 : 서울특별시 동대문구 장안동 (일반+산) 568 -207

순번	세대주성명		전입일자	거주상태	최초전입자	전입일자	거주상태	동거인수	동거인사항 순번 성명 전입일자 거주상태
1	신윤철	(申允撤)	2006-02-20	거주자	신윤철	2006-02-20	거주자		
	서울특별시 동대문구 장안동 568 (13/3) 장안동신일해피트리아파트 301-207								

- 이하여백 -

Tip • • •

경매물건지의 관할 주민센터에서 세입자 열람을 신청하여 전입자를 확인합니다.

경매사건검색

검색조건 법원 : 서울북부지방법원 | 사건번호 : 2008타경24340

사건내역 | 기일내역 | 문건/송달내역

인쇄 | < 이전

사건기본내역

사건번호	2008타경24340	사건명	부동산임의경매
접수일자	2008.12.18	개시결정일자	2008.12.19
담당계	경매3-2계 전화 : 3399-7323		
청구금액	130,000,000원	사건항고/정지여부	
종국결과	미종국	종국일자	

당사자내역

당사자구분	당사자명	당사자구분	당사자명
채권자	중소기업중앙회	채무자	윤기숙
소유자	윤기영	임차인	신윤철
근저당권자	주식회사 하나은행	전세권자	신윤철
가처분권자	신용보증기금		

▶ **검색조건** 법원 : 서울북부지방법원 | 사건번호 : 2008타경24340

사건내역 | 기일내역 | 문건/송달내역

인쇄 | < 이전

문건처리내역

접수일	접수내역	결과
2008.12.22	등기소 동대문등기소 등기필증 제출	
2008.12.24	기타 정우감정평가사사무소 감정평가서 제출	
2008.12.30	채권자 중소기업중앙회 보정서 제출	
2009.01.06	기타 집행관 현황조사서 제출	
2009.01.15	채권자 중소기업중앙회 보정서 제출	
2009.02.23	가처분권자 신용보증기금 이해관계인신고 제출	

송달내역

송달일	송달내역	송달결과
2008.12.19	채권자 중소기업중앙회 대표자 회장 김기문 보정명령등본 발송	2008.12.22 도달
2008.12.22	소유자 윤기영 개시결정정본 발송	2008.12.24 도달
2008.12.22	감정인 정영우 평가명령 발송	2008.12.24 도달
2008.12.22	채권자 중소기업중앙회 대표자 회장 김기문 개시결정정본 발송	2008.12.23 도달
2008.12.22	채무자 윤기숙 개시결정정본 발송	2008.12.24 도달
2008.12.22	전세권자 신윤철 최고서 발송	2008.12.22 도달
2008.12.22	근저당권자 주식회사 하나은행 최고서 발송	2008.12.22 도달
2008.12.22	최고관서 서울시 동대문구청장 최고서 발송	2008.12.22 도달
2008.12.22	최고관서 동청주세무서 최고서 발송	2008.12.22 도달
2009.01.07	임차인 신윤철 임차인통지서 발송	2009.01.09 도달
2009.01.07	채권자 중소기업중앙회 대표자 회장 김기문 추납통지서 발송	2009.01.09 도달
2009.04.10	채권자 중소기업중앙회 대표자 회장 김기문 매각및 매각결정기일통지서 발송	2009.04.13 도달
2009.04.10	근저당권자 주식회사 하나은행 매각및 매각결정기일통지서 발송	2009.04.13 도달
2009.04.10	임차인 신윤철 매각및 매각결정기일통지서 발송	2009.04.13 도달
2009.04.10	소유자 윤기영 매각및 매각결정기일통지서 발송	2009.04.13 도달
2009.04.10	채무자 윤기숙 매각및 매각결정기일통지서 발송	2009.04.13 도달
2009.04.10	전세권자 신윤철 매각및 매각결정기일통지서 발송	2009.04.13 도달

사건일반내용 | 사건진행내용 | » 인쇄하기 | » 나의 사건 검색하기

▸ 사건번호 : 서울북부지방법원 2008카합1481

■ 기본내용 » 청사배치

사건번호	2008카합1481	사건명	부동산처분금지가처분
채권자	신용보증기금	채무자	윤기영
제3채무자		청구금액	214,000,000원
재판부	제 11 민사부(나)	담보내용	214,000,000원
접수일	2008.12.08	종국결과	2008.12.17 인용
수리구분		병합구분	없음
기록보존인계일	2011.02.20		
항고인		항고일	
항고신청결과		해제내용	2010.09.20 해제
보존여부	기록보존됨		
송달료,보관금 종결에 따른 잔액조회		» 잔액조회	

■ 담보내용

담보금	담보제공일
현금 3,000,000	2008.12.16
공탁보증보험증권 25,000,000	2008.12.16

등기부 등본 (말소사항 포함) - 집합건물

[집합건물] 서울특별시 동대문구 장안동 566 장안동신일해피트리아파트 제301동 제2층 제207호 　　고유번호 2641-2006-001081

【 표 제 부 】 (1동의 건물의 표시)

표시번호	접 수	소재지번,건물명칭 및 번호	건 물 내 역	등기원인 및 기타사항
1	2006년1월16일	서울특별시 동대문구 장안동 566 장안동신일해피트리아파트 제301동	철근콘크리트조 (철근)콘크리트평슬라브지붕 15층 공동주택(아파트) 1층 31.02㎡ 1층 22.02㎡	도면편철장제1책17장

(대지권의 표시)

표시번호	대지권종류	대지권비율	등기원인 및 기타사항
1	1 소유권대지권	3585.8분의 43.279	2006년1월12일 대지권 2006년1월16일
2			~~별도등기 있음 1토지(을구23,0,22,20,3,4,15번 근저당권설정등기) 2006년1월31일~~
3			2번 별도등기 말소 2008년12월24일

【 갑 구 】 (소유권에 관한 사항)

순위번호	등 기 목 적	접 수	등 기 원 인	권 리 자 및 기 타 사 항
1	소유권보존	2006년1월16일 제1861호		소유자 장명연립연합재건축조합 114171-0005664 서울 동대문구 장안동 431-2 ~~신탁 신탁원부 제64호~~
2	소유권이전	2006년3월3일 제8786호	2005년8월25일 매매	소유자 [redacted] 1번 신탁등기말소 원인 신탁재산처분
3	소유권이전	2008년5월8일 제18884호	2008년5월1일 매매	소유자 [redacted] 거래가액 금280,000,000원
4	가처분	2008년12월17일 제64524호	2008년12월17일 서울북부지방법원의 가처분결정(2008카합1481)	피보전권리 사해행위 취소로 인한 원상회복 청구권 채권자 신용보증기금 서울 마포구 공덕동254-5 (소관:경안지점) 금지사항 매매, 증여, 전세권, 저당권, 임차권의 설정 기타일체의 처분행위 금지
5	임의경매개시결정	2008년12월19일 제64913호	2008년12월19일 서울북부지방법원의 임의경매개시결정(2008	채권자 중소기업중앙회 111240-0002070 서울 영등포구 여의도동16-2

순위번호	등 기 목 적	접 수	등 기 원 인	권 리 자 및 기 타 사 항
			타경24340)	

【 을 구 】 (소유권 이외의 권리에 관한 사항)				
순위번호	등 기 목 적	접 수	등 기 원 인	권 리 자 및 기 타 사 항
1	전세권설정	2006년6월26일 제27613호	2005년12월24일 설정계약	전세금 금115,000,000원 범 위 건물전부 존속기간 2006년2월20일부터 2008년2월19일 반환기 2008년2월19일 전세권자 [redacted]
1-1				1번 등기는 건물만에 관한 것임 2006년6월26일 부기
2	근저당권설정	2006년7월6일 제29443호	2006년7월5일 설정계약	채권최고액 금130,000,000원 채무자 [redacted] 근저당권자 중소기업협동조합중앙회 111240-0002070 서울 영등포구 여의도동 16-2
3	근저당권설정	2007년11월12일 제54461호	2007년11월12일 설정계약	채권최고액 금390,000,000원 채무자 주식회사가인사업 경기도 광주시 실촌읍 연곡리 212 근저당권자 주식회사하나은행 110111-0015671 서울특별시 중구 을지로1가 101-1

순위번호	등 기 목 적	접 수	등 기 원 인	권 리 자 및 기 타 사 항
				(용인지점) 공동담보목록 제2007-512호

등기부등본 요약

갑구			을구		
1	2006. 01. 16	소유권(광명연립연합)			
2	2006. 03. 03	소유권(윤기숙)			
			1	2006. 06. 26	전세권설정(신윤철)
			2	2006. 07. 06	근저당권(채무자 윤기숙,, 근저당권 중소기업중앙)
			3	2007. 11. 12	근저당권(채무자 가인산업, 근저당권 하나은행)
3	2008. 05. 08	소유권(윤기영)			
4	2008. 12. 17	가처분(신용보증, 사해행위취소 원상회복청구권)			
5	2008. 12. 19	임의경매개시(중소기업중앙회)			

살 펴 보 기

선순위전세권자가 배당신청을 하지 않았습니다. 그러므로 선순위전세권을 경락자가 인수해야 합니다.

또한 갑구 4번 가처분은 후순위소유권에 대한 가처분이므로 경락자는 소유권취득에 문제가 없습니다.

선순위전세권 ❻ :: 경락자에게 인수되는 경우 – 3 ::

(선순위전세권자가 배당신청 안 함)

의정부2계 2007-39836 상세정보

경매구분	강제(기일)	채 권 자	김재례	경매일시	09.07.14 (10:30)
용 도	연립	채무/소유자	박순모	다음예정	09.08.20 (47,104,000원)
감 정 가	115,000,000	청 구 액	31,120,000	경매개시일	07.11.16
최 저 가	58,880,000 (51%)	토지총면적	70.08 m² (21.2평)	배당종기일	08.02.18
입찰보증금	20% (11,776,000)	건물총면적	82.23 m² (24.87평)	조 회 수	금일2 공고후115 누적1,043
주의사항	· 재매각물건 · 선순위전세권 · 2006.1.2. 전세권(전세금 60,000,000원, 범위 전부, 존속기간 2006.1.2.부터 2008.1.2까지, 전세권자 주식회사 케이티자산개발단)				

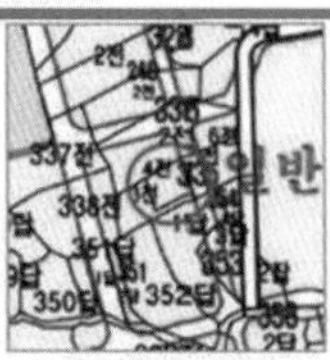
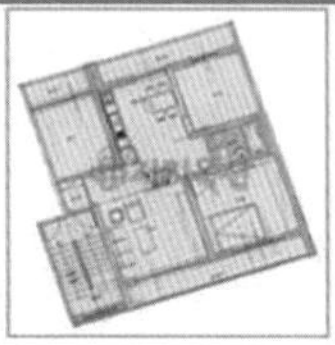

■ 물건사진 5
■ 지번·위치 3
■ 구 조 도 2
■ 위성지도

우편번호및주소/감정서	물건번호/면 적 (m²)	감정가/최저가/과정	임차조사	등기권리
477-804 경기 가평군 가평읍 대곡리 335-3 ,-4,-5,-6 우림아트빌 가동 2층 202호 ●감정평가서정리 - 철콘조철근콘크리트지붕 - 가평중학교남측인근 - 연립주택,농경지,공공시설등혼재 - 차량출입용이,대중교통사정보통 - 버스(정)인근소재 - LPG가스보일러개별난방 - 4필일단부정형토지 - 서측20m도로접함	물건번호: 단독물건 대지 70.0772/1412 (21.2평) 건물 82.23 (24.87평) 방3 4층-05.05.24보존 <<15계에서 이관>> *2008.7월재감정 *2009.1월감정가조정 *보증금확인바랍니다. 현장보고서 열람 GO	감정가 115,000,000 대지 57,500,000 (50%) 건물 57,500,000 (50%) 최저가 58,880,000 (51.2%) ●경매진행과정 115,000,000 유찰 2008-03-11 20%↓ 92,000,000 낙찰 2008-04-15 92,000,000 (80%) - 응찰 : 1명 - 낙찰자:김재례	●법원임차조사 *이건 장소에 수차례 방문시 아무도 만나지 못하였고 덧붙인 전입세대열람 내역과 같이 주민등록 등재자도 없으니 점유관계 등은 별도의 확인이 요망됨. ●지지옥션세대조사 전입세대없음 동사무소확인:08.03.03	소유권 박순모 2006.01.02 전소유자:나인숙 전세권 KT자산개발단 2006.01.02 60,000,000 존속기간:2008.01.02 가압류 김재례 2006.02.17 31,120,000 저당권 이갑재 2006.02.28 6,500,000 압 류 가평군 2006.06.30 강 제 김재례 2007.11.16

배당내역(예상)

▸ 경매비용

총경매비용	1,196,748 원 계산내역보기	- 법원마다 약간의 차이가 있을 수 있음. - 부동산 1필지로 산정함

▸ 등기권리자 배당

등기권리	권리자	등기일자	채권액	등기배당액 배당총액	말소여부	비고
전세	KT자산	2006-01-02	60,000,000	0	**인수**	
가압	김재례	2006-02-17	31,120,000	31,120,000	말소	말소기준권리
저당	이갑재	2006-02-28	6,500,000	6,500,000	말소	
압류	가평군	2006-06-30	0	0	말소	
강제	김재례	2007-11-16	0	0	말소	경매기입등기

권리관계수정

▸ 임차인배당 (지지옥션 세대열람)

대항력	임차인	전입일 (사업등록)	임차금 월세포함	임차배당액 배당총액	인수	확정일	배당	형태
법원기록상 임대차 관계 없음								

소액임차금표 주민등록확인필 권리관계수정

배당순서(예상)

권리	배당자	배당액	배당후잔액	배당사유
경매비용		1,196,748	57,683,252	
가압	김재례	31,120,000	26,563,252	가압
저당	이갑재	6,500,000	20,063,252	저당
소유자	박순모	20,063,252	0	배당잉여금

경매사건검색

검색조건 법원 : 의정부지방법원 | 사건번호 : 2007타경39836

사건내역 | 기일내역 | 문건/송달내역 · 인쇄 · < 이전

사건기본내역

사건번호	2007타경39836	사건명	부동산강제경매
접수일자	2007.11.15	개시결정일자	2007.11.16
담당계	경매2계 전화 : 031-828-0322(구내:322)		
청구금액	31,120,000원	사건항고/정지여부	
종국결과	미종국	종국일자	

당사자내역

당사자구분	당사자명	당사자구분	당사자명
채권자	김재례	채무자겸소유자	박순모
근저당권자	이갑재	가압류권자	김재례
전세권자	주식회사케이티자산개발단	압류권자	가평군
교부권자	남양주세무서		

검색조건 법원 : 의정부지방법원 | 사건번호 : 2007타경39836

사건내역 | 기일내역 | 문건/송달내역 · 인쇄 · < 이전

문건처리내역

접수일	접수내역	결과
2007.11.16	등기소 가평등기소 등기필증 제출	
2007.11.28	기타 으뜸감정평가사무소 감정평가서 제출	
2007.12.03	기타 집행관 박태영 현황조사서 제출	
2007.12.04	채권자 김재례 채권계산서 제출	
2007.12.12	채권자 김재례 보정서 제출	
2008.01.31	압류권자 가평군 교부청구 제출	
2008.02.13	근저당권자 이갑재 채권계산서 제출	
2008.03.19	교부권자 남양주세무서 교부청구 제출	
2008.09.25	채권자 김재례 보정서 제출	
2009.02.05	최고가매수신고인 매각대금완납증명	2009.02.05 발급
2009.02.05	최고가매수신고인 매각대금납입신청 제출	
2009.02.10	최고가매수신고인 등기촉탁신청 제출	
2009.02.11	최고가매수신고인 매매계약해제신청서 및 매각대금반환청구 제출	

송달내역

송달일	송달내역	송달결과
2007.11.19	감정인 이창상 평가명령 발송	2007.11.21 도달
2007.11.19	채무자겸소유자 박순모 개시결정정본 발송	2007.11.23 폐문부재
2007.11.19	최고관서 남양주세무서 최고서 발송	2007.11.19 도달
2007.11.19	압류권자 가평군 최고서 발송	2007.11.19 도달
2007.11.19	전세권자 주식회사케이티자산개발단 최고서 발송	2007.11.19 도달
2007.11.19	가압류권자 김재례 최고서 발송	2007.11.19 도달
2007.11.19	근저당권자 이갑재 최고서 발송	2007.11.19 도달
2007.11.19	최고관서 가평군수 최고서 발송	2007.11.19 도달
2007.11.19	채권자 김재례 개시결정정본 발송	2007.11.20 도달
2007.12.03	채권자 김재례 주소보정명령등본 발송	2007.12.06 도달
2007.12.13	채무자겸소유자 박순모 개시결정정본 발송	2007.12.17 도달
2008.02.26	전세권자 주식회사케이티자산개발단 매각및 매각결정기일통지서 발송	2008.02.27 도달
2008.02.26	채무자겸소유자 박순모 매각및 매각결정기일통지서 발송	2008.02.27 도달
2008.02.26	채권자 김재례 매각및 매각결정기일통지서 발송	2008.02.27 도달
2008.02.26	압류권자 가평군 매각및 매각결정기일통지서 발송	2008.02.27 도달
2008.02.26	교부권자 남양주세무서 매각및 매각결정기일통지서 발송	2008.02.27 도달
2008.02.26	근저당권자 이갑재 매각및 매각결정기일통지서 발송	2008.02.27 도달
2008.04.30	최고가매수인 대금지급기한통지서 발송	2008.05.06 도달
2008.06.09	근저당권자 이갑재 매각및 매각결정기일통지서 발송	2008.06.10 도달

Tip •••

선순위전세권자인 주식회사 케이티자산개발단은 법원의 최고에도 불구하고 배당신청을 하지 않았습니다. 그러므로 케이티자산개발단의 전세금을 경락자가 인수해야 합니다.

등기부 등본 (말소사항 포함) - 집합건물

[집합건물] 경기도 가평군 가평읍 대곡리 336-3외 3필지 우림아트빌 제가동 제2층 제202호　　　고유번호 2846-2005-001736

【 표 제 부 】 (1동의 건물의 표시)

표시번호	접 수	소재지번,건물명칭 및 번호	건 물 내 역	등기원인 및 기타사항
~~1~~		~~경기도 가평군 가평읍 대곡리 336-3, 336-4, 336-5, 336-6 우림아트빌 제가동~~	~~1층 1종근생(소매점) 89.93㎡~~ ~~1층 공동주택(연립주택) 376.15㎡(4세대)~~ ~~2층 공동주택(연립주택) 457.38㎡(5세대)~~ ~~3층 공동주택(연립주택) 457.38㎡(5세대)~~ ~~4층 공동주택(연립주택) 457.38㎡(5세대)~~ ~~옥탑 계단실/물탱크실 65.59㎡~~	~~2005년4월14일 등기~~
2				건축법상 사용승인 받지 않은 건물임
3	2005년5월24일	경기도 가평군 가평읍 대곡리 336-3, 336-4, 336-5, 336-6 우림아트빌 제가동	철근콘크리트구조 (철근)콘크리트지붕 4층 연립주택 지상1층 461.01㎡ 지상2층 457.38㎡ 지상3층 457.38㎡ 지상4층 457.38㎡	신청착오

【 갑 구 】 (소유권에 관한 사항)

순위번호	등 기 목 적	접 수	등 기 원 인	권 리 자 및 기 타 사 항
1	소유권보존	2005년5월24일 제10872호		소유자 [redacted]

순위번호	등 기 목 적	접 수	등 기 원 인	권 리 자 및 기 타 사 항
1-1	1번등기명의인표시변경		2005년8월9일 전거	[redacted]
~~2~~	~~소유권이전청구권가등기~~	~~2005년6월21일~~ ~~제13382호~~	~~2005년6월21일~~ ~~매매예약~~	~~가등기권자~~ [redacted]
~~3~~	~~가압류~~	~~2005년6월24일~~ ~~제13743호~~	~~2005년6월24일~~ ~~의정부지방법원의~~ ~~가압류~~ ~~결정(2005카단50460)~~	~~청구금액 금238,500,000원~~ ~~채권자~~ [redacted]
~~4~~	~~가압류~~	~~2005년6월28일~~ ~~제13965호~~	~~2005년6월27일~~ ~~춘천지방법원의 가압류~~ ~~결정(2005카단2191)~~	~~청구금액 금11,000,000원~~ ~~채권자~~ [redacted]
5	2번가등기말소	2005년7월29일 제17223호	2005년7월28일 해제	
~~6~~	~~소유권이전~~	~~2005년7월29일~~ ~~제17226호~~	~~2005년7월28일~~ ~~매매~~	~~소유자~~ [redacted]
7	3번가압류등기말소	2005년8월4일 제17707호	2005년8월2일 해제	
8	4번가압류등기말소	2005년8월24일 제19393호	2005년8월1일 집행취소결정	
9	6번소유권이전등기말소	2005년10월7일	2005년9월28일	

순위번호	등 기 목 적	접 수	등 기 원 인	권리자 및 기타사항
		제23325호	계약해제	
10	소유권이전	2005년10월7일 제23326호	2005년10월5일 매매	소유자 [redacted]
11	소유권이전	2006년1월2일 제10호	2005년12월23일 매매	소유자 [redacted]
11-1	11번등기명의인표시변경	2006년2월28일 제4968호	2006년1월19일 전거	박순모의 주소 경기도 가평군 가평읍 읍내리 787 세종하이츠빌 -103
12	가압류	2006년2월17일 제3825호	2006년2월15일 의정부지방법원의 가압류 결정(2006가단432)	청구금액 금31,120,000원 채권자 [redacted]
13	압류	2006년6월30일 제15788호	2006년6월29일 압류(재무과-14476)	권리자 가평군
14	강제경매개시결정	2007년11월16일 제31661호	2007년11월16일 의정부지방법원의 강제경매개시결정(2007 타경39636)	채권자 [redacted]

【 을 구 】 (소유권 이외의 권리에 관한 사항)				
순위번호	등 기 목 적	접 수	등 기 원 인	권리자 및 기타사항
~~1~~	~~근저당권설정~~	~~2005년5월24일~~ ~~제10673호~~	~~2005년5월24일~~ ~~설정계약~~	~~채권최고액 금500,000,000원~~ ~~채무자~~ [redacted] ~~근저당권자~~ [redacted] ~~공동담보목록 제2005-244호~~
2	1번근저당권설정등기말소	2005년7월29일 제17222호	2005년7월28일 해지	
3	전세권설정	2006년1월2일 제11호	2006년1월2일 설정계약	전세금 금60,000,000원 범 위 건물전부 존속기간 2006. 1. 2.부터 2008. 1. 2.까지 전세권자 주식회사케이티자산개발단 110111-1468754 경기도 성남시 분당구 정자동 206
3-1				3번 등기는 건물만에 관한 것임 2006년1월2일 부기
4	근저당권설정	2006년2월28일 제4969호	2006년2월23일 설정계약	채권최고액 금6,500,000원 채무자 [redacted] 근저당권자 [redacted]

등기부등본 요약

갑구			을구		
1	2005. 05. 24	소유권(이기선)			
10	2005. 10. 07	소유권(나인숙)			
11	2006. 01. 02	소유권(박순모)			
			3	2006. 01. 02	전세권(케이티자산관리)
			4	2006. 02. 28	근저당권(채무자 박순모, 근저당권자 이갑재)
14	2007. 11. 16	강제경매개시(김재례)			

살 펴 보 기

선순위전세권자가 배당신청을 하지 않았습니다. 그러므로 선순위전세권을 경락자가 인수해야 합니다.

2008. 04. 15 경락자가 왜 보증금을 포기했을까요?

2009. 01. 14 경락자는 왜 대금납입을 한 다음 2009. 02. 11에 매매계약해제 및 매각대금반환청구를 했을까요?

아마도 선순위전세권을 경락자가 인수해야 한다는 사실을 모르고 경락을 받았기 때문에 결국은 보증금을 포기하거나, 매매계약해제 및 매각대금반환청구를 위하여 많은 노력을 했을 것입니다.

제 6 부

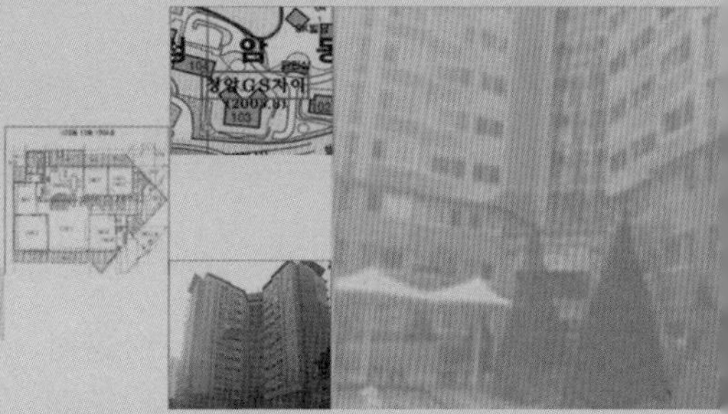

선순위가압류

Chapter 01

선순위가압류가 경락자에게 인수되는지 여부

"대법원 2007. 4. 13 선고 2005다 8682 판결"을 보면 "부동산에 대한 선순위가압류등기 후 순위 가압류등기 후 가압류목적물의 소유권이 제3자에게 이전되고 그 후 제3취득자의 채권자가 경매를 신청하여 매각된 경우, 가압류채권자는 그 매각절차에서 당해 가압류목적물의 매각대금 중 가압류결정 당시의 청구금액을 한도로 배당을 받을 수 있고, 이 경우 종전 소유자를 채무자로 한 가압류등기는 말소촉탁의 대상이 될 수 있다.

그러나 경우에 따라서는 집행법원이 종전 소유자를 채무자로 하는 가압류등기의 부담을 매수인이 인수하는 것을 전제로 하여 위 가압류채권자를 배당절차에서 배제하고 매각절차를 진행시킬 수도 있으며, 이와 같이 매수인이 위 가압류등기의 부담을 인수하는 것을 전제로 매각절차를 진행시킨 경우에는 위 가압류의 효력이 소멸하지 아니하므로 집행법원의 말소촉탁이 될 수 없다.

따라서 종전 소유자를 채무자로 하는 가압류등기가 이루어진 부동산에 대하여 매각절차가 진행되었다는 사정만으로 위 가압류의 효력이 소멸하였다고 단정할 수 없고, 구체적인 매각절차를 살펴 집행법원이 위 가압류등기의 부담을 매수인이 인수하는 것을 전제로 하여 매각절차를 진행하였는가 여부에 따라 위 가압류 효력의 소멸 여부를 판단하여야 한다."고 하였습니다. 그러므로 독자 여러분께서는 집행법원의 매각조건과 대법원 경매 사이트의 문건처리 내역과 송달내역을 잘 확인해야 합니다.

선순위가압류 ① :: 선순위가압류의 경락자 인수여부 - 1 ::

동부6계 2007-9317 상세정보

병합:2007-14203

경매구분	임의(기일)	채권자	한국스탠다드	경매일시	09.06.29 (10:00)
용도	주상복합(상가)	채무/소유자	박영길	다음예정	09.08.17 (81,920,000원)
감정가	200,000,000	청구액	110,212,497	경매개시일	07.06.19
최저가	102,400,000 (51%)	토지총면적	8.22 m² (2.49평)	배당종기일	07.09.27
입찰보증금	10% (10,240,000)	건물총면적	26.9 m² (8.14평)	조회수	금일1 공고후67 누적660
주의사항	· 유치권 · 감정평가서 4쪽의 감정평가액 합계 400,000,000원은 200,000,000원의 오기임 · 2007.09.27 임차인 배정환 유치권리신고서 제출				

- 물건사진 7
- 지번·위치 3
- 구조도 1
- 위성지도

우편번호및주소/감정서	물건번호/면 적 (m²)	감정가/최저가/과정	임차조사	등기권리
133-040 서울 성동구 도선동 69 삼성쉐르빌 101동 126호 ●감정평가서정리 - 성동구청서측인근위치 - 상업용및다세대주택, 단독주택,소규모점포등혼재 - 차량출입용이,교통사정무난 - 버스(정)및지하철왕십리역도보5-7분소요 - 도시가스중앙공급식난방	물건번호: 단독물건 대지 8.219/8096.6 (2.49평) (왕십리종합시장재건축정비사업조합지분) 건물 26.9 (8.14평) 27층-06.11.13보존	감정가 200,000,000 대지 60,000,000 (30%) 건물 140,000,000 (70%) 최저가 102,400,000 (51.2%) ●경매진행과정 200,000,000 변경 2007-10-29 0% 200,000,000 변경 2008-02-11 0% 200,000,000 유찰 2008-03-24	●법원임차조사 배정환 전입 2007.07.24 확정 2007.07.24 배당 2007.09.19 (보) 10,000,000 (월) 300,000 점유 2007.6.15-2년 *성동삼성쉐르빌 관리소장 정우경의 진술에 의하면 채무자 박영길이 수분양자이나 중도금 일부 및 잔금 미납상태로 소유자로부터 소유권이전 받지 못한 상태라고 하였으나 등기부 확인 결과 2007-35소유자 박영길 명의로	가압류 삼성중공업 2007.03.05 29,787,056 가압류 김용병 2007.03.28 200,000,000 저당권 한국스탠다드 성동 2007.04.02 96,720,000 저당권 한국스탠다드 성동 2007.04.02 41,600,000 저당권 김완규 2007.04.04 100,000,000 임의 한국스탠다드

배당내역(예상)

▸ 경매비용

총경매비용	2,328,832 원 계산내역보기	- 법원마다 약간의 차이가 있을 수 있음. - 부동산 1필지로 산정함

▸ 등기권리자 배당

등기권리	권리자	등기일자	채권액	등기배당액 배당총액	말소여부	비고
가압	삼성중공업	2007-03-05	29,787,056	5,066,678	말소	말소기준권리
가압	김용병	2007-03-28	200,000,000	34,019,324	말소	
저당	한국스탠다드	2007-04-02	96,720,000	60,985,165	말소	
저당	한국스탠다드	2007-04-02	41,600,000	0	말소	
저당	김완규	2007-04-04	100,000,000	0	말소	
임의	한국스탠다드	2007-06-20	110,212,497	0	말소	경매기입등기
압류	성동구	2007-07-02	0	0	말소	
임의	한국스탠다드	2007-09-28	0	0	말소	

권리관계수정

▸ 임차인배당

대항력	임차인	전입일 (사업등록)	임차금 월세포함	임차배당액 배당총액	인수	확정일	배당	형태
무	배정환	2007-07-24	10,000,000	0	소멸	2007-07-24	요구	주거

배당순서(예상)

권리	배당자	배당액	배당후잔액	배당사유
경매비용		2,328,832	100,071,168	
가압	삼성중공업	5,066,678	95,004,490	가압류이하 안분배당
가압	김용병	34,019,324	60,985,166	가압류이하 안분배당
저당	한국스탠다드	16,451,745	44,533,421	가압류이하 안분배당
저당	한국스탠다드	7,076,019	37,457,402	가압류이하 안분배당
저당	김완규	17,009,662	20,447,740	가압류이하 안분배당
임의	한국스탠다드	18,746,773	1,700,967	가압류이하 안분배당
임차인	배정환	1,700,966	0	가압류이하 안분배당
저당	한국스탠다드	44,533,420	0	안분배당 後 흡수배당함
저당	한국스탠다드	-7,076,019	0	안분배당 後 흡수배당 당함
저당	김완규	-17,009,662	0	안분배당 後 흡수배당 당함
임의	한국스탠다드	-18,746,773	0	안분배당 後 흡수배당 당함
임차인	배정환	-1,700,966	0	안분배당 後 흡수배당 당함

경매사건검색

검색조건 법원 : 서울동부지방법원 | 사건번호 : 2007타경9317

사건내역 | 기일내역 | 문건/송달내역   인쇄 | < 이전

사건기본내역

사건번호	2007타경9317	사건명	부동산임의경매
중복/병합/이송	2007타경14203(중복)		
접수일자	2007.06.18	개시결정일자	2007.06.19
담당계	경매6계 전화 : 2204-2410(구내:2410)		
청구금액	110,212,497원	사건항고/정지여부	
종국결과	미종국	종국일자	

당사자내역

당사자구분	당사자명	당사자구분	당사자명
채권자	주식회사 한국스탠다드차타드제일은행	소유자	왕십리종합시장재건축정비사업조합
채무자겸소유자	박영길	근저당권자	김완규
가압류권자	삼성중공업주식회사	가압류권자	김용병
교부권자	성동구		

사건내역 | 기일내역 | 문건/송달내역

인쇄 | < 이전

중복/병합사건 선택하세요

문건처리내역

접수일	접수내역	결과
2007.06.29	채권자 주식회사 한국스탠다드차타드제일은행 일부목록 변경신청서 제출	
2007.07.02	등기소 서울동부지방법원 등기과 등기필증 제출	
2007.07.11	기타 문성식 현황조사서 제출	
2007.08.10	기타 프라임감정평가법인 감정평가서 제출	
2007.08.13	가압류권자 삼성중공업주식회사 채권계산서 제출	
2007.08.20	채권자 주식회사 한국스탠다드차타드제일은행 보정서 제출	
2007.09.07	교부권자 성동구 교부청구 제출	
2007.09.19	채권자 주식회사 한국스탠다드차타드제일은행 권리신고및배당요구신청 제출	
2007.09.19	임차인 배정환 권리신고및배당요구신청 제출	
2007.09.27	임차인 배정환 유치권리신고서 제출	
2007.10.26	채권자 주식회사 한국스탠다드차타드제일은행 매각기일연기신청서 제출	
2007.10.26	채권자 주식회사 한국스탠다드차타드제일은행 매각기일연기신청서 제출	
2007.11.01	가압류권자 김용병 채권계산서 제출	
2008.01.31	채권자 주식회사 한국스탠다드차타드제일은행 매각기일연기신청서 제출	
2008.06.27	채권자 주식회사 한국스탠다드차타드제일은행 매각기일연기신청서 제출	
2008.07.31	채권자 주식회사 한국스탠다드차타드제일은행 보정서 제출	
2008.12.11	임차인 배정환 권리신고취하서 제출	
2009.01.13	채권자 주식회사 한국스탠다드차타드제일은행 의견서 제출	

Tip ・・・

선순위가압류권자가 채권계산서를 제출하였습니다. 그러므로 선순위채권자는 배당 후 소멸됩니다.

송달일	송달내역	송달결과
2007.07.03	가압류권자 삼성중공업주식회사 최고서 발송	2007.07.04 도달
2007.07.03	근저당권자 김완규 최고서 발송	2007.07.04 도달
2007.07.03	소유자 왕십리종합시장재건축정비사업조합 대표자 이형준 개시결정정본 발송	2007.07.09 도달
2007.07.03	감정인 신종웅 평가명령 발송	2007.07.06 도달
2007.07.03	최고관서 관세청 최고서 발송	2007.07.04 도달
2007.07.03	가압류권자 김용병 최고서 발송	2007.07.04 도달
2007.07.03	채권자 주식회사 한국스탠다드차타드제일은행 대표이사 미합중국인 존 필메리디스, 지배인 개시결정정본 발송	2007.07.06 도달
2007.07.03	채무자겸소유자 박영길 개시결정정본 발송	2007.07.06 도달
2007.07.03	최고관서 성동세무서 최고서 발송	2007.07.04 도달
2007.07.03	최고관서 서울시 성동구청장 최고서 발송	2007.07.04 도달
2007.07.18	임차인 배정환 임차인통지서 발송	2007.07.24 수취인불명
2007.07.27	임차인 배정환 임차인통지서 발송	2007.07.31 수취인불명
2007.08.01	임차인 배정환 임차인통지서 발송	2007.08.02 도달
2007.08.02	채권자 주식회사 한국스탠다드차타드제일은행 대표이사 미합중국인 존 필메리디스, 지배인 보정명령등본 발송	2007.08.06 도달
2007.08.09	임차인 배정환 임차인통지서 발송	2007.08.10 도달
2007.10.01	채권자 주식회사 한국스탠다드차타드제일은행 대표이사 미합중국인 존 필메리디스, 지배인 중복경매통지서 발송	2007.10.04 도달
2007.10.01	소유자 왕십리종합시장재건축정비사업조합 대표자 이형준 중복경매통지서 발송	2007.10.04 도달
2007.10.01	채무자겸소유자 박영길 중복경매통지서 발송	2007.10.02 도달
2007.10.15	교부권자 성동구 매각및 매각결정기일통지서 발송	2007.10.16 도달

등기부 등본 (말소사항 포함) - 집합건물

[집합건물] 서울특별시 성동구 도선동 69 성동삼성쉐르빌 제101동 제1층 제126호　　고유번호 2401-2006-005011

【 표 제 부 】 (1동의 건물의 표시)				
표시번호	접 수	소재지번,건물명칭 및 번호	건 물 내 역	등기원인 및 기타사항
1	2006년11월13일	서울특별시 성동구 도선동 69 성동삼성쉐르빌 제101동	철근콘크리트구조 평슬래브지붕 27층 아파트, 판매시설 지4층 1,011.54㎡ 기계실,전기실 지4층 4,250.66㎡ 지하주차장 지3층 4,217.07㎡ 지하주차장 지2층 5,499.22㎡ 지하주차장 지1층 2,942.62㎡ 지하주차장 지1층 2,079.63㎡ 판매시설(일반목욕장) 지1층 479.78㎡ 계단,승강기홀 1층 2,346.9㎡ 판매시설(상점) 1층 917.17㎡ 복도 1층 131.4㎡ 방재실,엠디에프실,펌프실 1층 507.5㎡ 계단,승강기홀 2층 1,780.07㎡ 판매시설(상점) 2층 593.32㎡ 복도 2층 62.78㎡ 로비,관리실 2층 280.22㎡ 계단,승강기홀 3층 410.76㎡ 아파트 4층 410.76㎡ 아파트 5층 410.76㎡ 아파트 6층 410.76㎡ 아파트 7층 410.76㎡ 아파트 8층 410.76㎡ 아파트 9층 410.76㎡ 아파트 10층 410.75㎡ 아파트	도면편철장 제6책14장

【 표 제 부 】 (전유부분의 건물의 표시)				
표시번호	접 수	건물번호	건 물 내 역	등기원인 및 기타사항
1	2006년11월13일	제1층 제126호	철근콘크리트구조 26.90㎡	도면편철장 제6책14장

【 갑 구 】 (소유권에 관한 사항)				
순위번호	등 기 목 적	접 수	등 기 원 인	권 리 자 및 기 타 사 항
1	소유권보존			소유자 [redacted] 가압류 등기의 촉탁으로 인하여 2007년3월5일 등기
2	가압류	2007년3월5일 제16034호	2007년2월28일 서울동부지방법원의 가압류 결정(2007카단2121)	청구금액 금29,787,066원 채권자 삼성중공업주식회사 110111-0168595 서울 강남구 역삼동 647-9
3	가압류	2007년3월28일 제22188호	2007년3월28일 서울동부지방법원의 가압류결정(2007카단313 7)	청구금액 금200,000,000원 채권자 [redacted]
4	임의경매개시결정	2007년6월20일 제42422호	2007년6월19일 서울동부지방법원의 경매개시 결정(2007타경9317)	채권자 주식회사한국스탠다드차타드제일은행 110111-0013419 서울 종로구 공평동 100 (소매여신사후관리부)

순위번호	등 기 목 적	접 수	등 기 원 인	권 리 자 및 기 타 사 항
5	압류	2007년7월2일 제45030호	2007년6월28일 압류(세무1과-6357)	권리자 서울시성동구
6	임의경매개시결정	2007년9월28일 제63783호	2007년9월28일 서울동부지방법원의 임의경매개시결정(2007 타경14203)	채권자 주식회사한국스탠다드차타드제일은행 서울특별시 종로구 공평동 100 (소매여신사후관리부)

【 을 구 】 (소유권 이외의 권리에 관한 사항)

순위번호	등 기 목 적	접 수	등 기 원 인	권 리 자 및 기 타 사 항
1	근저당권설정	2007년4월2일 제23223호	2007년3월28일 추가설정계약	채권최고액 금96,720,000원 채무자 [redacted] 근저당권자 주식회사한국스탠다드차타드제일은행 110111-0013419 서울 종로구 공평동 100 (성동지점) 공동담보목록 제2000-89호
2	근저당권설정	2007년4월2일 제23224호	2007년3월28일 추가설정계약	채권최고액 금41,600,000원 채무자 [redacted] 근저당권자 주식회사한국스탠다드차타드제일은행 110111-0013419 서울 종로구 공평동 100 (성동지점)

순위번호	등 기 목 적	접 수	등 기 원 인	권 리 자 및 기 타 사 항
				공동담보 토지 서울특별시 성동구 도선동 69의 담보물에 추가
3	근저당권설정	2007년4월4일 제24077호	2007년4월4일 설정계약	채권최고액 금100,000,000원 채무자 [redacted] 근저당권자 [redacted]

등기부등본 요약

갑구			을구		
1	2007.03.05	소유자(박영길)			
2	2007.03.05	가압류(삼성중공업)			
3	2007.03.28	가압류(김용병)			
			1	2007.04.02	근저당권(채무자 박영길, 근저당권자 제일은행)
			2	2007.04.02	근저당권(채무자 박영길, 근저당권자 제일은행)
			3	2007.04.04	근저당권(채무자 박영길, 근저당권자 김완규)
4	2007.06.20	임의경매개시(제일은행)			
5	2007.07.02	압류(성동구청)			
6	2007.09.28	임의경매개시(제일은행)			

살 펴 보 기

선순위가압류권자 삼성중공업과 김용병이 배당신청서를 제출하였습니다. 그러므로 경락자가 선순위가압류를 인수하는 부담이 없습니다.

- 전소유자의 가압류는 배당신청을 하면 배당을 받고 소멸합니다. 이 때의 가압류는 안분배당을 하지 않고 가압류 결정 당시의 청구금액 한도 내에서 전액배당을 받습니다. 그러므로 선순위가압류가 있는 경매에 참여할 때에는 집행법원이 매각물건명세서의 비고란에 전소유자의 가압류

인수여부를 기입하므로 입찰 참가자는 무조건 소멸하는 것으로 판단치 말고 법원의 처리지침 즉, 매각물건명세서의 비고란을 확인 후 참여해야 합니다.

■ 선순위전세권자는 배당신청을 하면 전액을 배당받지 못해도 말소됩니다. 그렇다면 선순위가압류권자가 배당신청을 하여 전액을 배당받지 못한다면 배당받지 못한 나머지 채권은 어떻게 될까요?

실제로 이런 경우는 발생하지 않을 겁니다. 왜냐하면 민사집행법 제91조(인수주의와 잉여주의의 선택 등)에서 보면 "압류채권자의 채권에 우선하는 채권에 관한 부동산의 부담을 매수인에게 인수하게 하거나, 매각대금으로 그 부담을 변제하는 데 부족하지 아니하다는 것이 인정된 경우가 아니면 그 부동산을 매각하지 못한다." 고 되어 있습니다.

즉, 선순위가압류권자가 배당 받지 못할 정도라면 경매신청자가 경매를 진행할 실익이 없기 때문입니다.

또한 민사집행법 제102조(남을 가망이 없을 경우의 경매취소)에서 보면 "법원은 최저매각가격으로 압류채권자의 채권에 우선하는 부동산의 모든 부담과 절차비용을 변제하면 남을 것이 없겠다고 인정한 때에는 압류채권자에게 이를 통지하여야 하고 압류채권자가 통지를 받은 날부터 1주 이내에 위의 부담과 비용을 변제하고 남을 만한 가격을 정하여 그 가격에 맞는 매수신고가 없을 때에는 자기가 그 가격으로 매수하겠다고 신청하면서 충분한 보증을 제공하지 아니하면, 법원은 경매절차를 취소하여야 한다." 고 되어 있습니다.

■ 민사집행법 제105조(매각물건명세서 등)에서 "법원은 다음 각호의 사항을 적은 매각물건명세서를 작성하여야 한다." 고 되어 있습니다.

1. 부동산의 표시
2. 부동산의 점유자와 점유의 권원, 점유할 수 있는 기간, 차임 또는 보증금에 관한 관계인의 진술
3. 등기된 부동산에 대한 권리 또는 가처분으로서 매각으로 효력을 잃지 아니하는 것
4. 매각에 따라 설정된 것으로 보게 되는 지상권의 개요

그러므로 이러한 내용을 이용하여 선순위가압류 등의 분석에 이용하는 것은 물론 매각불허가신청, 매각허가에 대한 이의신청, 매각허가결정 취소신청 등에 사용할수도 있을 겁니다.

선순위가압류 ② :: 선순위가압류의 경락자 인수여부 – 2 ::

남부3계 2010-28809 상세정보

경매구분	강제(기일)	채권자	설상술	경매일시	11.06.07 (10:00)
용도	단독주택	채무/소유자	박선우	다음예정	11.07.11 (299,758,784원)
감정가	374,698,480	청구액	120,077,660	경매개시일	10.12.31
최저가	374,698,480 (100%)	토지총면적	93 m² (28.13평)	배당종기일	11.03.07
입찰보증금	10% (37,469,848)	건물총면적	45.16 m² (13.66평)	조회수	금일2 공고후42 누적42

■ 물건사진 6
■ 지번·위치 3
■ 구 조 도 0

우편번호및주소/감정서	물건번호/면 적 (m²)	감정가/최저가/과정	임차조사	등기권리
152-050 서울 구로구 구로동 712-24 ●감정평가서정리 - 시멘트블록조시멘트 기와지붕 - 북서측서울남교회,동측구로주거환경개선구역,남동측영일초등교,서측은일정보산업고등학교,주위중산층단독및다세대,다가구주택등혼재 - 모든차량출입및주차가능 - 시내버스및택시이용할수있는벚꽃십리길도보약10분가량소요,교통보통 - 장방형완경사지	물건번호: 단독물건 대지 93 (28.13평) 건물 · 주택 45.16 (13.66평) 방2 90.05.24보존 현장보고서 열람 GO	감정가 374,698,480 · 대지 370,047,000 (98.76%) (평당 13,154,888) · 건물 4,651,480 (1.24%) (평당 340,518) 최저가 374,698,480 (100.0%) ●경매진행과정 374,698,480 ① 진행 2011-06-07	●법원임차조사 김순자 전입 2010.01.25 확정 2010.01.25 배당 2011.02.23 (보) 80,000,000 주거/전부 점유기간 2009.10.26.- 전미숙 전입 2008.02.19 조사서상 *폐문부재중으로전입세대열람내역에의하여작성,세대주전미숙,김순자가등재되어있으며전미숙의우편물다수가대문옆우편함에방치되어있는점으로보아상당기간거주치않은것으로판단됨 총보증금:80,000,000	소유권박선우 2008.03.24 전소유자:신동연 가압류김대균 2010.02.24 320,000,000 가압류설상술 2010.03.15 120,000,000 강 제설상술 2010.12.31 *청구액:120,077,660원 등기부채권총액 440,000,000원 열람일자 : 2011.01.25 토지등기부확인 GO

■ **예상배당표** [최저가 374,698,480 원으로 분석] 권리분석오류신고

	종류	권리자	등기일자	채권액	예상배당액	인수	비고
등기권리	가압류	김대균	2010-02-24	320,000,000	212,657,924	말소	말소기준권리
	가압류	설상술	2010-03-15	120,000,000	79,746,721	말소	
	강 제	설상술	2010-12-31			말소	경매기입등기

	전입자	전입일 (대항력)	확정일	배당요구 및 임차금		예상배당액	인수	형태
임차권리	김순자	2010-01-25 (有)	2010-01-25	요구	80,000,000	80,000,000	소멸	주거
	전미숙	2008-02-19 (有)	--	안함	0		인수	주거

	종류	배당자	예상배당액	배당후잔액	배당사유
배당순서	경매비용		2,293,835	372,404,645	
	임차인	김순자	80,000,000	292,404,645	임차인
	가압류	김대균	212,657,924	79,746,721	가압이하 안분배당
	가압류	설상술	79,746,721	0	가압이하 안분배당

물건상세검색

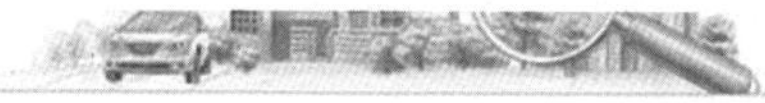

검색조건 법원 : 서울남부지방법원 | 사건번호 : 2010타경28809

사건내역 기일내역 문건/송달내역 인쇄 < 이전

사건기본내역

사건번호	2010타경28809	사건명	부동산강제경매
접수일자	2010.12.30	개시결정일자	2010.12.31
담당계	경매3계 전화 : (02)2192-1333(구내:1333)		
청구금액	120,077,660원	사건항고/정지여부	
종국결과	미종국	종국일자	

현황조사서 감정평가서 관심사건등록

배당요구종기내역

목록번호	소재지	배당요구종기일
1	서울특별시 구로구 구로동 712-24	2011.03.07
2	서울특별시 구로구 구로동 712-24	2011.03.07

당사자내역

당사자구분	당사자명	당사자구분	당사자명
채권자	설상술	채무자겸소유자	박선우
임차인	김순자	임차인	전미숙
가압류권자	김대균	가압류권자	설상술
교부권자	구로구청	배당요구권자	김대균

물건상세검색

검색조건 법원 : 서울남부지방법원 | 사건번호 : 2010타경28809

사건내역 | 기일내역 | 문건/송달내역

인쇄 | < 이전

문건처리내역

접수일	접수내역	결과
2011.01.03	등기소 구로등기소 등기필증 제출	
2011.01.11	감정인 이송만감정 감정서 제출	
2011.01.18	법원 남부 부동산현황조사보고서 제출	
2011.02.11	채권자 설상술 보정서 제출	
2011.02.23	교부권자 구로구청 교부청구 제출	
2011.02.23	임차인 김순자 권리신고및배당요구신청 제출	
2011.03.07	가압류권자 김대균 채권계산서 제출	

송달내역

송달일	송달내역	송달결과
2011.01.04	채무자겸소유자 박선우 개시결정정본 발송	2011.01.06 도달
2011.01.04	채권자 설상술 개시결정정본 발송	2011.01.07 도달
2011.01.04	최고관서 금천세무서 최고서 발송	2011.01.05 도달
2011.01.04	최고관서 서울시 구로구청장 최고서 발송	2011.01.05 도달
2011.01.04	가압류권자 김대균 최고서 발송	2011.01.05 도달
2011.01.04	가압류권자 설상술 최고서 발송	2011.01.05 도달
2011.01.04	감정인 우재영 평가명령 발송	2011.01.07 도달
2011.01.20	임차인 김순자 임차인통지서 발송	2011.01.25 도달
2011.01.20	임차인 전미숙 임차인통지서 발송	2011.01.25 수취인불명
2011.02.01	임차인 전미숙 임차인통지서 발송	2011.02.07 도달
2011.02.08	채권자 설상술 추납통지서 발송	2011.02.11 도달
2011.05.24	채권자 설상술 매각및 매각결정기일통지서 발송	2011.05.25 도달

등기부 등본 (말소사항 포함) - 건물

[건물] 서울특별시 구로구 구로동 712-24

고유번호 1151-1996-136022

【 표 제 부 】 (건물의 표시)

표시번호	접 수	소재지번 및 건물번호	건 물 내 역	등기원인 및 기타사항
1 (전 2)	1990년5월24일	서울특별시 구로구 구로동 712-24	시멘트 블록조 시멘트 기와지붕 단층주택 45.16㎡	
				부동산등기법시행규칙부칙 제3조 제1항의 규정에 의하여 1998년 06월 29일 전산이기

【 갑 구 】 (소유권에 관한 사항)

순위번호	등 기 목 적	접 수	등 기 원 인	권 리 자 및 기 타 사 항
1 (전 3)	소유권이전	1998년1월15일 제2244호	1997년9월15일 협의분할에인한 상속	소유자 [redacted]
				부동산등기법시행규칙부칙 제3조 제1항의 규정에 의하여 1998년 06월 29일 전산이기
2	~~가압류~~	~~2004년10월16일~~ ~~제76074호~~	~~2004년10월14일~~ ~~서울남부지방법원의~~ ~~가압류~~ ~~결정(2004카단17458)~~	~~청구금액 금4,209,848원~~ ~~채권자 엘지카드주식회사 110111-0412926~~ ~~서울 중구 남대문로5가 6-1~~ ~~(서울채권본부송무파트)~~
3	2번가압류등기말소	2005년4월21일 제37660호	2005년4월11일 해제	
4	~~가압류~~	~~2006년5월29일~~ ~~제44230호~~	~~2006년5월26일~~ ~~서울남부지방법원의~~ ~~가압류~~ ~~결정(2006카단11804)~~	~~청구금액 금8,500,000원~~ ~~채권자~~ [redacted]
5	~~압류~~	~~2006년8월16일~~ ~~제69576호~~	~~2006년8월16일~~ ~~압류(자격징수부-2390)~~	~~채권자 국민건강보험공단 111471-0008863~~ ~~서울 마포구 염리동 168-9 의료보험회관~~ ~~(구로지사)~~
6	5번압류등기말소	2008년1월14일 제2928호	2008년1월14일 해제	
7	4번가압류등기말소	2008년1월16일 제3646호	2008년1월8일 해제	
8	소유권이전	2008년3월24일 제22096호	2007년12월17일 매매	소유자 [redacted] 매매목록 제2008-321호
9	~~소유권이전청구권가등기~~	~~2008년3월24일~~ ~~제22097호~~	~~2008년3월24일~~ ~~매매예약~~	~~가등기권자~~ [redacted]
10	9번가등기말소	2008년11월19일 제96716호	2008년11월19일 해제	
11	가압류	2010년2월24일 제10872호	2010년2월18일 서울남부지방법원의	청구금액 금320,000,000 원 채권자 [redacted]

순위번호	등 기 목 적	접 수	등 기 원 인	권 리 자 및 기 타 사 항
			가압류결정(2010카단70139)	서울 구로구 가리봉동 2-188, 101호
12	가압류	2010년3월15일 제14864호	2010년3월15일 서울남부지방법원의 가압류결정(2010카단70196)	청구금액 금120,000,000 원 채권자 [redacted]상술 [redacted]
13	강제경매개시결정	2010년12월31일 제85485호	2010년12월31일 서울남부지방법원의 강제경매개시결정(2010타경28809)	채권자 [redacted]

【 을 구 】	(소유권 이외의 권리에 관한 사항)			
순위번호	등 기 목 적	접 수	등 기 원 인	권 리 자 및 기 타 사 항
~~1~~	~~근저당권설정~~	~~2000년5월17일~~ ~~제35651호~~	~~2000년5월17일~~ ~~설정계약~~	~~채권최고액 금24,000,000원~~ ~~채무자~~ [redacted] ~~근저당권자 주식회사한빛은행 110111-0023393~~ [redacted] ~~(구로동지점)~~ ~~공동담보 토지 서울특별시 구로구 구로동 712-24~~
~~2~~	~~근저당권설정~~	~~2001년6월22일~~ ~~제50337호~~	~~2001년6월22일~~ ~~설정계약~~	~~채권최고액 금26,000,000원~~ ~~채무자~~ [redacted]
				~~근저당권자 주식회사한빛은행 110111-0023393~~ ~~서울 중구 회현동1가 203~~ ~~(구로동지점)~~ ~~공동담보 토지 서울특별시 구로구 구로동 712-24~~
3	1번근저당권설정, 2번근저당권설정 등기말소	2008년3월25일 제22353호	2008년3월25일 해지	

등기부등본 요약

갑구			을구		
1	1998. 01. 15	소유권(신동연)			
12	2008. 03. 24	소유권(박선우)			
15	2010. 02. 24	가압류(김대균)			
16	2010. 03. 15	가압류(설상술)			
17	2010. 12. 31	강제경매(박선우-설상술)			

살 펴 보 기

선순위가압류권자 갑구 15번 김대균이 배당신청서를 제출하였습니다. 그러므로 경락자가 선순위가압류를 인수하는 부담이 없습니다

선순위가압류 ③ :: 선순위가압류의 경락자 인수여부 - 3 ::

고양4계 2011-4137 상세정보

경매구분	임의(기일)	채 권 자	문병엽	경매일시	11.06.14 (10:00)
용 도	임야	채무/소유자	김용하/임종현	다음예정	11.08.23
감 정 가	2,016,406,700	청 구 액	789,750,000	경매개시일	11.02.15
최 저 가	2,016,406,700 (100%)	토지총면적	220136 m² (66591.14평)	배당종기일	11.04.27
입찰보증금	10% (201,640,670)	건물총면적	0 m² (0평)	조 회 수	금일2 공고후13 누적13
주의사항	· 입찰외				

■ 물건사진 3
■ 지번·위치 2
■ 구 조 도 0

우편번호및주소/감정서	물건번호/면 적 (m²)	감정가/최저가/과정	임차조사	등기권리
413-930 경기 파주시 장단면 도라산리 산14 감정평가액 토지:1,908,809,700 ●감정평가서정리 -남서하향완경사(상단급경사)지대 -남서하단부완만한경사의부정형토지 -------------------- -일괄입찰	물건번호: 단독물건 임야 214473 (64878.08평) 북동측일부약0.1% 도라산전망대기념품점과화장실부지로이용중 입목포함 입찰외도라산전망대기념품판매점과화장실소재 입찰외군사시설물있을수있음	감정가 2,016,406,700 · 토지 2,016,406,700 (100%) (평당 30,280) 최저가 2,016,406,700 (100.0%) ●경매진행과정 2,016,406,700 ① 진행 2011-06-14	●법원임차조사 서윤성 전입 (월) 20,000,000 점포/제시외2-1 일부 점유기간 약4년전-사용시 *사람이 없어 점유자 확인이 안되므로 점유관계 등은 별도의 확인요망 -------------------- 총월세금:20,000,000	가압류장기숙 1998.02.20 60,000,000 소유권임종현 2010.06.08 전소유자:국현숙 저당권문병엽 2010.06.08 1,000,000,000 임 의문병엽 2011.02.16 *청구액:789,750,000원 등기부채권총액 1,060,000,000원

■ **예상배당표** [최저가 2,016,406,700 원으로 분석] 권리분석오류신고

	종류	권리자	등기일자	채권액	예상배당액	인수	비고
등기권리	가압류	장기숙	1998-02-20	60,000,000	60,000,000	말소	말소기준권리
	저당권	문병엽	2010-06-08	1,000,000,000	1,000,000,000	말소	
	임 의	문병엽	2011-02-16			말소	경매기입등기

	전입자	전입일 (대항력)	확정일	배당요구 및 임차금		예상배당액	인수	형태
임차권리	서윤성	--	--	안함	0 2,000,000,000		소멸	영업

	종류	배당자	예상배당액	배당후잔액	배당사유
배당순서	경매비용		6,207,060	2,010,199,640	
	가압류	장기숙	60,000,000	1,950,199,640	가압
	저당권	문병엽	1,000,000,000	950,199,640	저당
	소유자	임종현	950,199,640	0	배당잉여금

물건상세검색

검색조건 법원 : 고양지원 | 사건번호 : 2011타경4137

인쇄 | < 이전

사건내역 | 기일내역 | 문건/송달내역

사건기본내역

사건번호	2011타경4137	사건명	부동산임의경매
접수일자	2011.02.14	개시결정일자	2011.02.15
담당계	경매4계 전화 : 031-920-6314		
청구금액	789,750,000원	사건항고/정지여부	
종국결과	미종국	종국일자	

현황조사서 | 감정평가서 | 관심사건등록

배당요구종기내역

목록번호	소재지	배당요구종기일
1	경기도 파주시 장단면 도라산리 산14	2011.04.27
2	경기도 파주시 장단면 도라산리 산14-2	2011.04.27

당사자내역

당사자구분	당사자명	당사자구분	당사자명
채권자	문병엽	채무자	김용하
소유자	임종현	임차인	서윤성
가압류권자	장기숙		

물건상세검색

검색조건 법원 : 고양지원 | 사건번호 : 2011타경4137

사건내역 | 기일내역 | 문건/송달내역 | 인쇄 | < 이전

문건처리내역

접수일	접수내역	결과
2011.02.17	등기소 파주등기소 등기필증 제출	
2011.03.10	감정인 계산감정평가사무소 감정평가서 제출	
2011.03.30	기타 집행관 허환 현황조사서 제출	
2011.04.06	교부권자 파주시 교부청구 제출	
2011.05.12	채권자 문병엽 특별송달신청 제출	

송달내역

송달일	송달내역	송달결과
2011.02.16	채무자 김용하 개시결정정본 발송	2011.02.23 폐문부재
2011.02.16	소유자 임종현 개시결정정본 발송	2011.02.21 도달
2011.02.16	채권자 문병엽 개시결정정본 발송	2011.02.18 도달
2011.02.16	감정인 송경섭 평가명령 발송	2011.02.21 도달
2011.02.25	최고관서 파주세무서 최고서 발송	2011.02.28 도달
2011.02.25	최고관서 파주시 최고서 발송	2011.02.28 도달
2011.02.25	가압류권자 장기숙 최고서 발송	2011.02.28 도달
2011.02.28	채무자1 김용하 개시결정정본 발송	2011.03.08 폐문부재
2011.03.18	채무자1 김용하 개시결정정본 발송	2011.04.11 수취인불명
2011.03.20	법원 서울중앙지방법원 집행관 귀하 촉탁서 발송	2011.03.23 도달
2011.03.31	임차인 서윤성 임차인통지서 발송	2011.04.04 주소불명
2011.04.08	임차인 서윤성 임차인통지서 발송	2011.04.11 도달
2011.05.06	채권자 문병엽 주소보정명령등본 발송	2011.05.11 도달
2011.05.17	채무자1 김용하 개시결정정본 발송	2011.05.19 도달
2011.05.26	채권자 문병엽 매각및 매각결정기일통지서 발송	2011.05.30 도달

등기부 등본 (말소사항 포함) - 토지

[토지] 경기도 파주시 장단면 도라산리 산14 — 고유번호 1156-1996-692181

【 표 제 부 】 (토지의 표시)					
표시번호	접 수	소 재 지 번	지 목	면 적	등기원인 및 기타사항
~~1~~ ~~(전 2)~~	~~1990년9월15일~~	~~경기도 파주군 장단면 도라산리 산14~~	~~임야~~	~~220136㎡~~	 부동산등기법 제177조의 6 제1항의 규정에 의하여 2000년 12월 30일 전산이기
~~2~~		~~경기도 파주시 장단면 도라산리 산14~~	~~임야~~	~~220136㎡~~	~~2001년1월29일 행정구역변경 및 명칭변경으로 인하여 2001년1월29일 등기~~
3	2002년7월8일	경기도 파주시 장단면 도라산리 산14	임야	214473㎡	분할로 인하여 임야 5663㎡를 경기도 파주시 장단면 도라산리 산14-2에 이기

【 갑 구 】 (소유권에 관한 사항)				
순위번호	등 기 목 적	접 수	등 기 원 인	권 리 자 및 기 타 사 항
1 (전 1)	소유권보존	1985년12월30일 제22108호		소유자 [redacted]
2 (전 2)	소유권이전	1985년12월30일 제22109호	1985년12월26일 매매	소유자 [redacted]
~~3~~ ~~(전 5)~~	~~2번소유권말소예고등기~~	~~1993년12월7일~~ ~~제30098호~~	~~1993년12월2일 서울 민사지방법원 에 소제기(93가합91963)~~	
~~4~~ ~~(전 6)~~	~~가처분~~	~~1994년2월28일~~ ~~제4644호~~	~~1994년2월25일 서울지방 법원의정부지원가처분결정(94카합268)~~	~~권리자~~ [redacted] ~~금지사항 매매, 양도, 전세권, 저당권, 임차권의설정 및 기타 일체의 처분행위금지~~
~~5~~ ~~(전 7)~~	~~가처분~~	~~1996년6월26일~~ ~~제23266호~~	~~1996년6월22일 서울지방 법원 의정부지원 가처분결정(96카단5441)~~	~~권리자~~ [redacted] ~~금지사항 매매, 양도, 전세권, 저당권, 임차권의 설정및 기다일체의 처분 행위의 금지~~
~~6~~ ~~(전 8)~~	~~1번, 2번소유권말소예고등기~~	~~1996년9월23일~~ ~~제36544호~~	~~1996년9월16일 서울지방 법원 의정부지원에 소제기(96가합13580)~~	
~~7~~ ~~(전 9)~~	~~압류~~	~~1998년2월19일~~ ~~제6203호~~	~~1998년2월12일 압류(부가46410-118)~~	~~권리자 국 용산세무서~~
8	가압류	1998년2월20일	1998년2월14일	청구금액 금60,000,000원

[토지] 경기도 파주시 장단면 도라산리 산14 고유번호 1156-1996-592181

순위번호	등 기 목 적	접 수	등 기 원 인	권 리 자 및 기 타 사 항
(전 10)		제6362호	서울지방 법원 가압류 결정(98카단5207)	채권자 [redacted]
9 (전 11)	소유권이전청구권가등기	1998년3월19일 제10956호	1998년3월12일 매매예약	권리자 [redacted]
	소유권이전	2010년6월8일 제39554호	1998년12월1일 매매	소유자 [redacted]
9-1	9번가등기소유권이전청구권가처분	2005년12월30일 제109991호	2005년12월27일 의정부지방법원고양지원의 가처분결정(2005카합1039)	피보전권리 원인무효로 인한 소유권이전등기청구권가등기 말소청구권 채권자 [redacted] 금지사항 양도,담보권설정,기타 일체의 처분행위의 금지
9-2	9번등기명의인표시변경	2010년6월8일 제39551호	2007년2월6일 전거	[redacted]
10 (전 12)	가압류	1998년4월30일 제17445호	1998년4월27일 서울지방 법원 가압류 결정(98카단95123)	청구금액 금500,000,000원 채권자 [redacted]
10-1	10번가압류지권말소통지			2010년6월8일
11 (전 13)	가압류	2000년1월22일 제2731호	2000년1월19일 서울지방	청구금액 161,298,431원 채권자 이촌2동새마을금고
			법원의 가압류 결정(2000카단33841)	서울 용산구 이촌동 206-17
11-1	11번가압류지권말소통지			2010년6월8일
12 (전 14)	가압류	2000년8월25일 제39419호	2000년8월23일 인천지방법원 부천지원가압류 결정(2000카합567)	청구금액 금125,000,000원 채권자 [redacted]
				부동산등기법 제177조의 6 제1항의 규정에 의하여 1번 내지 12번 등기를 2000년 12월 30일 전산이기
12-1	12번가압류지권말소통지			2010년6월8일
13	압류	2001년6월14일 제28300호	2001년6월11일 압류(세이13410-2350)	권리자 용산구청
14	가압류	2003년7월21일 제44064호	2003년7월15일 서울지방법원고양지원의 가압류 결정(2003카단3993)	청구금액 금46,000,000원 채권자 [redacted]
14-1	14번가압류지권말소통지			2010년6월8일
15	압류	2004년2월18일 제8298호	2004년2월9일 압류(징세46120-1256)	권리자 금천세무서
15-1	15번압류지권말소통지			2010년6월8일

순위번호	등 기 목 적	접 수	등 기 원 인	권 리 자 및 기 타 사 항
16	가압류	2005년2월18일 제12833호	2005년2월16일 서울중앙지방법원의 가압류 결정(2005카단739)	청구금액 금101,000,000원 채권자 [redacted]
16-1	16번가압류직권말소통지			2010년6월8일
17	압류	2007년10월25일 제97741호	2007년10월23일 압류(자격징수부 2941)	권리자 국민건강보험공단(관악지사)
17-1	17번압류직권말소통지			2010년6월8일
18	가압류	2008년3월20일 제19205호	2008년3월20일 서울중앙지방법원의 가압류결정(2008카단477 58)	청구금액 금6,085,680 원 채권자 우리에프엔아이제오차유동화전문 유한회사 서울 종로구 서린동33 영풍빌딩 22층
18-1	18번가압류직권말소통지			2010년6월8일
18-1	18번가압류직권말소통지			2010년6월8일
19	13번압류등기말소	2009년5월14일 제30072호	2009년3월30일 해제	
20	3번예고등기말소	2009년9월16일 제62979호	1996년6월18일 원고패소판결확정	
21	6번예고등기말소	2009년9월17일 제63225호	1998년6월17일 원고패소판결확정	
22	임의경매개시결정	2009년12월15일 제87080호	2009년12월15일 의정부지방법원 고양지원의 임의경매개시결정(2009 타경36599)	채권자 주식회사 신라상호저축은행 110111-0228604 인천 부평구 부평동 194-23
23	22번임의경매개시결정등기말소	2010년6월10일 제40097호	2010년6월8일 취하	
24	5번가처분등기말소	2010년6월25일 제44589호	2010년1월6일 취소결정	
25	4번가처분등기말소	2010년6월25일 제44590호	2009년12월14일 취소결정	
26	15번압류등기말소	2010년6월30일 제46047호	2010년6월30일 해제	
27	10번가압류, 11번가압류, 12번가압류, 14번가압류, 16번가압류, 17번압류, 18번가압류 등기말소			가등기의 본등기로 인하여 2010년7월30일 등기
28	9-1번가처분등기말소	2010년8월2일 제55101호	2010년7월12일 가처분취소결정(의정부 지방법원 고양지원 2010카합253)	
29	7번압류등기말소	2010년8월12일 제58120호	2003년11월21일 해제	

순위번호	등 기 목 적	접 수	등 기 원 인	권 리 자 및 기 타 사 항
30	임의경매개시결정	2011년2월16일 제9673호	2011년2월15일 의정부지방법원 고양지원의 임의경매개시결정(2011 타경4137)	채권자 [redacted]

【 을 구 】	(소유권 이외의 권리에 관한 사항)			
순위번호	등 기 목 적	접 수	등 기 원 인	권 리 자 및 기 타 사 항
~~1~~ ~~(전 1)~~	~~근저당권설정~~	~~1997년5월8일~~ ~~제19930호~~	~~1997년5월7일~~ ~~추가설정계약~~	~~채권최고액 금975,000,000원정~~ ~~채무자~~ [redacted] ~~근저당권자 (주)신은상호신용금고 110111-0228604~~ ~~서울 강남구 논현동 277-22~~ ~~(영업부)~~ ~~공동담보 서울 마포구 서교동 405~~ ~~토지 및 건물~~
				부동산등기법 제177조의 6 제1항의 규정에 의하여 2000년 12월 30일 전산이기
~~1-1~~				~~공동담보 토지 경기도 파주시 장단면 도라산리 산14-2 분할로 인하여~~ ~~2002년7월8일 부기~~
~~1-2~~	~~1번등기명의인표시변경~~	~~2010년6월8일~~ ~~제39552호~~	~~2006년9월27일~~ ~~상호변경~~	~~(주)신은상호신용금고의 성명(명칭)~~ ~~주식회사신라상호저축은행~~
2	1번근저당권설정등기말소	2010년6월8일 제39553호	2010년6월8일 해지	
3	근저당권설정	2010년6월8일 제39555호	2010년6월8일 설정계약	채권최고액 금1,000,000,000원 채무자 [redacted] 근저당권자 [redacted] 공[redacted]

등기부등본 요약

갑구			을구		
1	1985.12.30	소유권(서석)			
2	1985.12.30	소유권(국현숙)			
8	1998.02.20	가압류(장기숙)			
9	1998.03.19	소유권(임종현)			
			3	2010.06.08	근저당권설정(채무자 김용하 근저당권자 문병엽)
30	2011.02.16	임의경매(문병엽)			

살 펴 보 기

법원의 최고에도 불구하고 갑구 8번 선순위가압류권자 장기숙은 배당요구를 하지않았습니다.

그러므로 담당 경매계에서 경매서류를 열람하여 선순위가압류의 경락자 인수여부를 확인하는 것이 안전합니다.

선순위가압류 ④ :: 선순위가압류의 경락자 인수여부 – 4 ::

중앙7계 2010-29738 상세정보

경매구분	강제(기일)	채권자	이귀복외2	경매일시	11.06.09 (10:00)
용도	다가구주택	채무/소유자	고성대	다음예정	11.07.14 (535,843,168원)
감정가	669,803,960	청구액	180,706,528	경매개시일	10.10.27
최저가	669,803,960 (100%)	토지총면적	196 ㎡ (59.29평)	배당종기일	11.01.24
입찰보증금	10% (66,980,396)	건물총면적	277.05 ㎡ (83.81평)	조회수	금일2 공고후76 누적76

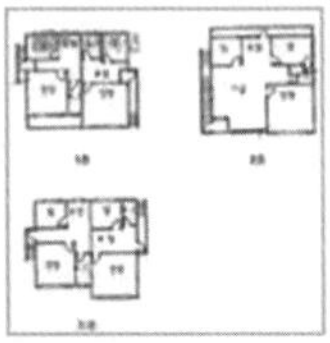

■ 물건사진 2
■ 지번·위치 2
■ 구조도 1

우편번호및주소/감정서	물건번호/면 적 (㎡)	감정가/최저가/과정	임차조사	등기권리
156-010 서울 동작구 신대방동 360-173 ●감정평가서정리 -벽돌조평슬래브지붕 -신대방역삼거리역남서측인근 -주위단독주택,다세대주택등밀집된주거지대 -차량접근불가능 -버스(정)및신대방삼거리역인근 -제반교통사정보통 -사다리형급경사지 -북서측2-3m내외계단접함 -가스보일러난방 -2종일반주거지역(7층이하) -대공방어협조구역(위탁고도77-257m) -과밀억제권역 -학교환경위생정화구	물건번호: 단독물건 대지 196 (59.29평) 건물 ·1층다가구주택 86.61 (26.2평) 방4,화장실2 ·2층다가구주택 92.31 (27.92평) 방3 ·지층다가구주택 86.61 (26.2평) 방4,화장실2 ·옥탑 11.52 (3.48평) 연면적제외 2층-93.11.03보존 현장보고서 신청 GO	감정가 669,803,960 ·대지 539,000,000 (80.47%) (평당 9,090,909) ·건물 130,803,960 (19.53%) (평당 1,560,720) 최저가 669,803,960 (100.0%) ●경매진행과정 669,803,960 ① 진행 2011-06-09	●법원임차조사 고재건 전입 1977.03.30 배당 2011.01.19 주거/미상 점유기간 미상 김재성 전입 2009.08.20 배당 2011.01.13 주거/미상 점유기간 미상 박옥진 전입 2009.09.29 주거/미상 점유기간 미상 윤유순 전입 2010.04.23 배당 2011.01.13 주거/미상 점유기간 미상 *도시가스계량기 6개, 전기계량기 3대가 설치되어 있었음	소유권고성대 1993.11.03 가압류유순심 2010.04.15 22,000,000 가압류이귀복외19 2010.04.16 536,000,000 가압류김명옥외6 2010.04.21 80,960,000 가압류박명옥외3 2010.04.29 86,000,000 가압류장정자 2010.05.10 22,000,000 가압류김선미 2010.06.24 21,600,000 가압류김향자외1 2010.08.10 151,900,000 가압류박용근 2010.10.26 75,000,000

■ **예상배당표** [최저가 669,803,960 원으로 분석] 권리분석오류신고

	종류	권리자	등기일자	채권액	예상배당액	인수	비고
등기권리	가압류	유순심	2010-04-15	22,000,000	11,996,670	말소	말소기준권리
	가압류	이귀복외19	2010-04-16	536,000,000	292,282,499	말소	
	가압류	김명옥외6	2010-04-21	80,960,000	44,147,745	말소	
	가압류	박명옥외3	2010-04-29	86,000,000	46,896,073	말소	
	가압류	장정자	2010-05-10	22,000,000	11,996,670	말소	
	가압류	김선미	2010-06-24	21,600,000	11,778,548	말소	
	가압류	김향자외1	2010-08-10	151,900,000	82,831,551	말소	
	가압류	박용근	2010-10-26	75,000,000	40,897,738	말소	
	강 제	이귀복외2	2010-10-28	180,706,528	98,539,842	말소	경매기입등기
	가압류	박성준외1	2010-11-12	24,605,000	13,417,184	말소	
	가압류	장정자	2010-12-02	22,000,000	11,996,670	말소	

	종류	배당자	예상배당액	배당후잔액	배당사유
배당순서	경매비용		3,022,771	666,781,189	
	가압류	유순심	11,996,670	654,784,519	가압이하 안분배당
	가압류	이귀복외19	292,282,499	362,502,020	가압이하 안분배당
	가압류	김명옥외6	44,147,745	318,354,275	가압이하 안분배당
	가압류	박명옥외3	46,896,073	271,458,202	가압이하 안분배당
	가압류	장정자	11,996,670	259,461,532	가압이하 안분배당
	가압류	김선미	11,778,548	247,682,984	가압이하 안분배당
	가압류	김향자외1	82,831,551	164,851,433	가압이하 안분배당
	가압류	박용근	40,897,738	123,953,695	가압이하 안분배당
	강 제	이귀복외2	98,539,842	25,413,853	가압이하 안분배당
	가압류	박성준외1	13,417,184	11,996,669	가압이하 안분배당
	가압류	장정자	11,996,670	0	가압이하 안분배당

물건상세검색

검색조건 법원 : 서울중앙지방법원 | 사건번호 : 2010타경29738

사건내역 | 기일내역 | 문건/송달내역 | 인쇄 | 이전

사건기본내역

사건번호	2010타경29738	사건명	부동산강제경매
접수일자	2010.10.19	개시결정일자	2010.10.27
담당계	경매7계 전화 : 530-1819(구내:1819)		
청구금액	180,706,528원	사건항고/정지여부	
종국결과	미종국	종국일자	

현황조사서 | 감정평가서 | 관심사건등록

배당요구종기내역

목록번호	소재지	배당요구종기일
1	서울특별시 동작구 신대방동 360-173	2011.01.24
2	서울특별시 동작구 신대방동 360-173	2011.01.24

당사자내역

당사자구분	당사자명	당사자구분	당사자명
채권자	이귀복	채권자	조미자
채권자	방철주	채무자겸소유자	고성대
임차인	고재건	임차인	김재성
임차인	박옥진	임차인	윤유순
근저당권자	주식회사국민은행	가압류권자	유순심
가압류권자	이귀복	가압류권자	조미자
가압류권자	방철주	가압류권자	이상은
가압류권자	최매희	가압류권자	윤연희
가압류권자	신정자	가압류권자	조안승
가압류권자	박춘순	가압류권자	위금실
가압류권자	강옥분	가압류권자	권차숙
가압류권자	이연숙	가압류권자	이기화
가압류권자	서정자	가압류권자	이수자
가압류권자	홍연주	가압류권자	이춘심
가압류권자	박태임	가압류권자	송영분
가압류권자	김명옥	가압류권자	김순덕
가압류권자	이연순	가압류권자	채정애

물건상세검색

검색조건 법원 : 서울중앙지방법원 | 사건번호 : 2010타경29738

사건내역 | 기일내역 | 문건/송달내역 인쇄 < 이전

문건처리내역

접수일	접수내역	결과
2010.10.27	채권자 이귀복외2 보정서 제출	
2010.11.03	등기소 동작등기소 등기필증 제출	
2010.11.18	감정인 인서감정 감정평가서 제출	
2010.11.24	기타 서울중앙지방법원 집행관 현황조사서 제출	
2010.12.30	가압류권자 박성준,유선자 권리신고및배당요구신청 제출	
2011.01.12	가압류권자 이수자 배당요구신청 제출	
2011.01.12	가압류권자 서정자 배당요구신청 제출	
2011.01.12	가압류권자 박태임 배당요구신청 제출	
2011.01.12	가압류권자 이귀복 배당요구신청 제출	
2011.01.12	가압류권자 홍연주 배당요구신청 제출	
2011.01.12	가압류권자 송영분 배당요구신청 제출	
2011.01.12	가압류권자 위금실 배당요구신청 제출	
2011.01.12	가압류권자 최매희 배당요구신청 제출	
2011.01.12	가압류권자 윤연희 배당요구신청 제출	
2011.01.12	가압류권자 신정자 배당요구신청 제출	
2011.01.12	가압류권자 조안승 배당요구신청 제출	
2011.01.12	가압류권자 권차숙 배당요구신청 제출	
2011.01.12	가압류권자 조미자 배당요구신청 제출	
2011.01.12	가압류권자 방철주 배당요구신청 제출	
2011.01.12	가압류권자 이기화 배당요구신청 제출	
2011.01.12	가압류권자 이춘심 배당요구신청 제출	
2011.01.12	가압류권자 박춘순 배당요구신청 제출	

송달내역

송달일	송달내역	송달결과
2010.10.28	채권자1 이귀복 개시결정정본 발송	2010.11.02 도달
2010.10.28	채권자3 방철주 개시결정정본 발송	2010.11.02 도달
2010.10.28	채권자2 조미자 개시결정정본 발송	2010.11.02 도달
2010.11.04	근저당권자 주식회사국민은행 최고서 발송	2010.11.04 도달
2010.11.04	가압류권자 유순심 최고서 발송	2010.11.04 도달
2010.11.04	가압류권자 이귀복 최고서 발송	2010.11.04 도달
2010.11.04	가압류권자 조미자 최고서 발송	2010.11.04 도달
2010.11.04	가압류권자 방철주 최고서 발송	2010.11.04 도달
2010.11.04	가압류권자 이상은 최고서 발송	2010.11.04 도달
2010.11.04	가압류권자 최매희 최고서 발송	2010.11.04 도달
2010.11.04	가압류권자 윤연희 최고서 발송	2010.11.04 도달
2010.11.04	가압류권자 신정자 최고서 발송	2010.11.04 도달
2010.11.04	가압류권자 조안숭 최고서 발송	2010.11.04 도달
2010.11.04	가압류권자 박춘순 최고서 발송	2010.11.04 도달
2010.11.04	가압류권자 위금실 최고서 발송	2010.11.04 도달
2010.11.04	가압류권자 강옥분 최고서 발송	2010.11.04 도달
2010.11.04	가압류권자 권차숙 최고서 발송	2010.11.04 도달
2010.11.04	가압류권자 이연숙 최고서 발송	2010.11.04 도달
2010.11.04	가압류권자 이기화 최고서 발송	2010.11.04 도달
2010.11.04	감정인 이상훈 평가명령 발송	2010.11.08 도달
2010.11.04	가압류권자 이수자 최고서 발송	2010.11.04 도달
2010.11.04	가압류권자 홍연주 최고서 발송	2010.11.04 도달
2010.11.04	가압류권자 이춘심 최고서 발송	2010.11.04 도달
2010.11.04	가압류권자 박태임 최고서 발송	2010.11.04 도달
2010.11.04	가압류권자 송영분 최고서 발송	2010.11.04 도달
2010.11.04	가압류권자 김명옥 최고서 발송	2010.11.04 도달

등기부 등본 (말소사항 포함) - 토지

[토지] 서울특별시 동작구 신대방동 360-173　　　　고유번호 1150-1996-517734

【 표 제 부 】 (토지의 표시)

표시번호	접 수	소 재 지 번	지 목	면 적	등기원인 및 기타사항
1 (전 2)	1999년1월19일	서울특별시 동작구 신대방동 360-173	대	196㎡	부동산등기법 제177조의 6 제1항의 규정에 의하여 1999년 07월 12일 전산이기

【 갑 구 】 (소유권에 관한 사항)

순위번호	등 기 목 적	접 수	등 기 원 인	권 리 자 및 기 타 사 항
1 (전 2)	소유권이전	1977년6월29일 제56189호	1977년6월28일 매매	소유자 [illegible] [illegible] 부동산등기법 제177조의 6 제1항의 규정에 의하여 1999년 07월 12일 전산이기
2	가압류	2010년4월15일 제11661호	2010년4월15일 서울중앙지방법원의 가압류결정(2010카단47820)	청구금액 금22,000,000 원 채권자 [illegible] [illegible]
3	가압류	2010년4월16일 제11771호	2010년4월16일 서울중앙지방법원의 가압류 결정(2010카단2105)	청구금액 금536,000,000 원 채권자 [illegible]

순위번호	등 기 목 적	접 수	등 기 원 인	권 리 자 및 기 타 사 항
				[redacted]
4	가압류	2010년4월21일 제12312호	2010년4월21일 서울중앙지방법원의 가압류 결정(2010카단48346)	청구금액 금80,960,000 원 채권자 [redacted]
				한울마을신창비바패밀리2단지 204-1902
5	가압류	2010년4월29일 제13435호	2010년4월29일 서울중앙지방법원의 가압류 결정(2010카단50943)	청구금액 금86,000,000 원 [redacted]
6	가압류	2010년5월10일 제14665호	2010년5월10일 서울중앙지방법원의 가압류결정(2010카단517 62)	청구금액 금22,000,000 원 [redacted]
7	가압류	2010년7월5일 제22138호	2010년7월5일 서울중앙지방법원의 가압류결정(2010카단629 81)	청구금액 금21,600,000 원 [redacted]
8	가압류	2010년8월10일 제25875호	2010년8월10일 서울중앙지방법원의 가압류결정(2010카단457 6)	청구금액 금151,900,000 원 채권자 [redacted]

[토지] 서울특별시 동작구 신대방동 360-173 고유번호 1150-1996-517734

순위번호	등 기 목 적	접 수	등 기 원 인	권 리 자 및 기 타 사 항
				서울 관악구 서림동 1694 현대아파트 106-108
9	가압류	2010년10월26일 제33830호	2010년10월26일 서울중앙지방법원의 가압류결정(2010카단812 65)	청구금액 금75,000,000 원 채권자 [redacted]
10	강제경매개시결정	2010년10월28일 제34236호	2010년10월27일 서울중앙지방법원의 강제경매개시결정(2010 타경29738)	채권자 [redacted]
11	가압류	2010년11월12일 제36036호	2010년11월12일 서울중앙지방법원의 가압류결정(2010카단816 42)	청구금액 금24,605,000 원 채권자 [redacted]
12	가압류	2010년12월2일 제38640호	2010년12월2일 서울중앙지방법원의 가압류결정(2010카단891 85)	청구금액 금22,000,000 원 채권자 [redacted]

[토지] 서울특별시 동작구 신대방동 360-173 고유번호 1150-1996-517734

【 을 구 】 (소유권 이외의 권리에 관한 사항)				
순위번호	등 기 목 적	접 수	등 기 원 인	권 리 자 및 기 타 사 항
1 (전 3)	근저당권설정	1981년11월20일 제43422호	1981년11월19일 설정계약	채권최고액 금일천오백만원정 채무자 [redacted] 근저당권자 주식회사국민은행 서울시 중구 남대문로2가 9-1 (난곡지점) 공동담보 ~~건 신대방동 360의 173~~
1-1 (전 3-1)	1번근저당권공동담보소멸			공담 동소동번지 건물 멸실 1993년11월3일 부기
				부동산등기법 제177조의 6 제1항의 규정에 의하여 1번 내지 1-1번 등기를 1999년 07월 12일 전산이기

등기부등본 요약

갑구			을구		
1	1977. 06. 29	소유권(고성대)			
			1	1981. 11. 20	근저당권설정(채무자 고성대, 근저당권자 국민은행)
2	2010. 04. 15	가압류(유순심)			
3	2010. 04. 16	가압류(이귀복외 19명)			
4	2010. 04. 21	가압류(김명옥외 6명)			
5	2010. 04. 29	가압류(박명옥외 3명)			
6	2010. 05. 10	가압류(장정자)			
7	2010. 07. 05	가압류(김선미)			
8	2010. 08. 10	가압류(김향자외 1명)			
9	2010. 10. 26	가압류(박용근)			
10	2010. 10. 28	강제경매(이귀복외 2명)			
11	2010. 11. 12	가압류(박성준외 1명)			
12	2010. 12. 02	가압류(장정자)			

살 펴 보 기

법원의 최고에도 불구하고 을구 1번 근저당권자 국민은행이 배당요구를 하지 않았습니다. 경락으로 인하여 소멸되지만 채무자가 상환을 하고 근저당권 말소를 하지 않은 경우로 보입니다. 나머지 선순위가압류권자들은 배당요구를 하였으므로 경락자가 인수하는 부담은 없습니다.

관련판례 살펴보기

대법원 1994. 11. 29 자 94마417 결정

【판결요지】

가. 가압류등기 후에 경료된 근저당권설정등기의 효력

나. '가' 항의 경우 가압류채권자와 근저당권자 및 근저당권설정등기 후 강제경매신청을 한 압류채권자 사이의 배당순위

【결정요지】

가. 부동산에 대하여 가압류등기가 먼저 되고 나서 근저당권설정등기가 마쳐진 경우에 그 근저당권등기는 가압류에 의한 처분금지의 효력 때문에 그 집행보전의 목적을 달성하는 데 필요한 범위 안에서 가압류채권자에 대한 관계에서만 상대적으로 무효이다.

나. '가' 항의 경우 가압류채권자와 근저당권자 및 근저당권설정등기 후 강제경매신청을 한 압류채권자 사이의 배당관계에 있어서, 근저당권자는 선순위 가압류채권자에 대하여는 우선변제권을 주장할 수 없으므로 1차로 채권액에 따른 안분비례에 의하여 평등배당을 받은 다음, 후순위 경매신청압류채권자에 대하여는 우선변제권이 인정되므로 경매신청압류채권자가 받을 배당액으로부터 자기의 채권액을 만족시킬때까지 이를 흡수하여 배당받을 수 있다.

대법원 1995. 7. 28 선고 94다57718 판결

【판시사항】

경매개시 전의 부동산 가압류권자가 배당요구 및 채권계산서 제출을 하지 않은 경우, 배당에서 제외되는지 여부

【판결요지】

경매절차 개시 전의 부동산 가압류권자는 배당요구를 하지 않았더라도 당연히 배당요구를 한 것과 동일하게 취급되므로, 그러한 가압류권자가 채권계산서를 제출하지 않았다하여도 배당에서 제외하여서는 아니 된다.

관련판례 살펴보기

대법원 2005. 7. 29 선고 2003다40637 판결

【판시사항】

1 부동산에 대한 가압류가 집행된 상태에서 부동산의 소유권이 제3자에게 이전된 후 가압류채권자가 가압류채무자를 집행채무자로 하여 강제집행을 실행한 경우, 제3취득자에 대한 채권자가 그 집행절차에서 가압류의 처분금지적 효력이 미치는 범위 외의 나머지의 부분에 대하여 배당에 참가할 수 있는지 여부(적극)

2 부동산에 대한 가압류가 집행된 상태에서 부동산의 소유권이 제3자에게 이전된후 가압류채권자가 가압류채무자를 집행채무자로 하여 실행한 강제집행절차에서 제3취득자에 대한 채권자 갑, 을이 배당을 받은 경우, 제3취득자의 잔여매각대금채권을 압류·전부받은 갑은 을에

대하여 배당이의의 소를 제기할 적격이 있다고 본 사례

【판결요지】

① 부동산에 대한 가압류집행 후 가압류목적물의 소유권이 제3자에게 이전된 경우 가압류채권자는 집행권원을 얻어 제3취득자가 아닌 가압류채무자를 집행채무자로 하여 그 가압류를 본압류로 이전하는 강제집행을 실행할 수 있으나, 이 경우 그 강제집행은 가압류의 처분금지적 효력이 미치는 객관적 범위인 가압류결정 당시의 청구금액의 한도 안에서만 집행채무자인 가압류채무자의 책임재산에 대한 강제집행절차라 할 것이고, 나머지 부분은 제3취득자의 재산에 대한 매각절차라 할 것이므로, 제3취득자에 대한 채권자는 그 매각절차에서 제3취득자의 재산 매각대금 부분으로부터 배당을 받을 수 있다.

② 부동산에 대한 가압류가 집행된 상태에서 부동산의 소유권이 제3자에게 이전된후 가압류채권자가 가압류채무자를 집행채무자로 하여 실행한 강제집행절차에서 제3취득자에 대한 채권자 갑, 을이 배당을 받은 경우, 제3취득자의 잔여매각대금채권을 압류 · 전부받은 갑은 을에 대하여 배당이의의 소를 제기할 적격이 있다고 본 사례.

관련판례 살펴보기

대법원 2006. 7. 28 선고 2006다19986 판결

【판시사항】

가압류집행 후 가압류목적물의 소유권이 제3자에게 이전된 경우 가압류의 처분금지적 효력이 미치는 범위 및 제3취득자의 채권자가 신청한 경매절차에서 가압류채권자가 배당받을 수 있는지 여부(적극)

【판결요지】

부동산에 대한 가압류집행 후 가압류목적물의 소유권이 제3자에게 이전된 경우 가압류의 처분금지적 효력이 미치는 것은 가압류결정 당시의 청구금액의 한도 안에서 가압류목적물의 교환가치이고, 위와 같은 처분금지적 효력은 가압류채권자와 제3취득자 사이에서만 있는 것이므로 제3취득자의 채권자가 신청한 경매절차에서 매각 및 경락인이 취득하게 되는 대상은 가압류목적물 전체라고 할 것이지만, 가압류의 처분금지적 효력이 미치는 매각대금 부분은 가압류채권자가 우선적인 권리를 행사할 수 있고 제3취득자의 채권자들은 이를 수인하여야 하므로, 가압류채권자는 그 매각절차에서 당해 가압류목적물의 매각대금에서 가압류결정 당시의 청구금액을 한도로 하여 배당을 받을 수 있고, 제3취득자의 채권자는 위 매각대금 중 가압류의 처분금지적 효력이 미치는 범위의 금액에 대하여는 배당을 받을 수 없다.

대법원 2007. 4. 13 선고 2005다8682 판결

【판시사항】

선순위 가압류등기 후 목적 부동산의 소유권이 이전되고 신소유자의 채

권자가 경매신청을 하여 매각된 경우, 위 가압류등기가 말소촉탁의 대상이 되는지 여부의 판단 기준

【판결요지】

부동산에 대한 선순위가압류등기 후 가압류목적물의 소유권이 제3자에게 이전되고 그 후 제3취득자의 채권자가 경매를 신청하여 매각된 경우, 가압류채권자는 그 매각절차에서 당해 가압류목적물의 매각대금 중 가압류결정 당시의 청구금액을 한도로 배당을 받을 수 있고, 이 경우 종전 소유자를 채무자로 한 가압류등기는 말소촉탁의 대상이 될 수 있다.
그러나 경우에 따라서는 집행법원이 종전 소유자를 채무자로 하는 가압류등기의 부담을 매수인이 인수하는 것을 전제로 하여 위 가압류채권자를 배당절차에서 배제하고 매각절차를 진행시킬 수도 있으며, 이와 같이 매수인이 위 가압류등기의부담을 인수하는 것을 전제로 매각절차를 진행시킨 경우에는 위 가압류의 효력이 소멸하지 아니하므로 집행법원의 말소촉탁이 될 수 없다. 따라서 종전 소유자를 채무자로 하는 가압류등기가 이루어진 부동산에 대하여 매각절차가 진행되었다는 사정만으로 위 가압류의 효력이 소멸하였다고 단정할 수 없고, 구체적인 매각절차를 살펴 집행법원이 위 가압류등기의 부담을 매수인이 인수하는 것을 전제로 하여 매각절차를 진행하였는가 여부에 따라 위 가압류 효력의 소멸 여부를 판단하여야 한다.

사례로 보는

고급 경매 비법이 떴다

제 7 부

등기의 공시력과 공신력

Chapter 01

등기의 공시력만 인정되어 토지소유권이 원상회복된 사례

부동산등기에 대하여 모든 독자들이 공시력과 공신력이라는 단어는 한 번쯤 들어보셨을 겁니다.

우리는 부동산을 거래할 때 등기권리증이나 등기부등본을 확인하고 거래를 합니다. 그러나 안타깝게도 이런 증빙서류가 절대적인 것이 아니라는 겁니다. 우리나라는 등기의 공시력만 인정하기 때문에 어떤 사람과 부동산 등기를 믿고 거래를 하였다고 하여도 그 당사자(전소유자)가 무권리자(無權利者)인 경우에는 등기의 공신력이 없기 때문에 진정한 소유자가 나타나면 소유권을 상실하게 됩니다.

그러므로 부동산은 눈에 보이는 서류로만 소유권을 판단하는 것이 아니라 진정한 소유권을 갖고 있어야 진정한 소유자라 할 수 있습니다.

등기부 등본 (말소사항 포함) - 토지

[토지] 광주광역시 서구 마륵동 166-10

고유번호 2041-1996-057136

【 표 제 부 】 (토지의 표시)					
표시번호	접 수	소 재 지 번	지 목	면 적	등기원인 및 기타사항
~~1~~ ~~(전 2)~~	~~1995년5월26일~~	~~광주광역시 서구 마륵동 166-10~~	~~답~~	~~917평~~	부동산등기법시행규칙부칙 제3조 제1항의 규정에 의하여 1998년 08월 21일 전산이기
2		광주광역시 서구 마륵동 166-10	답	3031㎡	면적단위환산으로 인하여 2006년10월11일 등기

【 갑 구 】 (소유권에 관한 사항)				
순위번호	등 기 목 적	접 수	등 기 원 인	권 리 자 및 기 타 사 항
1 (전 1)	소유권이전	1974년7월2일 제4807호	1971년2월5일 매매	소유자 [redacted] 부동산등기법시행규칙부칙 제3조 제1항의 규정에 의하여 1998년 08월 21일 전산이기
1-1	1번등기명의인표시변경	2007년3월16일 제48176호	2007년3월16일 주민등록번호추가	[redacted]
1-2	1번등기명의인표시변경	2007년3월16일	2003년8월25일	[redacted]

【 을 구 】 (소유권 이외의 권리에 관한 사항)				
순위번호	등 기 목 적	접 수	등 기 원 인	권 리 자 및 기 타 사 항
~~1~~	~~근저당권설정~~	~~2006년10월13일~~ ~~제204533호~~	~~2006년10월13일~~ ~~설정계약~~	~~채권최고액 금390,000,000원~~ ~~채무자~~ [redacted] ~~근저당권자 송정농업협동조합 204236-0000146~~ ~~광주 광산구 송정동 791-7~~ ~~(우산지점)~~
~~2~~	~~지상권설정~~	~~2006년10월13일~~ ~~제204534호~~	~~2006년10월13일~~ ~~설정계약~~	~~목 적 건물 기타 공작물이나 수목의 소유~~ ~~범 위 토지전부~~ ~~존속기간 2006년 10월 13일 부터 만 30년으로 한다~~ ~~지 료 무료~~ ~~지상권자 송정농업협동조합 204236-0000146~~ ~~광주 광산구 송정동 791-7~~ ~~(우산지점)~~
~~3~~	~~근저당권설정~~	~~2006년10월16일~~ ~~제205300호~~	~~2006년10월16일~~ ~~설정계약~~	~~채권최고액 금200,000,000원~~ ~~채무자~~ [redacted] ~~근저당권자 송정농업협동조합 204236-0000146~~ ~~광주 광산구 송정동 791-7~~ ~~(우산지점)~~
4	1번근저당권설정등기말소	2007년3월15일 제47313호	2007년2월13일 광주지방법원의 확정판결	
5	3번근저당권설정등기말소	2007년3월15일 제47314호	2007년2월13일 광주지방법원의 확정판결	
6	2번지상권설정등기말소	2007년3월15일 제47315호	2007년2월13일 광주지방법원의 확정판결	

사건일반내역 | 사건진행내역 | » 인쇄하기 | » 나의 사건 검색하기

▸ 사건번호 : 광주지방법원 2006카단14602

■ 기본내역 » 청사배치

사건번호	2006카단14602	사건명	부동산처분금지가처분
채권자	김공님	채무자	박영오
제3채무자		청구금액	757,750,000원
재판부	23단독() (전화:가압류,가처분:062-239-1723 이의취소:239-1630)	담보내역	757,750,000원
접수일	2006.10.18	종국결과	2006.10.25 인용
수리구분		병합구분	없음
결정문송달일		기록보존인계일	2007.02.20
항고인		항고일	
항고신청결과		해제내역	
송달료,보관금 종결에 따른 잔액조회		» 잔액조회	

Tip • • •

진정한 부동산의 소유자 김공님이 허위로 부동산을 이전한 박영오를 상대로 하여 부동산처분금지가처분소송을 제기하였습니다.

나의 사건검색

사건번호	2006가합9752	사건명	소유권이전등기등 말소
원고	김공임	피 고	박영오 외 1명
재판부	제5민사부(나)		
접수일	2006.10.25	종국결과	2007.02.13 원고승
원고소가	1,082,537,500	피고소가	
수리구분	제소	병합구분	없음
상소인		상소일	
상소각하일		보존여부	기록보존됨
송달료,보관금 종결에 따른 잔액조회		» 잔액조회	

최근기일내역 » 상세보기

일 자	시 각	기일구분	기일장소	결 과
2006.12.29	09:30	판결선고기일	법정 제204호	무변론판결취소
2007.01.31	10:20	변론준비기일	준비절차실 제602호	변론준비종결
2007.02.06	14:00	변론기일	법정 제204호	변론종결
2007.02.13	14:00	판결선고기일	법정 제204호	판결선고

최근 제출서류 접수내역 » 상세보기

일 자	내용
2007.03.21	피고 박영오 판결정본
2007.08.28	등기소 광주등기국 예고등기직권말소통지서 제출
2007.12.05	법원 광주지방법원 문서송부촉탁서 제출
2008.12.12	검찰청 신희성 열람신청서 제출

• 최근 제출서류 순으로 일부만 보입니다. 반드시 상세보기로 확인하시기 바랍니다.

관련사건내역

법 원	사건번호	결 과
광주지방법원	2008카확278	신청사건

당사자내역

구 분	이 름	종국결과	판결송달일
원고	1. 김공임		2007.02.20
피고1	1. 박영오		2007.02.23
피고2	2. 송정농업협동조합 조합장		2007.02.20

등기부등본 요약

갑구			을구		
1	74.07.02	소유권(김공임)			
2	06.10.11	소유권(박영오)			
			1	06.10.13	근저당권(채무자 박영오, 채권자 00농협)
			3	06.10.16	근저당권(채무자 박영오, 채권자 00농협)
3	06.10.30	가처분(소유권이전등기말소등기 청구권, 김공임)			
4	06.10.30	2번소유권 말소예고등기			
6	07.03.15	2번 소유권이전등기말소 (확정판결)			
			4	07.03.15	1번 근저당권 말소등기 (확정판결)
			5	07.03.15	3번 근저당권 말소등기 (확정판결)

살 펴 보 기

진정한 소유권자는 김공임입니다. 박영오가 인감, 주민등록증 등을 위조하여 등기이전을 한 다음 ○○농협에서 대출을 받았으나, 진정한 소유자 김공임이 소유권이전등기등 말소 소송을 제기하여 승소판결을 받았습니다.

그러므로 ○○농협의 근저당권은 무효가 되고, 이때 경매가 되어 경락을 받았다고해도 소유권은 진정한 소유자 김공임에게로 가게 됩니다.

왜냐하면 우리나라는 등기의 공시력만 인정하지 공신력을 인정하지 않기 때문입니다.

제 8 부

임차권등기명령

Chapter 01

임차권등기명령이란?

임대차계약이 종료되고 보증금을 반환받지 못했을 때, 임차인이 관할법원에 임차권등기명령을 신청하면 법원에서는 서면심리방식에 의하여 임차권등기명령을 발하게 됩니다.

이렇게 임차권등기명령을 하게 되면 임차인이 임차권등기명령이 된 후 이사를 가도 종전의 대항력과 우선변제권은 그대로 유지됩니다.

그러나 새로 전입한 임차인은 주택임차권등기가 말소되지 않는 한 보증금이 소액이더라도 최우선변제권은 없고 순위에 따른 우선변제권만 있을 뿐입니다. 주의할 점은 임차권등기명령에 따른 임차권등기를 하였다고 해서 임차인에게 경매신청권까지 주어지는 것은 아닙니다.

임차권등기명령으로 경매를 신청하기 위해서는 임대인을 상대로 채무확정판결을 받은 후 강제경매를 신청해야 합니다.

임차권등기명령에 관한 법규정은 주택임대차보호법 제3조의 3에 나와 있으니 참고하시기 바랍니다.

임차권등기명령 :: 임차권등기명령에 의해 강제경매가 개시된 사례 ::

서부7계 2007-14632 상세정보

◦ 병합:2008-3172(박용배), 중복:2007-7443(김명기), 2007-16836(백정민), 2007-18535(한재성), 2008-9538(장후석), 2008-13285(정현우), 2008-17737(김재진)

경매구분	강제(기일)	채권자	조유정	경매일시	09.07.14 (10:00)
용도	근린상가	채무/소유자	탁동수	다음예정	09.08.18 (986,497,600원)
감정가	2,408,439,620	청구액	30,000,000	경매개시일	07.08.30
최저가	1,233,122,000 (51%)	토지총면적	330 ㎡ (99.82평)	배당종기일	
입찰보증금	10% (123,312,200)	건물총면적	781 ㎡ (236.25평)	조회수	금일10 공고후20 누적3,357
주의사항	· 유치권 · 선순위임차권 · 일괄매각, 제시외건물포함, 4층은 공부상 75.54㎡이나 현황은 약 160.65㎡임김동익과 김덕영(금230,000,000원), 및 설소만과 김광우(금28,000,000원)로부터 각 유치권신고 있으나 성립여부불분명 · 2009.05.06 유치권자 설소만, 김광우 유치권신고서 제출 · 2009.05.06 유치권자 김동익외1 유치권신고서 제출 · 2009.05.06 유치권자 김동익, 김덕영 유치권신고서 제출 · 2009.05.06 유치권자 설소만외1 유치권신고서 제출 · 2009.05.07 유치권자 설소만,김광우 유치권신고서 제출 · 2009.05.07 유치권자 김동익,김덕영 유치권신고서 제출 · 2009.05.12 유치권자 설소만,김광우 유치권행사건물 도면제출 제출 · 2009.05.12 유치권자 김동익,김덕영 유치권행사건물 도면제출 제출				

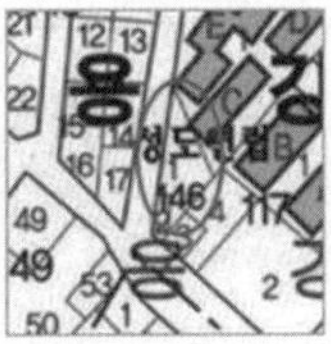
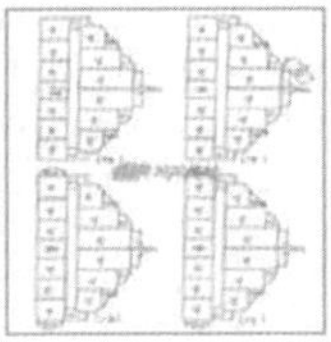

- 물건사진 15
- 지번·위치 5
- 구조도 2
- 위성지도

우편번호및주소/감정서	물건번호/면 적 (㎡)	감정가/최저가/과정	임차조사	등기권리
121-070 서울 마포구 용강동 146-1 ,-2 감정평가액 건물:426,464,220 제시:1,975,400	물건번호: 단독물건 건물 · 1층독서실 163.09 (49.33평) 현:원룸/방12 · 2층독서실 163.57 (49.48평)	감정가 2,408,439,620 대지 1,980,000,000 (82.21%) 건물 426,464,220 (17.71%) 제시 1,975,400 (0.08%)	●법원임차조사 윤오영 전입 2002.01.05 지혜정 전입 2002.01.22 확정 2002.01.22 배당 2007.09.28 (보) 25,100,000 지층방1,임차권자	임차권 신기훈 2005.08.05 33,000,000 전입:2003.05.23 확정:2003.05.23 임차권 한재성 2005.09.29 42,000,000

등기부 등본 (말소사항 포함) - 건물

[건물] 서울특별시 마포구 용강동 146-1외 1필지 고유번호 1114-1996-129932

【 표 제 부 】 (건물의 표시)				
표시번호	접 수	소재지번 및 건물번호	건 물 내 역	등기원인 및 기타사항
1 (전 2)	1997년6월13일	서울특별시 마포구 용강동 146-1, 146-2	철근콘크리트조 평스라브지붕 다가구용 단독주택,근린생활시설 1층 163.09㎡ 2층 163.57㎡ 3층 160.65㎡ 지층 170.71㎡ 옥탑 22.11㎡(연면적제외)	부동산등기법 제177조의 6 제1항의 규정에 의하여 1999년 04월 06일 전산이기
2	2003년8월13일	서울특별시 마포구 용강동 146-1, 146-2	철근콘크리트조 평슬래브지붕 4층 근린생활시설,다가구용 단독주택 지층 170.71㎡ 1층 163.09㎡ 2층 163.57㎡ 3층 160.65㎡ 4층 75.54㎡ 옥탑 22.11㎡(연면적제외)	증축

【 갑 구 】 (소유권에 관한 사항)				
순위번호	등 기 목 적	접 수	등 기 원 인	권 리 자 및 기 타 사 항
1 (전 1)	소유권보존	1995년12월6일 제69563호		소유자 [redacted]
2 (전 3)	가압류	1996년6월3일 제10310호	1996년6월1일 서울지방 법원서부지원의가압류 결정(96카합1696)	청구금액 금일억이천만원정 채권자 (주)국민은행 서울 중구 남대문로2가 9-1 (가양동지점)
3 (전 7)	가압류	1998년1월23일 제2397호	1998년1월22일 서울지방 법원서부지원의 가압류 결정(98카단1342)	청구금액 금7,733,680원정 채권자 [redacted]
4 (전 8)	임의경매신청	1998년7월14일 제23474호	1998년7월10일 서울지방 법원서부지원의 임의경매 개시 결정(98타경25386)	채권자 (주)국민은행 서울 중구 남대문로2가 9-1 (리스크관리부)
5 (전 9)	가압류	1998년8월24일 제28280호	1998년8월21일 서울지방 법원의가압류 결정(98카단179160)	청구금액 금20,068,240원정 채권자 한국보증보험(주) 안양시 동안구 관양동 1422-10 (서울중앙지점)
6 (전 10)	가압류	1998년10월19일 제37004호	1998년10월14일 서울지방 법원의 가압류	청구금액 금16,361,630원정 채권자 대한보증보험(주) 서울 종로구 연지동 136-74

순위번호	등 기 목 적	접 수	등 기 원 인	권 리 자 및 기 타 사 항
~~52~~	~~압류~~	~~2007년7월30일 제38247호~~	~~2007년7월26일 압류(부과징수부-650)~~	~~채권자 국민건강보험공단 111471-0008863 서울특별시 마포구 염리동 168-9 의료보험회관 (마포지사)~~
53	강제경매개시결정	2007년8월30일 제42525호	2007년7월23일 서울서부지방법원의 강제경매개시결정(2007 타경14632)	채권자 [redacted]
54	강제경매개시결정	2007년10월12일 제49405호	2007년10월12일 서울서부지방법원의 강제경매개시결정(2007 타경16836)	채권자 [redacted]
55	강제경매개시결정	2007년11월5일 제53621호	2007년11월5일 서울서부지방법원의 강제경매개시결정(2007 타경18535)	채권자 [redacted]
56	가압류	2008년4월10일 제21192호	2008년4월10일 서울중앙지방법원의 가압류결정(2008카단508 28)	청구금액 금30,000,000 원 채권자 창신2동새마을금고 서울 종로구 창신동647-14
57	51번압류등기말소	2008년4월24일 제24647호	2008년4월21일 해제	
58	52번압류등기말소	2008년4월25일 제24968호	2008년4월25일 해제	

순위번호	등 기 목 적	접 수	등 기 원 인	권 리 자 및 기 타 사 항
66	가압류	2008년9월3일 제55321호	2008년9월3일 서울서부지방법원의 가압류결정(2008카단794 6)	청구금액 금23,000,000 원 채권자 [redacted]
67	압류	2008년9월8일 제55900호	2008년9월3일 압류(세무2과-13003)	권리자 서울특별시마포구
68	가압류	2008년9월9일 제56203호	2008년9월9일 서울서부지방법원의 가압류결정(2008카단794 7)	청구금액 금11,000,000 원 채권자 [redacted]
69	강제경매개시결정	2008년11월10일 제64596호	2008년11월10일 서울서부지방법원의 강제경매개시결정(2008 타경17737)	채권자 [redacted]

【 을 구 】 (소유권 이외의 권리에 관한 사항)				
순위번호	등 기 목 적	접 수	등 기 원 인	권 리 자 및 기 타 사 항
~~1~~ ~~(전 1)~~	~~전세권설정~~	~~1995년12월6일 제69504호~~	~~1995년8월19일 계약~~	~~전세금 사천만원정 범 위 주거용 주택 (2층 103.57㎡중 서쪽측 40.892㎡) 존속기간 1997년 8월 19일 반환기 1997년 8월 19일 전세권자~~ [redacted]

순위번호	등 기 목 적	접 수	등 기 원 인	권 리 자 및 기 타 사 항
			가699)	임대차계약일자 2005년 2월 16일 주민등록일자 2005년 2월 21일 점유개시일자 2005년 2월 20일 확정일자 2005년 2월 21일 임차권자 [redacted] 도면편철장 2책 139장
43	주택임차권	2006년4월14일 제17977호	2006년3월15일 서울서부지방법원의 임차권등기명령(2006카 기671)	임차보증금 금30,000,000원 범 위 별지목록 기재 건물 2층 중 도면표시 ㄱ,ㄴ,ㄷ,ㄹ,ㄱ,의 각 점을 순차로 연결한 선내부분 16.5㎡ 임대차계약일자 2003년 11월 6일 주민등록일자 2003년 11월 11일 점유개시일자 2003년 11월 10일 확정일자 2003년 11월 11일 임차권자 [redacted] 도면편철장 2책 141장
44	주택임차권	2006년4월14일 제17978호	2006년3월9일 서울서부지방법원의 임차권등기명령(2006카 기617)	임차보증금 금35,000,000원 범 위 별지목록 기재 건물 2층 중 도면표기 ㄱ,ㄴ,ㄷ,ㄹ,ㄱ을 순차로 연결한 선내부분 약 7평(301호) 임대차계약일자 2004년 3월 11일 주민등록일자 2004년 3월 22일 점유개시일자 2004년 3월 14일 확정일자 2004년 3월 16일 임차권자 [redacted]

관련판례 살펴보기

대법원 2005. 9. 15 선고 2005다33039 판결

【판시사항】

임차권등기명령에 의하여 임차권등기를 한 임차인이 민사집행법 제148조 제4호에 정한 채권자에 준하여 배당요구를 하지 않아도 배당을 받을 수 있는 채권자에 속하는지 여부(적극)

【판결요지】

임차권등기명령에 의하여 임차권등기를 한 임차인은 우선변제권을 가지며, 위 임차권등기는 임차인으로 하여금 기왕의 대항력이나 우선변제권을 유지하도록 해 주는 담보적 기능을 주목적으로 하고 있으므로, 위 임차권등기가 첫 경매개시결정등기 전에 등기된 경우, 배당받을 채권자의 범위에 관하여 규정하고 있는 민사집행법 제148조 제4호의 "저당권 · 전세권, 그 밖의 우선변제청구권으로서 첫 경매개시결정 등기 전에 등기되었고 매각으로 소멸하는 것을 가진 채권자" 에 준하여, 그 임차인은 별도로 배당요구를 하지 않아도 당연히 배당받을 채권자에 속하는 것으로 보아야 한다.

관련판례 살펴보기

사례로 보는
고급 경매비법이 떴다

초 판 1쇄 2011년 7월 20일

지은이 정기수
펴낸이 윤영걸 **담당PD** 유철진 **펴낸곳** 매경출판(주)
등 록 2003년 4월 24일(No. 2-3759)
주 소 우)100-728 서울 중구 필동1가 30번지 매경미디어센터 9층
전 화 02)2000-2647(사업팀) 02)2000-2636(마케팅팀)
팩 스 02)2000-2609 **이메일** advr@mk.co.kr
인쇄·제본 (주)M-print 031)8071-0961

ISBN 978-89-7442-760-3 (03320)
값 20,000원